D'Albin

¡BASTA YA MALDITOS!

CARTA ABIERTA A NUESTROS ENEMIGOS

La crítica del presente libro, ha sido escrita a modo de protesta y va dirigida a los dirigentes de las más de cuatro mil religiones, cuna y escuela del machismo y de la desigualdad. Con el fin de evidenciar el mal que siempre han causado a la mujer y ayudar a liberarla de las garras de sectas religiosas, alejándola del dominio machista-religioso que tanto la somete. La finalidad, es llamar a la reflexión sobre la interminable violencia de género y las masivas violaciones, a las que debemos poner fin, impulsando entre todos, un gran cambio en el área de igualdad y respeto hacia la mujer a nivel global. Empezando desde la atalaya más alta, desde el Vaticano, que sirva de altavoz abierto al mundo para concienciar a los hombres ruines y decirles, ¡Basta ya malditos!

D'Albin Freiges, es de origen lusa, educada entre machismo y religión en la mejor de las escuelas; la de la vida misma que, por obra y arte del destino, la llevó desde muy joven a vivir en Euskal Herria. Zarandeada su vida entre Dios y el diablo que decidían por ella su futuro, acababa siempre de un modo u otro entre amistades de índole religiosa, empeñadas en arrastrarla hacia la vida espiritual ya desde pequeña. Mientras de ella tiraba con fuerza lo mundano que a lo largo de su vida la llevaría, en ocasiones, a padecer gran lucha interior y a tener periódicas crises de fe, sin saber por qué. Una fe que, tal como se iba, volvía intensamente a aflorar sin nunca abandonar lo profano, y es que la chispa de lo que se imprime en la infancia es difícil de borrar. Gracias a su sentido de observación y sensibilidad, fue archivando en su mente el argumento que, años más tarde, la llevaría a escribir esta extensa carta para protestar y reclamar derechos sagrados robados a la mujer.

ÍNDICE

NOTA DE LA AUTORA

Si bien, con el transcurrir del tiempo, la humanidad se ha ido civilizando hacia una mayor concienciación del bien sobre el mal, logrando poco a poco, concebir sentimientos de gran sensibilidad a medida que iba adquiriendo más consciencia de sí misma en relación con los demás; queda, sin embargo, todavía hoy, demasiados hombres sin moral. Enmascarados bajo cierta filosofía religiosa, aplicada con propósitos de dominio, maldad y superioridad, como un modo de vivir por encima de los derechos de los demás. A pesar de la enseñanza espiritual de las miles de religiones que, a la par del progreso de la civilización, han ido surgiendo como condición para mejorar su alma y, por tanto, también su equilibrio. Pero lejos de todo esto, fueron subyugando poderosa e impositivamente, bajo la amenaza constante de un supuesto castigo divino hacia sus criaturas, ignorantes de los designios de ese dios que, incapaces de oponérsele, obedecen como borregos a falsos profetas. Dictadores de doctrinas de injusto sometimiento bajo el yugo de sus seguidores crueles, deseosos de sufrimiento ajeno.

Jesucristo tuvo el sumo cuidado de distinguirse de entre los predicadores de su época, evidenciando con actitud de humildad y amor al prójimo. De tal modo que, la humanidad entera, supiera distinguir durante siglos, cómo serían las personas que en un futuro lo habrían de seguir y representar; todas aquellas que, de manera incondicional, amaran al prójimo como a sí mismas, incluida a la mujer. De ningún modo, habrían de ser personajes de elocuente palabrería, ni de gran apariencia externa y, menos aún, amenazadores, aplicadores de leyes con mano de hierro, inquisidores o amigos de ardientes hogueras. De estos nada ejemplares modelos, se valieron acérrimos imitadores que, valiéndose cada cual de su religión, manipularon más que predicaron a gusto de su acaudalado interés, olvidándose de expandir dignidad, de educar para la igualdad y comprender sus positivas repercusiones futuras.

De tal manera que, hoy en día, en algunas culturas, el hombre parece estar como al principio de los tiempos, es decir, sin adoptar la verdadera consciencia de ser espiritual en permanente convivencia con el resto, al estar absorto en su siempre eterno inconsciente. Poseedor del peor de los instintos al que se fue adaptando, sin más razón que la egoísta supervivencia del más fuerte que derrota al más débil. Apegado al instinto de masacrar y esclavizar a su semejante en beneficio propio.

Con este manifiesto, deseo reivindicar en voz alta un ¡basta ya!, en el intento de despertar a todo dirigente de cualquier religión, a sus fanáticos seguidores y sádicos políticos, para pedirles que restituyan la igualdad, el máximo respeto y consideración, que desde hace milenios acá, le fueron usurpando a la mujer para sólo acarrearle desgracias. Empezando cada cual, por la que más le duela, si es que le duele alguna, como su madre, su hermana, su esposa, su hija y nieta. A éstas, primordialmente, ya que, si las quieren bien y obraren en igualdad con ellas; recíprocamente se beneficiarán y servirá para despertar en todos los demás, mejores sentimientos.

Por entender que, su falsa doctrina mal llamada sagrada, ideada y escrita por pseudoprofetas, es el verdadero origen del mal; por medio de la cual, sus predecesores y predicadores contemporáneos, fueron originando la desigualdad hasta el día de hoy, desfavoreciéndola en todo cuanto han podido.

Hay dos clases de hombres: el capaz de amar a su semejante (bienhechor) y el incapaz de amar a nadie más que a sí mismo (malhechor). A estos últimos, va dedicada la crítica de este libro. Y pido perdón a todo noble hombre que en nada se parezca a cuanto expreso aquí, que no es a ellos a quien va dirigido.

Desde la histórica Eva, hasta nuestros días, a la mujer le fueron quitando poder y derechos que por naturaleza le pertenecían. Como bien se puede verificar en el antiguo testamento y en otros libros mal llamados de la divina palabra, donde el machismo se regocija malinterpretando para su conveniencia esas leyes, rescritas y ejecutadas después a su antojo para beneficio propio y dominio del mundo. Haciendo ver, que provienen del dios de no se sabe qué secta, que abundan por todas partes y, cada cual, la más verosímil, mientras las demás, son todas unas rameras en contradicción constante unas con otras.

Las religiones, no pertenecen a Dios y, al igual que las guerras, el fútbol y la tauromaquia, fueran inventadas por el hombre para su entretenimiento y ocupación.

PRÓLOGO

A medida que se va leyendo este libro, escrito a modo de extensa carta, cuyo personaje principal es en todo momento la mujer, el lector, se irá dando cuenta de algunas frases repetidamente denunciantes, que ponen al descubierto el modo intenso en que a la autora le remueven sentimientos de injusticia, acumulados durante años dentro de sí. Deseosos de salir a modo de grito reivindicador, al ver cuán poco o nada ha cambiado la situación de bajeza, humillación y desigualdad que, todavía hoy, sigue afectando a la mujer en cualquier círculo social del mundo.

Aunque, a veces, parezca que se aleja sin sentido del personaje propiamente dicho, en realidad, no se aleja tanto, cuando habla de guerras y religiones, pues en su opinión, estas suelen ir unidas, afectando terriblemente más a la mujer. Ya no simplemente como ser humano, sino como esposa y madre, cuyo marido e hijos, son obligados en algún momento de su vida, a abandonar el entorno familiar para involucrarse en algo tan insustancial, como lo son las religiones y las guerras de las cuales sale siempre muy perjudicada.

También hace alusión, entremezclando diferentes realidades, cuando compara la atención por parte del hombre hacía los animales a los que, en ocasiones, da prioridad en su cuidado y defensa, frente a situaciones de miseria que con frecuencia padece determinada población. Y cuya afectada principal, es una vez más la mujer que, por ser madre, padece doblemente viendo sufrir a sus hijos de necesidades primarias.

En todo cuanto expresa, se refiere a la mujer como sufridora universal por culpa de la maldad del hombre que, a su entender, éste, carece de una correcta educación moral, en ocasiones, manipulada por las religiones. Cuyos hombres, hablan cada cual en nombre de un supuesto dios, ideado a medida de sus intereses. Cuando en realidad, son ellos mismos quienes se sienten dioses, dueños de su elocuente palabrería, estudiada para manipular al más ignorante que fielmente les sigue a todas partes. Hacía una misma servidumbre, o locura colectiva, sin cuestionar en ningún momento el gran mal que cometen a su semejante.

Aquí, denuncia claramente a una determinada clase de hombre, indigno de ser considerado como tal, frente a otros más honestos, resaltando su despotismo, diferenciándolo de la bondad de los demás extraordinariamente magníficos. Haciendo hincapié, en lo de tomar más en serio, la educación en valores y civismo a los niños ya desde la escuela, para que lleguen a ser mejores personas, dado que son el vivo reflejo de un país civilizado, cuando miran con respeto e igualdad a la mujer y sin racismo a los diferentes.

Y añade que, la diferencia y la diversidad humana, sólo caben ser respetadas en igualdad, además de formar parte de un proyecto natural y común a todos los seres. Que ser diferente, no es ser desigual; es tener otro color, otra constitución, o ser de distinta cultura para enriquecimiento mental de unos y de otros. No para apropiarse de él como un ser aparte y, menos aún, para aprovecharse de su cuerpo y esclavizarlo, violarlo o maltratarlo. Y también recalca que, esto mismo es lo que está sucediendo a cada segundo de vida que pasa. Mientras los mundanos miran para otro lado y los más *santos* varones permanecen sin consternarse, sin condenar ni denunciar. Al contrario, se acomodan como si nada fuera con ellos, recogidos en su moral cristiana..., si es que se debiera llamar así... o todos forman parte de una gran farsa..., un gran engaño diabólico...

INQUIETUD

Sumergida desde hace tiempo en un mar de impotencia, mientras observo, día tras día, la interminable y déspota crueldad de grupos político-religiosos, amparados bajo el halo de un ficticio dios, que ordena masacrar, violar y decapitar, hasta hacer explotar de horror a las mismísimas piedras; me entran ganas de gritar. Quizá, cansada de ser mera observadora del desprecio que sienten las religiones hacia la mujer y el enorme daño que le causan. Que sin derecho ni fundamento alguno sobre ella, se inventan estrictas normas que anulan y aplastan su libertad, hasta conseguir desbordar a cualquiera, por la insensatez de una maldita pandilla de inconscientes hombres. Si se les puede llamar así, sin ofender a los demás.

Mucho más, después de observar duras escenas en los medios de comunicación, que me causaron sentimientos de gran decepción y rabia, frente a unas terribles imágenes de violaciones a mujeres y niñas; raptadas todas ellas y cuyas caras llenas de pánico vi aviejadas, tristes y llorosas, con sus vestiduras sucias y rasgadas. A costa de haber sido violadas como trofeo de guerra, contra hombres de diferente pensar político y religioso de países salvajes. Donde el animal más peligroso nunca fue la temible serpiente ni el maldito escorpión, y hasta el monstruoso cocodrilo es un angelito a su lado.

A diario, son decapitados o asesinados muchos inocentes a manos del fanatismo, al negarse sus víctimas a la necia obediencia de abrazar determinada religión, por pensar diferente o pertenecer a otra contraria a la suya. Muchas de ellas, únicamente por desobedecer, son violadas conjuntamente con sus hijas por crueles soldados y, posteriormente, sacrificadas cómo reses, después de ver como asesinaban también a sus hijos. Excepto alguna, que a duras penas logra sobrevivir, haciéndose la muerta entre tanto cadáver. Sin que a nadie le importe un comino su vida.

Por todas ellas, y sin saber a quién dirigirme, decido un día escribir al papa Francisco una carta de intermediación, a modo de crítica y protesta, como grito desgarrador. Destacando la ignominiosa acción de muchos malvados que campan a sus anchas, sin que un poderoso ejército fustigue y reprenda con contundencia sus actos. Como bien hartos estamos de ver en toda la historia política-religiosa, transcurrida a través de los siglos en el mundo, sin que se presente un batallón de encorajados hombres, capaces de hacer frente a todos estos energúmenos e impedir que siga sucediendo semejante escarnio humano.

Me pregunto, ¿qué opinará la mayoría de países unidos?, para no alzar a un ejército con fuerte actitud y convicción de salvamento humano para derrotar a tanto hombre dañino, que cada día abunda más. E impedir que inocentes seres acaben encarnizadamente en manos de tanto hijo Luciferino suelto.

Sí, escribo al Santo Padre, ¿a quién, si no?... Por entender que, la mayoría de religiones, por no decir casi todas, cojean de predicadores demoníacos, fanáticos de poder oculto que utilizan su doctrina para lavar cerebros, someterlos a su servicio y sujeción para ejercitar el mal.

En mi humilde opinión, la verdadera filosofía espiritual de una buena religión, únicamente debe ser benefactora y libertadora, nunca opresora, ni impositora. Cuyos principios fundamentales, estén basados en el respeto al que piensa diferente, sin manipular, sin menospreciar, ni excluir a nadie y, mucho menos, a personas del sexo femenino. De lo contrario, no es religión, sino una empresa, con intereses particulares morbosos y al frente de una supuesta fundación de caridad como tapadera, de la que mayoritariamente vive y mantiene todo su patrimonio.

Las miles de religiones que hay, muy poco tienen a ver con la espiritualidad.

Espiritualidad: es trascender con amor en el Todo con Dios y lo humano. Induce a la humanidad a asomarse a la conciencia divina. La despierta a la comprensión, a la meditación, al perdón, a la compasión, a la paz y al amor. Y desde aquí, a la inquietud, a la búsqueda de lo sagrado para alimentarse de fe, para vivir en armonía y mejorar en la vida cotidiana. Valorando lo material como algo secundario, pero útil, sin rechazarlo del todo, sino sirviéndose de él para compartirlo y mejor servir a los demás, contribuyendo al bien estar de todos aquí en la tierra y rezando para que sean perdonados y vivan en paz también en el cielo.

Religiones: (son miles) fueron inventadas por hombres supuestamente iluminados.

No son obra de Dios; todas piensan distinto. Se apoderan de la humanidad; la adormece, la atóntense, merman su memoria y voluntad hasta anularla. Enclaustran para reprimir: educan para la sumisión, anulan criterios, obligan con sus reglas y dogmas a la obediencia, al silencio y a la abstinencia, o castigan bajo culpa de pecado para amenazar con el infierno y atemorizar. Y su mayor interés, es captar a adeptos que crean en sus credos y les sirvan en sus cultos. Son una invención de negocio sectario, donde son servidos gratuitamente sin apenas renuncia posible. No permiten cuestionar dudas, preguntar u opinar, o sea, razonar. Son motivo de enfrentamientos, guerras, división y desigualdad. Son machistas, misóginas y a la vez pedófilas. Son organizaciones que inculcan a la obediencia ciega a jefes militares y religiosos. Siguen doctrinas machistas de profetas dudosos de cordura y sensatez. Ven maldad donde no la hay y son de pensamiento pernicioso con respeto al cuerpo femenino. Medio se ocultan de la populación para evitar compartir sus secretos con la sociedad y vivir sumergidos en las ideas radicales más afines, insertadas en sus cerebros. Son de escrupulosidad enfermiza, fanáticas y extremistas. Manipulan el pensamiento y las ideas con fines concretos, hasta obtener fieles seguidores dispuestos a someterse y a obedecer ciegamente. Animan a renunciar a lo mundano para absorber después bienes ajenos y demás riquezas. Viven en la inconsciencia y educan a los demás en la misma línea. Son raras, separan a las mujeres de los hombres. Son extremadamente machistas y egocentristas que alientan a su vez a los demás. Ilusoriamente, prometen un cielo que no es suyo, con vida eterna incluida. Son retrógradas que rechazan vivir el presente, mientras, sus jefes, sin privarse de nada, viven como reyes en un estado de monarquía obsoleta. Secuestran a jóvenes, o bien engañan a sus padres, pidiéndoles un hijo para que sirvan a su dios. Prohíben a las mujeres meter narices en sus asuntos, que como se sabe, la mujer, es como es, quisquillosa e intuitiva.

Sin ánimo alguno de ofender al buen hombre espiritual que también lo habrá, aunque cómodamente servido, sumergido en su habitual e implacable voto de silencio que impide dar satisfacciones a nadie y lo cohíbe de protestar... Que si lo rompe, puede ser excomulgado, por no saber cerrar la boca a lo que, en su opinión, no debiera de cerrarla... Por eso, todo cuanto escribo, va dirigido a sus jefes, que en nombre de no se sabe qué dios tirano, imponen duras e inhumanas leyes. Castigando a su antojo y conveniencia, con dominio, sometimiento, martirio o absurda y encarnizada guerra `santa´, como la suelen llamar cuando viene de su parte...

La idea de esta extensa carta, es para reprochar y llamar la atención para una toma de consciencia mundial sobre una clase de hombre malvado, así como, del fanático religioso. Depredador de los derechos de la mujer, niñas y seres humanos en su conjunto, que cada vez se va volviendo más loco, hasta tomar por ley su propia locura, imponiéndosela a los demás. Y que ninguno hace por salir de ella, sino que la inculca a los jóvenes, como doctrina escrita por no se sabe qué señor ruin.

Que cada cual, viva con la espiritualidad intrínseca que por naturaleza le fue dada, sin imponerla a otros, que ya tendrán también la suya, adecuada para su crecimiento interior. Si añadido lleva una buena educación, que les enseñe a seguir la llamada de su propio destino, ordenado por la voz de la razón o vocación, que los va guiando sin condicionamientos.

Que cada persona descubra y practique la verdadera religiosidad, como es la de compartir y vivir de acuerdo con su deber ciudadano de bien. Y se ocupe de un orden mundial común a favor de todos y no exclusivamente de sí mismo. Tratando a los demás con igualdad y respeto, por dignidad y verdadera paz social, ya que, con el buen ejemplo, enseñará, gracias al efecto de imitación de aquello que agrada a otros.

Pido disculpas por mi dureza en algunas expresiones, cuya intención, no es otra, que la de despertar y cambiar al hombre insensible y se decline a hacer un mundo más justo. Para que rectifique y recapacite sobre su maldad, no siga expandiendo más su enfermedad maléfica que tanto le cuesta sanar.

Esperamos que, con la ayuda de unos y de otros, ayudemos de una vez por todas, a abrir la consciencia a la humanidad entera. Y nos opongamos con voluntad urgente, al suplicio interminable que padece medio mundo en manos del fanatismo religioso y de sus falsos profetas, apisonadores de criaturas. Que desde hace milenios, se siguen sobando con mujeres y niñas, abusando de ellas como trofeos de sus malvadas políticas y frustraciones, dando muy mal ejemplo a otros, que por necio interés no dejan de imitarles.

Este libro, deberían de leerlo también aquellas personas que viven bajo el mando de superiores religiosos, para despertarlas y sean más condenatorias con sus jefes sectarios. Que los hay a millares, viviendo a costa de gente ingenua, que ocupados en sus intereses financieros, cierran los ojos a tanta deshumanidad. Incluida la religión católica, dominante y gobernante del mundo que, en tiempos pasados, también fue muy malvada en su ansia de poder. En un intento de querer dominar al mundo, por medio del terror y del castigo, causando martirio a mucha gente, debido a la ideología fanática de sus grupos sectarios. Todavía los hay que, más parecen pertenecer a instituciones paramilitares que a congregaciones de gente altruista. Cuyo deber, no debiera ser otro, que el de velar por lo puramente humano y defenderlo a capa y espada de las muchas injusticias que padece. Así es, cómo tendría sentido la religión.

Deseo que las personas buenas sean mayoría y vayan venciendo desde dentro de la religión misma y desde afuera, hacía lo verdaderamente espiritual para ayudar a surgir en consonancia grupos de personas altruistas. Que a su vez, recluten para formar ejércitos de hombres y mujeres, cuyo fin, no sea otro, que el de hacer de ``Guardia Protectora Internacional´´ que eduque y civilice. Es decir, soldados especialmente formados en diversas licenciaturas, para educar e imponer leyes que protejan los derechos de las mujeres y de sus hijas. Abandonadas a su suerte, en manos de hombres de mala calaña, en los países más incívicos del mundo, donde son vendidas o violadas y la adolescencia cae enferma por la droga y el alcohol, antes de hacerse adulta.

Sí, urge enviar por todo el mundo protección para los inocentes. Igual que la tiene el Vaticano, la llamada guardia Suiza, con sus curas secretas que protegen la dudosa *santidad*, tejida entre lujosos decoros angelicales.

O la guardia militar, siempre en vela, guardando a inconscientes autores de enormes matanzas en las guerras. O el guarda espalda, siempre tras la sombra de corruptos gobernantes, ejecutores de deshonestas políticas.

Y otros muchos guardianes de mafiosos y monstruos asesinos, afincados en rincones paradisíacos, donde blanquear dinero y olvidar asesinatos, mientras se broncean al sol, gozando del tan soñado retiro dorado. Pero que, en realidad, no es así, tal como esperan que sea; los acompaña aunque no quieran, el recuerdo de sus víctimas. Se olvidan de que su propia conciencia va con ellos a todas partes, hasta los confines del mundo a tomar baños de mar. Y aunque les apetezca sumergirse, en sus cloacas marinas más profundas y oscuras para ocultarse de ella, no podrán; allí estará ella, persiguiéndolos hasta la más desértica de las islas, a donde suelen huir para no ser reconocidos por ningún hijo de vecino y tratar de no recordar ninguna de sus muchas maldades.

Mientras tanto, miles de inocentes, viven sin protección y, a pesar de ser lo que son, corren más peligro que sus santidades y los autores de genocidios.

A cada papa de turno, no lo suele proteger los ángeles celestiales, enviados por Dios que, gratuitamente, protegen el bien frente al mal, sino un batallón de guardias carísimo. Con armas para defender el mal que reina entre ellos dentro y fuera del Vaticano. No puede tener otra interpretación el mal ejemplo de humildad que da el santo cuartel general, cara a la galería eclesiástica y al mundo cristiano en su conjunto.

Jesús no se protegió ni necesitó de hombres armados. ¿Para qué las armas, si no vivía de ellas ni era malvado?... Es muy ridículo, ver el majestuoso templo que dicen representar el ministerio de Cristo, rodeado de guardias armados para proteger a su representante, al jefe espiritual católico.

¿Acaso no ven, cómo sus seguidores viven expuestos a múltiples amenazas, sin protección segura por parte de nadie y absolutamente despreocupados, que al igual que a las aves del cielo, los protege Dios?... Y aunque a veces paguen justos por pecadores, no hay que vivir atemorizados frente al mal, siempre y cuando, no se sea de la misma condición...

¿Por qué, no se aplican la misma parábola?... ¿A quién temen?... ¿Acaso por ser malvados, no los protege Dios lo suficiente?... ¿Y no será, porque contra atacan al mismo mal que constantemente generan?...

Dios no interviene en los planes de maldad, dada su filosofía de libre albedrío que concedió tanto a hombres como a mujeres para que eligiese cada uno, cómo ser meritoriamente por sí mismo. Él, sólo espera pacientemente a que se arrepientan, dando a todos la misma oportunidad de cambiar por merito propio.

En casa de buena gente, no son necesarias armas ni guardas para defenderse. Basta con no meterse en sucios asuntos. A no ser, que los enemigos del bien obrar, convivan bajo el mismo techo que, en tal caso, no habrá arma defensiva que valga, porque en un momento dado, su propia maldad, puede armarse en cólera y valerse de la furia, la mayor potencia asesina capaz de envenenar con sigilo. O degollar con sus propias manos, silenciosamente, por muy sacrosanto que sea ese ambiente.

A los responsables de dar órdenes de guerra, los protegen sus soldados frente a sus enemigos, contra quienes, posiblemente, hayan atacado anteriormente. Mientras, sus jefes, sentados sobre sillones de piel en despachos de lujo, se vanaglorian de sus estrategias bélicas ante el mundo, poniendo de malo al otro. Respaldados por gobiernos, dispuestos a matar sin sentido a una población entera, destruyendo todo, satisfaciendo de este modo, su ego patriota frente a otros. Demostrando su puño de fuerza bruta a militares de otro bando con la misma enfermedad paranoica, que suelen responder devolviendo el mismo acto imbécil. Como niños inmaduros, jugando a imitar a indios y a vaqueros, en las películas de su infancia.

Con todo mi respeto por los indios, a los que se les debe inmensa consideración y suficiente humildad como para pedirles perdón, por el mal ejemplo que dieron algunos productores de cine. Con tanta película sobre historia de las tribus, en las que dieron muy mal ejemplo algunos actores, representando a chulescos vaqueros y prepotentes jerifes que arremetían contra los derechos de aquella noble gente. Y donde el malo siempre era el indio, como escusa para masacrar al gran pueblo espiritual y respetuoso, que consultaba con sus ancestros ya en otra dimensión de paz. Los que en otros tiempos, lucharon sin armas de guerra contra la ocupación de sus tierras, para después ser acusados de terroríficos cortadores de cabezas invasoras. Acostumbradas a fusilar en tierra de nadie y a la torpe manipulación del cuchillo como ineficaz arma blanca, caso no fuese por quedar desarmados, sin la poderosa y certera arma sometedora de hombres.

Igual que inconscientes niños, la inmensa mayoría de hombres, pasa parte de su vida fastidiando al otro, sin importarles en lo más mínimo el enorme dolor que causan, ya que, su sensibilidad, es equiparable al afán de poseer el becerro o dios oro. Con cada vez más adoración por el vil metal, por el que, y a costa de sus locuras, no sólo matan a jóvenes, como también a muchos inocentes que no eligieron participar como actores, tirados en medio del terror de una película real. Muriendo sobre un autentico escenario de guerra, como si sus vidas no tuviesen valor alguno y abundasen por doquier, como cucarachas que procrean sin sentido el planeta.

Ahora, eso sí, los jefes de esas mismas locuras sangrientas, desgraciadamente, permanecen durante largos años. Sus vidas no corren gran peligro, mientras haya agentes guarda espaldas y jueces de corruptela capaces de protegerlos, frente a aquellos que los persiguen aclamando justicia.

Y los muchos organismos que hay bajo la tutela de la ONU, las miles de ONGs y otro tanto de Fundaciones misioneras, o las más de cuatro mil religiones y sectas expandidas por el mundo, que ya es decir, no parecen abarcar, eficazmente, el enorme problema de desolación que sufre la juventud a nivel mundial.

Para eso, es muy necesaria una ``Guardia Protectora Internacional´´ (GuPrIn) que proteja a los inocentes de la maldad, los eduque y asesore para prevenirles del engaño de hombres sin escrúpulos, habiendo como hay demasiados por todo lado. No vayan los inocentes a caer en la delincuencia o en la droga, que son ya demasiados los atrapados por los narcotraficantes y por los chulos de la prostitución.

Por ello, urge formar un gran equipo guardián y protector, cuyos miembros, constituyeran una organización bien formada de mujeres y hombres que, a diferencia de la militar, se prepararan exclusivamente para educar y proteger. Con capacidad suficiente como para comprometerse a fondo, alejados de la política y la religión. Y su servicio, no estuviera basado en folletos sobre estadísticas, como lo están algunos organismos que, más parecen agencias de información sobre cuidados y derechos humanos que eficaces y cercanas instituciones, verdaderamente ocupadas en servicios efectivos de cuidado y ayuda.

Que como Guardia Protectora especializada, educara y disciplinara para la protección y la prevención de todo tipo de violencia, bajo el amparo de un tribunal internacional revisor y debidamente comprometido hasta la médula. Como bien podría ser, por poner un ejemplo, el Tribunal de los Derechos Humanos u otro, pero potencialmente mejor organizado y expandido, cuya ley respaldara más a las mujeres, a sus hijas e hijos indefensos. Representado por personas honestas de bien moral, muy formadas, distribuidas por países incívicos y, que a poder ser, permanecieran allí por largos periodos de relevo para velar más de cerca. Y, contenciosamente, hacer seguimiento para obligar a los gobiernos de cada país a respectar derechos, a proteger en condiciones de igualdad tanto a niñas como a niños y a cuidarlos como verdaderas joyas del mañana, la mayor riqueza que a toda la sociedad debería preocupar, enviando grupos de:

Guardia Protectora de vida infantil; tirada entre alguna que otra contienda de bombas y metralletas o magullada entre las bestias en pateras del desconsuelo, sobre el temible mar.

Guardia Protectora de la enseñanza de niñas y niños analfabetos; perdidos entre la malicia y el vicio adulto, sin saber qué es el cariño y el respeto.

Guardias Protectores férreos que obliguen a cada jefe de Estado a implicarse y exigirle obligar a la población infantil a ir a la escuela, para llegar a ser mejores hombres y mujeres de un futuro que es de todos. Y no se hagan malhechores sin escrúpulos que van como perros salvajes, violando por ahí a todo lo que lleva falda, o incendiando chispas de violencia, que hay cada vez más jóvenes dependientes de las drogas y el alcohol.

Guardianes debidamente identificados y con cascos de color rosa para no confundirse con los cascos azules de otras fuerzas militares. Supuestamente más ocupados en comunes intereses estratégicos de guerra, según se tercie, por mucho que digan que están para mantener la paz, la ficticia paz.

Contradictoriamente, algunos personajes ricos, animados por gobiernos de su país aparentemente muy pobres, invierten parte de su riqueza en gigantescas instalaciones para observatorios astronómicos, con viajes espaciales incluidos y de un enorme coste financiero, sin importarles el estado lamentable de la población. Con millares de niñas y niños sin ir a la escuela, viviendo de la delincuencia, sin educación, como sus padres que tampoco la tuvieron.

Las religiones, con sus miles de iglesias tan cercanas a la negra realidad, deberían comprometerse duramente e ir contra la injusticia de sus mal llamados gobernantes políticos. Pero es lamentablemente, ver como malgastan sus energías, haciendo el trabajo que le competiría a cada gobierno hacer en su propio país. A cambio de dejarles invadir pueblos y expandir allí su religión, sobre todo en África y en la India, entre otros. Llevan siglos haciéndolo, sin nunca acabar con la miseria y la injusticia.

Es del conocimiento de todos, que hay muchas misioneras enseñando en las escuelas a niños muy pobres, pero no son suficientes. Deberían de implicar a los hombres de cada país, a responsabilizarse con el día a día de sus interminables desgracias que parecen no tener fin y obligarlos a colaborar más. Muchos inconscientes, no hacen otra cosa que dejar preñadas a sus mujeres constantemente. Y mientras tanto, estas buenas mujeres misioneras, tratando de resolverles las obligaciones. Ayudar sí, pero con la participación por parte de los hombres y en particular de sus gobiernos.

Es mayor el hambre de justicia que el de alimento y oración. Y a pesar de que religión y política no deben mezclarse, las miles de ellas que hay, con sus misioneros y misioneras expandidas por el mundo, deberían alzarse entre todas y vencer unidas al interminable mal que azota al tercer mundo. Si, verdaderamente, como dicen, sirven a Dios y no a un jefe. A Dios, se le sirve, resolviendo y mejorando la sociedad en todas sus circunstancias y situaciones. Con sólo oración y alimento, no se mejora la sociedad, si primeramente no se ocupan de lo que verdaderamente la daña y enferma, la injusticia y la desigualdad que forma parte del mismo lastre. Pero para acabar con este lastre, hay que educar bien a nivel mundial, incluyendo si fuera necesario a sus incívicos gobernantes.

Una educación global igualitaria, es lo que debería haber como verdadera doctrina social, que enseñe, entre otras cosas, el bien como ética, los valores como riqueza, la igualdad y el respeto hacia la mujer, por encima de todo, como asignatura social pendiente y permanente en todas las escuelas del planeta. Donde se hable de un único Creador de todo y de todos, un Padre-Madre Universal de leyes estrictamente humanas e igualitarias, a las que debemos respetar y conservar, empezando por educar en ellas, a niñas y niños. Y que, con el buen ejemplo de ``amar al prójimo como a uno mismo´´, bastara como la eficaz doctrina que une globalmente a la humanidad, sin más retórica que la de inculcar la práctica de amor y respeto al otro. Sin necesidad de miles de religiones, ni de predicadores sectarios, encantadores de inocentes marginados, de cuya incultura se valen para lavarles el cerebro y dominarlos como a animal domesticado, sin poder de volición para contrariar a nadie.

Que la educación se haga tan necesaria como el comer, para haber mañana hombres fuertes, justicieros, sin hambre, ni ignorancia, no vaya el virus de la maldad a contaminar su mente. Sólo una buena educación desde la infancia a nivel mundial, basada en la concienciación de valores, de igualdad y respeto mutuo, será la única vía para la paz y no otra. Cuyas armas no sean de fogueo, sino de papel y lápiz, además de una buena dosis de humanismo.

Varios jefes de Estado, conjuntamente con el Vaticano, acostumbran a andar afanados en llegar a acuerdos de política internacional, que poco o nada resuelven para beneficio mundialmente común. Excepto para intereses de altos mandos que vuelan en consonancia de su propio interés financiero.

Se me ocurre decir, que les falta llegar a un común y gran acuerdo, sobre una buena e eficaz educación a nivel global para todas las niñas y niños, sin diferencias ni separación de sexos. Así como, la protección a menores, valor humano primordial, por lo que se debería considerar a la infancia, ``Patrimonio Valioso Humano´´ para bien de la humanidad y no de la humanidad. Porque el ser humano, no puede ni debe tener dueño, por mucho que a veces se lo quiera poseer o manipular como esclavo para utilizarlo en todo tipo de servicios. Y menos aún, emplear a niños en mano de obra barata, ni en ningún tipo de trabajo sucio, como suele haber miles de ellos esclavizados. Enriqueciendo a empresarios déspotas, que abundan cada día más y no sienten vergüenza de esclavizar a la infancia. Y no digamos, aquellos infames, que captan a menores para colocarles en sus manos un fusil y transformarlos en asesinos, o comerciar con ellos en un indigno mercado de la prostitución y otras terribles orgias.

Cuantos más multimillonarios repoblaren la tierra; mayor será el síntoma de haber esclavitud por todo lado y de cualquier índole. Por tanto, es de suponer, que el sufrimiento de los pobres es también mayor. Como la trata de blancas para enriquecimiento de hombres sin escrúpulos. Y un etcétera más de hechos indeseables que esta sociedad, aunque cada vez más consciente, prefiere ignorar a pesar de todo. No poniendo medios, ni propósitos, que vayan en contra del hombre Satán, causante del verdadero infierno que padece una mayoría de jóvenes. Drogadas unas y vilipendiadas como objetos otras, sin escapatoria, como se ve por todo el globo terrestre.

Buena parte de la sociedad, está ciega o no quiere ver, mientras la juventud está cada vez más drogada de tanta marihuana y otras drogas, que no se quiere dar cuenta y prefiere vivir ignorando lo que pasa a la puerta de su casa. Cada cual, móvil en mano, conectada a internet y sálvese quien pueda. Hay mucho problema que desborda a cualquiera, y unas pocas hierbas son suficientes, como para vivir un pasajero *bien estar* hasta la calada siguiente. Sin querer revivir con profundidad su problema, que ya son muchos, como para interesarse también por el de los demás.

Hay millones de militares y religiosos por todo lado para combatir, no ya con armas, sino con formación y educación a toda la juventud antes de que se pierda. Hay ya demasiados jóvenes anulados por drogadicción y depresión que, absortos y desinteresados, pasan parte de su tiempo como el *perezoso*; un animal adormilado de actividad placentera y más lento que una paciente tortuga, amigo de hacer camino al andar, pero con mucha demora para los tiempos que corren.

Estos personajes de élite militar, obedecen a lamentables jefes de gobierno, más ocupados en saber cómo crear conflictos bélicos y guerrear que en velar que la juventud no se deprimida, ni se suicide. Mientras tanto, las misioneras, por su parte, van haciendo el paripé de curar heridas y matar hambre, provocado por estos mismos hijos del diablo. Sin gran empeño de protestar y convertirlos, porque todos forman parte de un mismo caos diabólico, formado por hombres con afán de obtener poder.

Con frecuencia, me pregunto, ¿cuántas madres no habrán en el mundo sufriendo?... Bien sea, por un hijo que está siendo utilizado por narcotraficantes, ya sea, porque anda en la guerra de soldado matando a los hijos de otras, si es que no está encarcelado por un error que cometió en su vida, por ignorante o maleante. Y las que no estén sufriendo por estas causas, es posible que vivan sumergidas en el dolor de una hija violada, vendida, secuestrada o tirada en brazos de cualquiera, por no tener de qué vivir. Si es que antes, no le ocurrió otro tipo de mala suerte y fue captada por una de esas miles de sectas. Convencidas de que los hijos no pertenecen a los padres, sino que son para manipularlos a gusto de su enfermizo jefe piraña o gurú, padre o madre superiora, para que sirvan a su comunidad que vive en intramuros, en silencio absoluto.

Y todo, porque la gobernación del mundo global, está cada vez más en manos de incompetentes. Arropados por corrupción de toda índole, para todos los gustos y millares de disgustos, que hacen que los jóvenes caigan decepcionados en manos de estas mafias o sectas de ficticia resolución, amigas de ideas carroñeras, anuladoras del pensamiento y de la libertad.

Y las organizaciones de ayuda y defensa de los derechos humanos que hay extendidas por el mundo, hoy por hoy, son insuficientes e ineficaces muchas de ellas.

No parece haber verdadero interés de querer acabar con la carroña, las mafias, las sectas, ni con la miseria humana en general. Es como si el sufrimiento de tantas personas favoreciera a alguien, que las religiones apenas protestan contra nada, ni contra los gobiernos de países del tercer mundo. Donde hay cierta riqueza acumulada en manos de gurús y jefes de ciertos linajes, dedicados a la buena vida, mientras las misioneras se ocupan de los problemas de miseria en sus poblados y desempeñan el trabajo por ellos.

Deberían determinar, abandonar a los gobernantes de países que viven como reyes y que permiten destinar la mayor parte de la riqueza de su país a inventos de astronomía, entre otras cosas de menor necesidad, como el empeño de subir a la luna, o la construcción de bombas destructoras de vida.

Los grandes gastos, tan desorbitados como mal empleados, con pésimos gobernantes a la cabeza, son la causa principal de tanta calamidad. Y habría que exigirles, tener primero, bien alimentados a los niños más pobres y darles buena educación. Que nunca debieron haber nacido, de haber habido por parte de esos mismos *gobiernos*, un eficaz medio de control reproductivo, facilitando anticonceptivos a la población. Sobre todo a los hombres que, igual que sus mujeres, deben poner el mismo cuidado.

Del mismo modo que, sin una economía familiar decente, no se puede comprar casa, ni coche; tampoco se debería poder tener hijos. Ya que, contrariamente, al coche se lo puede dejar tirado sin gasolina hasta podrirse, pero a los hijos, no. No se les puede dejar sin comer, ni sin energía y, menos aún, abandonarlos a la suerte de cualquier bichejo del mal, como desgraciadamente pasa cuando son secuestrados por pedófilos o comerciantes de sexo.

Es por aquí, por donde debería de empezar la autentica caridad misionera, atajando la miseria por la cola varonil y no por su cabeza que no piensa más que en comer, en gozar y echarse la siesta, sin más preocupación que la de dormir. Sin cavilar en las consecuencias futuras con más que probables nacimientos, debido ya no sólo a la falta de disciplina, como también a la falta de un eficaz control de natalidad que debería estar obligado por ley.

De varias décadas acá, son miles las ONGs que afloran cada año y, por falta de control, no se sabe ni cuántas hay. Y de los donativos que gestionan, al parecer, la mitad se queda por el camino, sin llegar a su destino humanitario que, según la prensa, así suele pasar porque nadie controla nada.

¿Qué hacen tantas ONGs, que mal reconducen íntegramente la totalidad de donativos a su término final, a fin de prestar la ayuda y educación necesaria a aquellas personas para las que van destinados?... ¿No será que por el camino andan otros negocios?... ¿Cuál es el verdadero propósito de las personas que dirigen ONGs y Fundaciones?... ¿El de ayudar al tercer mundo o el de lograr una atalaya y recolocar de paso a algunos de sus miembros, por no saber en qué ocuparlos?... Quién sabe, si para sacar de paso rentabilidad a sus pisos y lonjas de carísimo alquiler, pagados con donativos, beneficiándose a su vez de estas ayudas.

¿Qué hacen las organizaciones de beneficencia y *comercio justo*, entre otras de ayuda al tercer mundo, en enormes superficies ubicadas en el mismo centro de grandes ciudades, cuyo alquiler es elevadísimo?... ¿Quiénes pagan estos alquileres?... ¿Y cómo es que son tan caros sus productos que, por asombro, te invitan a salir sin comprar nada debido al elevado precio?...¿Son acaso de *precio justo,* que da para pagar dignamente a los campesinos del tercer mundo, cómo dicen?... ¿ O más bien son, de *precio injusto* para pagar tiendas propias de elevado alquiler, que ni se sabe de quiénes son?...

Es harto sabido, que no todos los alimentos y aportaciones monetarias, llegan íntegros a los necesitados. Esto sí, que es una grandísima estafa.

¿En qué tipo de saco roto, caen estas ayudas?... ¿Quiénes son sus intermediarios, que se enriquecen más que ayudan?...

En los últimos años, los organismos de beneficencia han ido aumentando cada vez más, haciendo acto de presencia en países donde las poblaciones con gran necesidad, parecen no tener fin.

¿Va la ayuda necesaria, como preservativos, para que no proliferen indignamente, ni nazcan tantas criaturas, sabiendo que éstas van a morir malamente poco después?...

¿Les da lo mismo que sigan naciendo y muriendo miserablemente a diario, sin poner traba a tanto nacimiento?... ¿Qué doctrina es esa y qué solución da para evitar la negra muerte a inocentes ?... ¿Qué es para ellos la vida, para permitir que nazcan niños como rosquillas que han de ser comidos por las moscas, o asesinados por otros míseros seres?...

``*La vida es tan importante, tan importante, como para no dejar que aflore, si va a ser despreciada o padecer miseria y mucho dolor*´´.

¿Acaso, el ser humano, es un negocio rentable para tanto predicador como hay, y a quienes poco o nada les agrada el preservativo, ni los anticonceptivos?...

Bodas, bautizos y funerales, ayudan a la *trascendental `santidad´* de hombres privados de libertad afectiva. Empeñados en hacer infelices a los demás, cargándoles de hijos que no podrán mantener. Con teorías sobre sexo natural, sin preservativo, como si les importara *mucho* la intensidad de gozo de los hombres. Sin ni siquiera hacer reparo en la macabra ablación milenaria, el femicidio y el horrible sufrimiento que causan a las niñas... Que en este caso, el aborto y el preservativo, parece ser lo que más les quita el sueño, por eso se manifiestan más contra esto. Por lo demás, no tanto...

¿Se han vuelto insensibles, que no piensan con sentido común?... ¿No se indignan, que sólo se preocupan de enviar para las misiones, material de adoctrinamiento clerical acompañado de alimento, sin un buen plan anticonceptivo para que no repueblen sin dignidad, como las cucarachas?... ¿Con la fría indiferencia de si nacen estrepitosamente niños a la misma velocidad que mueren?...

¿Será por lo que decía Pablo de Tarso?... Aquello de: ``no prediquéis a nadie cuyo estómago esté vacio; mejor llenarles primero la panza para que puedan escucharos bien´´.

Con este mañoso truco, atraen a millares de criaturas que no comen caliente desde hace largo tiempo, a condición de que se dejen adoctrinar, si no, no. Al tiempo que dan de comer y enseñan catecismo a otros que van resistiendo por estar mejor alimentados, ya que no hay suficiente para dar a todos y acaban por ir muriendo, sin migaja de pan que los alimente, ni siquiera doctrina que los aliente.

Recibir adoctrinamiento, siempre a cambio de poder llevarse algo a la boca, como atracción para ateos hambrientos. Igual que se les hace a los gatos para intentar ganar su felina confianza y atraerlos váyase a saber a qué propósito, si para acariciarlos o maltratarlos. En las misiones, sin recibir catecismo, no se le llena el estómago a nadie. Y en este caso, como la mies escasea, ya se alimentarán de ferverosas oraciones, que alimentan el espíritu y desesperan al cuerpo para más mortificación de su ya intrépida y sufridora alma.

Sí, o como a los perros, cuando se les intenta adiestrar a cambio de algo, premiándoles después con un tentador bocado. O como el mulo aquél, engañado, dando vueltas a la noria detrás de una zanahoria, sin nunca dejar de ser lo que es; un pobre animal, siempre detrás de su engañoso amo que se beneficia de su humillante servilismo. Y no es que su condición servil sea indigna, que no lo es, sino la condición que le impone su inmerecido dueño.

El preservativo, no conviene. Cuantos más seres necesitados y tirados por el mundo sin saber donde caerse muertos, o analfabetos y mulos hubiere; mejor para enriquecer a aquellos amos, amigos de esclavitud. Que si fuere mujer, más fácil será de obligarla a servir como una mula con derecho a azotarla y, cuando no, con derecho a pernada, ya que es más fuerte que ella y por mucho que se le oponga, no podrá defenderse y se resignará. Que tal como dice aquel refrán, ``si no puedes vencer a tu enemigo, júntate a él, no vaya a ser que te mate´´. Así es cómo viven muchas.

Procrear sin sentido, con la finalidad de someter y sacar partido de la numerosa población, en vez de educar para una responsable reproducción. Que en la mayoría de los casos, el tener hijos para después mal tenerlos, no pasa de ser una triste y cruda realidad que bien se podría ayudar a evitar en países muy pobres, donde no hay grandes medios para crearlos decentemente.

Posibilitar a todos los seres una vida digna, es la mayor de las caridades que deberían tener en cuenta los responsables de gobernar la sociedad. Hay muchas personas, sobre todo mujeres, a las que les cuesta más que a otras, alcanzar lo mínimo para subexistir. Pero las religiones, no están por la labor de ayudar a nadie si no se somete a su filosofía doctrinal.

Si no hubiera tanto hombre inconsciente, los hijos y las desgracias serían mucho menos y las mujeres padecerían menos sufrimiento. Por lo tanto, este problema llamado hombre, se solucionaría practicando la vasectomía a todos los incívicos de países salvajes, que son quienes acarrean todas las desgracias a la mujer y al mundo. Es por aquí, por donde deberían comenzar a tomar cartas en el asunto las fundaciones de ayuda al tercer mundo. Y determinar con todos los gobiernos, cómo atajar el problema principal para evitar poco a poco el triste medio de nacer, cuya indiferencia, es todo cuanto les espera a muchas criaturas. Además de un vivir calamitoso en países de miseria absoluta, donde la religión es la que impera y nada resuelve, sino que empobrece más.

La vida humana es cosa muy seria y se debería cuidar de que cada nacimiento fuese honorable. Y castigar a quien traiga hijos al mundo sin tener con qué criarlos dignamente. La mujer, es ante todo un ser humano, no una máquina de parir.

Nadie compra una casa si no tiene dinero, pero para mal traer al mundo a una criatura, esta posibilidad la tiene cualquier hijo de vecino. ¿Y luego qué?... Que se críe cada cual como pueda o se encarguen los demás, como las pobres monjitas de la caridad.

Mientras cada Estado no se implicar a favor de una reproducción dignamente controlada, nunca se acabará con la sobrepoblación ni con su gran problemática, como el hambre, etc...

Y no se trata únicamente de tener cargo de conciencia, cuando se tiran toneladas de comida a la basura, que bien podría acabar con el gran problema de hambruna en el mundo, sino también de cómo se educa. Comida suficiente, seguro que la hay, si no se derrocha, pero ¿y profesores que enseñen desde la escuela cómo compartirla con los demás?... Desde la escuela, los niños, se conciencian mucho antes y más firmemente que bajo la educación de sus padres. Porque en la escuela, todo cuanto aprendan se hace ley.

Y no sólo de alimento vive el hombre ni sólo de oraciones que lo dignifican, también de formación y buena educación.

Muchos inconscientes, aprecian el sexo y desprecian la vida. A éstos, como castigo, habría que castrarlos para evitar que sigan fecundando por doquier como abejorros de flor en flor. Sólo así, se acabaría con buena parte de los problemas interminables que tiene el tercer mundo, donde a muy pocos quisiéramos haber nacido.

¿Y cuántas niñas y niños, no hay viviendo entre animales como uno más, correteando descalzos entre gallinas y cerdos del poblado, observados por la lánguida mirada de sus madres?... Más infelices que las aves de su propio corral, sin riesgo a ser montadas por cualquier macho y poder pegarles un picotazo para salir volando, cacareando de escándalo.

¿Acaso, hay alguien, al que le parezca que vivir en míseras condiciones, sea realmente vivir, cuando hay muchas personas que para sobrevivir, tienen que andar indignamente tiradas como roedores de desperdicios, buscando alimento entre vertederos de basura, como se sabe de tantos casos?... ¿O que se le pueda llamar vida a la esclavitud y a la mendicidad, cuyo medio de subsistencia acaba siendo a veces la maldita prostitución, que más bien debe ser un suplicio que un agradable modo de vivir?...

Nacer y vivir, en condiciones saludables, es un derecho de todos, pero cuando éstas faltan, mejor es no asomar la cabeza a este inframundo planeta, donde la vida humana se hace cada vez más compleja por falta de amor al prójimo.

En cambio, a los animales, les sobran los conceptos y prejuicios de nuestro modo de vivir, excepto la libertad, tan necesaria para la vida y la felicidad de cualquier ser. Provistos de alimento y abrigo por la madre naturaleza; no necesitan como los humanos de producir, ni cuidar de valor moral alguno que los condicione. Y su supervivencia, es instintivamente legal, aunque, no por ello, libres de depredadores. Incluidas las aves del cielo que, por muy mensajeras de dioses que puedan ser, también pasan por un triste fin, como es el desamparo y la muerte. Y no por causa del más noble de los seres, sino por la fiera naturaleza, que lo mismo da vida como ya la quita. Además de las bestias asesinas, que también las hay como algunos humanos, con instinto depredador diabólico.

Pero son más afortunadas y plenamente libres, sin necesidad de religiones que las dirija, las guíe o enseñe cómo alzarse en agradecimiento al Creador que, a diferencia de los humanos, no necesita que se lo alabe o endiose a todas horas. Ya que, para su mayor Gloria, creó a todos los seres para admirarlos en libertad, con alimento y abrigo incluido para mantenerlos con vida durante no muy largo tiempo, excepto el ser humano que nace desnudo. Y por su divina voluntad, les permite nacer y morir en igualdad de condiciones, sin despreciar a unos ni a otros: mujeres y hombres, ricos y pobres, aves y animales, todos acaban de igual modo. Reducidos a materia putrefacta en los mismísimos intestinos de eficaces trituradores biológicos, los gusanos terrícolas. Ayudados por compañeros de faena agrícola, los escarabajos estercoleros, recolectores de excrementos de fieros carnívoros y carroñeros de la muerte, después de digerido el festín y expulsado la pastosa consistencia. Producto del procesado que forma parte de la cadena de reciclaje y que servirá para la construcción de hermosas y extrañas chimeneas de una diminuta comunidad de escarabajos, que al igual que las hormigas, son un buen ejemplo de vida en común. E igual que las pobres tribus de África, cuando construyen sus casas con excrementos de animales domésticos, dada su extrema situación, que más bien da para pensar que para agradar a nadie su modo de vida. Tan privada de lo fundamental y con una inteligencia que no es para vivir como viven, sino para vivir como Dios manda que vivamos, es decir, dignamente y no como míseros estercoleros.

Aunque, últimamente, se lleva más lo de pasar nuestro mortal cuerpo por la brutal graduación del temible infierno incinerador, hasta convertirlo en cenizas. Que han de ser esparcidas entre la fértil naturaleza, ayudadas por el viento. Para acabar posando en las ventanas de nuestras casas, como incómodo polen estival de la eterna primavera. Y, por si fuera poco, seguir haciendo daño, contaminando aún más después de bien muertos, si no se las entierra en un pequeño foso. O bajo las raíces de un cercano sauce llorón, que nos siga recordando como nuestros seres queridos permanecen de algún modo ahí para escuchar nuestros lamentos y amarguras...Al tiempo que nos enseña a ser humildes con sus ramas, que se despliegan para acercase a la tierra y llorar savia por nuestros difuntos. Y recordarnos el mal que les hicimos para pedirles perdón por tanta injusticia y desigualdad contra ellos.

Las ayudas al tercer mundo, se deberían transferir directamente en alimentos, material de educación, medicamentos y anticonceptivos, bajo comisarios fidedignos de cada Estado. Sin pasar por manos de tanta ONG, ya que no todas son de fiar. Y las miles de personas que trabajan en su representación, desvían fondos y lo manipulan todo, como es sabido.

¿No serán muchas de estas fundaciones, más bien un trampolín para la creación de bonitos y cómodos puestos de trabajo, como tapadera a dios sabe qué?... Dónde se colocan los amigos unos a otros que después han de sorprender al mundo, no ya por su beneficencia, sino por corrupción, como se ha sabido de algunas. ¿Es que no les basta, con que millares de personas padezcan guerras y estén en el umbral de la pobreza que, además, les roban lo que otros aportan para alimento y todo clase de ayuda necesaria?...

¿Habrá personas terriblemente despiadadas a las que no les interese tanta ayuda al tercer mundo?... ¿Qué habrá detrás de tantas organizaciones llamadas de beneficencia, con cobertura religiosa?... ¿Por qué hay cada vez más personas que, desconfiando de estas fundaciones o tapaderas, van dejando de aportar su donativo?...

¿Cómo es que son tan ricas algunas instituciones religiosas, con cada vez más ricos dentro de sus capillas y cada vez más pobres fuera de ellas?...

El mundo se desmorona con tantísimo por hacer debido a la inconsciencia, a la ignorancia y al hambre. Mientras tanto, las ayudas, van a cualquier lado, menos a reparar necesidades de personas que mueren por carencia.

Mejor si se destinara menos presupuesto a tanto gasto militar inútil y emplearlo en la contratación de más profesores, más libros, cuadernos y lápices. De tal modo que, en las bases de la OTAN, de la ONU y demás servidoras del caos, se encontrara más personal docente y suficiente material de enseñanza que botas militares, cascos y armamento para matar. Cambiando los términos de matar, por el de educar para la paz y convivencia, formando a los más de sesenta millones de niñas y niños abandonados y sin escuela. Para transformarlos en futuros y honrados hombres y mujeres, cuyo aprendizaje se basara en cómo respetar al otro. Y la educación sirviera como lenguaje universal en cualquier rincón del primer, segundo y tercer mundo, creyente o ateo, enseñándoles sus derechos a ambos sexos por igual. Sin arrebatarles su cultura, ni su espiritualidad nativa, sino ayudando a mejorarla y a utilizarla en beneficio de todos. Y que, a poder ser, enseñaran a considerar al otro con igualdad y respeto, sin diferencias, bajo la noción de un único Creador de la naturaleza universal, que a todas y a todos abarca por igual. Sin religiones de por medio para no dar lugar a confusión espiritual alguna, en ningún lugar de la tierra. Creando una única idea sobre lo que es el bien común, basado en la moral, en la ética y el civismo. Y se enseñe por todo el mundo como doctrina que sirva de vocabulario para mejorar la relación y unión entre pueblos.

Sí, porque lo que le hace falta a todo ser humano que se encuentra en cualquiera de los cuatro puntos cardinales de la tierra, son siempre las mismas cosas: respeto e igualdad, que los una. Cuando esto falta, significa que por medio existe discordia, desamor y egoísmo.

La sociedad está muy necesitada de amor y, tristemente, hay demasiada soberbia, gran diferencia de clases y mucha desigualdad. Con miles de religiones que de por sí afectan a las personas y las aleja unas de otras, siendo muy negativo por su retroceso doctrinal.

Es urgente y necesaria una nueva estrategia de gobierno con visión global, que ayude a cada persona a igualarse con el otro y a respetarlo, por medio de una educación basada en un vocabulario único, los valores.

Pidamos a toda la sociedad del mundo esta realización, como cuando soñamos con un proyecto de vida irrealizable y, por un casual, acontece. ¿Y quién sabe, si un día, cansados de tanta hipocresía, se unifican todos los países bajo la noción de un único Dios, Padre-Madre de todas las criaturas por igual?... Aunque para ello, tuviera que desaparecer la inmensa mayoría de religiones y sus dirigentes, que no estarían dispuestos a perder las cómodas atalayas de sus ministerios, organizados como para su particular estilo de vida.

No sólo hagamos universal al idioma inglés y a los signos lingüísticos, también a la ``*ética del respeto mutuo*´´ (MER) que debería formar parte del Patrimonio Inmaterial de la Humanidad, tan valioso para el buen entendimiento entre los pueblos. Y consagrar una fecha anual para recordar cada año que, el respeto del que también forman parte la igualdad y la naturaleza, es un derecho de todos y no sólo de unos pocos. Que si una persona respeta a otra, también deberá exigir ser respetada por la misma.

Sí, son necesarios más profesores para enseñar aquella educación de moral que en casa muchos no reciben, por no estar sus padres debidamente educados. Y se fuera necesario, educarlos también a ellos para que aprendan a respetarse en igualdad para beneficio de todos.

Es necesario concretizar una educación especializada, para comúnmente impartirla en todas las escuelas del mundo. Y la reciban entre compañeros y amigotes, ricos y pobres, buenos y maleantes. O sea, en la calle, fuera de los hogares para que entre colegas se atengan con el mismo rigor, tomando concienciación de la importancia del respeto de un individuo a otro. Gracias al mismo modelo educativo recibido, que servirá de leguaje universal para delatar y desnudar a cualquiera frente al otro y identificarlo a modo de complicidad entre colegas del mismo honor y ética.

Y no estaría nada mal reeducar a hombres ya mayorcitos y a sus jefes gobernantes, endurecidos en ambiente de maldad, acoso y corrupción. A pesar de una buena mayoría de gobernantes haber sido educados en colegios de buena reputación y recomendados por *honorables* discípulos... Que según tanto se empeñan en decir, son mejores que los centros de enseñanza pública...Pero que luego se les ven su caciquismo y despotismo, frente al más modesto de los hombres al que consideran de clase baja, hijo de escuela pública, medio analfabeto, fácil de engañar y manipular con ideales políticos.

¿Acaso no se forma con gran disciplina a millones de soldados cada año, a costa de tantos millones de dólares para combatir en las guerras, y se les enseña a disparar para matar vidas humanas?... Haciéndoles creer que es licito matar bajo el mandato de sus gobiernos y a ocupar territorios ajenos. Y a machacar a base de porras las ideas de otros o su modo de pensar y reclamar ... Sería mucho menos bárbaro, utilizar todo este dineral en formar debidamente a criaturas sin ocupación escolar, que andan por ahí abandonadas, expuestas a manos de cualquier gandul. Y enseñarles a ser unos correctos y civilizados hombres para la sociedad, induciéndolos hacia un mayor civismo para la paz. Y por interés común, exigirles ser respetuosos con el prójimo, enseñándoles la verdadera causa efecto de todo cuanto puedan acometer. E inculcarles que, el bien y el respeto, rebotan siempre a favor de uno mismo y sólo acarrean paz. Y así, en un futuro, no tener que entrenarlos para ir a guerrear porque no hará falta, gracias a la educación que recibieron de niños sobre lo que es tener consideración por el otro, al verse obligados al mismo principio moral, esto es: hombres de un mismo lenguaje pacifico, unitario.

La verdadera vía para la paz se logra desde la escuela, enseñando sobre el respeto mutuo a los futuros hombres y mujeres ya desde pequeños, haciéndoles conocedores de su enorme importancia y repercusión social positivamente. Con una educación y un aprendizaje más vivo, más real, mostrándoles las cárceles y cómo se vive allí dentro, hablándoles de las drogas y sus consecuencias, llevándolos a centros para que vean lo enfermos que están los jóvenes por drogarse. También lo repletos que están los psiquiátricos o lo indigno de la prostitución y lo absurdo de las guerras, dándoles a conocer la desgracia de muchos ciegos y mutilados, implicados. Mostrándoles todo por medio de vídeos de modo que se les quede en la retina de por vida, pues sólo así se han de concienciar; viendo de veras resultados palpables. Y todas las demás consecuencias, presentándoles de cerca la cara más amarga de la estupidez del hombre. Y cuya estupidez, bien puede aparecer de nuevo a la vuelta de cualquier esquina, cerca de sus casas, en el colegio, en la parroquia o en la casa del vecino de al lado.

Se destinan inmensos presupuestos para formar y mantener a guardianes de museos y arte sacro, así como, guardaespaldas para proteger a hombres podridos, apestados de corrupción, de poder y tanto mal hacer. En cuanto que, a las mayores obras de valor, como lo son las indefensas criaturas, nadie las protege, por seren consideradas de poca relevancia en algunos países. Por no formaren parte del patrimonio material, sino inmaterial, y no por ello menos vulnerable, sino más, con riesgo a ser asesinadas, maltratadas, violadas, vilipendiadas, vendidas, sin educación, ni formación alguna. Y muchos adolescentes, acaban por hacerse callejeros, ignorantes, marginados, carentes de todo, por lo que aumentará la inseguridad y más necesidad de protegerse unos de otros contra el robo, la droga, las violaciones, la mafia, etc...Y de lo que algunos gobiernos y empresarios se benefician: primero, del analfabetismo, utilizándolo para la práctica de lo más necio; segundo, como escusa para la explotación en mano de obra barata, o bien arremetiendo contra la poca preparación de los jóvenes. Por no estar bien formados para servir a pleno rendimiento que, a poder ser, sean como máquinas para enriquecerlos rápido. Motivo por el cual, a los pobres desgraciados no les queda otra que continuar en su vida perra; la de seguir siendo malvados y carroñeros, hombres de pillaje miserable de todo tipo. Y cuyas vidas, han de servir un día como punto de mira a cualquier policía que, despiadadamente a tiros, arremete contra ellos por huir de no se sabe qué tipo de delincuencia. O quién sabe si, por abandono, no acaban un día en manos de cualquier secta, bajo otra clase de hombre sin escrúpulos, o en el mercado sexual, a cambio de una mísera supervivencia.

Tanto las guerras como toda clase de miseria y pobreza humana, sean del índole que fuere, se dan como resultado del mal gobernar de un grupo de señores. Que para su particular interés o enriquecimiento, conjuntamente con la cúpula Vaticano-política, dan órdenes de cómo influenciar a los nuevos gobiernos y hacer arrodillar a su pueblo bajo el mismo beneplácito y sumisión.

Mientras tanto, las instituciones religiosas, cerrando los ojos, van ejerciendo la aparente caridad con donativos que los feligreses resignadamente aportan. Y no la rica iglesia de Roma, con cada vez más patrimonio para reconstruir, como monasterios y catedrales, en vez de dedicarse a reparar la salud y bien estar de muchos pobres, que los hay sin dentadura por la carestía del tratamiento y, otros muchos, sin calefacción en sus casas pasando frio siberiano.

Hay personas que, en compensación por sus pecados, dejan todos sus bienes a fundaciones religiosas para que a éstas no les falte de nada y, contrariamente, a lo que ayudan es a hacer más rico el patrimonio eclesiástico. No hay más que ver, lo inmensamente ricas que son algunas sectas religiosas, con coches de alta gama, locales y viviendas de lujo por las mejores capitales del mundo, con tanto pobre alrededor a envidiarlas.

¿Por qué los miembros de la iglesia católica y otras muchas religiones, que tanto predican la pobreza a sus parroquianos, no dan mejor ejemplo de ello, ofreciendo todo su patrimonio como museo para la humanidad, incluido el arte y los templos de la ciudad del Vaticano?... Para de este modo ayudar a los pobres y agradar al Dios de Jesucristo a quien ellos dicen representar... Que al parecer, están más apegados a la materia que a la espiritualidad...

Jesús ofreció algo mucho más valioso, su propia vida, cuyo valor es inmensurable. El exponer su cuerpo al flagelo de las masas por amor a la humanidad, tiene gran merito y cuesta físicamente más que ofrecer toda la riqueza del mundo.

Con la donación de todo el arte que hay en el Vaticano y en todas sus enormes catedrales, como museo sacro cultural donado a la humanidad con fines humanitarios, más, el resultado de sus constantes cestitos abarrotados de limosnas; daría para crear un fondo y resolver la tan necesaria educación que, con urgencia, necesitan muchas niñas y niños faltos de escuela en las misiones. De este modo, ayudarían a lograr un mundo sensiblemente más humano, ya que, en manos eclesiásticas, hay un inmenso patrimonio que pertenece a toda la humanidad. Fueron los fieles, con sus donativos, quienes contribuyeron a tanta riqueza acumulada en sus instituciones, que acaban por ser un gran negocio a imitar por muchas sectas. La mayoría de las personas, dan en sus iglesias para remediar la pobreza a través de ellas, pero no conviene que ésta se acabe para seguir pidiendo más donaciones.

Si Jesús llegó a decir que su reino no era de este mundo... ¿para qué, tanto empeño en atesorar lujo y riqueza en la religión católica y demás sectas?...

Aquella famosa parábola de ``no acumular riqueza, sino virtudes para poder entrar en el reino del cielo´´, al parecer, es un engaño. O estos señores, no son verdaderos representantes de Jesús que tanto recalcó esto.

¿Por qué la humanidad, ve, escucha y calla, en lugar de protestar contra lo que algunos de estos señores predican?...Llevan engañando hace ya más de dos siglos, predicando a un Jesús pobre y nacido entre pajas, medio desnudo y temblando de frio, mientras viven como ricos en cunas doradas y con la calefacción a tope...

¿A quién creer realmente si, por conveniencia, enseñan a no protestar, a no contrariar, a no ser rebelde, sino pacífico, a obedecer y callar?... Para que nadie les contradiga y se someta que, como acostumbran a decir, es de mala educación, de ignorantes de los designios de Dios, cuyos caminos, afirman ser inescrutables. Por lo que, según su filosofía, se debe obedecer siempre, sin opinar absolutamente nada, ni cuestionar siquiera, si tal mandato es divino o felino.

Cuanta más ignorancia hubiere, mejor, para no ver los inescrutables caminos llenos de deseos de los hombres de iglesia, cuyos sermones limpia cerebros, van con miras a llenar cajas de limosnas que nunca faltan al pie de ningún altar. Y tenderete sagrado que se montan; allí han de poner siempre su baúl limosnero a pie de santo, como un niño pedigüeño, amaestrado por la sinvergüencería de sus padres para pedir en la calle sin necesitar.

No se recuerda a un santuario sin su caja de limosnas pidiendo para los pobres, en nombre de una iglesia que se enriquece a medida que va habiendo más pobreza y, cuanta más hubiere, mayor razón habrá para seguir pidiendo.

Y cuantas más iglesias estuvieren abiertas; más cajas de limosnas habrá, aunque empiezan a sobrar de tan vacías, porque cada día, acude menos gente a rezar. Sin embargo, siempre que la sociedad entra en crisis, la curia nunca se queja.

Son el dios que auto se representan, el mismo que a la vista ha estado siempre, forrado por el becerro de oro y no bendecidos por el Dios que Jesús anunció.

¿Para qué sirven las más de cuatro mil religiones formadoras de confusión?... ¿Qué dios es el suyo que piensa de tantas maneras distintas?... Cuantas más religiones surgen; menos fe, mayor confusión, menor humanismo y mayor maldad tienen sus hombres.

¿Dónde está la autentica sensibilidad y humanidad religiosa que dicen tener, para denunciar persistentemente tanta injusticia, tanto mal y engaño, hasta que se conciencie totalmente el mundo de que así la humanidad no va bien?... ¿Dónde están todas ellas que no se las oye?... ¿Ocultas, tal vez?... ¿Les molesta la luz de la verdad por la vergüenza que sienten?...

Jesús dijo: ``Yo Soy la Luz´´, por lo tanto, todo aquél que lo represente, debe vivir en la luz. No oculto en la oscuridad, no con secretismos, ni esconder al pueblo la historia o sabiduría acumulada en la gigantesca biblioteca vaticana.

¿Por qué no se oye a las religiones protestar contra tanta ignominia, tanta guerra y tanto gasto en armamento militar?... ¿Acaso andan también sus finanzas, involucradas en inversiones de tráfico de armas y demás entresijos mafiosos?...

Al hombre, por muy religioso que éste sea, le preocupa bastante más, aquello que le da beneficio económico que lo que humanamente le es imprescindible o noblemente necesario: su madre, su compañera y las propias hijas. En algunos países, son menos estimadas que cualquier especie salvaje, en ocasiones, mejor atendida por veterinarios que cuidan de que sus crías nazcan bien, no vayan a dar al traste con el beneficioso e incontrolable negocio de animales exóticos. Mientras, en el tercer mundo, allá en la llanura, donde las bestias son bien cuidadas, muchas pobres mujeres y sus hijas, carecen de toda ayuda sanitaria cuando están enfermas. O cuando van a dar a luz, pariendo niños como conejos ante la maldita inconsciencia de sus machos, a los que me niego a llamar hombres.

¿Y el gran presupuesto que los gobiernos destinan para la protección de animales en peligro de extinción?... ¡Cuánta admiración hay en el mundo por los animales!... ¿Qué instinto tienen algunas personas para llegar a adorarlos sensiblemente más que a los humanos?... ¿Y qué interés egoísta de negocio o carencia afectiva tendrán para volcarse férreamente con una mascota?... ¿O qué sensaciones experimentan al tenerla como juego para diversión?...Claro que, son muy variados los motivos y muy diversa la clase de personas que adquieren la compañía de una mascota. Mientras tanto, cada día, nacen y mueren como vulgares bichejos miles de criaturas, para las que nadie reclama suficientes médicos para proteger y cuidar de su vida. Por no estar la humanidad en peligro de extinción, gracias a la indiferencia de ciertos gobiernos, al no adecuar un eficaz control de natalidad en sus países. Donde sus religiones prohíben usar preservativos que, por lo visto, es mayor delito utilizarlos que dejar morir de hambre y miseria a niños que acaban por ser consumidos por las moscas. Y cuyas madres, están más desnutridas que las vacas de tanto parir, abandonadas a su suerte, sin leche para amamantarlos.

Y todo por culpa del hombre, que vive despreocupado y egoístamente sólo piensa en sí mismo, en vez de castrarse, aunque no fuera más que por solidaridad y no nacieran criaturas en degradantes circunstancias.

Nadie es capaz de imaginar el dolor que puedan padecer estas madres, llenas de hijos y sumergidas en el mayor de los dolores, al ver cómo sus hijos se consumen de un modo tan lamentable por la desnutrición.

¿Cuántos millones de cachorros adoptados no habrán viviendo como personas, mientras millones de niños desnutridos van muriendo como animales cada año?...

A los animales, hay que dejarlos sueltos en el jardín o en el campo. Que se busquen la vida, su autentica vida, la que a ellos les gustaría tener que para eso nacieron animales. Pero a los niños, sacarlos de la calle, casa adentro y no al revés.

Los niños huérfanos y abandonados, son los que desearían tener vida de mascotas, llenas de afecto y buen alimento. Y no los animales, a los que les gustaría más poder correr por doquier y buscarse una compañera, mientras se buscan la vida entre la naturaleza, su verdadero hogar.

Antes que dar donaciones económicas a ONGs, mejor si cada europeo trajera a su casa, a uno de esos niños a punto de morir por falta de alimento. Y salvarlos de morir, por el mismo precio de la ración de comida diaria de su can, en lugar de adoptar a una mascota, cuyo gasto veterinario revertiera en beneficio de la salud de esos niños. Ya que, los animales, precisamente, se enferman más por andar entre fritangas y productos caseros contaminantes que si correteasen al aire libre entre cabriolas de machos y hembras. Divirtiéndose en juegos caninos asilvestrados por sus congéneres, más sano y placentero que andar jugando a traerle la zapatilla a su amo, o correteando detrás de un palo en lugar de perseguir a una hembra. Obedeciendo por obedecer, como un monigote para diversión de todos.

¿Habrá por casualidad, alguna persona a la que le pudiera gustar vivir prisionera, por muy de oro que pudiera ser su lujosa jaula?... Esta misma pregunta, la deberían de hacer a los perros y gatos que viven bajo las faldas calientes de sus amos, apestados de perfumes, por no decir de míseros hedores. Que los adoptaron, impidiéndoles vivir en libertad como animales que son, dándoles de todo, haciéndoles ser inútiles, delicados y dependientes. Obligados a llevar vida de mascota, privados de ejercer una sexualidad sana que les fue regalada para utilizarla dignamente con una hembra, como manda su naturaleza. No que se masturben contra la alfombra de su amo, de cuyo capricho y mal llevada soledad, a falta de tener buena relación con su familia, se hace acompañar de un perro, con él que sí suele relacionarse y hablar. Teniéndolo encerrado como penitente y sacrificado ermitaño, aislado de su ambiente natural canino.

En cambio, a los niños huérfanos en espera de ser adoptados, se los olvida y quedan enjaulados en casas de fría caridad, sin afecto alguno. Viviendo indignamente entre claustros o muriendo no se sabe cómo; si por una enfermedad vírica o maldecidos por el gran esfuerzo de las religiosas. Hartas de aguantar griteríos, venidos del pecado de tantas madres solteras, que sobrecargan con lo más amargo el silencio de su más que dura vida de monasterio. Mujeres que sufren unas por las otras su más que injusta condición de ser femenino.

Todo por el apestado pecado del hombre y su indiferencia, que a pesar de tener el mundo en sus manos y ser el mayor irresponsable, pone zancadillas habidas y por haber a buenas parejas, que se desviven un día sí y otro también por adoptar a un niño. Y a las que animo a tener paciencia, no desesperen antes de que les denieguen la adopción, no vayan a declinarse por adoptar un animal, por aquello de... ¡mejor es la compañía de un perro a quien dar y recibir cariño, que solos!

Mientras, bajo el mayor de los secretos en los centros de acogida, van desapareciendo niños de manera misteriosa, como panes del interior de una gran saca. Unos para venta y adopción, pero para llenar monasterios, la mayoría. Alguien decide por ellos, en nombre de algún que otro dios injusto y ambicioso...

La cómoda vida de muchos perros y gatos, a los que se les da mimos en exceso, harían envidiar a muchos niños, si los vieran. También a las personas que viven solas y carentes de ayuda, cuyos familiares, por otro lado, sí dedican más tiempo y afecto a sus mascotas. A menudo, se les oye a sus dueños comentar con cariño, lo adorables que son y lo a gusto que están con sus animales de compañía. Y cuando su animalito muere, hasta son capaces de llorar a lágrima viva y con gran sentimiento. Más que cuando se les muere un familiar.

Y en cambio, no a todos se les oye hablar de sus padres con la misma intensidad afectiva, ni de lo pocholos y sabios que son. Ni siquiera se acuerdan de cuanto se sacrificaron por ellos que, algunos, acaban aparcados como para la zocata en una residencia, muertos de aburrimiento, soledad y desamor. Retirados de su hogar como trastos viejos, mientras sus hijos y nietos, sin rechistar, pasean y recogen por la calle las cacas de su can, que ocupó ese vacío en casa y hasta lo llevan de vacaciones. O aspiran con sumisión, los pelos caninos que hay pegados a la alfombra de su salón, llevando con paciencia esa labor y el desagradable olor perruno. Cosa que no suportan hacerlo a sus padres ya mayores, cuando empiezan a babear o a desmigar con torpeza el pan y las galletas del desayuno y, a regaña dientes, los acompañan a hacer pipi o a bañarse. Las mismas obligaciones que, cariñosamente, adquieren con su mascota, sin estar moralmente obligados, teniendo en cuenta que, los animales, son autosuficientes si se les permite vivir en libertad. Pero como no es así, les dejan en su libre albedrio hacerse dueños del salón de su casa. Aunque a los invitados no les guste que los perros se les salten encima, ni tener que soportar, ser recibidos por unas cuantas lamidas caninas que, muy a su pesar, aguantan por aquello de agradar a sus anfitriones. Que de hacer lo mismo que sus mascotas, es decir: de recibir a lametazos a todo el que entrara por sus casas, lo más seguro, es que se irían quedando solos. Por no querer entender, que hay personas que aman a los animales de distinta manera; con respeto, como a seres de otra naturaleza. Sin tratarlos como a personas, porque no hay que tratarlos como tal, ya que es un modo más de maltratarlos. Sobre todo, cuando se les trata como a objetos de circo o entretenimiento, sin respeto y sin libertad, como prisioneros entre pantuflas. Y mal alimentados, con comida basura, regeneradora de tumores y otros males, que genera mucha industria farmacéutica y crea puestos de trabajo, además de llenar consultas veterinarias.

A los animales se les debe tratar bien, con naturalidad. Y nuestro afecto, reservarlo para los humanos, no vayamos a invertir las buenas maneras y tratar a las personas como si fueran animales, como suele pasar. Todos los seres necesitamos de recibir y dar afecto, eso sí, a cada cual, con cierta prudencia y medida. Y no vayamos a dar también nuestro afecto a los robots personalizados, los que la ingeniería robótica decidió que nos harán compañía en un futuro no muy lejano...

Los niños que son creados desde la infancia con animales, son más equilibrados en este sentido. Su afecto no se vuelca de un modo exagerado hacía sus mascotas y acaban por sentir por ellas mucha admiración, sin darles más cariño que a las personas.

Leí un día, en alguna parte, sobre alguien que expresaba literalmente lo siguiente: ``amo más a mis perros que a la gente...´´

Me dio mucho que pensar, me pareció fuerte. Claro que, todo depende de la personalidad y preferencia de cada uno. Y sí, es verdad y evidente que hay personas muy dañinas, ruines. Pero también las hay muy buenas y extraordinarias. Se trata de considerar a cada cual en diferentes tablas de valores: personas por un lado y animales por otro. Basta con respetar y tratar bien a todos los seres, sin maltratarlos, ni despreciarlos, pero a la naturaleza también.

Cuando las personas mayores se hacen dependientes y resultan una carga familiar o ya en nada son útiles, pasan el resto de sus días encerrados en una residencia. Les pasa igual que a muchos perros que, después de haber sido acogidos con entusiasmo, acaban siendo encerrados en perreras, porque sus amos se cansaron de sus ladridos y, por tanto, de estar fascinados...

Sin darse cuenta que, cuando llegaren a la edad de sus padres, han de recibir el mismo trato que dieron. Así es, cómo por sentencia todo funciona en la vida, la justa causa y efecto. Aquello que se da, se suele recibir después con creces.

Algunos amos y amas, se llevan mejor con sus perros que con las personas. Claro, estos nobles animales nunca contrarían a nadie ni dan opinión alguna sobre política o religión. Y les importa un comino que gane un equipo deportivo u otro, que la empresa de su amo produzca al alza o se derrumbe y si este ronca o silba.

De ahí la popular afirmación de que el perro es ``el mejor amigo del hombre´´. Tan dado a lamerle la cara a su dueño para ganar su cariño y le dé a cambio golosinas para satisfacer su insaciable apetito. A esto, le llamo amor egoísta, propio de animales listos, que más les valdrá hacer la pelota a su amo, no vaya éste a apalearlo cuando esté cabreado; si es que no hay de por medio alguna mujer, con quien descargar frustraciones y tratarla peor que al can.

¿Me pregunto si, aquella persona que da cariño o cuida de la enfermedad de otra y la salva de morir, cuando se presenta el caso, no debiera ser considerada en este término, la mejor amiga del hombre?... Como lo es la madre, la única capaz de dar su propia vida por salvarlo. Y a la que suele abandonar para hacerse a la compañía de un perro, al que define como su mejor amigo y pasa a formar parte de su cuidado y afecto, más que ella. Al parecer, ser madre, es lo que es y todos tienen una, en cambio, el poseer un amigo mudo, sumiso y obediente, que a la vez esté de acuerdo en todo, es más difícil. El perro, cubre esa necesidad de dominio que necesita sentir el hombre sobre alguien. Sí, porque tan útil le puede ser un can que un ama de llaves, ambos serviciales y vigilantes, por poner un ejemplo. O su médico de cabecera que trata de su salud y, en ocasiones, puede que hasta lo salve de morir. Sin embargo, no lo considera su mejor amigo. ¿Será porque las personas están obligadas y cobran un sueldo?... Aun así y todo, también el perro, si no recibe buen trato y buena manutención, se retira de su lado y va en busca de algo mejor, por si lo encuentra, comparar y quedarse con el nuevo amo. A no ser que le valga más lo malo conocido que lo bueno por conocer, que será lo más probable. Porque ser fiel con el estomago vacio, es muy amargo e innecesario, pero lo peor es el maltrato. Imprescindible, es el comer, importante, es el cariño. Sin alimento no se puede vivir, en cambio, sin amor, sí, aunque tristemente.

La diferencia está, en que las personas le contradicen, le reprenden o aconsejan y, en ocasiones, la madre, o la esposa, muy hartas, le contestan bruscamente: ¡no aguanto más tus vicios!, poniéndolo de patitas en la calle, como lo suele hacer él con su mejor amigo, cuando se ha cansado de cuidarlo y lo abandona por ahí, o ya no le sirve para cazar que, en tal caso, ya no sería él, el mayor y fiel amigo del perro.

El can tampoco es que aguante, se mete bajo una mesa y pasa olímpicamente, sin importarle que el equipo deportivo y preferido de su amo, pierda o gane. Ni siquiera le afecta que beba mucho, fume o se drogue, mientras le dé de comer, no lo maltrate y juegue con él como un niñato. El cuadrúpedo no entiende de vicios, ni de amarguras, y su única condición es la de ser feliz siendo lo que es. Por eso es tan cariñoso, sin necesidad de aficionarse a ningún equipo de fútbol para estar alegre o dar mayor sentido a su vida. Le basta con vivir sereno y jugar al aire libre, que no es poco.

Si no es perro guía, cazador o buscador, no tiene como las personas grandes obligaciones para con su amo, pero es su prisionero necesitado de ayuda. Y el amo, su esclavo sirviente, el que se ocupa de todos sus necesidades caninas, como lo de sacarle a hacer pis e ir detrás recogiendo su heces cada vez que dite su naturaleza perruna, obviamente.

La misma atención que necesitan los padres de sus amos, aparcados en una residencia, cuyas necesidades son atendidas por otras personas. Algunos de ellos obligados como perros que, a diferencia de los que ingresan por su voluntad, nunca desearon abandonar su dulce hogar. Aunque debemos de reconocer, que las residencias están muy bien para ciertos casos de soledad o incapacidad y, salvo excepciones, el personal auxiliar suele ser más humanitario y cariñoso que la propia familia.

Ahora, eso sí, si es que más adelante no se cansa también su amo de él y lo abandona en alguna perrera, o tirado a su suerte en la calle hasta su muerte. Cómo hizo con sus padres, al llevarlos a un hogar de la tercera edad, haciéndoles ver que allí estarían mejor.

Ni siquiera, en estos casos, la madre y el padre, llegan a ser los mejores amigos del hombre para algunos inconscientes que, por lo que se suele ver, lo es más su can.

Hay por ahí personas mayores que, al igual que muchos niños abandonados, desearían vivir como las mascotas de sus hijos para estar cerca de ellos y sentir cariño. Algo tan esencial para mantener una salud viva y alegre, sin necesidad de tomar antidepresivos.

El hombre solitario y vagabundo, casi siempre se hace acompañar de un perro con el que habla a veces, sin que el can le dé consejo alguno ni reprenda a su amo. Ambos sin cariño, tristes y muy solos en su libre y errante vida.

Me atrevería a decir que, al revés que el perro, la madre, o bien la esposa, son para esta clase de hombres, la enemiga número uno; las que a menudo le exigen y aconsejan para su propio bien y, a cambio, sólo reciben desprecio. Sin embargo, la madre, que no es su enemiga, debería estar considerada como su mejor amiga y no el perro. En cuanto que éste, es el amigo que se deja someter, el que nada pide ni exige y siempre lo está esperando impaciente sin pronunciar palabra. Aunque se les suele ver a ambos muy perdidos y con profunda tristeza, entre alcohol y humareda por cualquier bar de entre calles discretas. O bien, echados sobre cartones, en los fríos y húmedos portales de alguna que otra comunidad. Ambos se hacen compañía mutua, bajo una dependiente amistad instintiva, más que afectiva. Dios los crea y ellos se atraen a un estilo de vida de mayor albedrío, pero lastimosa.

El mejor amigo del hombre y de los animales, debiera ser toda aquella persona que vela por su bienestar, le reprende, exige y conseja bien, aunque no le agrade.

Los animales tienen mucho que aportar y deben ser considerados como compañeros de viaje por esta vida, pero nunca relegar a los humanos a un peldaño inferior o segundo lugar. Como pasa en algunas poblaciones del tercer mundo donde, casi siempre, son mejor tratados que las mujeres y los niños, siendo éstos, a veces, el último mono en ser atendidos.

Me gustaría que en la India, se considerase mejor a las mujeres que a las vacas. Y ambas fuesen bien cuidadas, cada cual en su hábitat como les corresponde. Y ninguna fuese violada ni menospreciada y, menos aún, apedreada cada instante. Porque la femineidad forma parte de la divinidad. Robada por las religiones desde tiempos remotos, que prefirieron endiosar al hombre y adorar al toro y a la vaca `*sagrada*´, entre otras deidades inmortalizadas por determinadas inculturas. Hasta acabar por minusvalorar a la que según dicen fue creada a imagen y semejanza de Dios, que la bendijo como al más sagrado de los cálices para que albergara vida en ella.

Y a pesar de que la mujer aporta mucho más a la humanidad que éstas, es, con diferencia, peor tratada. Y en algunos países muy mal, porque hay más mujeres que vacas. La mujer no está en peligro de extinción, por eso, no le preocupa demasiado al hombre que fornica sin parar y, algunos, hasta tienen un harén.

Cada especie tiene su propia inteligencia o instinto que la distingue de la otra, la que corresponde a su condición de supervivencia. Ninguna es desestimable, ya que se necesitan entre sí, se complementan. Por tanto, animales y personas, merecen ser bien tratadas para disfrutar en simbiosis entre sus distinciones. Y darles a todas el respeto que se merecen como seres que son, cada cual, en el espacio natural que le corresponde y con derecho a ser bien consideradas. Pero el hombre, es el primero en no respetar a las mujeres, ni a los animales, a los que maltrata con crueldad.

A los amantes de la tauromaquia, les animaría a tener el valor de salir al ruedo a lidiar, a embolar o a ensogar, a los sanguinarios que aplauden desde la barrera. Sólo para ver qué opinarían ellos de tan cruel y absurda atracción carnicera, a la que llaman `*arte*´ de torear. Más bien, es *arte* de matar masacrando. Es sadismo puro y duro. El hombre, por ambición, es capaz de engullir su consciencia y no ver más allá de sus narices el sufrimiento que causa, si no lo padece él en su propia carne.

La hombría, sólo puede formar parte de la sensibilidad; no del funesto coraje asesino. El hecho de que este espectáculo se siga permitiendo, se debe al público, que paga por satisfacer su instinto salvaje. A estos insensibles carniceros, cuando hay morbo o dinero de por medio, les es indiferente el sufrimiento ajeno y, en ocasiones, poco les importa que se haga con personas. No olvidemos que, hace siglos, practicaban la misma aberración con humanos en las plazas y se laureaba al vencedor de abominable acto. Y, no hace mucho, en el holocausto nazi, entre otros muchos frentes de batalla de hoy en día, con diversas maneras de causar sufrimiento sin piedad. Como lo de obligar a las llamadas ``mujeres de consuelo´´ a alistarse para prostíbulos militares y demás bestias demoníacas...

Cuando deje de haber asistencia a estos lamentables espectáculos, se terminará con la barbarie y el instinto animal acabará por desaparecer de la mente de futuras generaciones. Si desde la escuela, los profesores se esforzaren en preservar la sensibilidad de los niños.

Sería mucho más digno y espectacular, admirar la coordinación de movimientos de un noble jinete a caballo, en desafío con un bravo toro, por el ruedo de una gran plaza. Sin herir a uno ni a otro, si humanamente fueran desafiados por maestros caballeros que se dignan a disfrutar como rejoneadores, al tiempo que miman a sus animales sin lancearlos. A esto sí, se le podría llamar *arte del desafío* entre dos fuerzas nobles y la bravura taurina, la cual más poderosa. Si bien, cualquier espectáculo que se aprecie, estresa a los animales.

A decir verdad y sin ánimo de escusa, hasta la misma fuerza de la naturaleza es cruel. Sin ni siquiera un resquicio de piedad por la más inofensiva de las aves, cuando arremete con un fuerte temporal contra todo y sin miramiento. Pero el maltrato a los animales, igual que el maltrato a las personas por parte del hombre, es bestialmente indigno y repugnante. En esto, se diferencia de la naturaleza salvaje: puede evitar el sufrimiento, el dolor y la desgracia en muchos casos, si pone interés y cuidado. Esto es lo que de verdad dignifica a todo hombre o mujer. Sólo hay que educar mejor para concienciar en este sentido a las nuevas generaciones.

Tristemente, quedan todavía muchos energúmenos que practican aberraciones parecidas. Ya no sólo con toros, también con personas, cuando cortan a navajazo el clítoris de las niñas para mutilarlas, o a machetazos decapitan a cualquiera.

Deberíamos reflexionar seriamente, sobre a qué se debe que una inmensa mayoría de hombres sientan tanta inclinación a cometer carnicerías. Y por qué muchos siguen la misma locura colectiva, como la locura nazi, cuando la siguieron millares de soldados sin reflexión y con la misma imbecilidad paranoica. Y cuantos más no habrá por ahí, obedeciendo como títeres a cometer barbaridades, sin sentido, ni razón de ser, si no es por el vil metal, con lo que son gratificadas sus malditas hazañas.

¿Qué es lo que falla en sus cerebros para llegar a ser tan inconscientes?... ¿Educación en valores?... Sí, porque cuando la educación carece de ellos, se convierten desde niños en chulos egocéntricos. No hay más que ver, cómo están mal gobernados algunos países del mundo, cuyo dios, sigue siendo el endiosado hombre.

También los militares nazis se acompañaban de perros a los que estimaban y acariciaban, porque los amaban más que a aquella buena gente a la que tenían sacrificada. Desafortunadamente, para aquellos hijos de Satán, eran eses los mejores amigos del hombre que, de no serlo, buenos mordiscos les habían de haber pegado, hasta contagiarles la mortal rabia que habría de aniquilar tanto odio. Otro tipo de rabia, que causa animadversión hacia los humanos e intensifica adoración por los animales. Mientras, por otro lado, chulos militares, maltrataban con brutalidad a miles de personas a las que odiaban como psicópatas carniceros. Contagiados por la misma locura de su loco líder, que en el infierno esté en compañía de todos ellos, puesto que no hay perdón para tanta crueldad. Ni siquiera en vida, si aún vivieran, habría persona capaz de perdonarles tanto mal, a no ser un juez que fuera igual de malvado.

Al diablo le obedecen hombres de esta misma calaña y, todavía, quedan muchos por ahí, que han de regresar nuevamente al infierno. Nacen únicamente para cometer maldades. Son los llamados *mal nacidos*.

¿Y cuántos países más no habrán en manos de gobiernos tan psicópatas como éstos?... De cuyas hazañas los historiadores se hartan de narrar, sobre guerras asesinas de millones de inocentes que no fueron provocadores de ninguna de ellas. Está claro que, el mundo, está gobernado por fuerzas del mal, mientras las religiones se hartan de rezar y nadie las escucha.

Hay grandes canallas de guerra a los que les importa un bledo, si las ruedas de sus tanques de combate aplastan a personas, si las balas de sus rifles alcanzan a mujeres y a niños, si viven apenados en campos de concentración o apiñados en barracones a la espera del holocausto. O si huyendo en barcuchas mafiosas a punto de naufragar, que es otro tipo de éxodo, donde personas aterrorizadas padecen en extremo, uno de tantos actos humillantes que extralimita lo humano, tras una locura de imbéciles en plena destrucción apocalíptica.

El mundo está gobernado por locos y hay más psicópatas fuera que dentro de los manicomios. Son granujas de la misma condición malvada que aquellos que acariciaban y trataban como personas a sus perros, comiendo a la mesa con ellos, como solían hacer los jefes nazis y otros muchos diablos.

¿Cuántas personas mártires tras las rejas de aquellos campos de concentración, no habrán envidiado a aquellos afortunados perros?... No por estos pertenecer a terribles amos a quienes odiaban con toda su alma, sino por la calidad de vida que les daban a sus perros y la enorme falta de sensibilidad con la que les trataban a ellas. Abandonadas de la mano de Dios en medio de tanta locura, controlada por bestias militares. Cuya protección, hoy, no es otra que chalecos antibalas y guarda espaldas, que da vergüenza ver cuántos malvados del inframundo llevan protección por sus malas acciones, que siguen afligiendo brutalmente a la humanidad entera. No son humanos, sino naturaleza de instinto salvaje y diabólico.

Así andan muchos, siempre huyendo del horror que crearon con sus ataques terroríficos de guerra, favorecedores de mafias, que sin el mínimo resquicio de piedad, inducen a su gente a lanzarse en pateras con peligro de naufragio. Y después, se les ve dar buen trato a las bestias del campo.

¡Basta ya, hombres malditos! ¡Apiadaros de vuestro semejante! ¡Sanaros de semejante locura!

¡Despertad del letargo de vuestra maldad! ¡Mirad cuán sufren las inocentes criaturas!

Aquellos jefes de Estado, cuyo interés, no debiera ser otro, que el de llevar a cabo la protección de lo puramente humano y sus derechos, deben reunirse y dar órdenes para la creación de un organismo internacional que forme y dirija un ejército, cuya misión, sea la de Guardia Protectora en cada país. Que patrulle por los poblados y llegue a cualquier rincón miserable del mundo, cuya grandiosa labor, no sea otra que la de educar, defender y proteger a personas, en países donde la única ley que impera es la de la selva. Donde la mujer vale menos que una gallina, ni tiene derecho a ir a la escuela. Y a temprana edad la cargan de hijos, que malviven por causa del abandono del hombre que malamente se responsabiliza por ellos. Mientras, a sus hijas, las van vendiendo para la prostitución o son raptadas y violadas, u obligadas a casarse con monstruos.

¿Oh buen Dios, cómo pueden aguantar esto, tus pobres criaturas?... ¿Dónde te escondes con tu silencio?... ¿Cuánto sufrirás como Padre-Madre?...

Ejércitos para proteger, enseñar, educar e imponer justicia, son más necesarios que los que hay haciendo guerra por todo lado, cometiendo los mismos errores que millares de camaradas muertos en anteriores combates, sin resolver conflicto alguno.

Hay que reunir a auténticos soldados favorecedores de paz, debidamente formados, con ayuda financiera de parte de todos los gobiernos del mundo. Que en común hagan posible un gran ejército protector, guardián de derechos y de justicia, que protejan y defiendan a inocentes mujeres y niños tirados a la intemperie, antes de que caigan en manos maliciosas.

Ángeles que Dios puso y dispuso para mayor felicidad de todos y que el destructivo hombre nunca se harta de masacrar.

También son necesarios batallones de salvamiento, que puedan salvar de morir a millares de inocentes que huyen a pie de polvareda y, cuando no, a pie de agua asomados a las barcuchas mar adentro. Hacía países de donde salieron las mismas armas amenazadoras que los obligaron a huir aterrorizados de sus casas, hacia una Europa fría e hipócrita. Donde muchos de los hombres, no es que sean mejores, sino que están regidos por otra clase de leyes que los más honestos obligan a cumplir bajo pena de cárcel. Y cuya gente se siente impotente, esperando que sus gobernantes sientan piedad suficiente como para parar el carro de Herodes. Que no para de perseguir a inocentes víctimas de un destino atroz, marcado por las insensatas bestias de Satán dispersas por todos los países. Mientras, centenares de embarazadas llegan casi muertas, aplastadas entre bestias malditas dentro de las mismas barcazas y, otras tantas, son violadas a camino del infierno. Que no deja de perseguirlas a donde quiera que vayan, porque siempre está él ahí, el más bestial de las bestias, rodeándola.

¿Qué hace tanto multimillonario con inmensa riqueza acumulada?... Que construyan hospitales ambulantes y navegables para salvar a personas desgraciadas y mujeres embarazadas. Antes de que mueran muchas de ellas, huyendo desesperadas de manos de tiranos mafiosos, que las desasosiegan con infernal vida hasta separarlas de sus hijos, algunos perdidos en el mar, ahogados. Donde acaban como ballena varada en la arena de cualquier playa desconocida, por causa de un destino cruel e inmerecido. No ya por la fuerza bruta de la madre naturaleza, sino por el salvajismo humano. El que ellos periódicamente crean en un país o en otro.

En lugar de sacar submarinos y buques de guerra para matar vidas humanas, mejor si los militares se ponen chalecos salvavidas para ir en busca de seres que caen al agua escapando del horror, el que ellos crean periódicamente en un país o en otro.

Igual que lo hace la organización Greenpeace, cuando se afana mar adentro para impedir cualquier acción que dañe la vida marina, dado que a muchos jefes de gobierno les importa un rábano la naturaleza del mar. Y que, por su indiferencia e su irresponsabilidad, está siendo contaminado un día sí y otro también, por gigantescas derramas de crudo para desgracia de todos los seres y del medio ambiente.

La gobernanza del mundo, parece estar siempre en manos de incompetentes, sin idea alguna de cómo conducir un país. Casi siempre, intentan gobernar a su capricho y para sus principales intereses, rodeados de un férreo amiguismo que los va moldeando. Para acabar convertidos en marionetas del monopolio de las armas, de las bombas y de lo más mortífero y nuclear. Transformados muchos, en chulos sin vergüenzas, endiosados de sonrisa perfecta y cara de aprobación, con cartera bajo el brazo y agilidad de novatos primer ministros. Y con pase de aprobados, hacia futuros pluriempleos de elevados sueldos en empresas estatales, más la paga vitalicia y una codiciada jubilación. Después de dejada la colmena y rebañada la miel política, para pasar a formar parte del panel de directores de empresas de la industria de primera necesidad, como el agua, la energía, la comunicación y otras tantas. De cuyas abejas (los consumidores), se afanan con elevadas facturas en acumularles riqueza, para pagar elevados sueldos a sobrados presidentes y abejorros chupa-vidas.

Lucifer los elije y ellos se juntan para gobernar empresas en común, e imponer leyes favorables que les beneficie especialmente. Y bien poco les importa el sufrimiento ajeno, o el esfuerzo humano de sobrevivencia diaria por la carestía de vida, o por atravesar calamidades provocadas por las guerras de paranoicos políticos. Como la huida por mar, uno de tantos éxodos terribles y que a los acomodados jefes de gobierno poco les indigna realmente, mientras su particular ruleta financiera siga marcando al alza.

Y para mayor y macabro remate, debido a la falta de personal suficiente para rescatar vidas en el mar, nunca las criaturas marinas, ni siquiera en tiempos de crueles batallas piratas, habían engordado tanto, como con la enorme cantidad de carne humana desperdigada por sus aguas. Y como último atentado a nuestros queridos hermanos, inconscientemente, estamos consumiendo pescado alimentado por dichos cuerpos ahogados, cansados de huir, caídos al agua como sacos de mercancía. Nada afortunados, por haber nacido en otro país lleno de miseria humana, cuyos gobiernos y religiones, nada resuelven, ni siquiera se atreven a denunciar con contundencia tanta maldad. Si tal como entendemos, éstas, deberían ser más sensibles y levantarse en actitud de protesta contra toda masacre.

¿A quién sirven y cuál es su servicio a Dios?... Si ni siquiera se las oye protestar, ni se las ve desplegadas entre las olas del horror tratando de prestar ayuda. Excepto el personal altruista y los voluntarios de salvamento de la cruz roja, entre otros.

Lamentablemente, los grandes lobos de mar, de tierra y aire, conductores de gigantescas máquinas surcadoras del inmenso océano, del extenso globo terráqueo y del infinito universo, que los hay a millares, sólo están dispuestos a matar en sus guerras. No se disponen como salvadores de vida, cuya misión, no es otra, que la de servir a otros intereses materialistas, a costa de acabar con la vida de todo el que se oponga a sus deseos, no de salvarla.

Siglos atrás, misioneros y conquistadores navegantes, en cuyas carabelas surcando peligrosamente el mar, se tomaban la molestia de ir a predicar el evangelio a tierras lejanas. Y de paso, usurpar para beneficio de la curia y de la monarquía europea, los bienes y propiedades a los indígenas, dueños de aquella riqueza.

Sin embargo, hoy, cuando son muchas las barcas llenas de gente y pocos los rescatadores, no se les ve dispuestos y con afán en el mar, cruzando esas mismas aguas para salvar de ahogarse vidas a punto de morir, si no hay entre ellas, tesoro alguno que capturar. Y es que, la vida de estos hermanos, no resulta ser tal tesoro que dé para seguir construyendo suntuosos castillos y abadías. No, lo suyo, en los tiempos que corren, ya no es lo de salvar almas o vidas y menos lo de rescatar cuerpos.

Sus arcas, se van llenando de cualquier otro modo y siempre están llenas. Su misión, hoy, es la de cuidar su imperio cardenalicio y observar a las estrellas, así como, reconstruir costosas catedrales, cuidar de sus muchos museos y viejos monasterios. Además de todos sus inmuebles y la riqueza acumulada en sus bancos financieros, que ocupan buena parte de su tiempo y tiene mayor valor que la vida dispersada entre olas. Cuerpos caídos al mar desde barcuchas mucho más cutres que la suyas de entonces, cargadas de valor material robado y repleto de esclavos.

Hoy, hay demasiada población, y los señores acomodados de la Europa del siglo XXI se han deshumanizado. Poco les importa la vida de aquellas personas que, constantemente afligidas, huyen despavoridas de las ametralladoras que salieron de sus fábricas, puesto que es gracias a su armamiento que mejoran sus finanzas y se va reduciendo la humanidad que procrea como conejos. Gracias a las religiones, que impiden el preservativo y les importa un comino, ver cómo mueren millones de niños en medio de tanta hambruna. No importa que nazcan criaturas y vivan un breve periodo de tiempo, dado que sus hombres no hacen más que follar, y no hay mal que por bien no venga a la viña del sacrosanto señorío. Al que de paso le da pie para demostrar caridad y hacer ver que sus misioneros no dan abasto; que las bocas son muchas y la mies es escasa para satisfacer a tantos. Por lo que se hace necesario seguir ingresando donativos, y se apunten más voluntarios que hagan el trabajo por ellos. Ya que su deber primordial, más bien suele ser el de controlar su economía, recolectar dinero y rezar por el mal que comete el hombre, que no es poco y es igual de interminable que el hambre, porque sus oraciones sirven de muy poco.

Oran por los demás, cuando es el hombre quien debería hacerlo por sí mismo, con propósitos de cambiar y obtener verdadera paz interior. Para acabar expandiéndola sin gran esfuerzo a los demás y contribuir de este modo al fin de interminables guerras.

Elevarse a menudo con fe en actitud de oración, apacigua la fiera que llevamos dentro y hace resurgir el amor incondicional, que repercute solidariamente a favor de la paz y el fin de la miseria. Dos factores que urgen ser atendidos con urgencia. De lo contrario, irá a más, si no se distribuye equitativamente el trabajo y su remuneración, más la riqueza y los bienes que hay en manos de unos cuantos multimillonarios, gracias a la enorme esclavitud.

Los más pobres, se han acercado siempre a las instituciones religiosas, que piden para sí mismas en favor de los necesitados. Porque sin ellos, su existencia no tendría mucho sentido, pues llevan siglos haciendo apología de la pobreza; predicando a favor de un ejemplar modo de vida humilde al más austero estilo monjil. Y con promesas de entrada en el cielo para resignación de los engañados creyentes. Sí, pero sólo después de cada alma haber pasado por la prueba del agujero de cualquiera sabe que fina aguja, ya que, no por el simple hecho de ser pobre, quiera decir, que vaya a alcanzar el paraíso. O que, estando en el más allá, vaya a gozar de virgen alguna, como premio a su castidad y a sus muchas carencias, entre otros necios sacrificios de abstinencia, con fines a una supuesta santificación. Y menos aún, por morir atado a una mochila cargada de explosivos, a los que activar para explotar entre la multitud como reivindicación patriótica. O váyase a saber si, por miedo a no se sabe qué grupo de diablos, que atormentan su existencia y lo induce a huir de su propio infierno.

Excepto los millonarios elefantoides de autoestima elevada, que de seguro no pasaran por el ejemplar agujero, dada su inmerecida vida terrenal llena de lujo; otra clase de cielo ficticio y temporal. Permitido por todos los degenerados hijos de Eva, esclavizados en pago de sufrir por aquel pecado, mientras los hermanos más ricos viven como dios. Pero ya vendrá el día, en que tendrán que sufrir en el infierno de su conciencia, atormentada por el ilícito enriquecimiento; a costa del sudor de muchas pobres esclavas y esclavos, que sí pagaran por ellos su caro paraíso en la tierra. Y gracias a la riqueza cumulada por la venta de armas; que constantemente matan a incontables personas. Y por la venta de drogas; que envenenan y aniquilan a diario la personalidad de millones de jóvenes. Además de otros puercos negocios que, sin detenerse, destrozan a su libre albedrio a la adolescencia, como la pederastia y la trata de blancas; otro tipo de esclavitud repugnante que no tendrá reprenda ni emenda y menos perdón.

Son toda esta clase de elefantoides y demás gobiernos corruptos, los principales responsables de desestructurar a la humanidad. Influenciada y engañada cada vez más por la tan ambicionada globalización, que la esclaviza para un mayor enriquecimiento de empresarios a nivel mundial. Favorecidos por grupos lobby de gran poder, que manejan a los gobiernos hacia un particular interés común, aun a costa de empobrecer a buena parte de la sociedad.

Así es, cómo desde tiempos remotos, han actuado siempre los grandes usurpadores de derechos de los pueblos, donde antaño, primero se regían por tribus y se hablaba de respeto porque pintaba mucho el clan familiar. Cuyas tierras y derechos fueron usurpando para formar reinos independientes. Donde más tarde, dejó de imperar el respeto al pueblo y se impuso la obediencia ciega al señorío cacique, que se servía del analfabetismo reinante y del derecho a pernada. Para, posteriormente, crear imperios bendecidos por papas que, conjuntamente, se hicieron amos del mundo, prohibiendo las ideas y la libertad de decidir como pueblos, además de anular su propia lengua y cultura, sin consulta popular. Para siglos después, perderles todo el respeto e institucionalizar el poder de soberanía y centralizarlo, sometiéndolos aún más a la subyugación de Estado y, posteriormente, a la globalización de Europa, que acabó por empobrecer aún más a los pueblos. Y que acabará siendo gobernada por personajes retrógradas, que desde hace mucho la están invadiendo en silencio. Mientras en la adormilada *democracia* europea, todos juegan a ser políticamente *correctos,* simples *peloteros* partidistas a sueldo. Encadenando hasta al cuello a los pueblos, donde reclamar derechos se hace cada vez más arduo y complejo, o bien hay que ir a un país vecino. Donde puede que todavía quede algún juez sensato, capaz de defender con honestidad los derechos de las personas con sus leyes, más humanas que otras, regidas bajo una ficticia democracia cristiana.

Y desde entonces, fueran perdiendo respeto a los jefes patriarca y matriarca de cada tribu para pasaren a alabar a sus majestades. Convertidos en dioses coronados, bendecidos por la gracia del jefe de su religión, que los autorizaba a gobernar a cada uno, en un reino diferente. Pero dependiente de este jefe, al que pedían la bendición que les otorgaría derechos, robados a los ancianos de los pueblos. Para entre ambos, tomar poder y superioridad frente a nuestros padres, repartiéndose la autoridad y el dominio de todo y sobre todos, para sólo causar guerras unos contra otros, por la adquisición de nuevos territorios. Que para ello, bien que se apañaban para casarse entre primos, que les conferiría mayor poder al adquirir sus tierras y agrandar condados. Hasta acabar más tarde con la soberanía popular, al estar regida por leyes dictatoriales de una monarquía que unificó pueblos enteros para formar grandes imperios. Al que más tarde llamarían Estado para comprometerse hasta las cejas con Europa y, finalmente, acabar con la soberanía de cada pueblo y su total derecho a decidir. Hasta acabaron con el derecho de los padres a decidir sobre sus hijos, obligados a entregarlos para participar en sus muchas guerras de conquistas y reconquistas.

Con el tiempo, a las personas, se nos fue convirtiendo en fichas de ajedrez, bajo directrices de desconocidos e incompetentes personajes que, al tiempo que defraudan al fisco con evasiones a paraísos fiscales; se reúnen en torno al tablero europeo para aconsejar y gobernar a su gusto la vida de todos. Y por si fuera insuficiente, desplazan también sus empresas a países de mano de obra barata, para hacerse aún más ricos y empobrecer a la sociedad, que para eso la han globalizado, para esclavizarla aún más. Sin importarles en lo más mínimo, los muchos degenerados hijos de Eva, que al quedarse sin trabajo, pasaron también a formar parte de una segunda lista de desgraciados; que no volverán a encontrar un empleo en su vida. Gracias al desorden mundial que se han montado estos ``*lobos mandamás*´´, hijos del diablo, que viven como multimillonarios sinvergüenzas.

Globalizaron para beneficio propio, prometiendo mejor calidad de vida a su gente, a la vez que la esclavizaron, asesinaron y atontaron durante décadas a buena parte de la juventud por todo el mundo. Permitiendo la entrada de grandes toneladas de droga, que a diario llega hasta nuestros barrios y al colegio de nuestros hijos. Permitieron, además, la entrada a todos sus delincuentes, que circulan por una Europa de puertas abiertas y entran a robar en casas de nuestros mayores, que vivían solos, pero sin miedo.

Como antaño, cuando delincuentes imperiales invadían con sus tropas para robar obras de arte y la riqueza de nuestros pueblos, incluido violar mujeres, a pesar de la gran vigilancia fronteriza. Hoy, es diferente, se les ha abierto descaradamente las fronteras a sus descendentes mafiosos, a los que más ha beneficiado el enorme cambio global, que les facilita entrar y salir libremente para robar y vender fuera el botín. Amparados por gobiernos y policías corruptos, que facilitan el paso y venta de grandes toneladas de droga. Y que, además de corromper urnas electorales, salen elegidos repetidas veces, gracias a un pueblo ignorante al que han educado y atontado a su gusto. Porque no conviene educar mejor, sino enseñar a base de mentiras; distorsionando la historia y drogando a nuestros jóvenes. Para que no vean la realidad, ni se enteren demasiado de la corrupción política que vive a costa de drogarles. Y hoy, los jóvenes, a base de alcohol y droga, ya no se sublevan, ni se manifiestan para protestar.

Han pasado de privarles de derechos y libertad a permitírsela a los narcotraficantes y delincuentes, que campan a sus anchas para asaltar. Y es que, calle por donde antes se podía ir sin miedo, hoy, es imposible; te sale de inmediato cualquier hijo de mal padre. Y ya ni siquiera los hombres pueden caminar solos por cualquier parte; también son atacados por maleantes llegados de matusalén. Con zorra nariz afilada, olfateando desde lejos a su víctima, a la que siempre acaban atrapando como por suerte del diablo.

¿Cuántas madres y padres no habrán sufriendo, con hijos hechos una piltrafa social, causada por la maldad de los hombres?... Paro, droga, pederastia, prostitución, maltrato, acoso policial, racismo, estricta exigencia de normas, guerras interminables, etc... Son todo un conglomerado negativo de situaciones que aumenta la desilusión y lleva a la depresión, enfermedad creada por el inmenso desasosiego.

Buena parte de la sociedad, no es feliz, padece la enfermedad de las tres des: el `*desarraigo*´; debido al cada vez mayor desplazamiento migratorio, el `*desamor*´ y la `*desigualdad*´; debido a la cada vez más lacerante frialdad e indiferencia, que bien se podría resumir como los diez mandamientos en uno: *deshumanización.*

Por esto mismo, se da anualmente miles de *suicidios,* por el gran lastre que soportan desde temprana edad los jóvenes de hoy en día. Y también es sabido, como la policía de todo el mundo los acosa, o les pasa droga a cambio de confesiones y chivatazos. Y como las cárceles están repletas de esa maldita sustancia..., que no se comprende cómo pueden dormir los que la venden, y muchos presos salen peor que han entrado. Porque a la juventud, se la daña mucho en estos centros con tanta droga y no recuperan, no se la trata bien ni se la ayuda a mejorar. Ni los adultos queremos reconocer, que cada generación aporta nuevas ideas, concebidas desde la mente universal que está siempre ahí, precisamente para la humanidad progresar, aprender y crecer con diferentes pareceres sin retrocesos. Y cuando la juventud no avanza o se deprime y enferma, es por falta de motivación creativa, que la induce al ocio pernicioso o la declina a cometer maldades. Y como los animales, pasan la vida invernando, copulando y comiendo por aburrimiento. Por eso, hay que escuchar a los jóvenes, dejarles paso para que se pongan activos. Y tratarlos con dulzura para que devuelvan a la sociedad lo que recibieron. Sólo así, desarrollaremos una nueva humanización cuerda y progresista.

Además, quién más sufre por las consecuencias, son las madres, porque el mundo gira a su alrededor y las alcanza directa y doblemente en su corazón maternal.

Y habiendo como hay, tanta corrupción y miseria, cabría preguntarse una vez más, ¿qué hacen las religiones a la hora de condenar maldades como estas?...

¿Para qué están y a quién sirven?... ¿Qué predican en nombre de Cristo para ayudar a librar a sus criaturas de tanta inmundicia, que conduce a muchas a la muerte ?...

Mejor si, se acercaran a ver qué les pasa a los jóvenes que sufren en silencio y se suicidan cada día. O se mueren, huyendo en embarcaciones, entre los demás desterrados hijos de Eva a camino del crudo *paraíso del exilio* que, al parecer, llegan para seguir pagando de algún modo por aquél pecado. Que a diferencia de la Virgen, no fueron *concebidos sin él* desde las entrañas de sus madres.

Que según los dogmáticos, aunque María naciera del vientre de su madre sin macha de pecado venial, conviene recordarles, que tampoco se libró de un duro sufrimiento. Es decir, sufrió crudamente como cualquier inmortal hija de Eva; sin imponer Dios castigo alguno, sino que es el hombre quién lo admite.

Hoy por hoy, los aventurados misioneros, ya no se ven necesitados de salir como antaño a través del mar, como pescadores de hombres a ver a quien predicar. Sino que, en el siglo XXI, son los descendientes de aquellos a los que intentaron convertir, quienes en míseras embarcaciones cruzando el inmenso charco marino, vienen a su encuentro muy desesperados, llamar a la puerta de los llamados cristianos europeos. Llegan en busca de ayuda, que en ocasiones se les da y en otras no, dando con la puerta en sus narices, o mirándolos con racismo las personas más insensibles.

Siglos atrás, muchos países se enriquecieron gracias a las riquezas de África, de América y de otros muchos pueblos indígenas. Ya va siendo hora de que se les atienda desde aquí, desde este otro lado de la orilla, devolviendo lo que se les quitó. Vienen a recibir lo que sus antepasados tuvieron que entregar por la fuerza a los europeos que, a su vez, dieron muy mal ejemplo a sus hijos, los que ahora llaman a la puerta al son del toca, toca; toca compartir. Muchos, son los descendentes de aquellos a los que se les quitó la vida, mientras luchaban contra la colonización de su pueblo. Y que hoy, sólo les queda sobrevivir de las migajas de los descendientes de sus patéticos invasores.

Mientras tanto, otra realidad no menos inhumana, azota la misma costa por donde salieron antaño valientes navegantes, embarcados en hermosas carabelas repletas de sueño aventurero. Y cuya realidad hoy, con la llegada de miles de desesperados seres, se invierte en otro panorama mucho más tétrico. Cuando cuerpos caídos al agua desde míseras barcas se ahogan, al huir despavoridos de la maquinaria de guerra que la misma Europa y demás naciones, fabrican para sus malvados gobiernos y sólo unos pocos salen a socorrerlos. Son los abandonados de Dios y despreciados por el hombre, son hijos, nietos, bisnietos y tresnietos de aquellos lejanos padres. Todos herederos de un desdichado paraíso, codiciado por malvados europeos que hoy chulean de su riqueza, la mayor parte adquirida en tierra indígena y demás.

Triste destino el de esta gente. Primero, les invadieron para usurpar riquezas y su entidad como pueblo, para siglos después, tener la desfachatez de venderles armas a sus desalmados gobernantes que atentan contra ellos. Por lo que, no les queda otra, que huir mar adentro, poniendo de cualquier modo su vida en riesgo, tanto si se quedan allá, como si se vienen para acá.

Delante de las mismísimas narices de europeos sin escrúpulos, que apenas se inmutan. Idiotizados, con cada vez más religiones que los vuelve indiferentes y apáticos, en vez de más humanos. Que con tanta religión, el mundo debería de estar en paz, si éstas fueran como Dios manda y no anduvieran tan afanadas en mejorar relaciones, recibiendo a crueles autores de permanentes guerras que desasosiegan al mundo.

Señores del Vaticano y otras cúpulas: déjense de diplomacia. ¡Cuánto mal interminable!, desháganse de tanto lujo, dejen de estar cómodos, remánguense para la acción y compromiso con la humanidad a pie de calle, que ya no son necesarias embarcaciones para ir a lejanas tierras. Hoy, basta con acercarse a la orilla como pescadores, para pescar a familias enteras con hijos desfallecidos en brazos, llegados desde muy lejos con necesidades más imperantes que las de rezar. Prediquen más con el ejemplo de amor y servicio a los demás. Y procedan como Jesús: repartan sus panes (su riqueza) acumulada en mafiosos bancos y museos.

¿Cuándo los hemos visto entre las olas del mar recibiendo a estas gentes, o recorriendo acampamientos de refugiados, o caminando por barrios llenos de miseria y desesperación de todo tipo?... Cómo lo hizo Jesús, con esperanza en los labios, alimento y cobijo en las manos para ofrecer a los marginados, que acaban por encaminarse cada vez más hacia la perdición. Necesitados de ver hechos que los despierte a la luz y vean destellos de esperanza, no incurran en la decadencia o en la delincuencia juvenil, que gobiernos despreocupados ayudan a proliferar. En cuanto que Sus Eminencias, cómoda y simplemente, rezan o dejan que otros hagan el trabajo de recibirlos y darles aliento.

Dios no necesita de las religiones, si no es para que ayuden a levantar el espíritu a los marginados de esta sociedad, o para que abran sus puertas a todo aquél que huye del caos y de otras muchas desgracias. ¿De qué sirve su moral, si sólo protestan por la calle contra el aborto y no lo hacen contra la edificación de muros y rejas de la muerte, o contra el racismo y la desigualdad de los ya nacidos?... Ahora, toca recolectar el efecto, como resultado del mal que causaron. Entonces, no encontraron grandes obstáculos para invadirles su país, como muros o vallas lanceadas. Sólo era, coger armas y embarcar para tomar en propiedad territorios ajenos.

Desnúdense de tanta hipocresía, conviértanse en eficaces soldados de Cristo y luchen por dar cobijo en sus seminarios que, de tan vacios, se enmohecen a la espera de dios sabe quién... ¿No a la espera de peregrinos de la paz, que huyen de las armas de guerra fabricadas en Europa y demás países para matar?... ¿O tal vez sí?... Ojalá estuvieran a la espera de los llegados de entre las olas de pánico a punto de naufragar, mientras helados de frio y desalentados, acuden a nuestras costas en busca de refugio y exilio que muy pocos quieren dar.

Habiendo además, bastantes albergues pertenecientes al patrimonio religioso, dispuestos y provistos de buenos parajes con atención al fatigado. Esperando otra clase de peregrinos para los que se preparan centenares de panfletos informativos y guías turísticas. Donde se les indica cual dirección o mejor camino tomar para llegar cuanto antes a Santiago. Y donde poder pernoctar o descansar en algún que otro monasterio, donde afables religiosas esperan para curar llagas y heridas, como si se tratara de las del mismísimo nazareno a camino del calvario. No vayan a quedarse exhaustos por el largo camino y desfallecer, sin ánimos de proseguir en dirección hacia el apostólico negocio.

Y sin embargo, sí que reconfortan por el camino a estos peregrinos, para que puedan llegar con fe y buena disposición a depositar donativos. No vayan a flaquear por la merma de sus fuerzas y desperdigarse entre barrancos, sin alcanzar la meta prometida. Nada que ver, con los exiliados malditos, miles de ellos, echados al camino sobre las olas del mar. Algunos, engullidos por las olas, otros, en cambio, atrapados como harapos tendidos al viento y heridos por el enganche, en vallas del desamor. Después de haber recorrido largas distancias para llegar más allá del valle de la Meca y, días después, un poco más acá de ella. Más cerca de los cristianos europeos, en quienes confían casi tanto como en aquél Jesús desconocido, lleno de amor y del que apenas han oído hablar. Para acabar, no en tierra prometida, sino ahogados, colgados de una red, o bien en la cárcel, por causa de las mafias que los empujan de un modo u otro a la desgracia. Y los que resistieron al duro caminar, se encuentran amontonados como animales en campamentos. Con menos suerte que las inocentes liebres del campo a punto de dar el último salto a la tan añorada campiña. Si es que antes, no fueron tiroteados por mal nacidos, en tierra de verdes prados, más acá de su otro infierno, dejado atrás para reencontrase con una supuesta libertad llena de contradicciones. Y cuyo único bagaje es el sufrimiento, cargado por el camino con sus muertos dejados atrás, y de los que ya nadie quiere saber ni añorar. Con el único consuelo de que, para los suyos, el infierno se acabó allí mismo, en aquella dura travesía, mientras que, para ellos, aún les queda mucho que sufrir..., no se sabe hasta cuándo... ¿Hasta que Dios quiera?... ¡No! Hasta que los hombres quieran. Mientras tanto, Dios observa, calla y guarda silencio... Por esto, a veces, nos cuesta a toda criatura mantener la fe en Él.

A los peregrinos que recorren el más famoso de los caminos, los esperan los santiaguenses. Afanados en no perder la buena costumbre del vaivén de un gigantesco botafumeiro, que ambienta con incienso su ostentosa catedral. Que tal como manda la fiel tradición al reclame turístico apostólico, hay que recibirlos bien, ya que enriquece a la iglesia y a toda la región gallega. Al contrario de los llegados de entre las olas, que también deberían ser recibidos como cualquier redil cristiano que se fuerce a caminar sin rumbo, sin saber a qué puerto concreto acabaran llegando. Vienen por el más largo de los caminos de un duro peregrinar, al encuentro del *amor del prójimo,* pensando formar parte del mensaje que tanto oyeron hablar y que, como guía, difícilmente les abre el corazón hacia Europa. Donde los múltiples caminos se hacen andando y llevan a más de un desamor, al egoísmo, al odio, al racismo, a la desigualdad, a la indiferencia, al maltrato, al desprecio, entre muchos otros angostos caminos que en nada tienen a ver con la fe. Ni con el verdadero amor al prójimo del que esperaban mayor solidaridad.

Porque el forzado exilio, requiere caridad y hay que dar, no recibir. No es lucrativo, ni interesa verlo como el resultado de una mala política, aplicada por gobiernos que envuelven cada vez más a otros países en el mismo caos. Es el producto residual de lo que produjo Europa, al involucrarse en otras guerras de pueblos malditos. Y cuyas víctimas son violadas, asesinadas y tiradas a la cuneta o expulsadas por la monstruosa ramera: una bestia compuesta de un conglomerado político-religioso lleno de poder, ambición y odio, que va arrasando con todo lo que es vida. Que juega a matar como quien juega al jaque mate, aniquilando a la más inocente criatura, a la que ni siquiera Dios socorre, ni se sabe por qué no lo hace.

Hace siglos, en la conquista por tierras de ultramar, algunas instituciones religiosas, con la excusa de evangelizar conjuntamente con los ambiciosos gobiernos de aquella época, participaron del derecho a la invasión por doquier de pueblos que pertenecían a otros. A los que miraban como raza inferior y desprecio notorio, hasta llegar a crear zoos humanos para organizar espectáculos y poder enriquecerse. Etnia para la atracción turística y tráfico de esclavitud para divertir y enriquecer a sus señores de la metrópoli. Con el veredicto de las monarquías que, más que ayudar, fueron a desvalijar. Inmersos en la ambición de explorar nuevos mundos y crear nuevos imperios para enriquecimiento particular. A costa de mucha sangre y mucho sufrimiento humano, anulación de la espiritualidad e identidad de su gente.

En las permanentes guerras coloniales, morían millares de jóvenes soldados y civiles como ratas, sin nadie que diera valor alguno por sus vidas, después de haber sido obligados a presentarse al servicio militar del mandamás de sus gobiernos. Que enseñaron a millares de jóvenes a obedecer a la ley del dios hombre, amparado por la doctrina de los *diez mandamientos*: ``obedecer a *dios*, al jefe de Estado y a sus legítimos superiores´´. Es decir: al ministerio de la madre iglesia, al padre de la nación y a su legión militar. Los mismos que acabarían por explotar el país invadido y someter a los civiles que, cuando se oponían, acababan fusilados por oposición al régimen. En una guerra tras otra y durante incansables siglos, hasta que los propios nativos, acabarían por arremeter hasta el fin contra sus invasores. Que abandonados a su suerte y exhaustos de la eterna lucha, acabarían por desistir, convencidos de que aquella locura era absurda y nunca tendría fin. Retornando cabizbajos a su país de origen, después de haber masacrado a miles de vidas jugando a ser los más fuertes. Sin servir jamás para escarmiento de los hombres, que bien pudieron rehacer una nueva sociedad más humana e igualitaria que la que hay hoy en día y que va a peor. Dada la experiencia y el resultado, después de ser obligados a dejar todos sus enseres, dejando media vida atrás, perdida por completo, sin tener donde caerse muertos a su regreso a casa, sintiéndose extranjeros en su propia patria, con una mano delante y otra detrás. Todo por culpa del engaño de sus gobernantes, que les hicieron creer, que aquellas tierras conquistadas, definitivamente eran suyas. Después de invadir con sus compatriotas territorio ajeno, suponiendo que sería aquél, el contentor humano más poderoso, que habría de mantener el imperialismo en tierras de extrañas etnias. Y las que, siglos más tarde, tendrían forzosamente que abandonar y reconocer su independencia.

La religión católica, conjuntamente con la monarquía, ambas, sin temor alguno al Dios que decían representar, pero no obedecer, si hicieron dueños del planeta tierra como de una tarta a repartir, sin contar con sus protagonistas más nobles, el pueblo, amedrentado por las mazmorras, la hoguera y la picota.

Tarde o temprano, tanto la naturaleza humana de fuertes convicciones y arraigos, como la naturaleza del trueno, del viento y del mar, arremeterán siempre venciendo para recuperar legítimamente su espacio. De no ser así, y en lo que al hombre se refiere, este dará pasos a continuos desajustes humanos de rebeldía y lucha para recuperar de nuevo su territorio. Y por parte de la naturaleza, desequilibrio ambiental con desafortunados sucesos de grandes tifones y fiereza invencible, revelándose cuando no se la respeta u ocupa su espacio natural. Y en lo que a la mujer se refiere, cuando es ultrajada o violada, al autor de tamaña crueldad, su propia naturaleza retorcida y malvada, le engendrará un mortal cáncer en sus órganos o le sucederán grandes desgracias.

Hace mucho, se debería haber entendido que, la naturaleza global es un Ente muy poderoso, al que debemos respectar como al Dios de nuestros padres, pues hasta es muy posible que toda clase de naturaleza forme parte de su esencia. De tal modo que, en algunos pueblos indígenas, hablan con respeto a la madre tierra y la consagran dando gracias a su espíritu, el gran surtidor de vida.

La sabiduría ancestral y la fe intrínseca de algunos pueblos, a los que nadie ha manipulado todavía con diferentes credos, ni anulado su cultura, debería hacernos reflexionar para tenerles mayor respeto.

Allá donde el hombre construye; la naturaleza destruye, con fuertes temporales. ¿Será que no debería construir en determinados lugares?...

Cualquier día, los atrevidos arquitectos, que construyeron restando espacio al mar para dar lugar a monstruosos edificios, se darán cuenta que, todo su trabajo fue una pérdida de tiempo. Además de la perdida de grandes millonadas, ya que, el gran océano, vendrá a ocupar de nuevo el terreno que se le quitó, valiéndose de gigantescas olas y temporales huracanados.

También la naturaleza del hombre actúa como un inmenso océano en calma, al tiempo que feroz y guerrero defensor de su tierra y derechos, por lo que debería respetar más, si quiere ser respetado. Evitando guerras entre sí, que aunque la tierra no sea de nadie, es del que nació en ella y le concierne defender como país contra cualquier gobierno, sea él, imperador, rey o papa, ya que es de su legitimidad natural. Caso contrario, ya vendrán desde las entrañas de sus mujeres, la siguiente generación con la suficiente furia e ímpetu, como para continuar la lucha que dejaron sus antepasados y perdurar en la defensa de sus tierras.

Las guerras, se dan, por la misma lucha de poder irracional interminable de gobiernos soberbios, que intentan mantener por la fuerza y sin razón, el domino de las tierras de otros para la obtención de más riqueza. Mientras, bajo su ambición y credo, van pisando derechos legítimos de otros, dándoles lo mismo a quien lleven por delante, matando y destruyendo pueblos enteros. Desgraciadamente, en sus planes, conlleva aniquilar a cuantas más personas mejor y a toda su cultura, para acabar destruyendo todas sus pertenencias. Y reconstruir después a su libre albedrio un nuevo pueblo obediente, con miedo a las armas, bajo un único dictamen y subyugación.

Matar y destruir, es la más firme afición de crueles y estúpidos, amigos de hacer circular el dinero hacia sus sucias manos manchadas de sangre inocente. Y en EE.UU., consta que son más las armas que las personas, y a sus gobernantes les preocupa más su producción que la propia vida, tan en riesgo como la de cualquiera.

Así es el hombre de naturaleza salvaje y ambición brutal, que actúa con toda la libertad bajo el silencio de miles de religiones que acallan como cobardes. Sin reflexionar en qué no están siendo efectivas con sus deshumanizadoras doctrinas, que dan como resultado, mayor crueldad allá por donde se encuentran, cuyos hombres son cada vez más innobles.

Por ello, es muy urgente una buena educación de moral, ética y civismo, ya desde una temprana edad, en todos los organismos de formación pública, dirigida a concienciar con efectividad hasta pasada la adolescencia. Ayudando a los jóvenes, en la medida de lo posible, a no caer en lo absurdo de la maldad que tanto los esclaviza a actos despiadados y violentos, que van contra sí mismos. De modo que, los despierte y ayude a madurar poco a poco en el ambiente escolar. Y adquieran hermandad entre ellos por medio de un lenguaje de valores que los una, los identifique y distinga entre camaradas. Para evitar ser arrastrados por desconocidos y malas compañías, no pierdan irreparablemente su dignidad mientras se van haciendo adultos, por obedecer a órdenes canallescas.

Enseñar a la juventud a ser más consciente, para que deje de obedecer a los estúpidos afanes de poder de sus malvados gobiernos. No vayan a utilizarlos para hacer guerras u otros oscuros servicios, sino que los considere de un gran valor a tener en cuenta.

La mayor aparte de la humanidad, vive muy engañada. Por eso, la educación, es tan necesaria como el comer, sobre todo, en países donde escasea y no exista dignidad alguna. Donde los hombres están sin civilizar y sin el menor respecto a la mujer. Además de alimentar bien, conviene educar seriamente. A medida que aumente la educación allá donde ella falte, muchos, cambiarán y se sentirán más dignos, menos borregos. Y las mujeres se beneficiarán mucho de ello, porque sus vidas serán menos vejadas y más respetadas por sus hombres.

Muchos son los padres, que se esmeran en dar una buena alimentación, pero descuidan educar bien a sus hijos. Aquí debería intervenir también cada gobierno, ayudando a educar al país con la ayuda de los padres, cuya educación se reaviva y adquiere valor, cuando es reforzada en las instituciones de enseñanza pública.

Si un jefe de Estado, no imponer educar en valores y en derechos históricos de forma neutral, no podrá constituir una noble nación, cuyos hombres respeten a los demás pueblos, sin invadirlos.

Hace algunos siglos atrás, cuanto mal podrían haber evitado, si no hubiesen sido tan maléficos, ni las religiones apoyado aquellos costosos viajes de pillaje y malvada ambición que tanto los cegó. Pues cada vez que dieron por error un paso en frente, dañaron considerablemente a las multitudes y, por cuyo fracaso después, al verse obligados a dar un paso erróneo hacia atrás, las machacaron doblemente más.

La historia sobre guerras y sus nefastas consecuencias, debiera estar escrita desde un punto de vista imparcial para sensibilizar desde los pupitres a las nuevas generaciones. Y se formen alumnos con sano juicio, aprendiendo de los errores del pasado que son bien palpables. Y sepan, cómo muchas personas sufren las consecuencias, desde que nacen hasta que mueren, sin nunca haber conocido la verdadera paz.

Desde hace algunas décadas, nuestros pueblos están siendo invadidos por diferentes etnias africanas. Y la sociedad empieza a incomodarse, por si la repueblan con su casta y su retrógrada religión, que es aún más de preocupar...

Recordemos que, no hace muchos siglos, nuestros conquistadores narrados en la historia de nuestro país, que fueron tan reales como los refugiados que hoy asoman a nuestras costas, también hicieron lo mismo. Despiadadamente armados, invadieron sus territorios, siendo mucho más salvajes, entrando a robar su cultura, su espiritualidad y su propia identidad, que no es poco, cambiándoles su idioma y sus nombres nativos legítimos, por los de sus generales y capitanes invasores ilegítimos. No hay más que ver, los nombres y apellidos europeos de algunas personas del continente americano y africano. Claro que, la mayoría de personas nacieron mestizas, debido a la cantidad de violaciones, que formaron parte de la imposición imperial de los brutos soldados de sus majestades europeas.

Hoy en día, el continente europeo, está siendo invadido cada vez más por los musulmanes. Nadie parece querer darse cuenta, ni recordar lo que dice aquel refrán: ``lo que va, vuelve´´ o ``lo que el agua lleva, el agua trae´´.

La historia se repite porque el hombre no aprende y, como tal, no mejora. El mismo desequilibrio, hace que todo regrese nuevamente.

Prepárese la península ibérica para expulsarlos de nuevo, ya que, silenciosa e inteligentemente, la están invadiendo con la más mortífera de las armas: su religión, cosa de gran preocupación, pues no son un buen ejemplo en leyes, ni a lo que al buen trato a la mujer se refiera. Y su fanatismo, se parece al del catolicismo de hace algunos siglos atrás, formado por poderosas guerrillas de cruzados y templarios. Aficionados al poder y amigos de sangrientas batallas para enriquecerse a base de hurtar y matar.

No se confunda a los exiliados políticos que huyen por miedo al terror, ni a los que migran por el hambre, otro tipo de horror. Pues más pronto que tarde, nos tocará a todos, tener de cerca algún familiar en situaciones parecidas. Siempre los ha habido y los habrá, en cuanto los monstruos causantes de semejante éxodo, no desaparezcan de la faz de la tierra. Quién sabe si, por un golpe del destino, aplastados por algún fugaz meteorito o aniquilados por un virus que hiciera por bien matar a la maldad, al odio, a la soberbia y a la envidia. A cambio de dejar paso a todo lo referente a la dicha, como favor a esta humanidad, harta de tanta crueldad.

Señores de la moral religiosa: ahora que los tienen cerca, a pie de calle para la conversión, edúquenlos bien, enséñenles civismo y cómo deben respectar a la mujer, a no maltratarla. Incúlquenles disciplina de igualdad, que debería formar parte de los diez mandamientos de la ley de Dios y no forma, por estar escritos a conveniencia de hombres ausentados de la realidad femenina. Que de haber sido Él, el autor verdadero que los escribió, lo más seguro, es que hubiera otros mandamientos contra delitos mucho más aberrantes, además de subrayados y escritos inteligiblemente como de muy graves:

`` ¡No violarás a mis mujeres! ¡No las maltratarás! ¡No les practicarás ablaciones! ¡No las prostituirás! ¡No harás de ellas tus esclavas! ¡No las someterás! ¡No las venderás! ¡No las apedrearás!, ¡No las excluirás! ¡No cometerás femicidio! ¡Ni como borrego las montarás!´´

—Porque Yo, el Todo Poderoso, te aborreceré y eliminaré de mi misericordia el perdón de tus maldades.

Nada de esto viene en la biblia, ni cosa que se le parezca... Conociendo como conocería la inclinación animal del hombre, se hubiera tomado la molestia de hacer más hincapié en mandamientos expresos sobre el trato a la mujer... Que a Él, como Padre-Madre, le tendrá que doler inmensamente más, las innumerables violaciones habidas desde que creó el mundo.

Recordando, por un instante, cómo afectó aquella terrible violación a una menor de diecisiete años —por poner un ejemplo— ocurrida en Brasil en el 2016, llevada a cabo por treinta chicos endemoniados, que consternó a buena parte de la sociedad hasta levantarla en grito de ¡basta ya malditos!..., imaginemos, por un momento, a Dios y a los padres de la criatura cómo estarán de destrozados. Pero sobre todo a la víctima. Imposible de percibir su tremendo dolor. Pero como ella, hay millones de mujeres con amargas experiencias parecidas. Como las que fueron obligadas a ir como consoladoras sexuales para borregos militares y otras bestias malignas, las llamadas ``mujeres de consuelo´´.

Así que, de haber escrito Él los ``diez mandamientos´´, no sólo habría diez. Y aunque los resumiera todos en uno, como el de: ``amarás a Dios sobre todas las cosas y al prójimo como a ti mismo´´, añadiría mucho más al sexto, especificando mejor, sobre lo que son verdaderamente *actos impuros* de gran relevancia. Como los de delito carnal contra la ablación, el femicidio, la violación, la pederastia, el tráfico y venta de personas, la venta y robo de bebés a sus madres, incluso el tráfico de drogas. Que son después del quinto mandamiento de *no `matarás´* bastante más graves y de mayor importancia capital que otros, como para dejarlos pasar por alto sin antes recalcar su gravedad espeluznante. Y que ninguno viene señalado por el concordato eclesiástico o doctrinal.

Y entre los mandamientos de la santa madre iglesia escritos por orden papal, están también los de: ``obedecerás a tus padres y a tus legítimos superiores´´, ``contribuirás para gastos de culto y sustentación del clero´´. Estos últimos, en cambio, parecen venir debidamente explícitos en catecismos católicos anteriores.

Fuera como fuera, el supuestamente extraviado decálogo sagrado, en lo que dice respeto al actual —suponiendo que reescribieron otro posteriormente—, los delitos graves y de mayor aflicción antes mencionados, no aparecen con gran relevancia para los escritores de la biblia, que escribieron sobre actos impuros cada cual cómo quiso. Y si cómo dicen, la verdadera tabla de Moisés se extravió; sólo cabe pensar que, la nueva ley de los diez mandamientos, fue creada a gusto de la primera religión que los reeditó, por eso mismo, no constan remarcados claramente los actos más viles. Porque de haberlos escrito realmente Dios, constarían aquellos que, con mayor frecuencia, comete el hombre contra la mujer. Pero al parecer, las religiones, escuelas del machismo, no conciben a estos actos de muy graves, que de ser así, ya estarían especificados con rotundidad entre los demás. Con lo cual, cabe la sospecha de que, los verdaderos mandamientos escritos en la tabla Moisés, más que perdidos, fueron manipulados y simplificados o hasta excluidos. Tal vez, porque molestaría que fuesen tan explícitos y pusiesen descaradamente al descubierto, lo que con más asiduidad cometen la mayoría de hombres. Incluidos los defensores de la moral, que recaen día tras día, en uno de ellos, como vulgares rapiñas del mal.

Conjuntamente con el primer mandamiento de: ``amarás a Dios sobre todas las cosas´´, debió Yavé, haber prohibido mencionar profeta alguno en su nombre. Así como, impedir ser traducido su sacratísimo nombre a ninguna lengua. Para que reconociésemos con claridad, a qué Dios se refieren cada vez que hablan de Él. Igual que el nombre universal e inconfundible de su hijo Jesús, alias el Cristo, si es que es correcto llamarle así o se llama verdaderamente Emanuel. Y evitar ser llamado por cualquier otro nombre, impuesto por las miles de religiones difusoras de confusión. Que nunca se sabe si, se refieren a su dios cuando predican o al Dios de Jesucristo de cuya doctrina se apropiaron, adaptándola a conveniencia para formar sectas más o menos creíbles. No fueran a referirse a otro dios, a alguno de sus más que dudosos profetas manipulador de sermones, al que acaban por endiosar y venerar más que al Supremo. Manipulados por sus diabólicas ideas de iluminados, cuyas leyes masoquistas inducen a la misoginia, a la pederastia y a los más oscuros propósitos.

Cada religión con su particular reconocimiento sobre un dios extraño, que obra y piensa de diversas maneras. O se comunica por boca de profetas de incrédulo lenguaje, en el que únicamente cree una mínima parte de la humanidad enfrentada con el resto.

En el resurgir de dioses y profetas, anduvo siempre el hombre cobarde frente al más inculto, para amedréntalo con su modo de jugar a ser dios y sentirse importante.

Otro de los mandamientos: ``obedecerás a tus padres y a tus legítimos superiores´´, acatado por la iglesia católica en catecismos más antiguos. Habría que ver, si además de a nuestros padres, a qué clase de superiores se debería o no obedecer...Ya que, no a cualquiera se le debe obediencia y, por consiguiente, esta trampa, puede conducir al hombre a perder su personalidad individual hasta convertirlo en un personaje frio y apático, sin sentimientos, sin voluntad ni criterio propio. Puesto al servicio de religiones y cuarteles militares, que lo van manipulando y transformando en máquina, sin cerebro, deshumanizado por completo para que obedezca sin descernimiento, hasta acabar como un descerebrado. Y más tarde, las consecuencias, las pagarán ellas, sus madres y esposas, además de múltiples y desdichadas jóvenes que sufrirán sus frustraciones.

Hágase saber a los llegados de incívicos países, donde todas las hierbas son orégano que, aunque haya todavía mucho machista europeo, la mujer debe tener los mismos derechos que los hombres.

Y no van ocultas bajo ningún burka, ni cosa que se le parezca. Que unas veces, van vestidas de minifalda y otras de pantalón, que usan carmín rojo, beben y van a fiestas o van en bikini por la playa. *Y que ¡ojo!, mucho respeto hacia ellas.* Pero sobre todo, que las miren con ollares limpios y honestos, sin tocarlas, que no son objetos y menos propiedad de nadie. Pertenecen al Creador, única y exclusivamente a Él..., a su Señor.

Díganles, que *son criaturas de Dios* y las deben respectar, pues también fueron *creadas a su* imagen y *semejanza.* Y que, además, hay una ley, aunque todavía imperfecta, que protege casi todos sus derechos fuera de toda religión.

Señores de la moral: aprovechen para educar a estos jóvenes venidos de tierras distantes, carentes de buenas ideas, que cada vez que tropiezan con una mujer o pillan a una niña, no piensan sino en cómo podrán violarlas... Acostumbrados en su país, al ``aquí te pillo y aquí te remato´´, o sea: al pillaje de hombres sin ley, ni escrúpulos. Díganles, que aquí, todavía quedan bastantes depredadores sin civilizar como ellos y que son demasiados, sobran. Que si son incívicos y no las respetan, vuelvan por donde han venido.

De esta cruda realidad, deberían ocuparse también los profesores de religión o curas, en sus colegios. Si fueran más humanos y las tuvieran en sus filas con la misma consideración e igualdad para dar ejemplo, concienciando a los chicos de cómo encarar y respetar al sexo femenino. Es lamentable, la norma que les prohíbe entablar con mujeres, visto que para ellos son todas medio brujas, capaces de doblegar el ardiente deseo del miembro diabólico, que acaba por rendirse a los encantos femeninos. Por eso, no se fían de sí mismos, ni de sus propias debilidades masculinas. Y no les queda otra, que educar a los alumnos en sus mismas normas. Inculcándoles indiferencia y odio hacia ellas, transmitiendo así, la desigualdad de generación en generación, mientras los obligan a frecuentar aulas separadas de las chicas que pasan a ser tabú, no vaya haber roce y a surgir el afecto. De tal modo que, favorecen la desviación sexual y la manera de ocultar la práctica homosexual con mayor discreción, dentro de sus colegios, en un ambiente donde las chicas no tienen entrada, ni se atreven a entrar.

Nada viene escrito en los libros de catecismo que diga: ``igualdad para la mujer como para ti mismo´´, como bien dice aquella sabia frase, donde llama al hombre a ``amar al prójimo como a sí mismo´´, que viene a ser lo mismo. Pero no, no educan para evitar el global problema de desigualdad, ni sobre ese amor al prójimo que también es mujer, por si algunos no lo saben, aprendan. Pues es lo que más deberían enseñar a los jóvenes en sus parroquias y en sus colegios, donde no hay consternación alguna por la situación. Ni siquiera disciplina para concienciar sobre un problema social de tan alto relieve, que hasta debería constar en los catecismos.

Tratándose de un suceso de dimensional alcance, pese a todo, sin ir muy lejos, ni salir de nuestro entorno, siguen habiendo casos muy graves de pederastia, germinada casi siempre desde las mismas charcas de la enseñanza.

Por ello mismo, es sospechoso que en los diez mandamientos venga muy simplificado el sexto, ``no cometerás actos impuros´´. Es decir, siendo como son de tal envergadura los actos anteriormente dichos, es de extrañar que Dios no los hubiera escrito y desglosado con mayor detalle para que quedaran rotundamente claros.

Lo más lógico y natural, es que hubiera resaltado como pecados muy graves, el acto de violación, la venta de seres humanos, la esclavitud, la pederastia, el tráfico de drogas y la drogadicción, entre otras impurezas fétidas. Sin embargo, los actos de gran peso como éstos, tan graves como frecuentes, y en su mayoría cometidos por hombres, contrariamente no vienen señalados, sino atenuados en un simple ``actos impuros´´, sin más. No como probablemente vendrían imprimidos con firmeza, en el verdadero decálogo de Moisés, ya que la sagrada ley fue reescrita y falsificada por el hombre y a su conveniencia para quitarle hierro a sus delitos. Y por tanto, también restaron peso a la ley del diente por diente y a todos los actos impuros que lo impidiera tener libertad de acción.

Ni siquiera, esta ley del talión, los alcanzaba de pleno a ellos, en lo que a adulterio y a violación se refiriera, si tenemos en cuenta que, eso mismo, era lo que más cometía y comete el hombre a su libre albedrío. Excepto, si era la mujer quien tuviera un desliz en su debilidad amorosa que, en este caso, la llamaban prostituta o adúltera, hasta el punto de azotarla y apedrearla. Era el modo con que los autores de tan infame *ley* daban ejemplo de justicieros, pues más bien la ejecutaban contra adúlteras. Y todavía la llevan a cabo en algunas sociedades de hombres déspotas, pero contra él, la ley, en este sentido, es endeble y permisiva. ¡Caro!, la hizo él mismo para sí propio, a su medida, al tiempo que las vilipendia y agrede.

—Todo cuanto escribo, no lleva ánimos de ofender de un modo directo a Su Santidad, ni a ningún buen sacerdote o persona religiosa de forma personal, con mí opinión. Si tenemos en cuenta que, de algún modo, todos somos víctimas de la misma historia y religión. Aunque será inevitable, pretender que alguien piense lo contrario y no se ofenda, visto que, todavía hoy, la religión católica, deja mucho que desear y poco o nada hace por la igualdad. Y bajo la cual, puede que haya muchas personas buenas haciéndose preguntas, sin respuestas, y sin poder dar crédito a la actitud de muchos de sus dirigentes. Siento por todas ellas un enorme respeto, cuya fe, a pesar de todo, intentan mantener, como yo.

No pretendo mermar a las personas su creencia en el Dios de Jesucristo, sino al contrario, aumentarla y hacerlas recapacitar de tantos males de esta sociedad, originados por el mal ejemplo dado por las religiones y su maniqueísmo.

Quiero dejar constancia de que no pertenezco a ninguna organización religiosa, ni deseo pertenecer. No soy visionaria, ni santa, ni profeta de ningún dios, ni deseo abrazar el sacerdocio. Aunque me gustaría ver a mujeres celebrando misa, y ver a un papa mucho más cerca de la realidad humana y más dedicado al verdadero rebaño que verlo rodeado de lobbies. Por no decir, lobos chupa sangre de las ovejas de Cristo.

Soy como cualquiera, una observadora más del criminal negocio de las sectas y religiones. Que rechazo tanto las inclinaciones machistas como las racistas. Que observo y analizo la historia basándome en relatos y experiencias directas de personas conocidas que han transcurrido por mi vida. Sobre todo mujeres de cualquier clase social, creyentes y ateas, a las que siempre les tocaba pagar los platos rotos del hombre ruin y de sus muchos fracasos, fueran ellas religiosas o no, casadas o solteras. Ninguna se libraba de las consecuencias del imperante machismo que acosaba y, tristemente, sigue acosando a muchas y eso debe acabar. Si todos damos un paso en frente.

Mi gran deseo, no es otro, que ver cómo las personas dan un paso en frente para vivir en igualdad. Sin grandes riquezas para que llegue a todos y puedan vivir medianamente bien y en paz.

Gracias a Dios, aunque, muy poco a poco, algunos hombres se van dando cuenta de que ambos sexos somos de carne y hueso. Creados con la misma arcilla y de distinto modelo por el mismo Alfarero. Ambos, mujer y hombre, creados a su imagen y semejanza. Con lo que nos lleva a pensar, si tal vez... ¿no será Dios una mente única?..., íntegramente mujer-hombre en un su esencia... y seamos el reflejo de su rostro femenino-masculino... Aunque de diferente modelo físico para poder reproducir, dado que somos espíritu puro en esencia y asexuados en origen por nuestra naturaleza o entidad espiritual, que es la que impera y plasma nuestra apariencia en el cuerpo físico. Con la que permaneceremos en nuestro cuerpo etéreo cuando abandonemos la materia.

Es cuestión de que el hombre cambie. De que cambiemos todos, a la vez que educamos mejor a nuestros hijos en el amor y el ejemplo. Sólo así, llegaremos a un mundo menos hostil.

Estos son dos de mis lemas principales, e invito a todo el mundo a que los practique para su propia felicidad y la de todos.

``El amor es el mejor de los opios ` drógate de amor amando al prójimo´ sus efectos secundarios son buenos para ti´´

``El amor es la mayor contribución espiritual y la mayor de las oraciones prácticas´´

CARTA

Santidad

Deseo que esta carta llena de buenas intenciones, le vaya a encontrar de muy buena salud en un ambiente de paz y santidad.

Para que me conozca un poco, empezaré por decir, que soy más bien una mujer solitaria que se siente cómoda en su soledad. Soy católica practicante y antiabortista. Con dos maravillosas hijas que lograron superarme y ser mejores que yo en casi todo.

Suelo decir que soy de todas partes; y de ninguna en concreto. Que soy amiga de todas las personas; y de ninguna en particular. Pues según se mire, cualquier parte del mundo puede ser digna de admirar, y cualquier persona digna de ser amada. En cada lugar, puede que haya algo novedoso por explorar, y en cada ser humano, algo divino por descubrir.

Me gusta escribir y acribillarle a Dios a preguntas a las que nunca responde, al tiempo que me surgen las respuestas.

A Dios, le llamo mi amigo invisible, pues es con quién más hablo y me confieso, sin nunca haberlo visto jamás. Ni siquiera sé si existe, pero en lo más profundo de mí filosofía, busco un sí a su existencia. No sé si por imperiosa necesidad de esperanza o porque lo incluyeron en mi cultura desde la cuna. Creo que por ambas cosas. Si no, ¿por qué sale de mí de manera espontánea dialogar con Él mientras voy por la vida, o mientras hago las faenas de casa?... Al cocinar, le pregunto si está bien de sal o debo echar un poco más. En la ducha, cuando el agua está demasiado caliente y digo: ¡jope Dios mío, que me quemo!... En el tren, cuando corro antes de que cierren las puertas y ruego para no perderlo, diciendo: ¡Dios mío, que no lo pierda!, y le doy después las gracias por haberlo cogido. En cualquier escenario, mientras veo un maravilloso espectáculo admirando el arte de cada persona, como si su Divina presencia estuviera actuando a través de aquellas mentes artísticas y exclamo: ¡que magnifico hiciste al hombre y a la mujer, Señor! O en el supermercado, cuando le consulto sobre qué producto coger, y acostumbrada a no recibir respuesta, yo misma murmuro, que me gustaría poder llevar el mejor a casa y, al final, acabo por comprar, no el que yo quisiera, sino aquel producto que mí economía me permite. Y no digamos nada, cuando se trata de alguna enfermedad... o hay cualquier aflicción de por medio..., entonces me apego como un súper pegamento a Él.

Cuando estoy triste; le ruego. Cuando estoy contenta; le agradezco. Y cuando peco; le pido perdón. Así en todo momento y durante el día, preguntándole a Él y contestándome yo misma. Pero sin llegar a la iluminación, como se dice en algunos casos, sino que, lo llevo como un compañero cotidiano que permanece cerca desde la infancia y al que tengo un normal apego. Sin exigirme, ni aconsejarme, mientras va dejando que sea yo misma, la que lo ame a mi manera y de un modo diferente; dando tumbos por un lado y levantándome por otro, tirando de Él mientras le voy pidiendo perdón por lo imperfecta que soy.

Además, cuando tengo la oportunidad de beber un buen vino, alzo la copa y mirando al cielo le digo: ¡Señor, este primer trago va por ti!... ¡Claro!, siempre está ahí, presente en mis pensamientos y, como Su Santidad comprenderá, tengo el deber de invitarle a un trago. Y yo encantada, ¡faltaría más!, aunque no sé, si le gusta el vino, supongo que sí, pues me consta que es dueño de una gran viña de buenos y no tan buenos vinos que, al parecer, es la viña del Señor donde hay de todo.

Y ni siquiera me da las gracias por el brindis, que como se suele decir, es de bien nacido ser agradecido. Pero con Dios, ya se sabe, estamos acostumbrados a que nunca diga nada. Quizá sea, porque somos muy curiosos y pedigüeños, o para no influenciarnos y seamos nosotros mismos, en igualdad de condiciones y a la vez diferentes en su inmensa diversidad, sin llegar a sentirnos clones mentales. Que en este caso, siendo así, me parecen ideas de un gran sabio Creador.

Ojalá, muchos de los organismos e instituciones religiosas, proclives a la manipulación de las mentes jóvenes, tomaran el mismo ejemplo. Dejando que cada persona con su conocimiento, busque a Dios a su manera, con la espiritualidad que de algún modo brota desde su interior. La que cada ser lleva dentro, sin tantos rezos ni retiros de meditación, que puede que también, pero sólo le sirve individualmente y es lo más cómodo y menos eficaz. En lo de ``amar al prójimo como a uno mismo´´, está el verdadero camino que genera felicidad y eleva la espiritualidad.

Entiendo que el modo de comunicarse con Dios, deba ser, amando al que tenemos al lado, ayudándolo en aquel preciso momento cuando lo necesite. También rompiendo desigualdades y clasismos, como tanto se ve en algunas comunidades religiosas de gran vivir. Algunas llenas de lujo, con una cuidada apariencia y regias normas, que más parecen una poderosa iglesia militar con grandes distinciones entre sus miembros. Donde las damas aparentan cierto aire lánguido o *virginal*, que según cómo dicte la tendencia de reglas, eso de llevar pantalones, mejor no. De tal modo que, frente a tal presencia fémina, sus varones de apariencia `*disciplinada*´, puedan sentir más `*hombría*´ frente a la aparente debilidad femenina y posicionarse firmes. Seguros de la naturaleza de su masculinidad para no haber confusiones, ni confundirse de sexualidad entre tanto varón en sus filas.

De que este Amigo invisible esté siempre pegado a mí, tiene la culpa mi madre, que a pesar de no haber recibido gran educación religiosa y mucho menos en ningún colegio católico privado, donde te fuerzan a tener fe, rezaba ferverosamente a diario. Su fe era genuina e iba de por libre a los oficios religiosos, sin asociarse con nadie que la obligara a ser beata. Aunque creía con mucha intensidad en Dios, que la llenaba de Gracia y de una muy buena disposición permanente, además de buen humor. Todavía hoy, me da que pensar en la gran fuerza que esta Gracia posiblemente le dio, para luchar con alegría contra tanta calamidad que le tocó a ella sola aguantar, por el simple hecho de ser mujer. A la que siempre tocaba callar, ocultar sus sentimientos, aguantar y cuidar de los más enfermos, aunque en el seno familiar también hubiese hombres, que por el hecho de serlo, se libraban de las mismas obligaciones de servicio como las tenía ella a pares.

La nombro aquí, como ejemplo de desigualdad que sufre la mayoría de mujeres, sin oficio, ni beneficio, ni pensión que las gratifique por dedicarse veinticuatro horas al cuidado de su familia. Incluida la del marido que, por ser hombre, se libra de esa carga y, además, cobra pensión por trabajar fuera de casa. Y ellas, que paren y crean hijos para servir a la sociedad, acaban pobres en medio de un retiro de miseria y soledad.

Emilia, se llamaba. Y cada vez que hablaba, de su boca salían constantemente frases como estas:

¡Lo que se quiere es salud y gracia de Dios! ¡Dios es padre! O ¡Hasta mañana si Dios quiere! ¡Válganos Dios! ¡Dios nos ayude! ¡Quiera Dios! ¡Sabe Dios!, siempre así. Además de hacernos rezar desde pequeños el rosario todas las noches con ella, mientras a duras penas, intentábamos mantener la cabeza erguida por el inmenso sueño que nos entraba antes de acostarnos. Excepto mi padre, que tenía el privilegio de irse antes a dormir. Era hombre, y los hombres no son muy dados a rezar, que en la mentalidad masculina de aquella época, era entre otras cosas, un deber de mujeres. Su protección como madre, era empapuzar a los hijos con el rosario desde la infancia. De tal modo que, un día, acabaran al menos con el hábito de dormir agarrados a él. Aunque tan sólo fuera para llegar hasta al segundo misterio, por el efecto de oración relajante. Que como ángeles en brazos de la Virgen, pudieran quedarse dormidos en un remanso de paz, mientras contempla lo vagos que son para terminarlo hasta el fin, a pesar del esfuerzo de su madre. Y es que, rezar, no tiene por qué hacerse obligatoriamente de un modo sistemático. Hay muchas maneras de hacerlo: basta con tener muy presente la noción de Dios en cada momento y hablar con Él o con Cristo y la Virgen María de persona a persona, como amigos confidenciales. Aunque el rosario también está bien rezarlo de vez en cuando.

Así fue, cómo desde el antro materno, este amigo invisible se me quedó encastrado en las células de mi medula. Y después, por si fuera poco, mientras mamaba, y ¿cómo no?, también en infusión por biberón, acompañado de nanas al niño Jesús a modo de somnífero para hacerme dormir de aburrimiento. Así que, fui creciendo con la sensación de llevarlo en el mismísimo ADN. Era como tener una segunda madre las veinte y cuatro horas del día: una que me alimentaba y otra que me vigilaba o seguía a todas partes hablándome por dentro... ¿o acaso era mi subconsciente?... A veces era la sutil noción que tenía de Él, y otras, el eco de su gran voz universal que está siempre ahí, a nuestra disposición para ayudarnos a desarrollar nuestra inteligencia, nuestra intuición científica para seguir desarrollando sus maravillas por Él.

La religión, nos hace ver, que Dios lo sabe todo y castiga muy duramente. Mucho más que nuestros padres, enviándonos enfermedades, guerras y todo tipo de castigos y desgracias, tal como lo demuestran algunos pasajes escritos en la biblia.

Cuando leí este voluminoso libro, me cuestioné y mucho el antiguo testamento. No dando crédito a ciertas narrativas que me parecieron hasta ofensivas al Dios bondadoso y misericordioso, en el que siempre creyó mi madre, tal como prefiero creer que es, pues tengo otro concepto de Él como madre que soy.

No creo que el buen Dios estuviera en contacto espiritual, con todos aquellos hombres que constan en el antiguo testamento, pero sí, aquel espíritu maligno. Muy dado a hacer amigos interesados, a los que incitaba a hacer guerras para matarse entre ellos, además de otras maldades. Como el de quitar derechos a la mujer, negándole oportunidades, despreciándola, apartándola del poder por ser físicamente de otra constitución y, por tanto, de otra sensibilidad. Denominada por ellos de más débil, para zarandearla a su antojo en nombre del dios del mal, ubicado en su propio ego masculino. Que los indujo a acomodarse libremente, en el puesto principal del desorden y del desmadre, servido por ella como un marajá, relegándola a obligaciones de la numerosa prole que él mismo iba fecundando. Sin gratificarla por sus muchos esfuerzos de aguante, nunca recompensados, ni valorados.

Desde hace mucho tiempo acá, va desapareciendo la creencia en las religiones de tantas que hay. Creadas por hombres endiosados, que enseñan a desconfiar de lo profano y a creer a ciegas en lo consagrado por ellos, en lo que escriben y predican. Cada cual, en nombre del fundador de su religión que es la mejor de todas. Y que a ningún fiel seguidor se le ocurra husmear a las demás, que son sectas todas ellas. Así es, cómo se suelen considerar unas a otras y razón no les falta, pues es lo que parecen. Sectas desacreditadas por la actitud de sus jefes, que las fundaron con intención de dominio y reagrupamiento de inocentes corderos que acaban por denunciarlos. Cansados de servilismo y entrega, perdidos y engañados por un loco pastor, iluminado por el brillo del oro. Que los encamina hacia la pérdida del verdadero despertar de la consciencia y los induce a la ceguera, a la nula voluntad y al pensamiento único. Atolondrados por estos ladrones de buenas e ingenuas almas, por las que un día, tendrán que dar cuenta a su verdadero Amo y Señor.

Es un peligro que los jóvenes se lo crean casi todo, sin más. Sí, cuando todavía su mente es inocente y virgen de ideas, o sin la suficiente consciencia como para percibir y evitar caer en redes maliciosas, que se aprovechan nada más ver un alma cándida. Cuando todavía no le han entrado nuevos conocimientos para el razonamiento de contraste y discernimiento que, mientras está madurando, si le coge alguna secta o institución religiosa; le condena de inmediato al pensamiento único de su doctrina. Y ya puede decir adiós al libre pensamiento de su propia filosofía individual. Después de que le hayan limpiado el cerebro y se vea amenazado por un dios perseguidor, destructor y castigador, lleno de ira. La tal ira divina, con la que algunos se atrevían y todavía se atreven a amenazar. ¿En nombre de qué dios?..., cabria preguntarse.

Ésta era la soga, con la que intentaban amarrar a cualquiera a su misma fe. Cuando el neófito discípulo, se veía obligado a seguir disciplinas de dura obediencia, absurda penitencia, abstención y ayuno. Si quería redimirse por medio del sentimiento de terror, proveniente de un dios tan cruel como el que más, ideado a propósito para atemorizar. Aquello era como amenazarlo con una jeringa infectada de lepra; le entraba un miedo atroz. Hoy, todavía lo hacen para amedrantar a jóvenes y se acojan bajo el temor de su falsa palabrería sectaria. La intención de toda religión, es adueñarse de las personas para manipularles la mente y atraparlas para que sirvan a su comunidad.

Así como emerge del seno de la tierra, toda diversidad de plantas, así también emerge Dios del interior de cada persona, extraordinariamente, sin necesidad de religiones. Ya está el Espíritu Santo, haciendo el debido trabajo. Basta con escuchar y seguir nuestra buena intuición, tomando cuidado de ver hacia qué lado discierne, sin dejarnos atrapar por la mala fe de nadie, aunque te digan que es en su nombre. En su nombre, se llevaron a cabo atroces guerras, millones de matanzas, grandes negocios y adquisición de inmensas riquezas, además del sudor de vida de muchas personas.

Así es, el interés esclavista religioso, que al igual que arrancan, sin ningún cuidado, toda hierba buena y mala del campo y la separan una de otra; así lo hacen también con la mujer y el hombre. La separan de su compañero, como de un desenrollar de serpientes malditas que se atraen en plena discrepancia bíblica, y a la que sacrifican decapitando su cabeza pensante. Es decir: la apartan para estrujarle su sabiduría intuitiva a base de humillación, para hacerle perder autoestima y se sienta poco más que diez ceros a la izquierda hechos un ocho. Sin más utilidad que la de servir raptando de la forma que le manden, sin poder trepar o ascender, ni mandar en él, porque la maldecirá de por vida. Que para eso, ya están las religiones para dominarlo a su antojo. Sin hembras por delante, es mucho más fácil de convencerlo y manipularlo.

A medida que nos hacemos mayores, adquirimos otra percepción de las cosas. Nos cuestionamos todo más y todas sus disciplinas nos van pareciendo inhumanas, sin fuste, hasta hacer perder la necesidad de seguir estrictamente las reglas de ninguna religión. Y aunque, algunas personas, crean que les pueda ayudar, a otras, sin embargo, les provoca cierto rechazo, la insistente manipulación a base de sermones por parte de algunos religiosos, rodeados de poder y lujo, poco ejemplares y nada convincentes. Y porque en cierto modo, a Dios, lo llevamos cada uno en nuestro propio inconsciente, que es la trastienda de la inteligencia. Desde donde Él gobierna a millones de células en nuestro cuerpo, mientras viaja unido en nuestro ADN cósmico. Sin requerir convencimiento por parte de nadie, ni de predicador alguno, si no fuera más que para ayudar al hombre a despertar más consciencia de sí mismo. Es más, creo que lo llevamos en nuestro interior desde que nacemos. Y es por ello que, cuando estamos al borde de la desesperación, inconscientemente, toda la raza humana lo buscamos. Él, es nuestra búsqueda constante, nuestra razón de ser y vivir con la esperanza de encontrarlo un día. Es nuestro otro Yo que camina a nuestro lado como alma gemela. Y a mayor consciencia, mayor será también nuestra conciencia y elevación hacia la región celeste.

Igual que lo lleva en su corazón cualquier madre, cuando siendo atea y sin resquicio alguno de fe en el momento preciso de dar a luz, mira instintivamente al cielo buscando ayuda y protección para aquel hijo. Sin la certeza de que la escuche alguien en aquel momento, para después acabar dando las gracias al Altísimo diciéndole que es un maravilloso milagro aquel alumbramiento.

Aquí, en este delicado momento, es cuando somos verdaderamente bautizados con la transmisión de fe de nuestra madre. Cuando incrédula y en medio de un gran dolor, necesita creer y buscar la razón sobre tamaña creación. Al tiempo que pide la bendición y ayuda divina, contactando con el Creador de tamaño milagro, para rogarle que no muera y nazca sin problemas lo que ella más quiere en el mundo ya antes de nacer: aquel hijo.

No hay madre que, inconscientemente, no grite en silencio, elevándose al Todo Poderoso desde su fuero interno repleto de amor y preocupación, que la transforma para pedir que todo salga bien a la hora de cada nacimiento. Así es, cómo el intenso amor de Dios se expande a través de ella, igual que el alma se expande desde un ser a otro, es decir, desde la madre. No sólo nace un cuerpo, también un personaje, un alma impregnada de inquieta búsqueda, canalizada a través de la madre, que espiritualmente transmite al hijo esa noción que los une en un dolor terrible, pero lleno de un amor imborrable e inmortal. Y por eso, aunque aborte, esa alma irá también de algún modo hacia el encuentro con Dios. Es ésa inconsciente noción de búsqueda la que nos hace retornar a Él.

Sólo es necesaria una correcta educación desde la más temprana edad, para que tengamos más consciencia de que Dios está ahí. Y nos habituemos a buscarlo interiormente para hablar con Él de mil formas simples, y de persona a persona le pidamos directamente perdón. Igual que una madre comprensiva, que antes de pedirle nada, ya conoce cuáles son nuestras intenciones, por sentir lo mismo que sentimos.

Es por medio de la creencia de nuestra madre, que llevamos la búsqueda de su existencia y por lo que miramos al firmamento. Es gracias a ella, por lo que hoy hablo de esa fe intrínseca materna, el mayor ser intermediario que comparte y transmite el intenso e infinito amor de Dios. Amor es fe. Amar es creer. Y el amarnos unos a otros como a uno mismo, es estar en conexión con el Altísimo. Aquí está el gran secreto, la única vía que conduce a la paz y condiciona bien estar a todos por igual. El amor lo envuelve todo y a todos, y sólo hay que contagiarlo por el mundo. No es físico, no se vende, no se compra, no requiere bagaje ni pasaporte, y se puede expandir sin pagar impuestos trasfronterizos. Es así de fácil y cómodo, gratuito y grandioso. Sólo se deja sentir.

Para hablar de la mujer, necesariamente, tengo que tocar la religión, por entender que deberían de ir juntas de la mano.

Teniendo en cuenta que, sin mujeres, no sería posible llenar los templos, que en su mayoría se llenan gracias a su presencia a pesar de sentirse menospreciadas. Excluidas por los sacerdotes, que viven de la admiración exagerada del arte que poseen sus iglesias y del bonito colorido de sus vidrieras, a juego con un cielo imaginario que resplandece la vestimenta de sus santos. Apoyados en sus respetivas peanas como mendigos a la espera de limosnas, sumergidos en el más absoluto de los silencios. Observando cómo otras muchas posibles santas de carne y hueso, que acuden con fe a rezar a sus pies, quedan al margen del dios orgulloso y machista. De prepotencia clerical que pasa por su lado con indiferencia, aun a sabiendas de que son ellas, las que mayoritariamente enriquecen sus iglesias.

Como se puede observar, las religiones, no están al cien por cien debidamente fundamentadas en principios morales, ni en lo que a su verdadero compromiso hacia los demás se refiere. No son férreas socorristas, ni permanente defensoras de los derechos humanos, ni siquiera verdaderas protestantes de lo injusto, ni mucho menos se dejan notar en desacuerdo con la desigualdad, sino que, asiduamente, están más volcadas hacia lo que son sus intereses materialistas. Hacía dentro de su vida en intramuros, según dicen, alejadas de lo mundano y a solas con Dios, pero poco viradas a lo puramente humano. Excepto para orquestar a personas, que practiquen por ellas la mayor parte de la caridad bajo su nombre. Mientras se hermetizan absortas en sus múltiples empresas religiosas politizadas, rodeadas de interés financiero, más bien alejadas de cualquier esencia verdaderamente espiritual como manda Dios.

Ante todo, su ambiente, carece de toda apariencia humilde. Con sus inmensas mezquitas, las enormes catedrales, sus lujosas mansiones episcopales y majestuosas prelaturas. Más los grandes museos sacros y bibliotecas gigantescas en las que ocupan su mayor tiempo, si tenemos en cuenta que, la principal iglesia no estuvo constituida por edificio alguno. La constituyó Jesús en persona, cuyo cuerpo representaría simbólicamente el único templo del Espíritu Santo a su paso por la tierra.

También el cuerpo de cada ser humano, desde donde se comunica y aprende a tener consciencia de Dios, para recibir misericordia y transmitir bondad a los demás, como seres espirituales. Sin necesidad de mega estructuras y complicada arquitectura, llena de grandes pinturas y obras de lujo. Que más bien sirven, para distraer al ferviente y atraer al pagano turista de turno a admirar el arte. Alejándolo de contemplar lo que representa la verdadera esencia espiritual y de la que ni siquiera se percatan los visitantes. Al verse superados por la armonía arquitectónica de grandes pintores y maestros constructores, que captan toda la atención. Pequeños dioses terrenales, nada mejor para desviar a los devotos de la contemplación a Dios.

Las grandes catedrales, más parecen museos que un lugar de oración, dónde se admira el arte y se recoge dinero, que más nos valdría orar en otro lugar. Donde no tuviéramos tanto para admirar que nos distrajera y poder recogernos mejor ante Dios, en iglesias más sencillas. Sin estar pensando en la millonada que se habrán gastado en todo aquél arte y sus espectaculares obras, muy del agrado del hombre, amante de iglesias rococó. Y si no les hubiera valido más la pena, emplear todo aquel dineral en hacer otra clase de obra espiritual y grandiosa más del agrado de Dios, invirtiendo en personas muy necesitadas de ayuda.

Ayuda para pagar una de esas intervenciones médicas carísimas, a quién las necesite y no pueda económicamente.

Ayuda para traer del tercer mundo a Europa, enfermos pobrísimos para una posible reparación de sus órganos: personas mutiladas en los malditos campos sembrados de granadas de guerra, que a menudo explotan contra sus cuerpos y los secciona en pedazos.

Ayuda para comprar aquella prótesis de última generación, que permita a las víctimas afectadas tener mayor funcionalidad motora y sentirse menos desgraciadas.

Ayuda a tratamientos de personas sordas que necesitan de un audífono, o de un buen oculista para personas ciegas y, a poder ser, recuperar dentro de lo posible, el oído y la visión a muchos infelices necesitados de milagros, sólo al alcance de personas adinerados.

Ayuda para problemas de transexualidad en jóvenes que nacen con este problema, amargados por su propia existencia dentro de una identidad que no sienten. Y que, a veces, acaba por llevarlos al suicidio, mientras esperan por una solución inalcanzable a falta de posibilidades económicas. Este sería otro acto de amor.

Ayuda a madres solteras abandonadas de la sociedad. Este sería también un grandísimo acto de amor.

Ayuda a esta generación perdida de jóvenes, sin gran trabajo y mísero sueldo, en la desdicha de un futuro incierto, imposibilitados de formar una familia.

Hay mucho necesitado esperando ayuda. Mucho templo del espíritu que reparar, mientras los de piedra y cemento son cuidados con esmero. Hasta que un día, no se sabe cuándo, han de ser derruidos como templos faraónicos, fulminados por el tiempo que borrará su historia. Si es que antes no pasa por allí, la mano de fanáticos destructores, carroñeros del caos, amigos de hacer lo mismo que hicieron en la ciudad de Palmira.

Así como, ayudar económicamente a la investigación de enfermedades raras, en lugar de gastarse millonadas en carísimas reconstrucciones de abadías, monasterios, mansiones lujosas de obispos y cardenales. Que en nada contribuyen a aumentar la fe y sí a llenar bolsillos de dios sabe quién, con tanto gasto. Por mucho que digan que algunos ricos les dejan grandes herencias, o que los trabajos se lo hacen algunos fieles gratuitamente. Hay quien deja toda su riqueza para los pobres de caritas, que después es desviada para mantener el inmenso patrimonio de la iglesia.

Deberían era de buscar cirujanos, reparadores de cuerpos para mejorar la salud a personas muy pobres. Que según tanto predican, el cuerpo es el verdadero templo del Espíritu Santo y no las catedrales. Por tanto, deberían de buscar menos arquitectos para reconstruir tanta obra de arte, y donar todo el dinero destinado a reparar su patrimonio, para pagar costes médicos que aporten un poco de felicidad a los más necesitados de ella.

O sea, a reparar estructura humana deteriorada, donde habita realmente Dios que sufre con el enfermo y siente como un marginado.

La mayoría de las subvenciones y limosnas que suelen aportar los fieles, acaban convirtiéndose en piedra y cemento para reconstrucción de enormes arcos, columnas y bóvedas, en vez de ir para reparar vidas en los hospitales a gente infeliz.

Las religiones, darían mejor ejemplo, si empleasen parte de su riqueza en cirujanos reconstructores de vida a los pobres. Sin tanta arquitectura eclesial, con grandes costes millonarios gastados en su conservación que, además, no van a poder llevar al cielo. Ni siquiera al infierno, donde acabaran la mayoría de dirigentes, por destinar millones en reparar daños causados por curas pederastas.

Las personas ricas, deberían donar directamente a los pobres o a organismos dedicados a la educación y protección de niñas y niños, como a médicos del mundo, en lugar de a las religiones. Y que estos organismos estuviesen administrados y controlados por las autoridades para mayor confianza de sus donantes que, a su vez, pudiesen saber a dónde irían a parar sus donativos.

El simple hecho de dar buen ejemplo, es lo que hace prender la fe unos a otros, pero el ejemplo que dan sus jefes religiosos, lamentablemente, suele estar volcado hacía asuntos políticos de alto standing de vida material.

El buen ejemplo de practicar el amor al prójimo, debería ser el de ayudarle a ver, a oír, a caminar, o a sanar su enfermedad, con el dinero que se destina para las grandiosas obras de arquitectura y lujo que rodea el entorno de los papas y sus eminencias.

En definitiva, a imitar los milagros de Jesús, dando vista a los ciegos, poniendo a los cojos a andar, sanando a enfermos, sacándolos de entre la miseria y resucitarlos de su baja autoestima. O echando redes para pescar a mujeres y hombres en la mar a punto de morir ahogados, mientras huyen afligidos y desamparados, migrando desde los confines del mundo.

¿Y por qué no?, ayudar también a los más desgraciados a tener oportunidades de una mejor vida, ocasión principal para la práctica del amor, virtud primordial de una buena acción social y autentico ejemplo de Cristo. Sin obligar a nadie a absorber de su misma creencia, como condición para recibir ayuda, tal como imponen algunas corporaciones misioneras.

Milagros como estos, se deberían de realizar con el dineral que la buena gente aporta para la autentica iglesia, constituida por personas de carne y hueso. No para el decoro de iglesias de yeso y hormigón, que bien deberían ser más sencillas.

¿Y cuántos miles de millones, no se habrán gastado los príncipes de la iglesia a lo largo de estos últimos siglos, en sus espectaculares observatorios astronómicos?...Con gigantescos telescopios de carísima tecnología punta, para mirar a otro lado y no ver que las verdaderas estrellas están afincadas a la tierra. Afligidas, huyendo del horror, sin nadie que las observe, mientras se desplazan de un país a otro como cuerpos estelares, corriendo sin saber a dónde y a punto de caer en manos de traidoras mafias. A las que sí habría que observar de cerca y castigar duramente, pues las criaturas de Dios no son para dejarlas a la intemperie bajo barracones de mísera caridad. Mientras, sus `santos´ varones, viven a cuerpo de rey, virados hacia el frio silencio del cosmos, después de haber ayudado a desatar el caos que ya no interesa controlar. Ahora, se ocupan del más allá, donde empezar una nueva guerra espiritual galáctica, como con las cruzadas o la guerra `santa´, sólo que con otros seres.

Cada misionero que se atenga a sus misiones como zapatero a sus zapatos, que la astronomía es para los astrónomos, y la ciencia es incompatible con la religión.

Su misión ya no parece primordial para sanar almas, que han ido dejando en manos de psicólogos, cansados de poner en práctica la doctrina de Cristo. Cambiando su quehacer espiritual por labores culturales y científicas de mayor reclamo económico y placentero.

Que lo de velar por los desdichados hijos de Eva, hambrientos y enfermos, se ocupen de esa labor las sacrificadas misioneras.

¿Y a sus padres, cuando quedan tirados al cambiarlos por una congregación religiosa, quien los cuida ?... Si a partir de ahí, su otra familia, pasa a ser un grupo de desconocidos que decidieron vivir en comunidad... Y la verdadera, como si no existiera. Ni se entiende el concepto de familia que tanto dicen defender, cuando dejan a la suya y la cambian por un grupo comunitario. Pudiendo servir mejor a Dios sin abandonar a los suyos, mientras se van alejando hasta perderles el afecto y quedar marcados por la tristeza.

Las religiones, no parecen estar muy dispuestas a proteger la humanidad de las muchas injusticias, ni a velar por su integridad, como lo de generar economía en sus empresas privadas, colegios, universidades y librerías. Además de su labor de captar adeptos que trabajen para sus instituciones. De cuyo esfuerzo se lucran para amasar fortuna, bajo un sometimiento constante a base de típicas amenazas apocalípticas.

¿A qué dios sirven para amenazar con el terror ?... Al mismo monstruo que hay detrás de falacias palabras.

—Mientras reflexiono en todo esto, voy lanzando preguntas al firmamento, donde creo reside la verdadera naturaleza espiritual que envuelve al cosmos y a todas las criaturas, con el intento de hurgar en el inconsciente colectivo en busca de una sabia respuesta. Y rebuscando en el más cabal de los sentidos, medito sobre si Dios tendrá algo que ver, con la existencia de miles de religiones como hay por todo lado. Y si Él las rige realmente a todas o pasa olímpicamente, pues no parece que estén del todo bajo su cetro divino, cuyos jefes predican la humildad para fuera, mientras viven rodeados de lujo y pecan igual o peor que cualquier depredado, dando un triste ejemplo. Se adueñan de la ignorancia y del servilismo humano por medio de falsa palabrería, con sospechosos dogmas de difícil razonamiento y poco creíbles. En nombre de un dios que piensa de mil maneras distintas y no se sabe quien verdaderamente es, o a cuál de las cuatro mil religiones pertenece.

Se empecinan en demonstrar, por medio de no se sabe qué profeta, que su dios les habla al corazón cuando meditan en silencio, en no se sabe que desierto para darles órdenes... Que antipático debe ser este dios, por no darlas directamente al corazón de sus criaturas. Porque si su pretensión, es que sigan de verdad una determinada religión, mejor si les hablara directo al oído de modo a no haber dudas. Con lo cual, no deja de ser sospechoso y lamentable que, el Creador, a pesar de haber sido capaz de crear el mundo en siete días con gigantescas montañas rocosas, no se le ocurriera imprimir en ellas palabra alguna... Puesto que, si era poderoso, bien pudo haber grabado en una de ellas su real decreto y dejado constancia de su particular religión, si hubiera querido tenerla. Y no molestarse en garabatear una simple y pesada tabla de losa quebradiza para dejar constancia de su divina ley a Moisés. Imprimida con fuego celestial y a escondidas detrás de un sarmiento, con riesgo a incendiar al resto de la viña. Alejado de todos para que no lo viera nadie que, por lo visto, también Dios es muy discreto y amigo de lugares solitarios, donde no haya testigos curiosos de su verdad. Es de extrañar además que, sabiendo cómo se habrían de extraviar más adelante sus sagrados mandamientos entre monumentales guerras y futuros diluvios, no previera proteger sus tablas. Del mismo modo que ordenó a Noé proteger cada especie animal, como así dicen que fue. Y de tan importantes como debieron ser, no se entiende que los imprimiera sin testigos, aunque sólo fuera por si se resquebraba lo que Él había dictado. Teniendo como tenía al pie de aquella colina un gran gentío, esperando durante no se sabe cuántos días al jefe del más sagrado de los pueblos, a Moisés. Por lo que tuvo tiempo de redactar toda su ley a oídos de mujeres y hombres directamente, aunque no quisiera mostrar su faz divina. De este modo, sería más fácil que su gente le obedeciese y utilizase el boca a boca durante generaciones, dado que es el único modo de resguardar el mensaje de fuertes temporales y aguaceros, sin que se pierda. Pero al parecer, tampoco Dios es perfecto, al no resguardar su ley de ser adulterada por intérpretes maleantes.

Y si no, siglos más tarde, después de la pérdida de la increíble y más sagrada de las leyes, bien pudo haberlas reescrito en varios idiomas. Valga ya de paso, el mismo día que dispuso a aquél grupo apostólico hablar en diversas lenguas de fuego, bajo la influencia del Espíritu Santo. Para simplemente decir, nada más y nada menos, que aquél divino Ser era su hijo amado. Y aunque esta declaración fuera lo más importante, no hubiera estado de más, añadir algo para las menos amadas criaturas.

Y si tal como dicen, los dejó hablando en diversas lenguas y muy confundidos, no tiene sentido, el no haber dejado siquiera una nueva tabla escrita a la humanidad. Ya que, estando de un modo especial, omnipresente entre la multitud apostólica, de paso bien pudo haberlo hecho de nuevo aquel día en varios idiomas. Y haber dejado constancia de cuáles eran sus deseos principales, imprimiéndolos en escritura inteligible, imborrable, incombustible, indestructible e inamovible. Gravados con fuego alienígena, en una de esas extrañas y enormes rocas del monte Sinaí o en cualquier otra, para decir si quería o no tener miles de religiones a su servicio o cómo debería ser la única y verdadera. El no dejar nada escrito a respeto, quiere esto decir, que no quería ninguna religión. Si no, algo hubiera dejado muy bien plasmado en material incorruptible.

¿Acaso se destruyeron o perdieron las tablas entre tantas guerras, como cuentan en el antiguo testamento?... ¿Y de paso, los escritores de aquella época, aprovecharon para escribir nuevas leyes a su conveniencia?...

Entonces, tal vez por eso enviaría Dios más tarde a su Hijo, a tirar por tierra las viejas normas impuestas en su nombre. Pensaría que mejor si vendría Él personalmente en concepto de Hijo, con un mensaje de paz y con la misma ley en la boca, resumida en dos mandatos y sin escribirla, diciendo:

``amaros los unos a los otros como yo os he amado´´ y ``amad al prójimo como a vosotros mismos´´

Para que fuera transmitida de boca a boca y asegurar de este modo la protección de su mensaje. Y para hablarnos también de paz y contradecir a aquellos que tanta guerra dijeron cometer en su nombre. Ya que Él, nunca ordenó a ningún profeta cometer las guerras que narran en el antiguo testamento, ni en ningún otro libro.

Desde entonces, es su Madre, la que muy de vez en cuando hace acto de una sutil presencia en la tierra. Y no es por casualidad, que la Virgen aparezca casi siempre a personas alejadas de instituciones religiosas y de majestuosos santuarios como el del Vaticano, para dictar donde quiere que construyan su capilla. Como el santuario de Fátima, uno de los lugares de oración más sencillos del mundo. Y así debe seguir siendo, sencillo como María.

Y en este sentido, nos deja bien claro, como los miles de fundadores de religiones no son creíbles, cuando hablan de una supuesta conexión con el cielo. Ya que Dios y la Virgen, hablan directamente al corazón de cada mujer u hombre cuando lo creen conveniente. Por tanto, es muy sospechoso, que se dirijan a quién se hace llamar profeta, como para sembrar más confusión entre las muchas sectas habidas y por haber, en las que muy pocos creerían.

Y ahí está, ¿cómo saber que no es el demonio quién manipula a estas sectas?..., cargadas de maldad, generadoras de mentes anímicas con tanto hacer ayuno y abstinencia, enclaustradas en miles de congregaciones... Cuyos superiores dan órdenes e invitan a la juventud a filas para formar carteras espirituales, o bien crear ministerios terrícolas y poder llevar las religiones a enfrentamientos unas contra otras. Que acaban por pensar y otorgar de miles formas enrevesadas hasta crear guerra y caos, por la siempre eterna lucha del mismo dios becerro, tan común a todas ellas.

Siendo como es, el silencio, la única respuesta de Dios, me lleva a considerarle el Señor de los silencios que, tal vez, no pueda hablarnos por no ser de cuerpo físico. O quién sabe si, por encontrarse a millones de luz de distancia de la tierra, no pueda comunicarse con nosotros de otra forma que no sea desde una apariencia sutil y transparente. Captada desde lo más profundo de una buena meditación, dirigida a un buen propósito... Y sólo lo consigamos a través de nuestra propia conexión mental en estado de quietud y plena reflexión, dirigida hacia su misma mente universal. Desde donde posiblemente broten sus respuestas, que seguro llevan ahí desde siempre, esperando que preguntemos o tiremos del hilo. Como lo hizo Jesús en medio de un profundo y desértico silencio, desde donde lo podía escuchar... Porque si desde nuestro interior surge la pregunta..., de al lado mismo tiene que surgir también la respuesta, si nos sumergimos para buscarla. Como cuando decimos que vamos a consultar con la almohada y lo hacemos a solas, en el silencio de la noche, dándole vuelta y vuelta al asunto hasta que se nos aclaran las ideas, que acaban por hacer surgir una resolución al problema en cuestión.

Es también bajo el silencio, cuando a su vez afloran ideas malvadas, pero debemos tener en cuenta que, en nuestro propio medio, puede que se encuentre aposentado aquél ser negativo y no Dios nuestro Señor. Porque a medida que somos, vamos siendo y, como tal, así seremos en el futuro, por consiguiente, según cómo seamos, entra el maligno o el Benigno Ser a nuestra mente que nos va dictando. Por eso, debemos ser muy conscientes en cada pensamiento que aparece, y sopesar hasta donde alcanzan sus efectos. Si únicamente satisface nuestro ego en prejuicio de los demás; se debe rechazar, ya que, más pronto que tarde, nos afectará de algún modo.

Si tal como consideramos, Dios es todo bondad, amor infinito y misericordioso, que sufre terriblemente por nosotros y desea nuestro mayor bien, además de estar siempre dispuesto a perdonar hasta al más cruel de los crueles si se arrepiente y pide humildemente perdón; entonces, deberíamos pensar que se trata de un grandísimo Padre-Madre, cuyo gran Ser, únicamente conlleva extraordinarios sentimientos.

En un intento de ponerme en el lugar del otro y poder comprenderlo mejor, me pongo a veces en su lugar. Y sintiendo desde la experiencia de un amor materno que hay en mí, puedo acercarme y comprender un poco más sus designios para con sus hijos, como Padre-Madre de la humanidad que es. Y, curiosamente, casi puedo acercarme a distinguir, el gran sentimiento relacionado con el amor divino.

Esto de ponerse en el lugar del otro, ayuda bastante a apreciar con claridad, los sentimientos, el sufrimiento o el amor que hay en la otra persona. En este caso concreto, es necesario ser madre, para saber qué es este amor tan fuerte y lograr comprender, aunque mínimamente, hasta donde puede alcanzar el mayor de los amores, el amor de Dios.

Esta misma técnica, la suelo emplear, frente a aquella madre que sufre por la desgracia o pérdida de una hija o hijo. Pudiendo llegar a sentir, casi en su totalidad, el amor y el sufrimiento que hay en ella, que se asemeja bastante al que pudiéramos sentir cualquier madre. Se puede creer que sea el mismo grado de amor que proviene de Dios. Y es muy posible, que Él sufra como una madre, y les aseguro que, el amor materno, duele una barbaridad y es interminable.

Sólo quien es madre, conoce lo que es el verdadero amor y dolor de otra. Y lo que ésta quiere para sus hijos que, sin duda, son siempre buenos deseos, nunca malos. Ésta clase de amor, es el mayor de los opiáceos que, contradictoriamente, conlleva a la vez implícito un enorme sufrimiento. Ser madre es amar intensamente al tiempo que sufre con la misma intensidad.

Inevitablemente, el amor materno, conlleva una doble cara que implica dos realidades unidas: amor por un lado y dolor por el otro. Una es consecuencia de la otra y ninguna de las dos se puede separar. Se trata de un sentimiento infinito, difícil de despegarse de él. Es como la piel que reviste nuestro cuerpo, que si nos la arrancan, desviste y duele mucho, dejándonos en carne viva hasta que la muerte acabe con este sufrimiento. Es algo así, como cuando falta el oxigeno que va asfixiando a los padres por la pérdida de una hija o hijo, que son cada uno como el pulmón que necesitan para respirar, para vivir.

Es esta realidad, verdaderamente comprobada, que me lleva a sospechar que..., sí Dios nos ama, como dijo Jesús; ama y sufre terriblemente como una madre o mucho más, pues es el Creador y la humanidad somos numerosa. Y si Él, todo lo ve, como también nos han hecho creer y yo lo creo; debe ser un gran mártir al ver tanta injusticia. Lo que no sé, es ¿por qué, no nos echa a todos por la borda, al gran océano?...Mientras lanzo al cosmos esta pregunta, me viene a la mente la respuesta siguiente:

¡Igual que una madre no echa por la borda al más malvado de sus hijos, aunque éste le haga sufrir, ya que para ella, siempre vale la pena la vida de ese hijo, que si lo desprecia, se despreciaría a sí misma y nunca ese amor la libraría del dolor de tal desprecio..., así es Dios también! Este grandioso sentimiento de amor, tendrá, como es lógico, una Fuente de origen que derrama sobre las demás fuentes: los propios padres, que se amarran fuertemente a sus hijos para cuidar de su evolución. Sin este sublime sentimiento, el ser humano no podríamos subexistir.

Sólo de esta manera, podemos suponer, que Dios sufre mucho por la humanidad. Y es que, en el fondo, no somos más que unos pobres ignorantes de su existencia y de hasta donde es capaz de amarnos. No acabamos de creerlo del todo y, por si fuera poco, nos confunden tantas religiones con distintos credos. Adaptadas como para el mejor postor, con la cual más verdadera, como si de un negocio para ganar dinero se tratara y hubiera que regatear las ideas de unos y de otros, a cambio de mejorar la conformidad de cada conciencia. Pues es más bien lo que parecen, hacedores de religiones que captan seguidores capaces de entregarse y abandonar a su familia. Para acabar entregando su sueldo y toda la herencia a cambio de congratularse con hábiles impostores, dueños de ricas congregaciones. Teniendo en cuenta lo ricas y poderosas que son todas ellas, aunque intenten hacer ver lo contrario con su doctrinar sobre maneras de ser humilde, como si las personas fuéramos tontas o ciegas y no viéramos lo distante que están de cuanto predican.

Es por este intenso amor que me niego a creer, que Dios sea castigador o permisivo, frente al mal que comete el hombre contra el hombre, con las guerras, las matanzas y violaciones. Y menos creo aún, que sea enviador de desdichas, enfermedades y desgracias, como siempre han predicado las religiones para atemorizar y someter bajo su poder a la humanidad entera. Fundamentalmente, a la mujer, para acallarla y obligarla al servilismo, a la sumisión y anulación de su poder e inteligencia, desde la primera mujer primitiva hasta nuestros días. Cargándola con las miserias y pecados de todo hombre, haciéndola culpable, quitándola del medio para no tener que luchar contra la dificultad de una cabeza femenina inteligente.

¡Conviene apartarla para que no vea lo que se cuece en intramuros cardenalicios, no revuelva sus cómodas y ancestras ideas!

¡Cuidado con las armas de mujer!... ¿Quién nunca ha oído decir esta gran verdad?... La mujer no sólo tiene una cabeza pensante, también atributos femeninos capaces del dominio, si los quisiera utilizar. Pero tiene por otro lado, mejores inclinaciones y mucha necesidad de afecto que la pierde. Y de esto, se sirve cobardemente el hombre para engañarla, valiéndose de su fuerza física para imponer, dominar y doblegar con el puño.

Toda esta maldad del hombre, viene del maligno Lucifer. El que se hace pasar por señor, confundiendo y amedrantando para conseguir humillar a cuantos más humanos mejor y servirse de su buen hacer. Por medio de aquellas frases típicas, que tantas veces hemos oído en más de un sermón, como:

¡Es un gran hombre temeroso de Dios!... ¡El hombre que lo tema, se salvará!...Y estas otras:

¡La ira del Señor vendrá sobre vosotros!... ¡Temed a Dios, si no, os castigará!... Este era el miedo con el que manipularon y gobernaron durante generaciones.

Dios no puede sentir ira contra sus criaturas, ni deseo alguno de castigarlas, porque se haría daño a sí mismo como Padre-Madre que es. Como mucho, podría desear que nos diéramos un coscorrón contra un árbol y nos sintiéramos ridículos por nuestros malos actos o bajáramos la prepotencia, pero poco más. Igual que lo que pueda desear cualquier madre a sus hijos: un pequeño rasguño a modo de escarmiento para que se les baje el orgullo, sin que el daño sea muy intenso, que si no, le dolerá también a ella.

Decir ciertas barbaridades de Dios, es llamarle mala madre o padre. ¿Acaso somos capaces de desear tanto mal a nuestros hijos, o a nuestros enemigos?... ¿Entonces, cómo podemos pensar que Dios, sí?...Y si les deseamos el mal, deberíamos de pensar en qué clase de persona nos hemos convertido. Y reflexionar en qué ganamos con ello; si nos hace más felices o atraemos a nuestra vida lo mismo que deseamos al otro. Porque aquello que damos o deseamos, acaba por revertir en contra o a favor de nuestra felicidad. Y ni al peor de ellos, deberíamos desearles nada de lo que no quisiéramos para nosotros y, menos aún, una enfermedad, ni que le suceda desgracia alguna. Deseos como éstos, sólo perjudican al que los siente y los desea a los demás. El no desear mal a nadie, no cuesta absolutamente nada y sólo nos hace bien a la salud.

Y si alguien, nos hiciere la vida imposible o nos refregar con envidia al pasar..., mejor es no desearle gran mal. Como mucho, si no se puede evitar, que sólo se dé un pequeño tropezón delante de nosotros y se ridiculice de sí mismo para que escarmiente. Al tiempo que nos compadecemos para ayudarlo a levantarse y, de paso, disipar el orgullo y las hostilidades que tanto nos cuesta romper y no beneficia a nadie. Y es que nos empeñamos en llevarnos mal, siendo mucho más cómodo para todos llevarnos bien unos con otros, pues seríamos mejores personas. Y más ricas al sentirnos más a gusto con uno mismo, que nos llevaría a gastar menos dinero en tratamiento de salud mental.

Bien sabido es, que atraemos aquello que deseamos al prójimo, por eso, debemos desear el bien a todo el mundo. A las personas muy retorcidas, que las hay..., mejor echarles en sus buzones estampitas de oraciones que suele haber en algunas iglesias. Para ver, si así, se les pega algo de bondad, en vez de andar pensando en cómo vengarnos de ellas. La paz y buena convivencia, no se consigue de este modo. Hay que rechazar el odio y la envidia.

La mejor táctica, es la de hacer el bien al que nos quiera hacer mal y, con ello, ridiculizar su comportamiento frente al nuestro. Así es, cómo aprenderemos a querernos, sin ira ni venganza y, de este mismo modo, creo yo, nos trata Dios para que lo amemos, no para crearnos enfrenta. De ahí que dijera Jesús, lo de poner la otra mejilla, que aunque nos duela, al otro le haya de doler mucho más cuando despierte de su orgullo y compare ambos comportamientos; su prepotencia y nuestra indiferencia al no rebajarnos a su misma condición brutal. Aunque, si respondemos en defensa propia, está muy bien y hay que defenderse al segundo golpe, que tampoco hay que dejar que nos destruyan la cara gratuitamente. Y a pesar de si Jesús lo dijera o no, no olvidemos, que Él era de muy buena arcilla, especial. En cambio, los demás mortales, somos de barro quebradizo, provisional, que cuesta una millonada reconstruirlo. Si bien es cierto que, al violento, le provoca más la cobardía y la no reacción del otro a que le devuelva un fuerte golpe, aunque tan sólo fuera por evitar que lo siga masacrando, no acabe él mal también, debido a su pasividad al dejarse pegar.

Dios no castiga, somos el ser humano el que nos castigamos a nosotros mismos con nuestras malas acciones, que nos llevan al enfrentamiento, al odio y a la locura, hasta dañar nuestra psique, nuestra salud en general. Nuestra ruindad y soberbia, son el gran lastre que cae sobre nuestra conciencia y a su vez nos despierta a un estado consciente de vida infeliz.

El mal que hagamos o deseemos al otro, nos daña de forma directa. Es como aquella pelota que al arrojarla contra una pared, golpea con fuerza y rebota con la misma intensidad contra él que la lanzó, devolviéndole el mismo golpe, es decir: devuelve las mismas consecuencias negativas a su vida. Con los mismos resultados que envió al otro y, eso mismo, es el castigo consecuencial que nos auto infringimos tarde o temprano, queramos o no, dado que es la fuerza de nuestra propia mente quien lo realiza y crea nuestra desdicha.

Casi siempre recibimos lo que damos, aunque no siempre es así, precisamente, debido al odio irracional del otro que hace que paguemos justos por pecadores, y esto es aún más lamentable.

Por algún motivo dijo Jesús: ``amar al prójimo como a vosotros mismos´´. En esta frase, está todo el secreto para la humanidad conocer la tan buscada felicidad. Se acabarían las guerras, el hambre, las violaciones, la esclavitud, la decapitación, la pederastia, la venta de seres humanos y un sinfín de maldades más. Y hasta las mujeres podríamos ser sacerdotes, sin prejuicio alguno de aquellos que sí lo tienen, etc… Ni necesitaríamos de ser acosadas o sobornadas sexualmente, para escalar en la vida laboral y conseguir un trabajo mejor remunerado. Como bien hartas estamos de saber, lo difícil que lo tenemos para conseguir los mismos derechos en una sociedad que se jata de tener igualdad. Si siguiéramos el sabio consejo, las personas y los animales, viviríamos en plena armonía donde lo abominable no tendría cabida.

Dios es bondadoso, no desea condenar a la humanidad. Es el ser humano, quien se auto condena después de morir, al verse en la otra dimensión. Allá donde los sentidos se intensifican de modo tridimensional y siente todas las malas acciones al despertar de la inconsciencia. Adormecida por sus maldades y ambiciones, que lo indujeron a cometer terrible daño a otros. Es entonces, cuando surgirá de su espíritu un gran desasosiego y aflicción, padeciendo lo que llamamos infierno.

Si Dios es Padre-Madre, de ningún modo puede ser un ogro que pretenda condenar a sus hijos, por ser o no beatos, si de raza blanca o negra, hombre o mujer. Y menos, sentenciarlos por la religión a la que pertenezcan, ya que Él, no es autor de ninguna de ellas. Y sabe, además, que somos ignorantes de su sabiduría divina, la que más de uno trata de alcanzar para dominar al mundo y competir como el mejor. Él, es Padre-Madre Creador y no dios de religión alguna. Cada fundador, es el creador de su propia confusión sectaria, ideada bajo su engañosa filosofía, jugando a ser un sabio dios. Muy dado en hombres de ego elevado y con anhelo de liderazgo. Y conociendo el buen Dios cómo los conoce, se mantiene mudo y distante de sus ruegos. Los deja que se explayen libremente con su prepotencia y sufran por sí mismo sus propias consecuencias. Es el precio del libre albedrío.

Al final de nuestra vida, sólo se nos valorará y examinará del amor, que es la mismísima gran madre del cordero, la esencia que a todos los seres debería abarcar. La verdadera y única *religión,* que encerrada en la anterior frase, dice que ``amemos al prójimo como a nosotros mismos´´. Es todo cuanto estamos obligados a hacer por nuestra felicidad y la de los demás, como única riqueza a valorar.

Aplicarlo, requiere práctica diaria, pues no todo las personas son de nuestro agrado. Al ponerlo en práctica, nos hará más humanos y seremos mejores personas a medida que lo practiquemos. Basta con pensar que, el otro, tiene parecidas miserias y defectos que los nuestros para sentirnos igual de guapos.

Nuestro gozo y paz celestial, lo obtendremos a medida de lo que hayamos amado al prójimo. Basta con no hacer mal a nadie y ayudar cuando sea necesario, o socorrer cuando alguien está afligido.

Prefiero pensar..., que Dios es muy justo y gran demócrata, que al hacernos libres, nos hace ser también responsables de nuestros actos, de nuestro buen o mal hacer, así como de muestra propia condena. Librándose Él de condenarnos, pues de lo contrario, dañaría su sentimiento de amor y no va a violentarse contra sí mismo por ello.

¿Qué sensible y bondadoso juez, no se sentiría mal, al tener que condenar con dureza a un delincuente, por mucho que éste se lo mereciera?... Diría para su adentro: ¡pobre desgraciado!..., ¡qué infeliz va a seguir siendo!..., no quisiera imponerle tamaña pena, ni estar en su mismo pellejo... Con la carga de prisión..., más el peso de su conciencia... que es aún mucho más dura de llevar y que tarde o temprano le sobrevendrá..., ya sea en este mundo o bien en el otro.

Dios no hace de juez sentenciador, pero sí de juez justiciero, pues es nuestro Creador, nuestro Padre-Madre y se duele mucho por nuestra condena. Por eso, deja que cada uno se auto condene cuando descubra por sí mismo, su cruda y verdadera maldad, que le hará un terrible daño interiormente. Daño éste, que surge como consecuencia y a medida de grado del mal cometido que, insertado en cada conciencia, no podrá eliminarse, a no ser por un verdadero arrepentimiento y deseo de perdón o cambio.

Nuestros actos, nos llevarán a un ajusticiamiento ante Dios que determinará la veracidad del inocente o culpable, en una humanidad proclive a la condena de justos por pecadores. Ante su justo dictamen, la verdad hará libre al inocente y despreciará al culpable que se consumirá en el infierno de su conciencia, como no puede ser de otra manera.

Al cometer buenas acciones, creamos un estado positivo de bien estar en nuestra alma, así como con las malas, consecuentemente el propio castigo. En cada maléfico acto, se crea automáticamente un karma y, por tanto, su propia condena.

Cada cual decide por sí mismo, cada vez que cometer malas acciones que acarreen pena y castigo sobre su conciencia inmortal, cuya memoria es el archivo que todo lo guarda. Donde permanecerá el recuerdo de una vida pasada, de la que tomará más tarde verdadero sentimiento de culpabilidad por el mal que hizo. Siendo muy superior, cuando al despertar del calloso egocentrismo, vea con otra realidad la vida que recorrió en la tierra, recobrando mayor sentido el daño cometido a otros. Pesándole dolorosamente en su conciencia, donde el recuerdo de tanto mal causado, rumiará en su interior con desasosiego eterno. Este es el infierno que más de uno empieza a experimentar ya en vida, a medida que despierta de la inconsciencia y empieza a revivir el pasado con un desasosiego que induce a algunos al suicidio. Mejor es pedir perdón o bien ir al médico si se está enfermo. El pedir perdón, disipa la rabia y los conflictos, ayudando a la sanación cuando es perdonado.

El amor materno, es incompatible con hacer sufrir bestialmente a un hijo. Si una madre, daña o condena a su hijo, se daña y se apena directamente a sí misma, al maltratar con condena, el amor que siente por ese hijo, que es carne de su carne y duele horriblemente. Pero algo menos, si fuere el hijo, quien por su libre albedrio, se autoimpone su propio sufrimiento o castigo.

Así también es Dios, que no desea ser sádico consigo mismo, haciendo daño a la humanidad, porque se causaría un dolor intenso e infinitamente superior, además de igualarse a los tiranos, amigos de crueldad. No, así no puede sentirse. Si para Él, es abominable un tirano, ¿cómo se va hacer como él?... ¡Es inadmisible!

Dios no pide que seamos perfectos, pues ya sabe que no lo podemos ser, e igual ni lo quiere, ¿quién sabe?, pero sí desea nuestro arrepentimiento para que al que hayamos hecho daño; nos perdone y Él también. Ese es su regalo, el perdón, regalo de salvación. No basta con que nos perdone Él, sino que es importante que nos perdonen también los demás. Nadie debe cargar rencor, para ello nos debemos perdonar unos a otros, pero hay maldades imperdonables con las que cargar eternamente en la conciencia.

Dios perdona siempre que pidamos perdón y perdonemos. Cuando sintamos el verdadero peso en nuestra conciencia, por las malas acciones cometidas y de corazón le pidamos perdón; se nos aligerará esa carga haciéndonos sentir alivio y bien estar. Pero necesitamos que los demás también nos perdonen, a no ser que, para el otro, seamos culpables de un delito que no cometimos. Y Dios, que lee nuestra conciencia, enjuiciará con su conocimiento divino de las cosas, la verdad que nos hará libres de culpa frente al otro.

Si dos hermanos se ofenden entre sí, como consecuencia ofenden también a sus padres de quien más tarde pueden obtener perdón, ¿pero y su hermano?, primero tendrá que reconciliarse con él para aliviar el sufrimiento a sus padres.

Siendo Dios justo y bueno, deja primero que seamos jueces de nuestras propias maldades. Que siendo humildes, nos horroricemos del mal cometido y pidamos perdón para redimirnos. Y en caso de no reflexionar ni arrepentirnos, nos condenaremos por nuestra libre determinación. El perdón aliviará nuestro dolor, pero también el suyo como Padre-Madre que es. Su perdón, es como un fármaco que cura y su amor lo cicatriza, limpia el espíritu, dando oportunidad al olvido y a la redención.

En la otra dimensión, seremos la humanidad, la que nos impondremos sufrimiento, cuando al despertar a la verdadera conciencia, recobremos el verdadero sentido del mal de nuestros actos aquí. De ahí que Dios, sea compasivo y misericordioso con nuestra ignorancia y, gracias a su infinito amor, puede que perdone a aquellos que imploremos su medicina, el perdón.

El sufrimiento que se descubre al otro lado después de morir, es como el que solemos sentir frente a un gran desasosiego interno anublado, es la desorientación y soledad frente a la realidad divina, la realidad desconocida en vida. Al tomar verdadera consciencia de esa realidad, o bien nos sobreviene una terrible aflicción, o bien un estado grandioso de paz espiritual o gozo eterno, por el amor que dimos al prójimo.

Dar amor al otro, para después recibir amor también nosotros. Para ello, debe el hombre dejar de jugar a falsos dioses, a violadores, a pederastas, a corruptos, a soldados en las guerras y dejar de masacrar al otro, sea él de que condición o raza fuere: cristiano, musulmán, judío o ateo. Todos son igual ante El Creador, sin religiones de por medio.

Aquí en la tierra, ya comienza ese infierno espiritual o psicológico, causado por nuestra maldad que puede permanecer eternamente si no nos arrepentimos. O bien redimirnos por un deseo de cambio y perdón, gracias a ese amor de Dios que sufre y desea tenernos de su lado, igual que nuestra madre.

Todo esto, nos lo dice la voz de la razón natural del inconsciente colectivo, que reside en el Cosmos.

El amor de madre, duele mucho y no es un dolor cualquiera. Únicamente aquellas mujeres que lo son, pueden saber cuán dolorosísimo es. Por ello, no excluyen a sus hijas de los mismos derechos de sus hijos, porque si lo hacen, se perjudicarán a sí mismas. Y si un padre lo hace, estará excluyendo a todas las mujeres de sus derechos por medio de sus hijos, al tomaren su mismo ejemplo, que educados y respaldados por la religión, hacen de su ley, escritura sagrada. Con esta escritura, la mayoría, educó a sus descendientes varones, sirviendo de modelo social a otros que se acostumbraron a excluirlas de determinados sectores de la sociedad. Por éstas ser muy inteligentes, curiosas y delicadas, que hacen preguntas incómodas y obligan a pensar mucho, considerándolas un obstáculo, siendo un incordio para sus devaneos libertinos y malas acciones.

Por eso, muchos de ellos, suelen mentir con frecuencia a sus mujeres para que no sepan la verdad de sus andanzas, no vayan a reprender sus liviandades cómo acostumbraban hacer sus madres.

Mejor es quitarlas del medio, son demasiado sensibles, moralistas y vigilantes. En la conducción, muy miedosas, se les pone por delante, impidiéndoles ir a la velocidad que les viene en gana.

Por la carretera, se suele oír al más insensible de los conductores decir: ¡la mujer y la sartén, en la cama y en la cocina están bien! —Sí, para que trate de su vicioso cuerpo—. ¿Y su madre, también?... ¿Acaso va este estilo de frases, dirigidas también a sus hijas y a hermanas?... ¿O sólo va para la mujer o hija de otros?...

El hombre, desde tiempos muy remotos, valiéndose de la religión escrita por su puño y letra, fue determinando a su antojo la desigualdad de la mujer, quitándole poder a ella para hacerse más poderoso él. Sintiéndose dueño y señor de la mayoría de los derechos naturales que, humanamente, debió compartir con su madre, su hermana, su compañera, su hija y su nieta, ante Dios. Valiéndose de su condición física y porrazo sobre la mesa, tomó siempre prioridad en los derechos fundamentales de todos. Cuando por medio del razonamiento, debería contemplar primero a quien otorgar un puesto de trabajo, un lugar en la mesa, o el mejor de los bocados; si a un menor, o a una mujer.

La mayor desgracia de una mujer, es su condición de *ser femenino,* en una sociedad machista. Para el hombre, en cambio, su *mayor desgracia,* es ser *inconsciente y egoísta.*

Toda esta superioridad, la tomó de la religión, creada y dirigida por él y para él que, biblia en mano y en nombre de no se sabe qué dios retorcido, catapultó a la mujer, conceptuando a Eva como la desobediente, la que tentó a Adán. Por lo que, según dicen, Dios castigó y expulso del Edén como la causante de todas las desgracias. Cargándola con la maldita responsabilidad del más famoso y deseable de los pecados, que acarrearía sufrimiento a toda la humanidad, sin librarse ningún superviviente. Y como no le pareció suficiente, añadió también el terrible dolor de toda mujer al parir, como castigo por haber hecho eyacular al ardiente Adán...

¿Cabría preguntarse, si en el mismo saco del pecado venial de la desobediencia, entraron también las hembras del reino animal que sufren mucho y hacen esfuerzos meritorios al parir..., si también la hembra primitiva tentó al primer macho y Dios los castigó por ello?... ¿Y si la lucha por la supervivencia de las aves del cielo y otros animales que las pasan negras frente a sus depredadores, más la inclemencia del tiempo que despiadadamente amenaza y destruye sus nidos y madrigueras, arremetiendo contra sus indefensas criaturas..., es un castigo divino enviado por Dios a los pobres e indefensos animales?... Por haber obedecido su madre primigenia a alguna cosa con forma de serpiente maldita y pecó, desobedeciendo a Dios, al tomar el polémico órgano `prohibido´ que Él dispuso para que procreara la fauna animal. ¿Y si después, también los expulsó del paraíso, hacia este acotado mundo para ser carne de escopeta a cazadores?... ¿Que cuando no están en situación de guerra, a alguna cosa tienen que disparar por empírica necedad y no tanto por necesidad, como para castigar a todos los inocentes animales?...

¿Cómo pudo Dios, crear a la primera pareja y dejarla desnuda correteando por el huerto, uno detrás de otro en pelotas, sin cubrirlos, si no quería que pecasen?...Debió haberles confeccionado unas pieles, o sacudir la bíblica higuera para que los cubriese de hojas, hasta ocultarles lo más tentador. Está claro que, de haberlo hecho, no daría lugar a la bendita tentación y la humanidad no habría existido. Buena la armó el Creador. Me alegra que no sea perfecto. Eso le hace parecer más humano que algunas mentes psicópatas, obsesionadas por el perfeccionismo en extremo.

Desde hace milenios, lleva el hombre narrando sospechosos textos bíblicos sobre un dios falto de misericordia, castigador implacable con el primer pecado que, según la ignorancia, fue por culpa de una tal Eva que tentó a un tal Adán. Influenciando nefastamente con sus mentiras bíblicas a toda su descendencia masculina, produciendo mucho mal, hasta nuestros días.

O sea: si tal como dicen estos predicadores, su dios castigó con dolor de por vida a toda mujer cada vez que pariera; quiere esto decir que es misógino.

Entonces cabría preguntarse, ¿qué hacen las mujeres rezando en los templos?... ¿Acaso siguen a un dios que no las quiere y las castiga?... ¿Sólo las querrá para parir, maltratarlas todos los días y aplacar de este modo su ira que, al parecer, según ellos, la tiene en abundancia para descargar sobre sus criaturas?... ¿Es que no le sirve el hombre para desahogarse contra él, que es más fuerte y aguanta mejor los golpes, además de ser el mayor depredador sexual y brutal de entre las bestias del campo que más pecados de la carne comete?...

¿Será por eso que muchos indeseables imitan a su dios, dándoles igual maltratar y asesinar a mujeres, a niñas y niños que a animales?... ¿Qué le hicieron los inocentes a ese dios, para permitir que sean masacrados cruelmente por imbéciles?...

¿Es el Dios de Jesucristo verdaderamente así?... ¿O son los endiosados hombres cuentistas de historias, cuyas leyes, hechas a su medida, sirven para masacrar al inocente, abusar de la benevolencia y adueñarse de la ignorancia para manipular al más débil?...

Aprovechando de que Dios verbalmente nada manifiesta, se hartan de ejecutar leyes a su antojo y escribir en su nombre, cuyo hijo, dijo que su reino no era de este mundo. Con lo cual, si dijo esto, es porque el mundo está dirigido por hombres influenciados por Satán. Que él sí, anda siempre detrás del malvado, valiéndose de él para inducirlo al mal y castigar a la mujer, una y otra vez, con tanto dolor en el paritorio, ya que sus depredadores no dejan de follar a todas horas para preñarlas y satisfacerlo. Mientras anda detrás de la conquista al buen hombre para que le sirva también, como queda demostrado en el nuevo testamento, cuando intentó por medio de uno de sus servidores tentar a Jesús. Y el mismo que lo denunció por boca de Judas, llevándolo después al calvario a manos del más vil de los soldados, delante de las narices de los sacerdotes de Sanedrín. Ésta maldición hacía Jesús, vino por manos de hombres ruines que lo asesinaron, y no por manos de mujeres, que lo seguían amorosamente. El desierto no era más que su enorme soledad, y era de suponer que se alejara de personajes impuros que los había por doquier. Se protegía de ellos, recogiéndose allá donde fuera que estuviera el más mortífero de los escorpiones, que lo había de respetar más que el propio hombre, por quien Él más tarde se habría de entregar por amor.

Por aquellos que, dejándolo de lado, prefieren servir al mismo monstruo que nos sigue gobernando hoy a través del engaño, la guerra, las bombas, el hambre, la violación de mujeres y niñas, el femicidio, el rapto de menores, la venta de seres para la esclavitud y explotación sexual, la pederastia, la decapitación, la ablación, el acoso, la quema en la hoguera de inocentes e inteligentes mujeres y el que dice ¡no! al sacerdocio femenino, etc...

¡No ingresen éstas en el sacerdocio, no vaya haber demasiada gente a predicar en nombre de Jesús!... Con lo cual, mejor si se quedan donde están y observan cómo pasa la vida por manos de hombres soberbios, con los que no deberían nunca mezclarse.

Y así andan ellos, siempre pidiendo por más vocaciones sacerdotales que hay cada día menos. Llegará un día en que recurrirán a las monjitas, que están para cualquiera de sus menesteres, a pedir que celebren misa por ellos y abran sus iglesias, porque no les quedará otra. Entonces, sí, mientras tanto, no. No vayan éstas a controlar la podredumbre que reina en la cúpula, amiga de políticos ambiciosos de guerra, mafia y dinero, *el becerro de oro* al que adoran en su despótica forma de vida, llena de poder, lujo y arte sacro. Gracias a limosnas que buenamente se les hecha a sus santos, a cambio de favores que nunca llegan, porque no son realmente santos todos ellos, sino un invento para enriquecerse. Ni siempre están presentes allí sus cuerpos, que váyase a saber, como el de Santiago, al que visitan peregrinos venidos de lejanas tierras para dejar millonadas. A diferencia de otros santos menos afortunados, que después de muertos siguen sacrificándose, haciendo largos viajes de peregrinaje para recaudar dinero. Y ``ya que el devoto no va a visitar al santo; que vaya el santo a visitar al devoto´´.

Como los avispados monjes Franciscanos, con el busto de San Antonio desde Padua, haciendo turismo santoral de catedral en catedral, por diversas capitales de Europa. En cuyo bagaje, llevaba nada más y nada menos, que alguno de sus supuestos órganos: la lengua, una de sus costillas y el resto del cuerpo en cenizas, gracias a que han sido clementes y no le incineraron el resto, siendo todo cuanto queda de él; que no es poco. Lo justo para impresionar con lo que queda del incorrupto santo, amante del silencio, amigo de los pobres y de la adoración a Dios. Por lo que, su silenciosa lengua, se venera en el monasterio dónde vivió sus últimos años, sin contrariar a sus legítimos superiores que lo mortificaron. Sí, porque en muchos de estos casos, el que calla y guarda silencio..., o bien es un santo... o se hace el tonto para no ser cómplice de alguna oscura trama. Aunque, por otro lado, este peregrinar, corroya la lengua de sus hermanos monjes, hijos espirituales de San Francisco, que sin que profesen la misma santidad, entienden que deben sacarlo a pasear. ¿Y qué mejor que en tiempos de crises espiritual y de gran pobreza, cada vez más en aumento y tan afín a la Orden?...

Paseo santoral, que servirá como condición primordial para remover conciencias a los más adinerados, a cambio de obtener perdón por la usura. Que de eso, ya se encarga cada obispo, bendiciendo a todo aquél que practique la caridad, echando como a mendigo limosnas a pie de santo, cuando este pase por su catedral. Y de paso, desempolvar al más antiguo de los sermones sobre la conciencia de sus fieles para que sean generosos:

—Queridos hermanos míos: ``¡atesorad para el cielo con buenas obras que lo material se quedará aquí! ¡Mejor aligeraros del vil metal, no vaya el pecado de la usura condenaros eternamente! ``¡Es más fácil que un elefante pase por el agujero de una aguja que un rico entre en el reino de los cielo!´´

Ya atesorará la curia por ellos: para lo terrenal de sus múltiples obras palaciegas, gigantescas catedrales y monasterios, en constantes reconstrucciones. Que más parecen arquitectos constructores, que pescadores de hombres a punto de naufragar entre las olas del mediterráneo, recién llegados de hostiles tierras.

Lo de ``sencillez de vida para dar ejemplo´´, era el legado de Fernando Martim de Bulhões. No sabemos qué pensaría el santo lisboeta, cuya filosofía no estaría muy de acuerdo con que pasearan su cuerpo por ahí como atracción monetaria de feria, llevado por los ambiciosos monjes que no se contentan con respetar sus restos, dejándolos descansar allá donde murió, en Arcella, Padua.

¿Acaso no puede haber devoción, sin la formación de negocios alrededor de los templos?...Algunas iglesias, más parecen sucursales financieras, llenas de reliquias sagradas para atraer dinero que un lugar de silencio y oración.

A cualquiera, no le está permitido sacar a pasear los restos mortales de sus predecesores, y menos cruzar con ellos fronteras o exponerlos en casa. Ni siquiera por navidad, por aquello de estar todos juntos cenando el pavo, que de hacerlo, les dirían que están chiflados y serían condenados por exhumación de cadáveres.

Sin embargo, a la curia y sus obispos, se les permite hacer estas cosas, que estando en sus manos, rara vez son penalizados. Casi todo les está permitido, hasta pueden enterrar debajo de cualquier altar, al más ilustre cuerpo de algún comendador adinerado, o conservar a sus beatos en la cripta de sus iglesias. Enterrados misteriosamente y con halo de santidad para atraer a curiosos fieles, declinados a la compasión y buena fe para aporte monetario a sus curas. Habituados a sermonear con la peculiar manera de pedir, más enfocados en atraer dinero para reconstruir su diócesis que en ayudar realmente a los pobres, si tal como dicen, ``practicar la caridad se hace necesario para entrar en el reino del cielo´´.

Tienen por norma pedir para los pobres, mientras enriquecen sus instituciones. Necesitan de la pobreza de sus hermanos pedigüeños para subexistir, rodeados de un inmenso patrimonio eclesiástico. Los pobres, carecen de casi todo y abundan hasta dar en las vistas, pues son los que más rodean la entrada a los templos, ya sea para pedir favores al Altísimo o para pedirles a ellos cualquier otra ayuda. Sin ellos, la iglesia no tendría mucho sentido, ya que, contrariamente, junto con las limosnas echadas a sus santos, la ayudan a recaudar riqueza a ella, no a los pobres.

Si bien es cierto, que las congregaciones religiosas tienen innumerables empresas bastante herméticas y, a pesar de todo, reciben numerosas ayudas. Viven en comunidad y sin libertad, bajo obediencia a un régimen de ideas comunes, tocadas por el mismo péndulo de oro y gobernadas como una sociedad aparte, que más recuerdan a un regimiento comunista y capitalista, que a la primera comunidad cristiana.

En cambio, para los demás inmortales, eso de pasear por ahí restos humanos exhumados, está más que prohibido hacer. Y últimamente, lo de expandir las cenizas también empieza a ser molesto. Que según la última opinión de su Santidad al respeto, ``lo que fue polvo y en cenizas se convirtió de nuestros seres queridos´´, a partir del siglo XXI, pasa a ser más digno y de mayor respeto, empezar a conservarlas en una capilla que metidas dentro de un bonito jarrón familiar o desparramadas entre la naturaleza, contaminándola toda.

Sin embargo, lo de exponer y pasear los restos de sus santos por el mundo, no les parece ninguna falta de respeto, a pesar de que debería ser algo mucho peor: una grave profanación. Y sabiendo el fin al que se proponen, se puede deducir que es un gran sacrilegio ante los ojos de Dios y del propio santo; aprovecharse de sus restos para lograr dinero. Es tanto como prostituirlo.

Tamaña hipocresía ante la sociedad, lo es también lo de las cenizas, ya que en vida de sus difuntos, no vino la sacrosanta iglesia de Roma, ni de ningún otro imperio cristiano a preocuparse de ellos mientras vivieron. De si eran respetados o no, de si contaminaban mucho o poco, de si reciclaban o eran incívicos, de si eran unos cerdos o unos bestias violadores, de si practicaban la igualdad y el respeto, de si maltrataban a sus mujeres y el porqué. Como para que después de muertos, les vengan a hablar de tener respeto y cómo guardar sus cenizas. Gracias al resurgir de ideas buitres para sacar beneficios de los tétricos restos. Haciéndoles espacio en capillas mortuorias que cabrían ser mantenidas por largo tiempo, como un lugar sentimental más, de oración y peregrinaje familiar.

Sí, claro, ¿cómo no?, en una bonita capilla para más reuniones y concelebrar misas para los del más allá, mientras los del más acá, se afanan en guardarlas para cobrar donativos a pie de pésame todos los aniversarios. Otro impactante negocio para la santa madre iglesia, muy dada a montar empresas donde emplear a sus fieles seguidores. Que siempre encuentran un buen modo de vivir, gracias a sus organizaciones pioneras, expandidas por todo el planeta. Y al buen hacer de un montón de gente, que se agarra a la religión para poder vivir como dios y ver cómo sus empresas ruedan dentro de la comunidad, sin tener que engrasar ruedas.

Y es que nunca se sabe, si la idea de guardar las cenizas de los difuntos en una capilla, es para montar otro sacro negocio a costa de purgar la herencia de los muertos, o es por no saber dónde meter las narices. Si en la vida de las abortistas; en la vida de los homosexuales y de las prostitutas; o si meterse con el descanso de los que en gloria estén. Que ordenaron antes de fallecer, cómo querían que se llevaran a cabo sus exequias. La cuestión, es hacer acto de presencia con el orden y el mando, dado su cada vez menor poder. Teniendo en cuenta, además, que a muy pocos les importó cuanto podrían haber contaminado en vida, que de seguro fueron toneladas. Como para que después de muertos, venga la sacrosanta política vaticana a preocuparse por la contaminación de sus cenizas. Que nunca se sabe si, como dicen algunos, éstos resucitan al final de los tiempos, como castigo de vuelta a este paraíso del mal, no vayan a andar por ahí inmersos en busca del más ínfimo polvo sagrado, sin saber cómo retrotraerse a la materia. O bien dispersos, sin poder reagruparse para volver al mismo redil del pastoreo espiritual anterior, que de estar a buen recaudo sus cenizas, no habrá gran trauma a la hora de reincorporarse. Y poder seguir siendo productivos a las mismas arcas, que son demasiadas y hay mucha competencia en las instituciones misioneras, llamadas ONGs.

La verdad, es que el negocio de las bodas ha descendido estrepitosamente y bajado con creces la natalidad. De tal modo, que ahora, conviene proteger también a los muertos después de incinerados y mantenerlos bajo alguna bóveda sagrada. Deben seguir siendo productivos, como escusa supuestamente benéfica para ayudar a cualquier país muerto de hambre. Sólo después de haberles dado bendición de vida eterna, para a continuación colocarlos lindamente en un pequeño cofre, con todo el cariño de no desparramarse en el interior de alguna capilla, no vayan a empezar todos a estornudar. Son muchas las que empiezan a quedar vacías, que habrá que frecuentarlas con visitas a nuestros difuntos para sacarles rendimiento. El futuro es prometedor para este estilo de negocios, viendo lo cara que está cada metro cuadrado de tierra, que ni después de muertos sabremos donde meternos.

¿Se habilitarán con el tiempo viejas capillas para albergar pequeñas joyeros guarda cenizas, y estén nuestros seres queridos contentos?... No vayan a regresar enfadados como alma en pena, que penas, hay demasiadas. Se supone que también habrá un hermano de la Orden, haciendo turno frente a un ordenador con todos los datos registrados de por siempre amen, que hará que seamos inolvidables en la tierra e inmortales en el firmamento. Para recordar por medio del más reciente y moderno sistema de marketing internauta, cada día de aniversario y cumpleaños, para cómodamente comprometer a pagar sistemáticamente un modélico donativo, más la voluntad. Que casi siempre supera con creces a los costes, por celebrar cada misa en sufragio de las almas más queridas y, ya sirva de paso, rezar también por las de los seres menos queridos.

Y puede que, hasta acaben diseñando una agenda virtual con cada historia de vida insertada, por si desde el más allá queremos echar un vistazo a nuestro pasado terrícola. O escribir, diciendo que mejor lancen más misas al cielo, por si acaso andan penando por no se sabe que planeta, sin nunca poder encontrar el deseado cielo.

Son como la mejor escuela de mercado, con un sistema de marketing religioso eficaz e inteligente, siempre en busca de oportunidades para su comunidad trabajar como humildes hormiguitas en grupo, beneficiando a su colmena.

Son varias las empresas especializadas en servicios funerarios: tanatorios o velatorios repletos de cirios ardiendo, arreglos florales, oficios y sacramentos, nichos, lápidas mortuorias, panteones forrados de mármol o de granito, además de maquilladores de cadáveres, entre otros artilugios. Todos los decorativos son pocos, para a bien despedir nuestros familiares con cariño antes de ir al cementerio. Donde los espera el último trozo de tierra que los ha de acoger, caso no se expandan sobre ella hechos cenizas. La muerte nunca es en vano, remueve herencias, crea empresas, sostiene puestos de trabajo y lucran en donativos las oraciones. Nuestro cuerpo es puro producto desde que nace hasta que muere. Y el futuro es prometedor, si un día surgir la idea de abrir capillas expresamente para depositar cenizas. Entonces, desparecerán los campos santos y permanecerán las capillitas para, definitivamente, pertenecer al monopolio religioso, porque los vivos les lucramos cada vez menos a sus arcas. Y claro, ¿por qué no hacerse guardianes de las cenizas de sus feligreses?... Para, de este modo, dedicarse a celebrar oficios pos mortem, teniendo en cuenta que en vida apenas pisaron una iglesia, que se van vaciando a medida que el siglo XXI avanza.

No obstante, los que, en su estancia eterna, quieran librarse de gastos, lo van a tener difícil, pues como topemos con la curia, nuestra primitiva arcilla, pasará de ser un simple polvo a tener cierto valor sagrado en el mercado, entre velas y incienso. Y, entonces, habrá que ser rentable en arrendamiento pos mortem, con tal éxito, que no habrá capillas suficientes para albergar tanta reliquia que acabará por llenar también los fríos conventos. Pero pocos obtendrán la prometida paz eterna, ya que, nacer y morir, sale cada vez más caro. Y las parcelas de los cementerios, serán un día motivo de discordia entre herederos, cuando todos quieran construir allí capillas guardapolvo humano, como un modo de arrendamiento eterno familiar. Con el tiempo, habrá este estilo de mercado mortuorio. Aunque, en vida, cualquier cuerpo contamina más que después de muerto, que al estar en estado putrefacto o incinerado, abona la madre tierra, si se esparcen las cenizas de modo a que no las lleve el viento.

Mejor si los miles de patriarcas, jefes de tantísimas congregaciones que hay por todo el mundo y que pecan mucho por omisión, se deciden a salir de sus poltronas para ayudar a ordenar el caos. Y de paso, alertar a los vivos para que no contaminen, ni maltraten la naturaleza universal que es de todos. Y a ver si cambian de táctica, saliendo a la calle a protestar contra gobiernos inconscientes, causantes de tanto mal, que desacreditan a los científicos cada vez que alertan del calentamiento global. Locos asesinos en serie, que juegan a bombardear el mundo con bombas y centrales nucleares. O sacuden a los manifestantes con gas, contaminando con polvareda mortífera hasta envenenar a todo ser vivo que encuentran a su paso. Y que, a poder ser, no les den la comunión y los excomulguen en memoria de todas sus víctimas muertas, que ocupan millones de hectáreas por billones de profundos huellos bajo tierra. Y que no los reciban en la sede vaticana, por el inmenso daño derramado sobre continentes y océanos, plagados de peces y cuerpos humanos muertos flotando en el mar. Que ya está muy contaminado y los ríos también, por falta de concienciación mundial. Y dentro de poco, no habrá agua potable en nuestros grifos para beber sin miedo a ser envenenados.

Da que pensar, cada vez que topamos con ricas asociaciones religiosas de familias numerosas, con ricas empresas de alto estatus social y proliferas en ganancias, gracias a sus cientos de universidades elitistas y colegios de concesión religiosa para ricos. Muy bien organizadas y que forman parte de una misma élite, basada en la obediencia férrea y ciega, para mayor dominio en su teje maneje social, extendido por el mundo del dios hombre en la tierra, donde, como obra religiosa, se ayudan entre sí, si eres uno de ellos.

Como contraste de la rica sociedad religiosa en que vivimos, la pobreza de países africanos sigue adelante, con cada vez más bebés naciendo y muriendo al poco de asomar la cabeza. A pesar de llevar siglos siendo atendidos por millares de misioneras que, más que educar para un buen plan anticonceptivo y reducir así la natalidad, lo que hacen es: adoctrinar y escolarizar a cambio de alimento, que en nada resuelve la pobreza en el mundo del Dios de los cielos. Y que, se supone, le desagradará ver tanta mísera, cuando ve nacer todos los días a millares de niños que van a padecer terrible y mortal hambre. Para acabar, tristemente, en un breve tiempo de vida, después de haber sufrido y dado ocupación a voluntarias monjitas, y motivarlas a ejercer la caridad de parte del resto de países que da lo que le sobra. Es como si las inocentes criaturas, nacieran nada más y nada menos para salvar al resto del mundo que ejercita con ellos la caridad. Por un pesar de conciencia de países desarrollados, que son los que más guerras han generado siempre y los culpables de casi todos sus males.

Sí, con las sobras del mundo cristiano, se practica la interminable caridad en el desafortunado mundo ateo, por misioneras y ONGs. Que han encontrado un medio de estar ocupadas, gracias a gente de pueblos tercer mundistas, que no tenía ni que existir en medio de tanta miseria. Y donde son incapaces de atajar el problema o sacarla de aquella situación, dado que tampoco logran poner fin al hambre y al exceso de repoblación, que consume la salud a muchas mujeres. Cansadas de parir como máquinas reproductoras, cuya endeble vida acaba por sucumbir junto a la de sus hijos, consumidas de flaqueza y sin defensas.

Afortunadas las moscas, con tanto festín de hijos muertos de hambre. Para estos repugnantes insectos, la muerte de miles de hambrientos es una bendición.

De las ayudas que salen para el tercer mundo, ninguna va para poner fin al verdadero problema de base. No llegan íntegramente a los necesitados ni resuelve del todo muchas de sus necesidades. La mayor parte de las donaciones que llegan a Caritas, al parecer, se desvían primero para necesidades del clero. Y sólo después de restaurada alguna que otra majestuosa catedral y atendidas las necesidades episcopales —que no son moco de pavo y viven como señores de alto copete—, es cuando se destina el resto para los pobres. Excepto algunos sacerdotes, verdaderamente humildes y de rango parroquial más pobre, que también los habrá viviendo austeramente, igual hasta demasiado, si los comparamos con sus obispos.

Ya es hora de valorar lo nada eficaces que son sus enseñanzas, cargadas de ideas manipuladoras que llenan libros de *religión*. Que de tratar en sus escrituras, sobre cómo reconducir la espiritualidad del hombre; dudo que den el mejor ejemplo práctico. Debían era de participar más activamente, implicándose de pleno en situaciones que provocan mucha infelicidad a las personas desfavorecidas. Saliendo a intermediar contra tanta injusticia como todo hijo de vecino. Saliendo de intramuros para solidarizarse con la gente que realmente sufre, y sermonear a los mal gobernantes. Sólo entonces, después de implicarse en la resolución de problemas y apoyar a esta atormentada sociedad, podrán sentirse orgullosos de llevar una práctica religiosa. Que vele por los derechos y la justicia de los más débiles, además de reconducirlos por el camino más sensato y cordial para ayudarles a sentirse seres espirituales de gran valor.

A simple vista, no se les suele ver hacer gran cosa en público en favor de los demás, dado su afán hermético. Dirán que lo hacen con discreción, pero las buenas acciones, no habría porque esconderlas ya que es mejor que se sepan. Si las malas, se ven a la luz del sol, las buenas, con más razón deberían verse. Aquello de hacer el bien con la mano derecha a escondidas de la izquierda...,no demuestra nada, ni siquiera permite a otros tomar el buen ejemplo.

Cuando en los medios de comunicación surgen campañas para recaudar ayuda, buena parte de la populación se anima y sale al encuentro para ayudar, participando con naturalidad y sin afán de vanidad. Sin embargo, si se hace con discreción y, por modestia, no se da a conocer, no despierta conciencia de caridad en los demás. Y lo único que se consigue es que, la vecina mano izquierda, permanezca sin saberlo, y sin tener la oportunidad de imitarlo con ejemplaridad. En cambio, las malas acciones, son las que deberían ocultarse, no vayan a despertar ideas y a proliferar, que ya hay demasiadas a plena luz del día y con millares de inocentes testigos prestes a imitarlas.

No debemos despertar envidias, sino conciencias, con nuestras buenas acciones, dándolas a conocer con mucha humildad para contagiar a otros a hacer lo mismo.

Sin tanto secretismo, como acostumbran los de intramuros, cuando se apiñan entre los de su comunidad para aprender unos de otros cómo salir de apuros. O cómo ayudar a montar impresas y congregaciones entre sus gentes, que colaboran como hormigas para contentar al jefe espiritual. Y los ascienda un día a escala de santidad, llevada entre el más puro silencio y sacrificio, para más adelante elevarlos a la deseada beatificación. Y sólo entonces, dar a conocer, cuán bien fue el que cometieron para llegar un día a ser admirados como santos. Debiendo haberse dado a conocer en vida sus buenas obras, ya que, el bien, se debe sacar a la luz y hacerlo público para ser imitado. En cambio, el mal, debemos enterrarlo en las más oscuras cloacas y hacerle descarado desprecio. Eso sí, antes de que lo vea la mano izquierda, no vaya a multiplicarlo.

Mientras tanto, el engañado mundo, se va muriendo de sed de justicia, sin esperanza, por falta de fe, pues cada día hay menos sacerdotes ocupados en el equilibrio de la humanidad. Y los pocos que hay, están ocupados escribiendo libros, cuidando de sus bibliotecas y librerías, en la enseñanza universitaria y ensayando música. O cuidando de la arquitectura de su rico patrimonio y gestionando sus propias finanzas, o bien entre sermón y sermón, en el poco tiempo que les sobra.

La mayoría de religiosos, viven más dedicados a la cultura y a la ciencia que a aquello para lo que vino al mundo el Hijo del Hombre; cuidar y defender a los desdichados, aclamando contra toda clase de injusticia y denunciándola, tomando parte activa en su defensa. Lo mismo que hacen los movimientos cívicos de hoy: reclamar en público derechos de igualdad y mayor justicia social. De un modo especial, allá donde la dignidad humana esté más tirada por el suelo: en las chabolas, en la prostitución, en el narcotráfico, en la violencia doméstica y en la explotación laboral. Y ocuparse de visitar cárceles, repletas de inocentes por falta de una buena defensa jurídica, mientras el mayor de los criminales se ve rodeado de los mejores abogados, etc... Así como de aquellos pueblos donde hay tanta inconsciencia, por nunca haber habido nadie en su entorno, que los despertara con un buen sistema educativo, que les enseñara un ejemplar modo de vida y a conocer sus derechos más sagrados.

Prácticamente, se ocupan de asuntos eclesiásticos, como de un Estado aparte con sus fieles. Pero no a alzarse en grito contra los maleantes políticos, en vez de guardar silencio, mientras ven cómo sus gobernantes se nutren de la ignorancia de su gente para enriquecerse a su costa y a base de látigo y esclavitud. Mientras cada religión, va rezando y pidiendo a su dios, en vez de pedir al hombre que se deje de masacres y tropelías. A Dios, debemos pedirle, lo que no está al alcance de nuestro poder. Pero al hombre, hay que pedirle la paz y que deje de cometer maldades y guerras.

Al frente de energúmenos hombres, es donde deberían andar los sacerdotes como soldados para la paz y la buena convivencia. Y no, acomodados en sus universidades y bibliotecas, dedicados a la lengua y a la cultura histórica que, para ello, no es necesario formar parte de ninguna religión. La verdadera lengua e historia que deberían practicar, debería ser el lenguaje del espíritu y del raciocinio para ayudar a cambiar a los hombres, que ennegrecen cada día más a esta sociedad a nivel global. La envenena, la droga, la maltrata y esclaviza. Y hay que ponerlas a todas en cuestión.

A la par de todo esto, debemos reconocer que a través de los siglos, hubo también grandes hombres y mujeres de asociaciones religiosas altruistas. Las que ayudaron a transformar la humanidad, concienciándola a mirar a la Divinidad como quien mira a la esperanza. Y esto mismo, hizo aumentar la alegría y el humanismo, tan necesario para fortalecer la mentalización global en un hermanamiento entre personas de todo el mundo. Y que si bien esto es cierto, no lo es menos que, en lugar de avanzar espiritualmente en la prosperidad de los pueblos, han acabado por abandonar en manos de la rapiña, el seguimiento de un buen humanizar. Que en nada tiene a ver con la esencia real, pero sí, con el particular interés corrupto de muchas sectas fanáticas, tanto políticas como de índole religiosa que dan marcha hacia atrás. De tal modo, que hoy, sigue habiendo tanta injusticia, desigualdad y clasismo diferencial, sin que hagan nada, los que dicen representar a un Dios justiciero. Acomodados en el interés eclesial, afincado en la obediencia al gobierno vaticanista, que repasa sin gran rigor los hechos y las obras de tenebrosos políticos. Permitiendo delegar en ellos, el compromiso de obediencia por la obediencia de la población, como un deber moral o cívico a cualquier precio. Mirando a otro lado, sin interferir en el modo impiedoso de ajusticiar por parte de muchos jueces y jefes de Estado cada vez más déspotas y corruptos. Mafiosos dilapidadores del bien común, que después se pasean por salones del Vaticano para cumplir con el hipócrita besamanos papal.

Y no vayan a decir, que para eso, ya está la obligación de cada jefe de gobierno; como así debería ser. O que no deben mezclar política con religión; que no deberían. Pero sí, al menos, reclamar justicia e igualdad a todo personaje tirano donde los haya, que siempre hay más de uno tratando de adueñarse de las personas de su país, bajo el yugo de la humillación. Y en este sentido, interpelar por los valores éticos y ayudar a la sociedad, manifestándose contra las injusticias que forman parte de lo inmoral.

Desde los pulpitos no se debe dar mítines políticos, pero sí deberían sermonear contra las injusticias y el mal que cometen muchas personas; como narcotraficantes, explotadores de la infancia, la deshumana desigualdad y los maltratadores de mujeres, que hay demasiados y todos los días mueren varias. Con el objeto de concienciar desde los pulpitos, a los que después de todo se consideran cristianos. Que no por ello van a ir menos a misa, sino que acudirán con más convicción.

En cuanto permanecer cómodos, como simples observadores desde la barrera cardenalicia, y sin salir al ruedo eclesial a gritar desde los pulpitos un ¡basta ya malditos!; no servirá de mucho su doctrinar. Mientras contemplan como los tiranos miuras, sin compasión ninguna, torturan al ser humano o maltratan a la mujer... Su deber moral, es alzarse en defensa, metiendo más a menudo el dedo en la llaga a todo monstruo maltratador. Como lo suelen hacer los antitaurinos, amigos de los animales, cuando protestan por la masacre y salen en su defensa, para que los vean tanto aficionados como fieles y ateos. Para de este modo, quedar contrastadas en público ambas conductas y dar buen ejemplo de moral a todo el mundo y, además, se sepa a qué asociación o religión, rinden fidelidad.

Si los predicadores de moral, emplearan toda su convicción para recalcar más y recordar en cada momento, que el ser humano es pertenencia de Dios, y que están obligados a respetarse entre sí, sin distinción de sexo ni de color..., el mundo iría mucho mejor. Pero no, no es así, se ahorran las molestias, se acomodan, se encierran, no hablan con contundencia al mundo, arrinconan la moral entre paredes. Ni reflexionan sobre el modo de cambiar al hombre salvaje, que tanto mal comete por ahí como lobo solitario, siempre en busca de una presa. Aunque, últimamente, se reafirman machos en manadas, para violar o aporrearse a la salida del fútbol.

Algunos sacerdotes, en vez de ocuparse en estas misiones de mejora de la sociedad, viven dedicados a la astronomía. Desde sus enormes telescopios en el Gran Cañón del Colorado y desde alguna otra estación más, para entretenimiento e interés papal. Aficionados a mirar a las estrellas en busca de ovnis y no sé que otras extrañas criaturas para lo que se requiere un enorme presupuesto, aportado desde las arcas beatíficas que buenamente deberían servir para atender a millones de necesitados.

¿Cómo van a combatir la pobreza y el hambre, si desvían inmensa riqueza para cosas materiales innecesarias?...

Brama al cielo, ver cómo Sus Eminencias mal gastan millonadas en distraimiento y lujo sacro, habiendo como hay tanta hambre en el mundo. Y los fieles, ayudando mientras tanto, a combatir de algún modo la interminable pobreza... ¿Es que no sienten remordimiento y vergüenza, Sus Eminencias?...

¿Y quién sabe si, estos sacerdotes, dedicados a la astronomía, más que dedicarse a las cosas de Dios, no andarán a la caza de algún despistado alienígena para detenerlo antes de pisar tierra, que sin tomar el debido cuidado, puede que aparezca desmitificando toda religión?... ¿O, por si acaso, alguno viene a traer la buena nueva, de que Jesús ya viene de camino en su segunda venida, que nunca se sabe, y ser pioneros en la manipulación de toda información?... ¿O si, por un casual, convencen a alguno extraterrestre a llevar la religión católica a otro planeta y expandir allí su negocio, muy próximo a las universales estrellas?...Sí, porque más allá de ellas, se supone estará Dios y los sermones serán otros. Tendrán diferente valor que los de acá, entre tanta incompetencia espiritual y en pleno apogeo efervescente, con cada vez más religiones que tiendas de chinos en el mundo, que ya es decir. A diferencia de que, en casi todas ellas, está excluida la mujer, menos en los comercios chinos que las suele haber a pares, explotadas y ganando migajas por un montón de horas. Pero esto a los misóginos, no les preocupa, ni los matrimonios infantiles tampoco, ni siquiera la peor de las masacres causadas por el hombre a billones de mujeres y niñas que sufren lo insufrible. No, porque Sus Eminencias, decidieron no molestarse con los gobiernos, sino expandir el evangelio a cambio de un cómodo vivir, mientras el hombre campa a su libre albedrío y masacra millones de criaturas.

Y ninguna religión es capaz de denunciar esto en público, como legítimos representantes de la conciencia Crística anti violencia, anti esclavitud y desigualdad. Al parecer, prefieren acallar su consternación, permaneciendo en el cómodo anonimato por pura cobardía, en vez de protestar contra la ignominia del hombre y enfrentarse a él, ya que con su silencio aprueban su maldad.

Querido Francisco: permita que me dirija a su persona así de un modo simple, cercano y grandioso a la vez.

En su libro ``Laudato sí´´, escribe sobre el cuidado de la casa común, la Tierra, cuya naturaleza debemos cuidar con esmero entre todos.

En una de sus páginas, dice textualmente: (...) cada uno de nosotros es el fruto de un pensamiento de Dios (...)

Así es, cómo todos deberíamos de pensar realmente. Pero permítame Santidad, que le hable de los habitantes de esa misma casa que disfrutamos en común y que son las mujeres. Que a pesar de formaren parte —al igual que el hombre— del fruto del mismo pensamiento; se las desestima y no se les da el verdadero aprecio e igualdad, que por derecho sagrado tienen y deberían dárselo.

Que formando parte de esa misma naturaleza ante el Creador, aun así, es la propia religión la que enseña al hombre a ponerles zancadillas, negándoles con desprecio sus mismos derechos y oportunidades. Y sobre lo que Su Santidad, no escribe, como cuando habla en su libro del respeto que todo hombre debe tener a la tierra y cómo cuidarla.

Se le olvida que, a diario, la mujer es de algún modo tan maltratada como lo es la tierra. Es decir: la van destruyendo lentamente hasta que enferma, se afea y muere. A esto se le llama violencia de género, y sobre lo que no se oye mucho a su Ilustrísima protestar indignado. Sino que habla suavemente, entre dientes, que apenas resuena en el oído de los hombres que repueblan lo que los campesinos prefieren llamar nuestra madre tierra y la contaminan, que es otro tipo de maltrato. Para defenderlas, deberían también los beatos, sacar su enérgico carácter contra este tipo de inmoral, que no por ello dejarían de ser menos santos.

¿Será que en los pensamientos de Dios, no todos los frutos son estimables?... ¿Será que Él, igual que el común de los mortales frente a la abundancia, pierde el interés?...

El hombre, frente a la escasez de un determinado producto, lo revaloriza subiendo su valor estimativo. En cambio, cuando hay mucha abundancia, pierde el interés por la misma cosa en sí, infravalorándola, sea ella persona o material.

¿Estará el problema, en que nacen más mujeres de las que necesita?... ¿Es un problema la abundancia de mujeres o es una bendición?... ¿No sería más acertado pensar... que cuando la sabia naturaleza así lo predispone, es porque son muy necesarias para la casa común?...

Esto mismo, debería Su Santidad predicar a los inconscientes de países salvajes, cuya incultura permite vender a sus mujeres e hijas en el tráfico de venta de seres humanos, como si de objetos se tratase y que tanto las aflige, sin ley honesta alguna que las socorra.

Así como Su Santidad escribió, sobre la que denomina nuestra casa, la Tierra, a ésta inconsciente sociedad machista, no le vendría nada mal, otro ``Laudato sí, mi Signore´´, (Alabado seas mi Señor) por nuestra hermana la Mujer. La que en ocasiones se vuelve madre, hermana, esposa, hija, nieta, amiga y cuidadora de la prole, que también forma parte de la naturaleza de esta misma casa en común. Y además, suelen tener hijos, a los que hay que ayudar a crear, educar y proteger para beneficio de todos, mientras viven sobre la corteza de la que llama nuestra *casa,* y a la mujer ni la nombra como tal, aunque sólo fuera para defenderla.

—Permítame Santidad, que recite aquí una de sus frases más preciosas:

``Cuando alguien no aprende a detenerse para percibir y valorar lo bello, no es extraño que todo se convierta para él en objeto de uso y abuso inescrupuloso´´

— Discúlpeme por cambiar aquí su frase:

``Cuando alguien no aprende a detenerse para percibir y valorar a la mujer, no es extraño que todas se conviertan para él en objeto de uso y abuso inescrupuloso´´

Ya va siendo hora de que la sociedad se pare a contemplar, concienzudamente, en la hermosura de ángel que Dios creó, la mujer. Que al igual que la tierra, es sensible y no pertenece a nadie, pero hay que cuidarla y respetarla porque le pertenecen a Él, exclusivamente.

Nunca he comprendido el porqué las religiones llamadas cristianas, no se esmeran con ahínco en limpiar la sagrada naturaleza femenina, creada también a imagen y semejanza de Dios y a la cual deben tanto. Empezando por la primera mujer de la biblia, nuestra tan lejana madre Eva, si es que existió su historia tal cómo la narran. Pasando por grandes y santas mujeres injustamente tratadas, perseguidas por tribunales eclesiásticos y quemadas en la hoguera, hasta la mujer de hoy. Como sus propias madres, hermanas e hijas que también las tienen y merecen ser mejor consideradas, aunque las hayan puesto de lado para ocuparse de su ministerio sacerdotal.

Por sus madres, que se sacrificaron para sacarlos adelante y a las que después abandonan por otra madre que nos les reprende: la madre de Jesús, a la que no hay que cuidar ni da gastos, al revés, atrae dinero a sus cestos. A la suya, que la cuiden otros o la misericordia, ellos ya pertenecen a otra familia. Ahora, su madre es la Virgen, que no da problemas. Y sus nuevos hermanos, ahora, son los hijos de otras madres que también fueron abandonadas por la misma causa, que según ellos, así lo quiere Jesús para sí.

Tremendo comecocos en su nombre para hacer daño a las madres, separándolas con gran dolor de la carne de su carne, la misma que llevaron en sus entrañas y que con tanto sacrificio crearon.

¿Acaso, cualquier hijo de madre, no se podrá formar para sacerdocio como cuando hace cualquier otro doctorado, sin abandonar a su familia?... Alejarlos del núcleo afectivo no les hace ser mejores, sino personajes fríos, apáticos e inútiles mártires confundidos. Alejados de la realidad humana, encapsulados en viejas ideas y normas ideadas por otros, en vez de crear las suyas propias, más de acuerdo con las necesidades tangibles del ser humano. Acercándose más a las personas para hacerse hombres de fuerte convicción y poder profundizar en lo tangible, afianzando día a día en su verdadera vocación según van tomando contacto directo con la realidad, que es bien otra. Y sepan adquirir con la práctica, la verdadera filosofía de vida que conlleva realmente cada cruz y poder sentirse especialmente espirituales y menos distantes.

Llevando una experiencia de vida en contacto directo con las personas, adquieren mejor formación de hombre recio y realista. Más que estando aislado en su eterno ambiente de retiro, que en nada tiene a ver con la cruda realidad. No acaben como hombres de serenidad triste, enclenques y anulados, o muy solos cuando deciden salir del seminario. Después de haber estado varios años internados, que aunque en el sentido más espiritual sean especiales, no están precisamente hechos para la vida de lucha. Ni siquiera para casarse y sacar con coraje una familia adelante, como se conocen casos de hombres anulados, fracasados en su matrimonio, por la recia educación seminarista que les hundió la autoestima. Y porque vivieron ocupados en lo meramente intelectual, o religiosamente absortos en lo espiritual; cuando la verdadera vida de lucha está afuera y es muy dura, con otra realidad bien distinta.

Como distinta es la vida que llevan las mujeres misioneras, siempre ocupadas en la más dura de las caridades, atareadas en el cuidado de enfermos y de los no tan enfermos, como cualquier otra que cuida de su familia y la de los demás. El caritativo trabajo que los curas no realizan, por distinguirse de ellas que viven más sacrificadas, si comparamos su modo de vida con la de ellos, que nunca se les ve implicarse duramente en el día a día misionero. Como en el duro y ejemplar vivir de la Madre Teresa de Calcuta y sus fieles hijas en Dios, además de otras almas cándidas, dedicadas al incomodo cuidado de leprosos y enfermedades de todo tipo.

Pero hay también, por otro lado, muchas personas laicas dedicadas al cuidado de enfermos, o a resolver con interés pesados problemas humanos, como cualquier misionera que se precie. Ignorando estar dedicadas al mismísimo Dios, sino a la persona, sin necesidad de someterse a normas de ninguna congregación para santificarse o alcanzar el cielo. Hasta las personas más ateas se sacrifican con amor por los demás, al considerar que lo deben de hacer y punto, sin esperar recompensa celestial, como es obvio. O aquellas que siendo madres, trabajan fuera de casa, atienden a sus hijos y al resto de la familia con gratuidad, cuya vida no es más que una constante lucha. Es otra forma de entrega libre a la más pura luz del día, sin esperar premio alguno, sin esclavizarse a la sumisión, ni a las normas de intramuros, sino dedicadas de pleno a la carga familiar.

Me cuesta creer que, al Dios en el que creo, le pueda agradar un estilo de vida monacal enclaustrada. O que desee sacrificios sin causa necesaria, ya que es incompatible con su modo de Ser Misericordioso. Con lo cual, cualquier religión que sea capaz de someter a las personas, encerrarlas en seminarios, en monasterios, o incluso bajo un burka, puede que pertenezca a un dios inhumano, amigo de sufrimiento, soledad y aislamiento para tenerlas esclavizadas a su servicio, como un sádico imbécil.

Al Dios de Jesucristo, le basta con el amor y nuestra inevitable cruz de vida. Si pecamos: arrepintámonos de corazón, pidamos perdón y amemos. Como habremos de volver a caer en lo mismo, repitamos desde el principio: pidamos perdón y sigamos amando. Y es que el ser humano somos así, imperfectos. Pero aun así, debemos de ir mejorando en el intento, a sabiendas de que nos moriremos antes de alcanzar lo que nunca conseguiremos, ser perfectos.

A Él, no le pueden agradar los mártires, que es gusto de sádicos, pero sí, los buenos de corazón, sin más pamplinas. Y que intentemos mejorar dentro de nuestra débil condición, sin ánimos de ser beatos perfeccionistas.

Toda organización sectaria, amiga de captar a jóvenes y apartarlos de su entorno familiar para encerrarlos en una congregación y formarlos para expandir su doctrina, diciéndoles que lo deben hacer porque así lo ordena Dios; no puede ser buena. Pues se supone que Él, no ordenó a nadie abandonar a los suyos realmente, porque no es honesto abandonar a la familia y es un desprecio muy grande. Ordenes de este tipo, sólo pueden venir del diablo hecho hombre, que con falsa labia los secuestra a sus pobres padres. Hay muchos jóvenes engañados y desaparecidos en manos de indeseables hijos de Satán. Hay mucha secta maldita a la que ningún ejército tiene el valor de aniquilar.

Hay cada día menos fe en estas instituciones, a falta de ver en ellas buen ejemplo. Los fieles se van alejando de manipuladores sermones, que ya dejaron de ejercer influencia en los tiempos menos analfabetos de hoy. No obstante, parece estar volviendo la tan malvada era pagana, debido a la abundancia de predicadores y al desagradable espectáculo que dan, con cada vez menos poder, pero con mayor maldad.

Cuidar de la humanidad, es cuidar de los padres y de los hijos de ésta, no sólo rezando en una actitud cómoda, sino atendiéndola en todas sus necesidades, igual que lo hace habitualmente la mujer. Y nuestra madre carnal, es la única que necesita de nuestros cuidados y sacrificios. La Virgen no nos necesita, nosotros de ella sí, para pedirle favores, nada más. A la madre del cielo, se la mima, mimando la nuestra de carne y hueso en la tierra.

No hay mayor caridad que cuidar de nuestros padres, que se sacrificaron por nosotros, sin abortarnos, que eso sería lo más fácil, o abandonarnos a la puerta de un convento de sacrificadas monjas. Pobres monjas, tan aisladas de la sociedad, siempre dispuestas y caritativas.

Que injusta su condición de mujer, obligadas a pasar por este clase de misericordias, por no decir de miserias. Sacrificadas en sus casas de caridad, llamadas reclusas, orfanatos o reformatorios del terror, transformados muchos de ellos, en holocaustos del desamparo. Donde van quemando la dignidad a inocentes niños, engañados con falsas historias para después ser vendidos o regalados, como muñecos de su pertenencia, bajo la pantomima de una falsa caridad. O bien castigan a esos hijos de la desdicha, a consecuencia de su frustración monástica y al odio que sienten hacia la maternidad de sus madres solteras que, como ellas, carecen de cariño. Y están, por un lado, las enclaustradas por amor a un Dios desconocido y, por otro, las abandonadas por el desamor del hombre. En ambos casos, atormentadas bajo la entrega incondicional de un amor a ciegas. Y las de intramuros, sin asomarse demasiado al mundo, no vayan a tropezar también con el pecado, aunque dentro de los conventos también exista y bien peores. Que como bien se sabe, el pecado no se sirve envasado, que al igual que la virtud, habita en uno mismo y no hay para él muros infranqueables, ni fortaleza humana resistente.

Labores de caridad, como las que llevan las monjas, que lo mismo atienden a mayores que a enfermos o a niños abandonados, no suelen haber en los monasterios de monjes, que se libran de hacer este tipo de obligaciones por ser hombres. Ellos, sólo la enseñanza, los sermones y la oración contemplativa, que es como ir a echarse la siesta. Lo demás, es obligación única y exclusiva de mujeres porque, entre ellos, están muy mal vistos estos quehaceres. Cuando por conveniencia, suelen decir que, hacer cierto tipo de trabajos es de maricas, llevándolo muy a raja tabla, aunque no tanto, en otras necesidades, que vaya Dios a saber.

¿Pero quién les enseña a ser correctos, modélicos y ejemplares?... ¿Ya les ayuda a ser como tal, el sistema educativo religioso, encerrando la naturaleza humana bajo un hábito, un burka, o en intramuros?... Dónde no hay mujer u hombre ajeno que asome cabeza, no vaya a haber roce, por consideraren tanto a uno como a otro, el objeto de su más depravada tentación. Hambrienta de lo prohibido que, como consecuencia, desembocará en inclinaciones muchos más retorcidas. Que en lugar de educar para la unidad, la igualdad y el buen complemento de ambos sexos, educan a los niños, separados de las niñas, creando dos bandos distintos, en colegios dónde ya existe esa misma desigualdad e indiferencia... Y cuyos profesores, no son adecuados para formar la sociedad en la que más tarde se verán afectadas las niñas, dada la malsana mentalidad de sus formadores. Aferrados en ver maldades dónde no las hay, rechazando educar conjuntamente a ambos sexos en el respeto y en la igualdad desde la infancia, para mejorar su futuro adulto, sin lacra de desigualdad o racismo de género. Negativo es aquél que separa, en cambio, positivo es el que une, el que tiene la mente más limpia.

No hace mucho, hubo una gran polémica en torno a los padres de una menor que, por prejuicios religiosos, la prohibieron de bañarse en bikini en la misma piscina con colegas y niños de su misma edad. Despertando en ellos, consciencia de desigualdad y homofobia cuando no tenía por qué haberla, debido a que en su mente virgen no existían tales conceptos negativos. Y esto sí que es grave y prejudicial, despertar en los niños conceptos de maldad donde no la hay. Son esta clase de educadores escrupulosos, de pulcritud enfermiza y beatona, los que se niegan libertad a sí mismos y a los demás de su entorno. Malignizan lo que deberían tomar con naturalidad y miran con malos ojos, las diferentes maneras de cómo otras personas van por la vida positivamente, sin prejuicios en sus cabezas y más puras.

Los malos modos de mirar y juzgar a una mujer, o el hecho de apartarla de los demás, por el simple hecho de ser lo que es, es síntoma de una enfermedad psicopatológica grave del hombre. Debido a una educación lava cerebros que recibió desde la infancia, por antecesores enfermos con la misma maldad incrustada.

Hay un cierto tipo de demenciales masculinos, a los que no les interesa darse cuenta de que el mal está en su cabeza. Que la mujer es tan inteligente o más que ellos.

Sin embargo, son muy dados a admitir, que los chimpancés son los más parecidos en inteligencia al hombre. Cuando con gran interés, hasta se empeñan en enseñarles y hacerlos partícipes con juegos y mañas. Hasta que un día, les han de dar la gran sorpresa, por haberlos tenido durante siglos en medio de la indiferencia, apartados, sin darles la oportunidad de aprender y demonstrar de lo que son capaces, como siempre han hecho con las mujeres.

El endiosado hombre se cree amo y señor de todo. De ahí su fracaso y desengaño, cuando la mujer deja de bien considerar la supremacía masculina que tanto eleva su ego. Se cree único y capaz de dominio sobre la tierra: maltrata a los animales, destroza la naturaleza, humilla y pisa a la mujer. Éste es, el sentido de vivir de muchos monstruos a los que no se les debe llamar hombres.

Deberían ser sancionados por mala conciencia, por mirar con maldad y por escandalizarse, visto que lo maligno está en su incívica cabeza y ofende más que el hecho en sí. Y también, porque el que en todo ve maldad, es más proclive a cometer actos delictivos. Por eso, prohíbe a sus mujeres de andar en libertad y las cubren de pies a cabeza, por miedo a que todos los demás sean como él.

He observado, como las personas cuanto más ligadas a su religión están, más fanáticas y más presienten que las ronda el diablo, sin ninguna razón aparente. Viven con frustraciones, por no atreverse a llevar una vida normal, siendo felices y dejando que los demás también lo sean. Vivir fuera de las normas de sus fejes espirituales, les parece que no agradan a su dios.

Sí, porque en lo que se refiere al Dios de Jesucristo, Él no dictó norma alguna; sólo que, ``lo adoráramos sobre todos los hombres y amáramos al prójimo como a nosotros mismos´´.

La maldad, suele ubicarse en cabezas de personajes malsanos, sin educación y con malas ideas, que ven a los demás, capaces de cometer sus mismas canalladas. A éstos, es a quien habría que prohibir bañarse en piscinas comunes. Están manchados de malos pensamientos y hay que apartarlos como a la peste. En su cabeza, llevan ideas innobles que denotan falta de respeto consigo mismo y, por tanto, falta de respeto con los demás, con lo que repercutirá de un modo negativo y cometerá delitos. Se refleja en otros, y teme que su hija se mezcle con alguien que tenga los mismos deseos de su padre. Este falso paternalismo, siempre se ha visto muy agudizado en hombres que nunca respectaron a su mujer y menos a la de los demás. De ahí el miedo, por pensar que todos los machos son animales como él.

Es como si, el simple hecho de ser mujer u hombre, fuera un icono de pecado para estas instituciones religiosas, cuando separan el género humano uno del otro como a enfermos contagiosos.

Muy al contrario de lo que hace nuestra madre naturaleza que no separa, cuando hasta permite que nazcan distintos sexos juntos en la misma poción amniótica; dos hermanos, hembra y macho, que conviven después bajo el mismo techo, sin problema. Que si nunca se mezclaren entre enseñanzas retrógradas, es posible que alcancen la madurez en plena virtud de igualdad y hermanamiento con todos los demás, sin prejuicios de ningún tipo en sus sanas conciencias.

Por otro lado, no deja de ser preocupante, la sin razón que albergan en sus mentes, aquellos que aceptan el celibato como la más fácil de las ofrendas, al rechazar lo que su incontrolable naturaleza aclama por derecho. Sin saber, si van o no, poder resistir a toda regla, sin romper el voto de castidad durante una larga vida, con su sexualidad latente en peligro de denigrar. Y digo denigrar, porque todo cuanto se prohíbe, produce carencia y ansiedad, acabando por declinarse hacia indeseables caminos, desviándose sexualmente más que si se relacionasen con normalidad entre personas de distintos sexos.

Tal cómo maduran y podrecen después los buenos frutos, tarde o temprano se han de corromper de igual modo, pues la separación de por sí ya corrompe, por falta de una relación integrada entre feminidad y masculinidad. Ambas necesarias para la simbiosis de contraste que ayuda al desarrollo de la personalidad de cada individuo, al adquirir una educación conjunta e igualitaria, sin tabúes, ni distinción de género alguna.

¿Es pecaminosa de por sí, la naturaleza de cada sexo, para ciertos espíritus separatistas?... ¿O es su mentalidad, la que es corruptible y maliciosa?...

Para un sano desarrollo mental, conviene que la educación se dé entre individuos de diferentes sexos, de lo contrario, se ansiaran con más desmesura uno al otro, o depararán en desordenes sexuales y psíquicos. Mejor es mezclar, al mismo tiempo que se educa y disciplina para concienciar en el respeto y en la igualdad, o sea, en hermanamiento, puesto que debemos esforzarnos entre todos por convivir como hermanos y en paz.

Pero esta educación no es la que se da en conventos y seminarios, donde se hermana por separado y cuyo aislamiento induce más tarde a algunas mentes ansiosas a desviarse sexualmente. Y a mantener relaciones con cualquiera, ya sean menores o adultos, por la ausencia del sexo contrario y por la represión sexual. Por lo que, en este caso, la causante de sus depravadas desviaciones, ya no sería otra supuesta y tentadora Eva a quien poder cargar el peso de tanta degeneración. A la que culpar, una vez más, descargando la mezquina conciencia de toda una congregación de hombres cobardes, viviendo bajo la misma necesidad que, en tal caso, la brutal carencia se desvía. Siendo entonces aquí, cuando se genera uno de los mayores pecados carnales.

La responsabilidad de la desafortunada desviación, debiera caer sobre los hombros del patriarca papal o jefe espiritual, que prohíbe fluir la naturaleza sexual de sus curas y monjas, ocasionando con ello mayor mal. Aunque muchos sacerdotes, sin pedir permiso, rompen con esta absurda regla, mal llevada desde plena adolescencia por el incesante y natural reverbero de tiempos mozos, repletos de incandescente lava ardiente, como saliendo del interior de un volcán a punto de explosionar por el intenso fluido. Con el prejuicio de no saber nunca a quién habrá de alcanzar, al no dar tiempo a escoger a sus víctimas, dada la furia ansiosa de la presión que empuja desde adentro. Al no poder detener su naturaleza viva que manda sobre sí mismos y en todos sus deseos más íntimos, influenciados por la luna o el sol y sus hormonas sexuales indisciplinadas. Elementos que todo lo rigen y a los que no queda otra que respetar, sin doblegar, ni ir en contra de su naturaleza, fuente de deseos necesarios, pero prohibidos y más fuerte que el propio hombre. Que aunque arremeta o apriete para impedir que fluya y no dar al traste con el voto de castidad, a dada altura, ya no lo salva ni su férrea voluntad, ni ángel de la guardia que lo auxilie.

Tomando el mismo ejemplo bíblico del paraíso, habría que expulsarlos de la congregación por haber fornicado con quien no deberían. Tal como dicen procedió Dios con Adán y Eva, por cometer ¿quién sabe? si el mismo pecado con otros seres angelicales inocentes. Acabando por ser expulsados de la órbita celestial hacia la gran familia animal, como ocupas de nuestra querida casa en común, la Tierra, habitada por el diablo. Donde su futura descendencia (hipotéticamente hablando, claro está) heredaría como pecado venial el mismo error, imprimido en su instinto desde los genes de sus padres, supuestamente expulsados por desviación sexual, muy contraria al plan de Dios. Herederos de un delito carnal, pegado como la sarna a flor de piel y con la inocencia perdida, marcados por el recuerdo de un deseo maldito, a consecuencia de una herencia que no eligieron recibir.

Contaminada su mente por el desvío sexual, pecado por el que acabarían siendo separados de otros arcángeles, antes de que tomasen la misma consciencia animalesca, que acabarían por transmitir a todos los seres del Cosmos, si no fuera por la expulsión.

Somos los descendentes, nacidos con el mismo delito venial imprimido en nuestra mente. No culpables en primer grado, pero manchados de instinto sexual animal, que afectará a nivel psicológico en caso de la homosexualidad no ser bien venida. Pero no todos heredamos el dicho instinto y cada cual no elige ser lo que es. No obstante, se debe reconocer socialmente para saber aceptar al que nace diferente que, por derecho natural, debe auto definir su más imperante condición femenina o masculina, que a cada uno le pueda ir brotando desde la infancia para tomar esa identidad sin traumas.

Distorsionaron su perfección, gravísimo error, motivo más que suficiente para desatar en un monumental enfado y, de pronto, echarlos de su lado, sabiendo lo que eso iría acarrear en el futuro al resto de la humanidad, como así fue.

Estropearon su más divina creación y los expulsó, después de haber cometido el más innoble de los actos que los idiotizó, cerrando su mente inteligente con todo el poder a su alcance a semejanza del Creador. Después de haber abierto los ojos al instinto, y con amargas consecuencias para la sobrevivencia entre animales feroces en la tierra. Dejaron de ser perfectos, de ahí que la gran mayoría de hombres, sean irremediablemente animalescos en sus actos, debido a un mayor instinto adquirido. Aunque los hay también con resquicios de gran inteligencia y dignidad, con tendencia a ir perfeccionándose. A diferencia de la mujer, que es de otra condición y se retrae más de vivir las mismas experiencias que su compañero, que es de mayor fortaleza y espíritu aventurero, pero también muy libertino y poco escrupuloso.

El mítico árbol de la vida, es el sistema nervioso central con su ramificación periférica, conectado a una mente sublime que ordena con raciocinio mensajes inteligentes al cerebro. Que a su vez, debe actuar sin declinar demasiado hacia el primitivo instinto, para alejarlo de caer en la misma tentación animal y se distinga de lo irracional, de entre las bestias del ampo.

La humanidad, heredamos defectos y virtudes primitivas, y muchos individuos, heredaron más lo primero que lo segundo y sin gran cambio evolutivo aparente. En cambio, muchos otros, a pesar de todo lo abominable habido y por haber desde que el hombre se reconoció a sí mismo pequeño dios, se fueron sensibilizando y cambiando hacia diferentes modos de vivir. Haciéndose imitadores de la creación, e intentando a medida de lo posible ir más hacia adelante, hacia la constante búsqueda de perfección como algo anhelado. Como un fin a perseguir, hasta alcanzar cualquiera que sea la meta en la carrera de una mente creadora, inventora, que los engrandezca como hombres.

Pero a pesar de todo, también es capaz de desarrollar la peor de las declinaciones, cuando en determinadas circunstancias y por carencia de algo muy necesario, se acerquen condiciones favorables en cualquier ambiente social proclive. Como sucede en intramuros religiosos y en campamentos militares, donde suele faltar su otra *media naranja*, situación que los induce a desviarse sexualmente por una fuerte necesidad, o los lleva a cometer violación con cualquiera. Lamentablemente, la carencia y la falta de educación, son la causa de todas las desgracias que transforma al hombre en bestia y sumerge en desespero a toda la sociedad.

Es lo mismo que la feroz hambre, cuando desinquieta a cualquiera, hasta arrastrarlo a robar para comer como un monstruo. Como cuando se morían de hambre, aquellos fuertes deportistas del equipo de Rugbi en los Alpes chilenos, que practicaron canibalismo por imperiosa necesidad de supervivencia. Que de no estar en aquella crítica situación de vida o muerte por carencia de alimento, nunca hubiera pasado por sus cabezas, saciarse de aquel modo.

Y otros muchos actos más innobles, como el de violar para satisfacer oscuros deseos. O la pederastia, que hasta dentro de la propia iglesia camina a sus anchas, al haber surgido allí mismo, dada la carencia sexual de algunos sacerdotes que acaban por desahogarse con la más inocente criatura. Con la cara más angélica, la que más suele excitar a todo hijo de Satán. Y no es que el hecho de escribir su nombre con mayúscula, quiera decir que lo haga por ganas de enaltecer semejante espíritu del mal, sino que, no me lo permite el sistema informático.

A menudo caen en su trampa bíblica. Sin Evas de por medio para echarles la culpa, ya que prefieren a menores. Hoy, les debería bastar con los Adánes pederastas, causantes de tan grave delito como para seren expulsados de sus instituciones. Por ser este un pecado de mayor envergadura que el famoso pecado venial, que deja a muchos niños traumatizados de por vida. Muchos de ellos, hoy adultos, que quien sabe lo confundidos que puedan estar, ya no sólo por su condición, sino con su bisexualidad.

Y sin llegar a ser más piadosos que el propio Dios que, según cuentan, expulsó cruelmente a la desviada pareja hacia este infierno mundo, con una mano delante y otra detrás. Con apenas unas cuantas hojas haciendo de tapa rabos.

Y a la que acostumbran a utilizar, como ejemplo de pecado *venial* en sus sermones. Para atemorizar con el supuesto castigo y pretender detener a toda pareja, amiga de fornicar antes de ser consagrada ante un altar. Mediante el dictamen de sometimiento de por vida, para orden y control mundial desde el sacrosanto imperio Vaticano. A pesar de que pudiera suponer encarcelamiento para la persona y enfermarla. Por verse obligada, bajo tal juramento, a cargar toda su vida con otra persona insoportable de convivir, cuando ni siquiera era merecedora de aguante alguno, por parte de su propia madre. Pero ésta, siempre puede echar un hijo adulto a la calle por mal comportamiento, si le place. En cambio, una esposa, no está bien que abandone a su marido cuando la maltrata. Los lazos de matrimonio se hacían más fuertes, no tanto, por sentimiento, sino por cada ley que los anudara. Sin embargo, en esto, la ley religiosa, es más injusta que la civil de algunos países culturalmente más humanizados, obviamente.

Se adueñaron del mundo e hicieron ver a las poblaciones que había que pedirles permiso para todo, aunque ellos se saltaran las barreras de lo irracional a sus anchas, o hicieran lo que les diera la real gana. Se creyeron sabios dirigentes de la moral, con poder para condenar o absolver siempre que les pareciera, a pesar de tener por omnipresente al Creador. En su nombre se hicieron amos del mundo, sin pesar, ni respeto, gracias a la incultura de sus feligreses a los que procuraban mantener analfabetos, sin nunca en sus sermones —hasta hoy en día que apenas lo hacen— reclamar derechos para todas las criaturas de Dios. Eso sí, sobre la pobreza, era lo que más predicaban, como necesaria para alcanzar el cielo... para que el gentío que les escuchara, dejara después de fallecer, todos sus bienes al clero.

Si tal com dicen, los personajes bíblicos, Lucifer, Adán y Eva, fueron rebeldes y desobedientes..., nos inducen a pensar..., que entre Dios y ellos tres, hubo serias desavenencias. Y a pesar de que muchos piensen, que son personajes de fábula, inventados por la mitología cristiana, el caso es, que adquieren sentido cuando observamos cómo el hombre de hoy, sigue empeñado en declinarse por el mismo mal aquí en la tierra. Mientras, por otro lado, muchas personas altruistas, luchan por vivir rodeadas de bondad y con positivismo para ayudar a los demás, sin querer saber nada con organizaciones religiosas.

Está claro que, en el universo, existen por doquier dos clases de entidades, unas muy buenas y otras muy malas, y dentro de las religiones también.

En el caso, de que Dios les concediera albedrio para revelarse en su contra, esto indicaría que, para Él, la libertad es importante, primordial para desarrollar la inteligencia hacía dispares consecuencias. Es decir: creó al ser humano sin someterlo a su divino capricho, concediéndole libertad absoluta para que tomara por sí mismo la decisión de amar u odiar a su Creador. De ser maléfico o benéfico, positivo o negativo, y cambiara por su propio merito. Y que a cada cual, no le faltara superación personal para obtener animo, como un ser de valor que es, con una mente en permanente desarrollo, que vuelve poco a poco a alcanzar el fruto del árbol de la sabiduría. Es decir, la inteligencia que por herencia genética perdió, dado el error de sus progenitores, que perdieron la total sabiduría por denigración, al bajarse a la condición del instinto que les anuló lo más apreciado.

Esta filosofía sólo puede venir de un gran Señor, dispersor de inteligencia mental, que conlleva efectos de amor y libertad, que ayudan a crecer y a desarrollar a cada individuo inteligentemente por sí mismo. Y que forma parte del *ser o no ser*, del *sentir o no sentir*, que conjuga cualquier otro estado de ánimo, emociones de alegría, de amor, odio, rabia, sufrimiento, capacidad resolutiva y un espectacular desarrollo celular inherente al ser humano como inteligencia viva. Dirigida por la grandiosa mente creativa o Dios.

Toda persona, cuya mente es encerrada o limitada, sin libertad, sin expansión visual, ni auditiva, queda sin poder desarrollar todo su potencial inteligente para acabar volviéndose negativa y obsesiva.

Nuestro Creador es grandioso, y esto nos debería hacer reflexionar para contrastarlo con el machismo, cuando el hombre intenta poseer a una mujer y la obliga a amarlo a la fuerza, bajándose hasta la mísera condición de agredirla. Esto mismo fue, lo que Él, no quiso hacer con sus ángeles. Crear para someter, es chulesco, no va con su pureza filosófica, lo denigraría y por encima de todo es Padre-Madre que respeta la elección de sus hijos para que crezcan aunque sea dando tumbos.

¿Qué padres equilibrados, quisieran tener a un hijo sometido, rendido a sus pies, adorándolos por la fuerza?... No podría ser, ya que un buen día, la inteligente madurez del hijo, acabaría por rebelarse y desobedecer, hasta perderlo.

En cuanto son niños, adoran a sus padres, que son para ellos infalibles guardianes protectores. Pero a medida que crecen, su inteligencia va albergando inquietud y capacidad de amar también a cualquiera, expandiéndose como ser grandioso que es, capaz de mantener lazos afectivos con los demás y no únicamente con los suyos.

La libertad y el desapego familiar, son necesarios para ayudar a desarrollar la inteligencia en crecimiento y madurez constante, hacia un amor expansivo que abarcará a todos. Libertad y amor, son esencias espirituales que ayudan a elevar a cada ser y lo hace retornar al Creador, por su propia determinación.

Adán y Eva, supuestamente alienígenas, cayeron muy bajo, pasando al último nivel de intensidad inteligente que los alejaría de Dios. Pero les permitiría obrar a su libre albedrio, apartados de su orden y mando, con la condición de que vivieran en un lugar lejano, ya que, instintivamente, se habrían de parecer más a la condición animal y no lo suportaría.

A pesar de todo, fue bueno con ellos, declinándolos a gozar sexualmente uno del otro, que para algo determinó desarrollarles órganos sexuales, como apremio a una unión duradera, mientras se llevasen bien. Además, decidió que multiplicasen el modelo que Él con tanto amor había creado, a pesar de que la humanidad ya no llegaría a ser lo que estaba predestinado. Y, quiera sí, quiera no, con ello, retribuirían de algún modo la pérdida de su obra, maleada por ellos dos, hasta conseguir que los hijos de su descendencia, lo llegasen a amar desde la tierra hasta el infinito, como Él llegó a amar a sus padres. De ahí que necesitemos orar y miremos al cielo, ya que de algún modo lo llevamos en nuestro ADN.

Por medio de un par de angélicos seres, los envió a un lugar paradisíaco de clima agradable y muy lejos del infierno sol, donde se supone no les faltaría de nada. Ni correrían peligro de ser devorados, alejados de las bestias más carnívoras y feroces, que entonces repoblaban lo que hoy en algunas culturas llaman, la madre Tierra. Era el planeta de los animales, otra creación de Dios. Ya casi todos desaparecidos desde que llegaron acá, a medida que Adán se hiciera cazador y enseñara a sus múltiples hijos a buscarse la vida. Y aunque fuera en detrimento de grandes bichejos, aprendieron a ser carnívoros como las bestias que cazaban. Antes comerlos a ellos, que ser comidos. Esto fue lo que su instinto les dictaría para sobrevivir matando y comiendo, robando al otro su existencia y luchando en rivalidades unos hermanos contra otros, hasta nuestros días. Hoy por hoy, este racional carnívoro humano, todavía no se ha extinguido como los gigantescos y herbíveros dinosaurios, ni cambiado mucho siquiera; sigue peleándose soberbiamente contra sus congéneres como entonces: violando y asesinando.

En esta contienda siguió su descendencia hasta hoy, desde que el Creador los dejó juntos y desnudos cerca de una cueva bajo una higuera, no fuera el sol a quemar sus delicados genitales. Donde acabarían por copular con desmesura, sin control, sin pena ni gloria, sobre un lecho de hojas secas desparramadas por el suelo. Ya que no hacía mucho, había pasado por aquel hermoso lugar el verano e iniciado el otoño, tanto que todavía había higos. Que servirían para sustento energético durante la época otoñal, mientras no se asomara el crudo invierno que, entonces, mamarían de extrañas hembras. Que los habrían de alimentar en días venideros, debido al venial desgaste físico que a partir de ahí irían a padecer, ya que estaban solos, el uno para el otro y sin televisión para distraerse y no pensar, obviamente. Y como era de esperar, con el tiempo, se volverían a desviar con su prole, que llevados por su instinto sexual animal, repoblaron rápido nuestro hogar terrícola, la Tierra, a la que habrían de adulterar y maltratar como a cualquiera de sus mujeres hasta hoy.

Los serviciales arcángeles, encargados de traerlos de viaje, los pusieron escondidos allá, no se sabe bien dónde. En un pequeño valle repleto de otros seres más pacíficos, que calentarían con sus pieles y vahídos a los futuros retoños humanoides de la susodicha pareja. Les advirtieron quedar juntos, no fueran a desviarse otra vez... ¿Con quién?... ¡No lo sabría ni Dios, ya que estaban solos y no había más que animales!.. Pero más adelante, bien se podría imaginar..., con tanta serpiente prehistórica como habría por allí ansiosa, frente a tanto cuerpo desnudo y sin más obligación que la de fornicar... Daba para ir tentando y vivir en pecado, entre tanta criatura desnuda con insinuaciones reverberantes y diabólicas, cada vez que levantara su erecta y acapullada cabecita para practicar incestos...

Desde entonces, como cascabel en plena mudanza de piel, perdieron también nuestros primitivos padres la inteligencia mental, que pasó de ser gran sabía, a ser instintiva e inconsciente. De repente se vieron desnudos de poder y sapiencia angelical, incapaces de razonar y discernir bien las buenas ideas de las malas. Y sin poder evitar, tuvieron que enfrentarse descorazonadamente a la inescrupulosa inconsciencia de sus primeros descendientes, que sin conocimiento, tenderían a declinarse hacia el mismo pecado y crueldad hasta nuestros días.

Y para repoblar la tierra, dispuso Dios que, por obra y arte del azar, naciesen macho y hembra, en el mismo seno familiar, y no, en una machos y en otra sólo hembras. Por tanto, debería ser reprobable separar por sexos en los centros de enseñanza, donde ambos deberían recibir conjuntamente una sana educación para una óptima madurez. Aprendiendo desde la diferencia a tener la misma igualdad para ambos, y conformar un cuerpo social comprometido con la misma. No al revés, como lo están haciendo todavía hoy en día, la inmensa mayoría de colegios denominados religiosos, que infunden la superioridad masculina, frente a la femenina, con sus abismales diferencias de rol social.

El que separa, demuestra que en su cabeza hay ideas muy maliciosas. Por tanto, a quien cabría apartar, sería a esa cabeza mal pensante, antes de que infecte a otros con su malignidad.

Es con la separación de género en los centros de enseñanza, donde surge la desigualdad. Y en la unión, donde nace la hermandad, la unidad y el respeto mutuo. No es por casualidad, que se observen más hombres y mujeres machistas dentro del ámbito religioso, que fuera de él.

Recuerdo a una religiosa que, no siendo la persona más indicada para aconsejar sobre vida de mujer casada, solía decir: cuando os caséis, a vuestros maridos no les contestéis, callaros o darles siempre la razón, aunque no la tengan, que si no, os aporrearán. Mejor haceros las tontas, que así tendréis al marido manso y contento. Aparentad no ver ni oír, no vaya éste a cabrearse y a pagarla con vosotras. Tratarlo como si fuera tonto, haciéndole creer que no os enteráis de nada, aunque sepáis de qué pie cojea en sus andanzas con otras mujeres. Mejor tragar que protestar, no se altere el pequeño señor, no vaya a maltrataros durante toda vuestra vida...

Sí, porque se suponía que había que aguantar, hasta que la muerte decidiera por la propia mujer. Todavía hoy, hacerse la tonta es, entre comillas, lo más cómodo para algunas mujeres, mientras el hombre se acaba por creer, que es realmente tonta.

Tristemente es así, cómo aún declinan de su personalidad, aguantando todo lo que se les eche para no quedar sin techo, ni alimento, por no tener a donde ir. O bien porque son esclavas de una deshumana religión, que las obliga a permanecer con todas las consecuencias en una injusta e irrespetuosa vida conyugal.

Esta era la retrograda educación que se daban a sí mismas, por no quedarles otra. La que recibió aquella pobre monjita en esos centros religiosos y, tal vez por la cual, se hubo amarrado al monasterio. Antes sumisa a Dios, que no al hombre.

Además, que las jóvenes anduvieran siempre con cuidado de que no se les viera demasiado escote, que la medida de sus faldas llegara por debajo de la rodilla y así ocultar un poco más su cuerpo del más feroz de las bestias.

En los centros de enseñanza, en vez de educar mejor la malsana mente masculina, le quitaban a la femenina, su libertad. Por ser más fácil de convencer, obligándola a cubrir su maravilloso cuerpo de la cabeza a los pies y a ser recatada, para librarse de las garras machistas. Como si esto fuera suficiente e impidiera que un desalmado le pusiera las manos encima que, aunque ella se cubra con burka de la cabeza a los pies, no le impide sobarla asquerosamente. Porque el simple hecho de saber que ahí va una mujer, ya sólo por eso, se le despierta irrespetuosos deseos para dar renda suelta a su indisciplinado instinto.

Según para qué tipo de cosas, al hombre, se le considera irracional, cómo animal irresponsable, que no entiende de disciplina sexual y le son atenuados los delitos por esta causa. Ni siquiera se lo educa debidamente cuando es joven para llegar a ser respetuoso, dándose por hecho que la mayoría no cambia, por ser inconsciente y depravado. Cayendo casi siempre sobre la mujer la responsabilidad de una violación, acusándola de haber ido por ahí sola enseñando su feminidad.

Estoy totalmente en desacuerdo con que sea irracional, pues ciertas leyes, bien que las acata y respeta, por los problemas que le pueden acarrear. Excepto cuando se trata de un delito sexual, cuya ley, a veces, no existe o es floja, al estar en su mayoría formada por hombres que desgraciamente nunca fueron violados. Ignorantes de lo que sienten las víctimas, cuando pasan por esa situación e imploran a la sorda *justicia.*

Hay países, en donde sus gobiernos no ejecutan ley alguna para condenar las violaciones, no vayan un día a ser condenados por lo mismo, que nunca se sabe. Les basta con cerrar los ojos y es toda la `*justicia*´ que ofrecen.

Está eficazmente comprobado por psiquiatría que, casi el noventa por ciento de los hombres, denominados vulgarmente de políticamente correctos, si no existieran duras leyes o nadie los viera, violarían si pudieran como cualquier depravado sin escrúpulos. Con esto, basta para indicar lo nada civilizados que están la mayoría de ellos. Los otros diez por ciento restantes, es posible que ya sean muy ancianos o estén enfermos.

¿Querrá esto decir, que en los países culturalmente más avanzados, son en este sentido, también indisciplinados, sólo que tienen más pavor a sus leyes?... Pues habría que endurecerlas aún más y reeducar a los más necios.

Es como si fuera labor de toda mujer, cuidar de que al macho no se le despierten deseos sexuales desorbitados, obligada por algunas culturas a ir vestida de burka. Por consideraren a sus hombres fieras salvajes, imposibles de disciplinar, inconscientes de sus actos, a quienes se les retira toda responsabilidad. Así que, en algunos países, casi siempre echan la culpa a la mujer por haber sido violada, siendo a veces rechazada y apedreada por su familia, en vez de acogerla y perseguir al violador para ajusticiarlo.

El cuerpo, no es objeto de tentación. La provocación no está en un precioso cuerpo femenino. Está en la cabeza del hombre mal formado, vicioso y sin escrúpulos. Esto es lo que hay que cambiar, y en esta gran labor debería tomar parte todas las sociedades políticas del mundo, para desarrollar una mayor concienciación de cómo educar desde las escuelas sobre valores, ética, civismo, sexualidad e igualdad.

Las religiones, no están por la labor de educar sobre igualdad y menos sobre la sexualidad, cuando ni siquiera ellas mismas se disciplinan debidamente en sus espacios de reclusión sexual, ya que la reclusión sexual no disciplina, pervierte más.

Ya sea en un lugar público o en privado, el cuerpo desnudo de una mujer se tiene que respectar y velar por su integridad, pidiendo protección si fuera necesario, en vez de vilipendiarlo. Protegerla cuando está ebria y no abusar de ella, como tristemente se suele ver en fiestas de algunos pueblos, donde habitualmente acuden como buitres los mayores depredadores humanos con propósitos salvajes, aprovechándose de carnada a la intemperie.

Como en fiestas de un famoso pueblo, dónde acuden todos los años y en manada, grupos de desalmados carroñeros para atrapar a jóvenes y violarlas en grupo. Dejándolas peor que a toro pasado por encima de su cuerpo, cuando éste sale del corral y atraviesa con enormes pezuñas los órganos de cualquiera. Corneando con furia o pisando con fuerza brutal y sin piedad a todo el que pille por delante, mientras recorre la calle de la Estafeta en dirección a la plaza, donde otro grupo de mozos con la bilirrubina a borbotones y corazón palpitante, lo espera a prueba de valor macho. Otra forma más de probar su estúpida hombría. Ambiente festivo que comienza por llenarse de buitres para acabar cada cual en su duelo, cantando el *``pobre de mí se me acabó la juerga y el gran festín´´*, eso sí, con víctimas.

En las fiestas y romerías, cada mozo va a su trote, más innoble que un miura entre la manada, dándole lo mismo a quien tenga entre perniles abajo, sin importarle que sus víctimas acaben destrozadas en enfermería. Y ellos, con un poco de suerte, también en comisaría, esposados como indecentes carroñeros de seres vivos, aún más crueles que las hambrientas aves rapaces.

Hay otra clase de personajes todavía más sádicos que las propias bestias, cuando gozan haciendo sufrir cruelmente a su propia especie, masacrándola como a toro lanceado por manos malignas, amigas de practicar la ablación femenina y la decapitación. No son humanos estos energúmenos, son seres sanguinarios y repugnantes, que al igual que a los caníbales, habría que erradicarlos de la faz de la tierra por seren criaturas muy malvadas.

Demasiadas bestias andan sueltas en las fiestas de los pueblos, que acaba por ser más arriesgado ir a romerías que caminar por el Serengueti.

Las jóvenes, nunca deberían salir solas a divertirse, ni siquiera montar en coches con conocidos. Y si a alguna se le ocurrir, haga saber por teléfono con quién va, a algún familiar o amistad y que lo oiga su acompañante. Por si acaso a éste se le atravesar la sesera, sepa, que será el primer sospechoso y se lo piense dos veces, antes de hacer cualquier encarnizado acto.

Cada vez que se observar a una mujer ebria o debilitada, que está siendo asediada por algún desalmado, hay que tener la valentía de acompañarla hasta su casa, o llamar a la autoridad.

Las más inocentes, salen por ahí sin darse cuenta de que el lobo macho anda suelto. Y al nada que pidan en la barra de un bar para beber, o se despistan por unos instantes, salta el depredador que anda por allí cerca, al acecho para echarles cualquier droga a la bebida. Así es la bestia a la que no se le debe llamar hombre. Y así son las jóvenes e ingenuas cervatillas en peligro constante.

Ninguna debemos confiar en cualquiera, ni siquiera en personajes de índole religioso, ni en amistades, pues es del ambiente cercano de donde suele salir el malvado. Con antifaz bondadoso y amistoso para captar confianza, casi siempre adquirida en la misma trastienda laboral, o entorno familiar, como suele ocurrir cuando el depredador es un personaje conocido de la víctima. Por eso, cualquiera puede caer en la red de un falso *amigo*.

Y a la mujer de la lejana África, de la India, de América y Asia, debemos sentirla cercana y defenderla con tesón, pues a todas nos duele mucho sus desgracias. Cuando por ser mujer, le toca vivir situaciones terribles desde muy niña, en países de leyes crueles y hombres repugnantes. Muchas, sin poder salir de su poblado, porque allá en la llanura, donde las fieras andan sueltas, hay menos peligro que a la puerta de sus casas, debido a una inculta educación milenaria mal formadora de hombres, aplastadores de libertad y derechos.

Es el hombre quien debe cambiar, no la mujer. Hay que educarlo severamente, imponiéndole bajo durísimas normas el respetar derechos y la libertad de los demás, prohibiendo toda ley represora.

Cuántas veces, nos habremos dado cuenta de lo escrupulosas en extremo que son las personas fanáticas en religión, al observaren como objeto de pecado toda apariencia natural del cuerpo humano al desnudo. Sin ver que, la maldad, está en su propia cabeza mal pensante, que distorsiona lo bueno en malo y cubren el cuerpo para ocultarlo. Cuando lo que deberían hacer, era limpiar su pensamiento pecaminoso o cubrir sus cinco sentidos, con los que cometen toda su maldad.

Es como cuando las muy beatas, critican de inmoral la moda o el color de la lencería femenina en particular, si las comparamos con personas seglares. Que por costumbre y sana educación, están curadas de espanto y no ven maldad en algo tan simple, como son los colores de la ropa interior. Y por lo que, cualquier vivo color, no es motivo de ser despreciado por el hecho de ser el más preferido de las prostitutas, que a menudo se parecen también al de las princesas de cuentos de hada.

Fuera de cualquier índole religiosa, hay personas muy cultas y hasta se podría decir que virtuosas, cuando miran de un modo diferente y sin prejuicios el bonito cuerpo de una mujer. En el que aprendieron a admirar con el mejor de los sentidos, toda belleza corporal. Sin escandalizarse, cada vez que miran unas preciosas piernas bajo una minifalda o un hermoso escote, sin sentir necesidad de desviar la mirada, ni de cubrirlo. Y por aquello de evitar despertar el sucio instinto a más de un cabestro, algunas, se ven obligadas a ir cubiertas, cuando el problema no está en ellas, sino en ellos.

¿Y por qué no admirar también el cuerpo masculino al desnudo, resaltando su belleza escultural, tal como él es ?... Preciosa figura, a la que intentan reproducir los mejores escultores y pintores de todos los tiempos. Y que después, y que no todos se atreven a admirar cuando sale con todos sus atributos al completo.

Mirar sin malicia, sin distorsionar los pensamientos, dice mucho de la educación del observador que, con disciplina, visualiza el cuerpo como simplemente hermoso y respeta su exhibición, sin dar rienda suelta a su fantasía. Muy al contrario de aquellos que, por falta de hombría y por su carente educación disciplinar, ordenan a la mujer taparse, acostumbrados a echarle la culpa de sus desenfrenadas apetencias. A esto, le llamo incultura pétrea de civilizaciones duras de mollera, incapaces de progresar.

Las cabras, las ovejas, las vacas y demás hembras, aunque levantan su tapa rabos, quedan libres de culpa por la misma provocación. A éstas, no las pueden presentar ante un tribunal para acusarlas de provocación...que como se sabe no van de ``stop model´´, ni llevan mini falda, ni van de escote acentuado, ni se ponen rulos y, mucho menos, van de morros pintorreados. Pero sí, llevan unas enormes ubres y el trasero al aire conforme las creó Dios. A éstas, no se las cubre con burka, ni habito, ni mantas, ni siquiera con pañuelo en la cabeza, y hasta se las desnuda, cardándolas para abrigo de algunos que las follan a menudo. A los canallas, no hay forma de cubrirles su sucia mente, si no es con una dura educación desde niños y una ley a la que teman, para que aunque sea a la fuerza, respeten a toda hembra, incluso a la de los animales.

No hace mucho, películas cuyo argumento llevara incluido el acto sexual; ni hablar de ir a verlas al cine, ya que estaban totalmente prohibidas en algunos países, cuyos gobiernos estaban influenciados por la religión. Pero no lo estaba en otros, cívica y mentalmente más sanos de pensamiento, muy alejados de la influencia religiosa que todo lo envuelve en pecado. Y es que, lo más cómodo para gobiernos retrógrados, es prohibir, censurar, aunque en consecuencia atraiga lucha y rebeldía de clases. Esta prohibición de por sí, inducía todavía más a la mayoría de personas a cruzar fronteras en busca de cine pornográfico, sobre todo a hombres llevados de su frenesí. Que gracias a que se cansó de verlas, pasó de obsesionarse a espantar la curiosidad desorbitada de su mente. Y que tanto negocio dio a aquellos países a los que les vino bien la incultura y el concepto de pecado de otros.

Es cierto que, el acto sexual, al igual que otras necesidades fisiológicas, son para hacer, no para ver hacer. A no ser, que lo requiera un buen argumento cinematográfico y, aun así, no es lo mismo hacer que ver hacer. En este caso, el hecho de ver, distorsiona la mente mal formada, sin embargo, el hacer, enriquece relaciones y relaja.

La falta de un buen discernir, por parte de algunas personas religiosas, en cuanto a su modo de ver las cosas se refiere, las hace ser machaconas en sus constantes charlas y sermones. Incómodas e indeseadas, precisamente, por su insano y pecaminoso modo de conceptuar u opinar, que en todo ven maldad y pecado. Con esta actitud, escandalizan a la persona más mundana que ve las cosas de un modo limpio y natural. Que en el peor de lo casos, se aparta sin meterse con nadie, sin soltar sermones, ni condenar al infierno.

Es como cuando decimos que, en las playas de nudistas, molestan y mucho los mirones, precisamente, por cómo miran. Son los muy curiosos que, a falta de ver, se escandalizan, después de haberse dado el gusto de curiosear para criticar y condenar desde su fuero interno, lleno de prejuicios y terribles desasosiegos.

No quiere esto decir, que se deje de considerar lo que esté mal como tal, sino que se miren ciertas cosas de otro modo, tal como ellas son por naturaleza y se eduque a los más jóvenes a mirar limpiamente. El hombre, es muy dado a dar rienda suelta a su sucio pensamiento y mirada perniciosa, sin disimulo, que perjudica y molesta mucho a la mujer.

Algo parecido suele suceder en aquellos pueblos, donde las personas viven alejadas de la ciudad, carentes de cultura y sana educación. Se escandalizan mucho más, debido a su pobreza cultural y visual, tan dadas de la mano con el buen conceptuar sobre las personas y su vida en particular. No es más faltona la persona que se exhibe medio desnuda, sino que es más reprochable aquella que, con insanos modos de mirar, se escandaliza, crítica y señala por señalar.

Habría que dar mejor clases de civismo específico en la adolescencia, para disipar el espanto y enseñar sin tabúes sobre el cuerpo humano. Sin ocultar nada de él a los jóvenes, que lo deben de mirar con naturalidad y a no vilipendiar el cuerpo de ninguna mujer. Y a bien considerar el suyo propio, para no caer en la manipulación obscena en manos de otros.

Todavía hoy, las religiones, siguen siendo de costumbres represoras y de ideología abstracta, cuyas reglas, inconsistentes, atóntese la inteligencia de sus miembros. Estacionados en la edad media, por no decir en la cultura media, sin que vean más allá de la consecuencia de dichas reglas, ofuscadoras y llena de dogmas. Se atormentan a sí mismas con obsesiones de pureza y pulcritud exagerada, hasta entrar en una especie escrupulosidad enfermiza.

Se escandalizan, se prohíben, se condenan, se sacrifican, se castigan, se inmolan y se privan. Mientras, por otro lado, algunos de sus miembros, a escondidas y sin respectar sus patéticas normas, cometen peores y atroces delitos, causados por la misma prohibición en sí. Debido a la severa abstinencia a la que están obligados que, a menudo, desembocan en intensos deseos. Una severa abstinencia alimentaria o sexual, no es buena compañera para el camino santificante de ninguna clase de personas. Por crearles mayor ansia y, por tanto, mayor obsesión, tentación, suplicio e insatisfacción consigo mismas, hasta acabar siendo depravadas. Demasiado de todo es malo, pero demasiado poco o nada es mucho peor. Mejor es vivir sin grandes privaciones y comer racionalmente más a menudo de todo un poco. Llevar una vida normal, para no andar ansiosos de nada, no vaya a ser que, por una débil continencia, se desemboque en terrible hambre, u otras necesidades con feroces y lamentables actos de todo tipo.

CLAMOR POR LAS MUJERES

No sabemos si fueron los más antiguos escritores de la biblia o los traductores contemporáneos, quienes de modo un tanto interesado y superficial, se limitaron a narrar, no sobre la verdadera historia de grandes personajes femeninos más destacados de la época, sino únicamente sobre su vida pública. Centrándose en un vulgar estilo de mujer a la que había que rechazar como sea, por tener mala reputación. La que les dio aquella tosca sociedad de hombres o, mejor dicho, la que ellos ayudaron a modelar con su falta de honestidad. Que de no ser por su libertinaje, tampoco tendrían necesidad de insultarla con improperios machistas. Dejando bien definida, la clase de mujer que más o menos les convenía para un uso u otro. Sin darse cuenta de que, a la vez que las describían, se definían a sí mismos la clase de hombres que eran. Pero en ese famoso libro, no consta nada escrito sobre ellos, con las mismas definiciones que arrojaron a muchas.

Los principales personajes masculinos, narrados en el antiguo testamento, además de profetizar y cantar alabanzas, se dedicaban a hacer guerras unos contra otros, en nombre de no se sabe qué dios castigador. Que según decían, amaba mucho a su pueblo, al tiempo que le enviaba todo especie de plagas y enfermedades. Y por si fuera poco, los guiaba también en sus malditas batallas y los ayudaba a vencer a sus enemigos que, por lo visto, no eran hijos del mismo Creador. Es decir: para justificar sus batallas, crearon a su medida un supuesto dios desequilibrado que, para su mayor gloria, primero crea al hombre y después, como cualquier loco, lo induce a hacer guerras. O lo va castigando con toda especie de desgracias, habidas y por haber, como precio por la libertad y la vida que dio a cada ser.

Qué contradicción tan conveniente, siempre con un dios de su parte, haciendo guerras en su nombre para someter al pueblo y estuviera siempre dispuesto a obedecer. Y toda mujer, presta a servir sumisa, sin contrariar a su marido, que la que tragara todo callando;

sería calificada de muy buena. En cambio, la que no pasara por el aro y dijera ¡no! o le fuera infiel, por no aguantarlo; esa sería rebelde y muy mala mujer. Claro, toda aquella que no hiciera su voluntad, no le obedeciera o no lo amara; nunca podría ser buena a los ojos de su pretendida ambición. Y en caso de no ser bien tratada por él, lo más seguro es que se fuera con otro. Y él lo sabe, por eso amenaza para amedrentarla y anularle su autoestima, o bien la excluye para que se debilite más y pueda tenerla fácilmente amarrada y sólo dependa de él. Era y sigue siendo, su método de cobardía, un modo más de someter a buena parte de la población, que es físicamente más débil y en mayor número por cabeza. Y en este sentido, esta sociedad de hombres de hoy, apenas ha cambiado. Su ego sigue gobernando como cabestro indomable.

Esta es la filosofía de dominio que todavía perdura en la cabeza de muchos personajes fanáticos. Esclavos de sí mismos, bajo la obediencia por la obediencia, fieles a la tradición por la tradición, aunque ésta lleve en vigor millones de años y venga de donde venga. La misma que enseñan en su día a día a algunos hombres, sin parar a razonar sobre lo que pueda pensar o sentir la mujer, y que otros muchos aprovechan para seguir el mismo ejemplo. El de dominarla con el puño a su capricho y servirse de ella para todo, como si de una mula inconsciente se tratara y tuviera que aguantar con toda la carga, desprecio y maltrato después. Que cuando no rinde o está enferma y ya en muy poco lo satisface; comienza a pensar que hacer con ella: si maltratarla para que se vaya, matarla a pedradas, o rematarla con un tiro en la nuca. Como hacen con su mulo cuando está herido y ya no les sirve cómo ellos quisieran.

Son miles, las asesinadas anualmente a manos del vil machismo. Mueren en mayor número que en la guerra y, cada día, se añaden aún más víctimas para aumentar la maldita lista negra. Porque no hay interés suficiente por parte de los gobernantes del mundo, como para enfrentarse a la enseñanza sectaria y misógina, alimentada por el loco fanatismo religioso milenario. Que ya entonces, por cobardía, no sólo dejaron crucificar a Jesús, sino que siguen por la misma inercia de permitir sacrificar inocentes a diario.

A pesar de lo que Él seriamente dijo: ``todo cuanto hiciereis a vuestro prójimo o prójima —muy importante matizar género aquí, por si acaso—, me lo estaréis haciendo a mí´´. Al decir Jesús la palabra `prójimo´, se refería también a la mujer. Lo digo, por si algún malvado no lo supiere, sepa que es así.

Hasta priorizaron el género masculino para elevar su supremacía ante la mujer, siendo como es mayoritaria en el mundo y, por tanto, con pleno derecho a decidir por mayoría.

¿Acaso, esta supremacía de instinto salvaje y asesino, tan frustrante como amarga, no debería llevarles a suicidarse antes de asesinar a mujeres y a niñas y niños?... A algunos cobardes y nada inteligentes, sólo se les ocurre después de haber cometido tamaña crueldad. Que de no estar a gusto, debían era, desarrollar más sensatez y disponer a quitarse de en medio antes de maltratarlos, aunque sólo fuera por ahorrarse el doble y macabro trabajo. O bien liquidarse él primero, antes de cometer tan lamentable suceso. La verdad es que, cuando esto sucede, las mujeres descansamos, por saber que hay un cruel menos en la sociedad. Y aunque esta cruda realidad impacte a cualquiera, semejante barbaridad, apena siempre. La persona de mente sana; toma resoluciones sanas. La que es inteligente; medidas inteligentes que no dañen demasiado.

A la vista están las estadísticas anuales, sobre mujeres asesinadas por violencia de género en Europa, sin contar al resto del mundo. Que por mucho que se diga ¡basta ya!, ¡ni una más!, todavía muchos hombres siguen viviendo en la inconsciencia, sin despertar, como oso en madriguera con somnolencia perenne invernando su cerebro.

Esto debería servir como vara de medir el estado mental de muchos, que caminan sin cesar hacia la locura, en vez de hacia la cordura. Y son miles, los suicidios de soldados, después de haber dejado el servicio militar y la guerra, por frustración y sobrecarga de violencia, tanto recibida como provocada, ya que al dar se recibe.

Y el que resiste, o bien acaba tocado y se refugia en la droga o en el alcohol, o bien anda tocado de la conciencia que empieza a pasarle factura, por haber matado a los que menos culpa tenían.

Y cuando no es por su mala cabeza, es simple y llanamente porque es soberbio y prepotente. Así que, un gran porcentaje de ellos, sufren de deterioro mental y andan sueltos para cometer más barbaridades. Son el resultado de una política errónea, que acaba por conducir a los jóvenes a la destrucción y dejarlos hechos unos monstruos. ¿Y quién paga las consecuencias?... Las inocentes criaturas que suelen pillar a camino de casa, si es que no lo espera ninguna otra, que pague o alivie con sexo bruto sus muchos errores.

No hay más que ver, las enormes barbaridades que han cometido y siguen cometiendo con las guerras, que nos llevan a pensar que el hombre forma parte de una locura colectiva, que arrastra a otros a cometer consecuentemente las mismas canalladas de todos los tiempos históricos.

¿No podrían los jóvenes soldados, negarse a combatir, excepto cuando es para defender a su patria del ataque de otros?... ¿Por qué obedecen todos como borregos, para ir a atacar a otro país, por el simple hecho de que les ordenan sus gobiernos, cuyos intereses giran más en torno a sus finanzas particulares, que a las del propio país?... ¿Si total, qué más da morir en plena batalla o fusilados por desertar?... Al menos morirían como justos, diciendo ¡no! a la barbarie... De la otra manera, morirían como asesinos de inocentes. Sí, porque a la mayoría de víctimas que matan, suelen ser con crece mujeres, niñas y niños, que no tiene culpa de nada.

Ésta es la cruda realidad vigente y permanente, en muchos lugares del mundo. Donde el hombre no sólo mata y viola, como también roba los derechos e identidad de indefensas mujeres, hasta quitarles a muchas su pasaporte para reducir su libertad. Las toman como a objetos de su pertenencia, en países, donde ser mujer no vale nada y hasta en el más sagrado de los libros la desconsideran. Siendo como es él, el maldito matón y el mayor putero. El mismo que le cuelga el cartel de prostituta y adúltera, en libros de religión.

—Es por ellas, que ruego a Su Santidad, reúna a todo hombre de bien, para entre todos, concertar la ejecución de una ley universal con mano de hierro, que defienda a toda mujer abandonada de la justicia. Y se llegue a un común acuerdo para revisar que se cumpla esta ley. Sobre todo, en países donde ni siquiera la misericordia de Dios las alcanza, dada la maldad del que las rodea.

Pero una ley que sea mucho más eficaz que las que hay, si es que hay alguna veraz y contundente, bajo la responsabilidad de países miembros de la unión europea. Que cuiden de supervisar fiel y eficazmente, la ejecución de condena por delito contra ellas y sus hijas, para obligarlos a respetarlas y a devolverles sus derechos. Teniendo en cuenta que, las organizaciones defensoras de los derechos humanos que existen por ahí, no son suficientes ni capaces de acabar con esta gran lacra social, si no es haciendo leyes mucho más duras. Con contundentes medidas, que obliguen a aplicar la condena a todo lacrador de vida inocente. Hasta que se acabe con estos hombres indignos de vivir, causantes de tanta gangrena social y a los que habría que combatir como al maligno.

Que los persigan, como hicieron aquellos más de veinte mil militares, desplegados por todo Brasil para luchar contra la erradicación del insecto transmisor del Zika virus. Que si se propusieran, tomar la misma medida de perseguir al más bestial hombre violador, se irían reduciendo poco a poco, como al más temible y repugnante de los insectos. Y si hubiera, por parte de todos, más interés en combatirlo, hasta es muy posible, que acabase por salir una eficaz vacuna inhibidora de la obsesión sexual que, definitivamente, pudiera aplicarse con eficacia.

Tomando el mismo ejemplo de persecución antivírica, deberían tomar igualmente interés en combatir este grave problema. Formando a jóvenes soldados, disciplinándolos para tal fin y desplegarlos por todo el mundo para domar a todos aquellos hijos de Satán, que dañan la vida a millones de seres. Me refiero a los narcotraficantes, violadores, chulos o proxenetas, pedófilos y todos las demás bestias satánicas. Con perdón por las bestias del campo, que espero no se ofendan por la comparación.

Vamos retrocediendo cada día, hacia una sociedad insensata. Los hombres de ayer están de pronóstico reservado; tocados de demencia. Y la mayoría de los jóvenes de hoy, andan desesperados; explotados y sin trabajo la mayoría, o hechos unos drogatas. Y la policía se ha vuelto miedosa con tanto hijo del diablo, mientras honestos jueces son expulsados por ir en contra de la corrupción. Este es el triste orden mundial, orquestado por lobbies cada vez más multimillonarios.

Mientras tanto, alguien anda haciendo de las suyas, viendo cómo esta sociedad está medio adormilada. Tiempos de gran mal se avecinan, posicionados están ya sus emisarios, ataviados de largos cuchillos como Satán revotado. Prepárese la humanidad para padecer tanto mal cometido por hombres arrebatadoramente salvajes, llenos de odio. Esto no es ninguna profecía, es lo que se ve.

Santidad: apele a que se reúnan a nivel mundial todos los Jefes de Estado. Igual que lo hacen cuando pretenden cumplir acuerdos de guerra y llegar a un común ataque entre países. O como cuando se reúnen todos para luchar contra el terrorismo, cuando éste va en contra de los deseos de los políticos.

Que acuerden también, contundentes e eficaces medidas para luchar contra la violencia de género, el feminicidio, el acoso, la desigualdad, la violencia abortiva, el abuso sexual de menores. Y contra la matanza de inocentes, contra el matrimonio de menores, contra la injusticia social, contra la mafia y la corrupción. Y todo tipo de terrorismo político y religioso que demacra la vida a millares de personas que sufren como silenciosos corderos, sin pastores de iglesia para denunciar:

☞ *El terrorismo de Estado: se combate, respectando entre todos, los derechos legítimos de cada pueblo y negociando cordialmente.*

☞ *La violencia de género: se combate, educando debidamente en las escuelas y aplicando duras leyes.*

☞ La droga: se combate, metiendo a todo narcotraficante en la cárcel y quemando su plantación, definitivamente.
☞ Las violaciones: se combaten, castrando a todo violador y encarcelándolo.
☞ La pobreza y el paro: se combaten, distribuyendo mejor el trabajo y las ganancias.
☞ La fiera hambre: se combate, expropiando la inmensa riqueza acumulada en manos explotadoras de multimillonarios que se enriquecen a base de esclavizar.
☞ Las enfermedades raras: se combaten, donando para investigación parte del patrimonio en manos de instituciones religiosas, ya que es propiedad de la humanidad. Y si los hombres quieren, un mundo mejor es posible entre todos. Y como creo que sí quieren..., animo a que se pongan en marcha ¡ya!, que aquí sólo estamos de visita para mejorar la vida de unos y de otros, no sólo la nuestra. Y como bien dice aquel antiguo sermón: ``no recaudar en este mundo más que buenas obras´´, que es lo único que llevaremos de equipaje al otro, que nos está esperando con nuestras experiencias. Por consiguiente:
☞ Donde sobran iglesias; faltan escuelas para educar mejor al incívico mundo.
☞ Donde sobran sermones; falta empatía y condescendencia a favor de la mujer.
☞ Donde hay machismo; falta igualdad, sensibilidad y consciencia plena.
☞ Donde hay abuso; falta respeto y vergüenza.
☞ Donde hay ignorancia; falta formación y una buena educación.
☞ Donde hay maltrato; falta dignidad, decencia, justicia, respeto y lo que es más esencial, el amor.

—En recuerdo a las madres que nos parieron y en memoria de las mujeres maltratadas ,apedreadas, asesinadas, violadas, mutiladas y difamadas a lo largo de la historia, así como, por las mujeres de hoy y de siempre, lanzo en nombre de todas este grito: ¡¡¡Basta ya!!!

EVA - LA DESOBEDIENTE

Sorprendida por la erección del miembro viril y serpenteante del Tarzán primitivo que, al parecer, en días de mucho calor, se paseaba desnudo por no se sabe dónde, en un estado de excitación erótica. Puede que anduviera jugando al escondite detrás de una higuera, planeando salir al paso de alguna inocente Eva despistada que pudiera aparecer por allí. Precisamente, lo que acostumbran hacer los machos, cuando reciben rechazo o no encuentran hembras receptivas: salir a su paso y rodearlas con ronroneos y sobado acoso. Que aunque digan ¡no!, quiere decir s ¡no!, pero les da igual, las toman de todos modos; la arrastran hasta cualquier matorral y allí mismo culminan su sagaz instinto animal, en medio de la naturaleza más salvaje, el lugar preferido de las bestias.

Fue entonces, cuando por desgracia, la ingenua Eva, resolvió ir a jugar con él tras aquél tronco bíblico, que siendo muy estrecho y al vérseles las nalgas intentaron ocultarse de Dios apretujándose uno frente al otro. Quedando ambos muy a gusto acoplados, en una inexperiente atracción placentera. De este modo, descubrieron que aquel curioso miembro tan erecto y perfecto, estaba pensado para introducir en oquedades. Y como niños en el intento de encajar las piezas de un lego, volvieron a unir sus órganos reproductores una y otra vez. Así fue, cómo despertaron el conocimiento de que aquella forma de acoplamiento, había sido pensada para unirlos y crear la humanidad. Y muy a gusto repitieron todas las veces que les vino en gana, pues así había dispuesto el Creador que fuese. Pero no precisamente con Adán que no formaba parte de su plan.

Y como si todo campo fuera orégano, se desmadraron, pensando que todo era bueno, haciendo caso omiso a la Divina advertencia, en lo referente al fruto prohibido (la homosexualidad) que los desviaría y cometerían el famoso delito venial o pecado.

No era tan venial, visto que se trataba de sus semejantes, otros seres que había en aquel lugar, capaces de concebir vida inteligente como ellos, con un sistema nervioso central y sus ramificaciones. Es decir, seres de igual condición sexual destinados a otras misiones y que rigurosamente debieron haberles respetado su inocencia. Teniendo en cuenta que, la intensión del Creador, además de querer unirlos por medio del gozo sexual, era multiplicar la humanidad a través de sus cuerpos heterosexuales sin mancha. Y con una inteligencia muy superior, para que su descendencia no fuese esclava de la vida que les esperaba en no se sabe que planeta. Pero no fue así, la libertina pareja se extralimitó, cuando a lo mejor, ni siquiera estaban destinados el uno para el otro, que obligados tuvieron de convivir con el gran estigma. El que provocaría en un futuro infelicidad a toda su descendencia, que delinquiría por la misma declinación heredada de sus padres.

Cabe también la hipótesis de que pudiera haber sido Adán el desviado sexual, por ser más ardiente. Y Dios, aborrecido de él, decidiera expulsarlo hacia el planeta de los nobles simios para confusión Darviniana. Alejándolo de su lado, con su compañera para que no estuviese solo en medio de tanta hembra animal.

O bien porque Eva sintiera adoración por Dios y Adán por el diablo, que al unirse ambos sexualmente, lo disgustaron, provocándole un monumental enfado que los arrojaría de inmediato al planeta hostil de naturaleza salvaje. Visto que acá en la tierra, se vive un verdadero infierno causado por el hombre, que hasta la propia naturaleza se rebela contra él de vez en cuando.

¿Y quién sabe si, por amor a Adán, no se hubo rebelado Eva contra Dios para defenderlo, acabando por ser también expulsada?... Y es que, aquella relación carnal, unió mucho a la pareja, tanto para lo bueno como para lo malo, aunque más bien fue para lo malo, hasta que la muerte los separara. Cargada de culpa por defender a su amante, e inmolada perennemente en su descendencia femenina, que sufre las consecuencias de hombres sin escrúpulos, heredados de padre a hijo desde entonces.

Aquel hombre no la merecía, que además de pervertirla, no tenía capacidad de amarla tanto como la amaba su verdadero Señor, que a partir de entonces, quedó herido de amor por la desobediencia y la altanería, que de seguro se ofendió más con Eva al ponerse de parte de Adán.

Y como tal madre, tales hijas, toca sufrir el desamor del hombre, por preferirle a él antes que a Dios. Por eso, la mujer, aunque lo intente, le cuesta amar intensamente a cualquier hombre y nunca anda segura con casi ninguno, por ser tan libertino como su primitivo padre cuando se le presenta la ocasión. Y por eso mismo, las religiosas, son las mujeres más felices del mundo, cuando tiene verdadera vocación, por haber elegido al esposo celestial, como tanto les gusta llamar a ellas. Y todavía hoy, son muchas las que pagan con crece consecuencias parecidas, por condescender con quien no deberían.

Que ninguna mujer espere nada de hombres viciosos de sexo, ya que no quieren a nadie más que a sí mismos y son incapaces de amar, por estar vacios de afecto y sólo requerir gozo carnal. Por eso, se hace difícil la relación entre ambos, por deformidad de origen genética. Ella, es corazón y entrega, él, en cambio, sexo y cerebro. Y es que, la mayoría de hombres, se empareja para tener una mujer por mascota que les sirva y, cuando se hartan, a algunos les da por buscarse otra o tener perros. Sin darse cuenta, no son capaces de amar verdaderamente. Sólo los más nobles de conciencia, pueden llegar a tener buenos sentimientos, que los hay.

A pesar de haberlo dispuesto Dios así, la relación sexual entre un hombre y una mujer, nunca fue vista como algo natural, sino como algo malicioso, en la mente sentenciadora del *puritano* escritor del antiguo testamento. Que avergonzándose de su propia miseria, lo degeneró en pecado, pero sin dejar de cometerlo y culpando a la mujer de tentadora. Por sentir vergüenza de sus irreprimibles deseos y mantener un harén. Haciendo ver, además, que el acto sexual era único y exclusivo para procrear, mientras él, se las daba de libertino, concibiéndolo como de dominio macho, sólo para cuando le apeteciera gozar y muy mal visto que lo hiciera ella por placer.

Por cobardía, los autores de tamaña historia, culparon a Eva de la ridícula y mal llamada tentación. Que siendo incomprensible y memorable en el tiempo, tanto interés tuvieron en condenarla de por vida de sus descendientes. Con el interminable cuento de una inverosímil historia, a causa de una supuesta relación beneficiosa y nada maléfica inclinación entre un hombre y una mujer. Que además, les fue permitido a ambos por igual, con los mismos derechos y responsabilidades. Pero nunca sabremos qué habría pasado, si hubieran permanecido intachables. Es muy probable que la homosexualidad no existiera y fuéramos perfectos e inocentes.

Pero así es, todavía hoy, el fanático de filosofía religiosa que, por su conveniencia, sigue viendo el mal donde sólo hay naturaleza sexual, prohibiendo hacer uso de la misma, excepto para procrear. Al tiempo que reprende y echa la culpa a la mujer, por las obligaciones que acarrea la concepción, de la cual él es también responsable por haber cometido el mismo acto sin atenerse a las consecuencias. Y que con comete frecuencia, sin privarse de nada, cuando deja preñada a la mujer o hija de otro, sin ningún tipo de escrúpulos, porque no hay justicia alguna que lo persiga. Para después, ponerle mala cara y repudiarla, cuando le dice que se ha quedado embarazada. Como lo suele hacer con el mejor amigo del hombre, cuando se cansa de él por traer al mundo un montón de crías que no dan más que problemas y ocupaciones.

A la tan lejana Eva, la insultaron, llamándola `desobediente´ a Dios, la que comió la manzana y no sé que más frutos prohibidos. La tentada por la serpiente con forma de pene que pasaba por allí, por el huerto, entre higueras y manzanos. La acusaron de traer la desgracia a la humanidad y que por su culpa sufren todas las generaciones y toda mujer al parir. ¿Y el bueno de Adán, era tonto?... ¿No tuvo ninguna responsabilidad?... ¿Lo permitió, le gustó y repitió, no?... El que permite es tan culpable como el que comete el acto. Esto mismo, es lo que acostumbran a decir los defensores de la moral, cuando les conviene.

Fuera como fuera, la verdadera historia de esta primitiva pareja, en esto de las relaciones, el más osado o despierto, siempre lleva la iniciativa. Y es muy posible, que Eva fuera la más viva, a diferencia de Adán que sería con creces el más ardiente. Siempre hay uno que destaca adelantándose al sprint, aunque esto no es lo primordial. Es como la ley del más fuerte y, contra ello, no hay humano que se oponga. Es la naturaleza de cada individuo, así está predestinado y no puede haber enfrenta, ni condena, ni siquiera critica en su contra. Además, no se sabe cómo todo sucedió realmente, así que, lo mejor, es no inventar cuentos absurdos que mínimamente no se aproxime a un cierto razonamiento de pesquisa. Para ello, siempre es conveniente ponerse en el lugar de unos padres, cuando sus hijos les desobedecen o se casan con quien ellos creen que no deberían, para acercarse a comprender mejor su reacción y monumental enfado.

Y sin apartarnos de la ridícula historia, es muy posible que, de haber sido expulsados a la tierra, posiblemente pudo haber sido por motivos de mayor envergadura moral, como lo es la desviación sexual. Y por lo que a su descendencia toca, no debe ser considerada responsable directa de lo que sus predecesores pudieron cometer. Aunque a consecuencia padezcan algunos desajustes genéticos y, por esta causa, algunos nazcan con inclinación homosexual que hay que respetar. Ya que en nada tiene a ver con la desviación por vicio adquirido, que es muy distinto. Y no se trata de señalar a nadie, sino de reflexionar.

Descansa en paz, Madre Eva. Es gracias a ti que existe la humanidad, que debió venerarte como la primera matriarca. Pero no, tus descendientes masculinos te acusaron y te acusan todavía de pecado. Inventado en su incapacitante cerebro para quedar excluidos de todo delito sexual. Cuando ni siquiera tú usabas escote, ni ibas con minifalda, ni con ropa transparente o de color fucsia intenso, como para que les provocaras y echaran la culpa a ti de tentar al serpenteante miembro. Sino que, según dicen, ambos estabais desnudos y sin conocimiento alguno sobre lo que era fornicar con tanto placer, bendecido por Dios y maléficamente utilizado por el hombre.

Eva: aquí queda limpio tu sagrado nombre. Y tu madurez adelantada a la de Adán, queda también demostrada a tu prole. Y quién no se equivoca, no es humano como lo erais vosotros.

El hombre, en su propia defensa, se empeñó en inventar una historia en la que nadie cree, para quitar poder y dignidad a todas tus descendientes, no fueran éstas a ser tan libertinas como lo son aquellos que acostumbran a tener un harén.

LA ADÚLTERA

Sobre ésta clase de mujer suelen hablar mucho en los sermones. Y cuando no es con definición de adúltera, lo es con la de infiel, con la de tentadora o pecadora, que al fin y al cabo, para ellos, viene a querer decir más o menos lo mismo, con tal de desviarse de hablar del propio pecado que comenten ellos. Les sirve, como antaño, para encubrir sus maquiavélicas acciones o desviar la atención de constantes aberraciones masculinas. Mientras hablan de ellas, no les da tiempo a comentar sobre lo suyo y van cargando contra las hijas de Eva. Arremetiendo y destacando únicamente la inmoralidad femenina para traerla al presente, como tema principal en sus diferentes sermones de moral:

``erase una vez una mala mujer, infiel a su marido, etc...´´, ``que practicaba el adulterio, etc...´´, ``que más tarde se convirtió, etc...´´, ``que si la buena samaritana...´´, ``que si Marta y su hermana María, etc...´´, ``que si una estaba más atenta a Jesús que la otra, etc..., etc..., etc...´´

¿Es que no había hombres inmorales entre los profetas de aquellos tiempos?... ¿O acaso estaban libres de pecado que arrojaban piedras contra las adúlteras y no contra los adúlteros, que los ha habido siempre en mayoría?...

Estas frases son muy frecuentes en diferentes homilías, debidamente preparadas para seren creídas hasta por el mismo sacerdote, que acaba misógino y convencido del celibato.

En el fondo, no es más que una especie de moral trampa para convencer de que lo mejor es quedarse de religioso. Amar a Dios y a la Virgen, que los acompañaran en sus tribulaciones más íntimas. Y nada de mujeres, que éstas son una especie de tentación personificada, engañosa, donde suele esconderse el demonio, amigo de arremeter contra la castidad y la pureza. Que al parecer, las protagonistas endemoniadas de la biblia son: la serpiente y la mujer. Eva y la Virgen estuvieron muy relacionadas con ella. Pero no dicen que la maligna serpiente era el mismísimo falo del hombre. María la pisó y seguió virgen. Eva, en cambio, la tomó y se quedó preñada.

De haber predicado con más contundencia contra el adulterio masculino, posiblemente, una inmensa mayoría de hombres, hubiesen sido más fieles a sus esposas y menos granujas. Pero este estilo de sermones, iban dirigidos más a las mujeres, culpables de los pecados de los demás. Y para las que todo era ilícito, excepto para los machos que todo les quedaba bien, hasta lo inmoral.

Mujer y adúltera, la muy señalada como persona no grata en la biblia. Y muy mala, por no amar a su borrego marido que, además de llevarle un montón de años, bien podría ser su padre, con quien posiblemente fue obligada a casarse siendo todavía muy niña. Por la misma ley que la obligaría a tomar ese calvario para años más tarde condenarla al duro apedreamiento, como estúpido castigo por su adulterio. Costumbres tan típicas en aquellos tiempos y en estos, que todavía se siguen dando casos en bastantes inculturas pétreas.

Mientras su marido, el barbas, que ¿quién sabe si, no le habría sido también adúltero con otras?..., se retiraba, sin ser perseguido, a la caverna de los hipócritas. Ni siquiera, consta su vida en la biblia, ni los utilizan como adúlteros en sus sermones.

Sólo narran superficialmente la vida de algunas sumisas mujeres o negativamente sobre la vida de otras más liberales. Pues son ellos mismos, quienes la escriben y no les interesa contar historias de hombres adúlteros o emancipados con niñas, a cuyos viejos aborrecen por desear maridos jóvenes. ¿Y qué mujer no lo desea?... ¿Qué se piensan?... Vergüenza es lo que les falta.

Ellos son peor ejemplares y nada virtuosos. La mayoría son unos pendejos de mucho cuidado y los hay a millones como para llenar miles de biblias y hablar de ellos como idolatras de sexo, egocéntricos y matones. Todavía existe ésta clase de fieras a las que prefiero no llamar hombres, por respecto a otros más honestos. Son los responsables de la desgracia de muchas, obligadas por sus religiones a casarse contra su voluntad con vejestorios. Vergüenza les tendría que dar a los viejos, por casarse con niñas.

Y nadie es capaz de hacerles frente y protestar contra esta cruda anomalía satánica. Ni siquiera la más sensata de las religiones, que se supone debería estar ahí para denunciar este tipo de sometimiento..., acalla cómodamente para no enfrentarse entre ellas. Que allá cada cual, con su jauría religiosa y sus costumbres culturales, que a pesar de seren injustas, respetan mutuamente sus prácticas. Así están más cómodas y evitan confrontaciones, no vayan a quitarse cachorros unas a otras, que hay cada vez menos creyentes de sus mentirosas leyes para repartirse.

Si Jesucristo volviera de nuevo a esta contienda de engaña almas, que va cada vez más en aumento, seguramente, arremetería contra todos éstos canallas, mucho más enérgicamente que cuando lo hizo en aquel famoso templo al enfrentarse a los mercaderes.

No te preocupes buena mujer, adúltera y sin nombre, fueron ellos mismos quienes te indujeron al adulterio, obligándote a casar con quien no querías. Era muy viejo para tu sexualidad. Te comprendemos muchas mujeres y Dios también. Aunque no, aquellos malditos que someten a tus descendientes, obligándolas a casar con quien no quieren para después apedrearlas.

Grito por aquellas mujeres muy niñas aún, que todavía pasan por el mismo calvario, al seren vendidas y obligadas a casarse con hombres muy mayores a quien no aman, tentadas en buscarse un amor joven como ellas, y por lo que son duramente castigadas.

Grito especialmente por aquellas niñas asfixiadas vaginalmente, por brutales bestias violadoras, como se sabe de tantos casos.

Pero la mayor de las tristezas, es pensar que, ni siquiera Dios evita semejante aflicción. Y muchas veces pierdo la fe, cuando veo niñas que son violadas por bárbaros, sin ni siquiera un ángel de la guardia que las socorra, frente a tamañas maldades demoníacas.

—Si hubiere alguna persona en el momento de leer este libro, que sea capaz de luchar contra tanto mal cometido a estas niñas, se ponga en camino que ya va siendo el día de acabar con esta tortura, pues desde hace mucho esperan a un libertador que las libere de tanta mano bellaca.

LA BUENA SAMARITANA

Otra mujer de la biblia que, según dicen, tuvo varios maridos, quedando viuda, posiblemente, bajo la sospecha de homicidio, como acostumbran a decir las malas lenguas, o por vivir con otro hombre que no era el suyo.

No te preocupes buena mujer que, al casarte desde muy niña con un viejo, da tiempo a tener una docena, mientras van muriendo uno tras otro, a Dios gracias.

Hoy en día, todavía hay mujeres con mala fama como la tuya. Y sabemos que, para conocer a un buen marido hay que conocer a muchos maridos y, al final, ni esperas a quedar viuda y te vas, porque ya estás muy harta y decides quedar sola. Excepto cuando conociste al inalcanzable Jesús, que te pareció un hombre fuera de lo normal. Y se supone que muchísimo más delicado, con el que te irías religiosamente si hubieras podido, sin mirar atrás, dejando a todos los demás tirados.

Descansa en paz buena mujer, tú sólo buscabas amor como la mayoría de mujeres, sin querer ser una esclava en un mundo de desalmados.

Aquí queda limpio tu buen nombre. Jesús que también lo sabía, te comprendió y no te apedreó porque era un Ser especial, muy diferente del hombre maldito. Conservador de tradiciones, que a menudo apedrea a tus descendientes, porque así lo dita su estúpida ley, a la que sí deberían apedrear conjuntamente con los que la inventaron y a los que la siguen ejecutando.

Que esto sirva como llamada de socorro para defender aquellas mujeres encadenadas a una deshumana ley, tan injusta como cruel. Escrita por mentes abominables que las obliga a permanecer sometidas a un marido maltratador y al amarre de una cruz inmerecida, ideada por ellos.

— Si por un casual, hubiere personas de buena voluntad, que de seguro las hay por ahí, capaces de imponer justicia para defenderlas en estas situaciones y evitar que sean apedreadas; se pongan en acción, que hace mucho las esperan implorando defensa con urgencia. Y para acabar con gobiernos ejecutores de absurdas costumbres, sugiero aquí a los sacerdotes ocupados en problemas materialmente efímeros, se pongan en marcha, pues su deber es cumplir con la doctrina de Cristo. Fundamentada en el servicio al desolado, al injustamente tratado, que hay por ahí muchas mujeres sedientas de clemencia y soluciones a sus derechos, negados por malditos gobiernos pseudoreligiosos.

¿Para qué sirvió aquel paripé a la llamada unión entre religiones en el Vaticano?... Prediquen contra sus ingratos hombres de leyes malvadas para que las liberen. Revélense hasta conseguirlo, que para eso han decidido seguir a Jesús en las misiones por todo el mundo, donde no existe verdadera consciencia y las bestias son más afortunadas que ellas.

Den la vida por los demás como la dio Él y déjense de tanto retiro de meditación, que sirve de bien poco. Ni tienen esposa e hijos para cuidar, que gracias al celibato están libres de cargas familiares y les sobra tiempo para dedicarse a las más necesitadas. Y hay muchas esperando a ser libertadas del maltrato e injusto sometimiento al hombre.

Jesús, es amigo confeso de la libertad y su doctrina empieza por el amor; no por la cruz, no por la esclavitud, no por la exclusión, no por el sometimiento, no por el apedreamiento, no por la violación y no por muchas crueldades más, que oscuros personajes practican a diario.

A Él, como a muchas mujeres, también lo ningunearon, lo maltrataron, lo apedrearon, lo desangraron y crucificaron cruelmente. Y hoy, lo siguen haciendo con inocentes, sin que los demás hombres se alteren o se levanten para tomar posición y gritar severamente muy alto, ¡basta ya hombres malditos! ¡Hasta aquí!

Los misioneros, llevan siglos predicando por lúgubres países del salvaje mundo. Donde todavía hay muchos pueblos de costumbres macabras sin humanizar, revestidos de ignorancia, controlados por crueles gobiernos que en vez de educar, masacran. Hay hombres a los que no les cuesta mucho civilizarse, en cambio, otros, son moralmente repugnantes y no merecen vivir.

¿Qué es lo que predican por ahí, en nombre de su dios ?... ¿Por qué sigue habiendo tanta maldad?...

Hay demasiadas religiones que no parecen beneficiar a un óptimo progreso espiritual de la humanidad, sino que la secuestra de pensar por sí misma. Distrayéndola hacia un mundo imaginario de creencia abstracta, que retrasa su evolución y la abstrae al estudio de ideas de cualquier biblia mal interpretada. El libro más vendido y manipulado de la historia, que aleja de la realidad y rentabiliza con sus ventas a predicadores de tanta mentira. De la que extraen y expanden a su vez, otros libros y más libros, con más mentiras para seguir confundiendo a sus adeptos que dejan de vivir plenamente. Ofuscados en la omnipotencia de un dios extraño hincado en su conciencia, que les dicta a todas horas con diferentes credos y religiones que los paraliza, sin saber a ciencia cierta por cual verdad declinarse.

Jesús, no necesitó escribir ningún libro para implementar cuatro esenciales reglas, encerradas en el concepto del amor y en la oración del padre nuestro, diciendo que su reino no era de este mundo. No necesitó de nada más, eso era todo, ya que estas escasas palabras, encierran todo lo necesario para la salvación del mundo, porque todo el que ama a su semejante, evita hacerle daño alguno.

Sabedor de que si escribía sus palabras, éstas acabarían por ser quemadas; decidió no tomarse la molestia. Tuvo en cuenta, a aquellos que creían en Él y le seguían con atención, no siendo necesario escribir, pues el boca a boca en aquella época, era el mejor medio de transmisión de su mensaje, que más tarde sería lacrado con la sangre de su crucifixión.

A pesar de que la historia de su vida, acabaría siendo mal interpretada por adúlteras sectas. Cada cual, única poseedora de la verdad, que da rentabilidad a sus librerías extendidas por todas partes. Llenas de múltiples biblias, narradas a gusto de todos, gracias a la naturaleza nada divina de traductores nada fidedignos, que viven de ella y forman negocio, sin importarles la esencia. Y no estaría de más recordarles que:

``Dios era el verbo y el verbo se hizo carne; la carne se hizo hombre y el hombre era verdad; la verdad fue vilipendiada bajo crucifixión y muerte; la muerte era el paso a la resurrección eterna; la resurrección fue trasmutada en dogma de espíritu presente sobre el altar; este dogma transforma la fe en vida eterna, para la incredulidad de muchos y la salvación de pocos´´

Todas estas secuencias, llevarían a cada religión a idear su particular dogma y doctrina, que alzaría en poder al hombre que la fundara. Pasando a ser este poder, el más mortífero de los sistemas que gobierna al mundo, con palabrería de dominio y engaño. Que de no ser su palabra, lo suficientemente creíble, les bastará con distorsionarla más y más, que da mucho de sí, como se puede observar. Dando lugar a tanta confusión satánica, creada por el gran patriarca del mal, representado en configuración cefalópoda con más de cuatro mil brazos, provistos de múltiples ventosas. Afanadas todas ellas en adquirir alimento a la voraz bestia, cuyo cerebro se encuentra en el amplio espacio de su cabeza, llena de ideas manipuladoras, ejecutora de leyes crueles y métodos arrebatadores del hábito de pensar por uno mismo.

Hay demasiado escrito y encerrado, en la biblioteca vaticana para seguir manteniendo a la humanidad en una ignorancia total.

Ábranse al mundo las puertas del conocimiento apolillado y dejen salir la sabiduría ancestral, más la mentira, humedecida por el miedo a la verdad que hará libre al ser humano. Ignorante de verdaderas historias sagradas y del maniqueísmo político-religioso, guardado en las catacumbas y rodeadas de misterio.

MARÍA MAGDALENA - PROSTITUTA

De no ser una de las muchas historias inventadas, sólo Dios sabe, si lo fue realmente o fue una mujer especialmente culta y de gran visión, a la vez que extraordinaria e inteligente discípula. Que adelantada a su tiempo, se relacionaba cívica y amistosamente con hombres, en medio de aquella prole de lengua viperina y machista. De la que todavía hoy sigue habiendo para difamarla y a muchas otras como ella. Como suele ser costumbre en sociedades incultas, mal pensadas, cuando una mujer se relaciona buenamente entre hombres. Que de haber sido prostituta, debieron agradecerle por haberlo sido, pues era gracias a las prostitutas, que sus madres, hermanas, esposas, hijas y nietas, podían salir a la calle a comprar el pan a diario. Aunque fuera con un manto sobre sus cabezas y falda hasta los pies, sin miedo a que de entre las negras sombras, saliera algún villano para sobarlas con miradas de cerdo deshonesto, que explora bajo su manto el sexo femenino.

Mujer, sabido es, que los hombres son así. Primero te pervierten, después extienden la prostitución para reclamar tus servicios y, tiempo después, difamarte, llamándote prostituta o puta. Ellos te malean, te convierten en su fulana para un día maldecirte y colgarte el letrero a ti, llamando a tus descendentes hijas de puta, nunca hijos de puto. Porque no se autodefinen de mala reputación que, obviamente, lo son más, ni se hacen llamar *hombres de mala vida,* cómo lo dicen de la tuya. La que ellos te dan, mientras buscas vivir de la manera que puedes, ya que son los primeros en obtener trabajo. Ni tienen problemas económicos como los tienes tú y reciben mejores sueldos. Y ni siquiera, crían como tú, a los hijos que van dejando abandonados por no se sabe donde, con cada una de vosotras. Y muchos, se aprovechan de vuestra situación y os utilizan en burdeles o negocian con trata de blancas para vivir de vosotras. El más repugnante y dañino de los animales es esta clase de bestia. Y la vida de muchas está en sus sucias y malditas manos. Y no hay hijo de ningún buen Dios que pare esto.

Entre las cloacas de esta sociedad, vive en la oscuridad mucho descerebrado sexual y no hay despliegue policial capaz de acabar con ellos. Ni parece haber suficiente interés por parte de las autoridades, ya que algunos de sus miembros, también forman parte del mismo oscurantismo sexual.

Todo se debe a que la mayoría de países están gobernados por grandes incompetentes. En cuanto que, los más preparados y mejor podrían valer como honestos líderes políticos, permanecen en estado de letargo agarrados al mundo virtual. Exponiendo a través de redes sociales su consternación por los graves problemas del mundo, mientras grandes monstruos se van posicionando como fichas de ajedrez para actuar callando. Aquellos que, a galope de cualquier caballo apocalíptico y ruido estrepitante, han de despertarlos a toque de mahometano a la mal llamada guerra `*santa*´ en nombre de su Alá para convertir Europa al Islán. Sin percatarse de que los europeos estamos cada vez más de vuelta de tanta mentira religiosa y tanta guerra ``santa´´.

María Magdalena: aquí queda limpio tu buen nombre, manchado por la mala fe de los hombres, con los que te tocó vivir y sobre ti escribir. Creo que fuiste una grandísima e inteligente mujer, injustamente considerada en aquellos tiempos de ceguera, cuando la mayoría, ni sabía diferenciar lo bueno de lo malo. Como el ignorante, cuando no sabe apreciar un buen vino del malo, por no tener buen gusto ni saber valorarlo, ya que, para aquella sociedad inculta todo era mal comprendido y pecaminoso. Acostumbrados a vivir entre borregos, sin la menor noción y apreciación de quien eras realmente. Que celosos de tu amor a Jesús y del suyo hacia ti, te quitaron poder, llamándote prostituta, que es un modo muy machista de hundir a cualquier mujer cuando se ven rechazados por ella.

Todavía hoy, apenas te nombran en la iglesia, aunque ya te da lo mismo, pues ya te encuentras al lado del verdadero Señor de los señores y los demás te importan un bledo. Y a pesar de la lejanía en el tiempo, todavía te siguen recordando como mujer de mala vida, aquellos que se las dan de puristas y, aun así, os siguen utilizando para matar flacas pasiones.

Y en lo que a sermones sobre mujeres se refiere, a ti te toca el desprecio siguiente:

``Estando Jesús con sus amigos, entró una mujer de Magdala que empezó a limpiarle los pies con perfume y a secarlos con su larga melena. A lo que estos le dijeron: ¿Jesús, cómo es que la recibes, no ves que es una prostituta?... ¿Cómo es que dejas que te toque y bese los pies, si es una pecadora?...´´

Como ves, ellos que son tan prostitutos como la que más, son los que más señalan, sin considerar que son aún más malvados. Es mayor pecador, aquél que acusa por desprecio y odio al otro. En este caso, así son la mayoría, cuando señalan a la mujer y se quedan sin reconocer que es gracias a ellos que ese mísero oficio existe todavía. Ni siquiera son conscientes de que si distribuyeron mejor la igualdad y el derecho al trabajo con un sueldo digno, no andaríais arrastradas por míseros lugares del pecado masculino.

Es gracias a las prostitutas que las demás podemos salir a la calle, al estar las fieras saciadas por profesionales como vosotras, teniendo en cuenta que, el mayor y bestial de los problemas de esta sociedad, está en la cabeza de los hombres, por no decir entre sus piernas.

Jesús, que era un verdadero Señor, por eso te enamoraste de Él... ¿y qué mujer no?, te comprendía mejor que nadie y fue tu gran amigo, al sentir que eras buena y le amabas. Pero no te miraban del mismo modo aquellos celosos hombres, que te difamaron para despreciarte y separarte del entorno de Jesús. Desterrándote al olvido en vez de proclamarte con ahínco, como la primera y más afortunada cristiana que conoció y siguió verdaderamente a Jesús, después de María, su madre. Y cuando lo viste en persona, comprendiste de inmediato, lo que era verdaderamente el amor.

María Magdalena: hace siglos que estarás en el cielo, pero todavía hoy, los sacerdotes que dicen seguir a Jesús, te ignoran poniéndote más de lado que a cualquier de sus santos, considerándote en los sermones prostituta arrepentida.

¿Qué sabrán ellos de prostitutas arrepentidas, a pesar de que muchos sigan haciendo uso de vuestros servicios, yendo en vuestra búsqueda por sentir la misma necesidad que cualquier animal macho, sin consciencia de sus actos?...

A la mujer que le gusta el sexo igual que a ellos, la suelen mirar con desconfianza, pues no les cabe en la cabeza que a una mujer también le pueda gustar. La critican por viciosa, después de haber ido detrás, aullando como malditos perros de ojos degollados por el vicio.

—Esto va por todas aquellas mujeres, que a duras penas se dedican a la prostitución, que aunque no tengan un trabajo envidiable, hacen, sin pretenderlo, una gran labor que sirve como defensa para las demás. Y es gracias a ellas, que podemos andar por las calles un poco más tranquilas, mientras sigan en esta profesión aplacando a incontrolables viciosos.

Pena es, que haya tanto chulo, que las utiliza como mercancía en el tráfico sexual para vivir a costa de su cuerpo. Y es que, esta clase de carroñeros, las busca en donde quiera que estén para engañarlas, haciendo que sean aún más desgraciadas, usurpando su dignidad de manera bestial.

¡Maldito sea todo aquél, que vive de vuestra desgracia y se sirve de vuestra esclavitud sexual! Los que a menudo con burla y repugnancia os llaman irónicamente, mujeres de vida fácil. Lo que no saben estos desgraciados es que, vuestro oficio, es de los más duros y detestables. Hacéis de escupideras, donde necios miserables depositan sus fluidos y miserias de todo tipo.

Despiértense las conciencias por todo el mundo y exíjase a los gobiernos, ejecutar leyes proteccionistas más justas con vuestra situación que, por su ingratitud, os las niegan desde tiempos remotos.

Que encarcelen a todo chulo indecente que se haya adueñado de vuestra libertad, como si fuerais producto barato y a muy pocos gobiernos les importarais. Con lo cual, indican que esta sociedad machista no ha cambiado nada, en lo que respeta a esta realidad milenaria. Y son cada vez más, aquellos que os raptan con engaños para vivir a sus anchas, como indecentes cerdos en la piara de su asquerosa mente, cada vez más enferma de vicio y alcohol. Y como a perro despreciado todo son miserias; caen también sobre él, las drogas, para hacerlo aún más diabólico.

¿Y cómo saber, si los que os utilizan para hacerles favores, no son, a su vez, los mismos que se manifiestan contra el aborto, o los que os niegan vuestros derechos y maldicen vuestro trabajo miserable, sin dejar de seguiros el rastro a pesar de considerarlo deshonesto?...Tal vez, su mente, no dé para más. Piensan y actúan con extinto salvaje, dominados por el vicio que os esclaviza, sin que hagan reparo. Excepto al salir de los burdeles, cuando retoman la aparente compostura de políticamente correctos y escrupulosos.

Y aunque se harten de decir, que es el oficio más antiguo del mundo, se excusan en reconocer, que a muy pocas os agrada y quisierais dejar de ser servidoras de bestias. Que mientras no dejen de existir los inescrupulosos, tampoco desaparecerán los puticlubs, donde más del noventa por ciento de jóvenes, están secuestradas por el miedo y las drogas, en manos de monstruos satánicos. Y es que no tienen otro calificativo, ni se los debería considerar hombres, ni tan siquiera animal por respeto a la naturaleza.

Esclavizadas por creadores de esclavitud sexual, amantes de proxenetismo, ambos males todavía sin erradicar, que a pesar de ser muy indigno, se benefician como carroñeros de cuerpos vivos. Y contra los que ninguna ley hace gran cosa para erradicar a esta clase de monstruos, que llevan todo su poder entre las piernas y no tanto en su cabeza, como deberían.

Mientras no surjan grandes personas de bien, con voluntad de hierro para prohibir toda clase de esclavitud, seguirán existiendo este tipo de insensatos sin escrúpulos.

Las que sois madre, no hay trabajo que se os resista. Por eso, muchas, llegáis desde lejanos países para ganaros la vida cómo sea y alimentar a vuestros hijos. En ocasiones, también abandonados, sin padre, fruto de una despiadada relación, que vaya Dios a saber con qué elementos anduvisteis. Con aquellos que se sirvieron de vosotras como consoladoras de sus vicios, en la trastienda de un mercado sexual, en vez de ayudaros a salir de ese ambiente. ¡Qué malvados, son estos personajes!

Gran cruz, la vuestra, a ellos servís y de los mismos, maltrato y desprecio recibís. Sois sus esclavas malditas. Y de las mujeres, unos verdaderos ángeles de salvación, que nos salváis de ser asaltadas a diario. Sois dignas de nuestra consideración y, a la mayoría, nos apena vuestro medio de sobrevivencia.

A todo el cerdo le llegará la hora de ser sacrificado, hasta desaparecer. Esta clase de personajes no tienen humanidad y, un día, la factura de tanto mal cometido, pasará por el infierno de su conciencia adormecida. No os preocupéis, tarde o temprano, han de tener su merecido. Aquello que dieron, también recibirán, cuando descubran un día que sus hijas también se dedican al mismo oficio, por no tener donde ganarse un módico sueldo. Entonces, les dolerá bien, se les cortará la libido y dirán: ¡mi propia hija, nooo!, si es que antes no les da un síncope o se suicidan, por no soportar la voz de su atormentada conciencia.

— Esto va por aquellas mujeres, a las que no les queda otra salida que subsistir de la prostitución y que nos dan inmensa pena, pues sufren un infierno, pobrecitas... ¿Y cuán despiadado es el hombre con ellas?... Que ni los más bondadosos se arman de valor para ayudarlas a salir de su asqueroso modo de vivir, que de seguro también se soban en sus cuerpos de vez en cuando. No les interesa que este mercado se acabe, por eso hay miles de niñas que se prostituyen para poder comer, ya que el hombre se presta más a ésta indigna realidad y a la guerra que a luchar contra el hambre.

¿Y cuánto sufrirán los padres, al saber la clase de vida que llevan sus hijas?...

Se necesitan gobernantes, capaces de luchar por los derechos de estas pobres mujeres y ayudar a legalizar y controlar su situación, para que no sean objeto de esclavitud y otros males.

Que se pongan en acción antes de que transcurra más el tiempo, que se ha alargado demasiado.

Que tomen ejemplo otros muchos y empiecen ya, que los esperan desde hace milenios para mejorar su vida. Si quieren que sus mujeres e hijas anden protegidas por las calles, gracias a otras que se dedican a este despreciable oficio. Sí, porque en cuanto el hombre no estuviere debidamente educado, ni hubiere leyes durísimas que lo amedranten, nada cambiará. Seguirán siendo muy necesarias las prostitutas y, aun así, hay demasiadas violaciones a mujeres y niñas por todas partes, que denigra la condición del hombre como tal. Y aniquila la resistencia humana de sus víctimas, humilladas de por vida, psíquicamente muertas o anuladas.

Esta guerra contra la mujer no desaparecerá, mientras la bestia humana no cambiar o desaparecer, aniquilada por buenos y honrados hombres. Y mientras las religiones sigan de incendiarias contra ella, en vez de contra él.

MARÍA - LA VIRGEN

Virgen, esclava y sumisa. Virtudes preferentes muy del agrado de los escritores bíblicos y predicadores religiosos de ayer y de hoy. Siempre ansiosos de un ideal de mujer cándida para tomarla por esposa obediente, ignorante y, a poder ser, sin experiencia sexual, no vaya a repudiar su desafortunado miembro viril. Que váyase a saber, que fracasada utilidad pueda tener con ella, si lo compara con el de otros de mayor vigor que la satisfaga intensamente más. Que de no ser así, para ella no será gozo, sino un indeseable martirio del cual tratará de huir, arrastrando duras penas, perseguida por la trama de una absurda religión que la apedreará por adulterio.

Empeñados en modelarla a su gusto como a inconsciente muñeca, que para eso la pretenden bien niña, con cara de ángel, de naturaleza inocente, apariencia benévola, poco mundana, sin gran experiencia de vida y nada altanera. Dispuesta a satisfacerles sumisamente en todo, igual que animal domesticado, obedeciendo como ellos gustan y mandan, no vaya a protestar contra los animalescos vicios de su borrego amo.

Fácilmente vulnerable tras consejos de confesión y, por ende, más manipulable que su incrédulo marido, que rara vez acude a confesarse por falta de cargo de conciencia. Para eso, ya está ella, que confiesa para desahogarse de las miserias de un maltratador esposo. A quien, igual que al cerdo cuando se le echan perlas; va y las come como a bellotas, sin valorar lo que tiene delante. Que a pesar de la belleza y delicada sexualidad femenina, en poco o nada, aprecia el estilo de mujer remilgada, ni su exquisita naturaleza, si no es para chulear que la ha estrenado él y le pertenece. Ni siquiera por la rara pureza, es capaz de detenerse a considerarla como a dichas perlas. Y de la que pronto se cansará, por su ignorante valoración de la misteriosa condición femenina, que con indiferencia salvaje tanto maltrata. Después de haberse dado el gusto de desvirgarla y ya no valiera después como antes, o fuera de menor interés. Porque los hay, que desprecian con toda su alma la apariencia de ángel virtuosa que la caracteriza, que sin intención por su parte, los enfurece y excita, haciéndoles sentirse rabiosamente inferiores, ya que la mayoría lo es.

De ahí la imperiosa necesidad de utilizar su fuerza física para dominación con violencia, por frustración de sí mismos. Y también, por odiarla con toda su alma y equivocadamente querer demostrar, que él es más fuerte. El macho dominante, que la obliga a hacer exclusivamente lo que él quiere y a estar a su disposición, sin protestar, a pesar de todo.

La violencia demuestra fuerza animal, bestial, que amedranta y somete. En cambio, la sensibilidad, demuestra amor y delicadeza para libertar, no para amarrar, no para maltratar. He aquí, la diferencia abismal de unas personas a otras. La sensibilidad y el amor van unidos, son virtudes que dignifican, ennoblecen a cada persona que las practica. La humanizan y la alejan de toda acción necia, hasta enriquecer relaciones, afianzando socialmente un delicado comportamiento a todos los niveles, con todos los seres.

Es de suponer, que María, debió ser muy singular, buena, pura, inocente y limpia de pensamiento. De lo contrario, no hubiera creído al ángel que la visitó y la embriagó de amor divino, implantando en su vientre al hijo del Creador. Capaz de constituir un cuerpo sin la genética humanoide de cualquiera. ¡Si es que aconteció cómo dicen!

Nadie estuvo presente para afirmarlo, pero con los conocimientos y los avances de la ciencia, hoy, se puede comprender mejor este acontecimiento, gracias al método ``In Vitro´´ que hasta hace bien poco, era inconcebible el milagro de la fecundación sin la participación directa y activa de un barón.

¿Será la ciencia con sus avances y teorías, la que un día acercará la comprensión del hombre al milagroso método del Creador?...

Por su condición de Ser, nada mundana y pura de pensamiento, la habrá elegido Dios, dándole inmensa fuerza para llevar a cabo su divino y duro plan hasta el fin. La `pobrecita´ fue elegida a propósito. No se imaginaba el sufrimiento que como madre iba a padecer, porque si no, lo más probable es que dijera: ¡no mi Dios!, ¡yo no quiero tanto sufrimiento para mi Jesús!, ¡cambia de planes si quieres contar conmigo!

Para una madre, no hay cielo, ni Dios alguno que valga, frente a tal escarnio contra un hijo. Y María, a pesar de su inocente pureza, seguro que tonta e insensible no era, ni iba a sentir menos que cualquier otra.

Pero aun así, no se libró de ser víctima del hombre. No sólo su hijo lo fue, sino también Ella, que como madre, tuvo que sufrir lo insufrible y haber llorado lágrimas de sangre, por tanto desprecio y dolor. Que igual que a muchas madres, no se les dice toda la verdad sobre el destino que van a correr sus hijos, víctimas de la más cruel maldad. Mejor es no saberlo anticipadamente, para no alargar todavía más el sufrimiento. Como en el caso de muchas, con hijos injustamente encarcelados, inocentes algunos, viviendo en cárceles masificadas de hombres desalmados. Donde en muchas de ellas se violan entre sí, se drogan unos a otros, se matan, o son condenados despiadadamente a muerte y sin un juicio justo.

¿Para qué, ser madre?... ¿Para vivir un sin vivir, sufriendo por la pena de un hijo, desdichado toda su vida por una larga condena?... Mientras ella, va sintiendo que de algún modo también está encarcelada, encerrada cada vez más en un dolor interminable, para después sentir que se muere con él y deja de vivir.

Al crucificar a un hijo, crucifican interiormente a la madre. Y se supone, que María padeció duramente su crucifixión, sumergida en un intenso e injusto dolor.

Me niego a aceptar los conceptos de esclava o de sumisa, aplicados a María, como ejemplo a tomar, por el pretencioso autor de las escrituras. Que debió haber dicho llana y simplemente, sin más historias, que Ella aceptó el plan divino de buena voluntad y corazón limpio que, precisamente, por no ser mundana, era más pura de pensamiento y creyó sin más.

De no haber sido así, inmaculada, sin negativas experiencias, aquella joven se hubiera asustado, pensando que aquel ángel, o bien era un intruso o bien un producto de sus fantasías. O porque no, una alucinación de su mente, como acostumbran a decir los escépticos, cuando no alcanzan a comprender lo sobrenatural. Pero no fue este, el caso de María, cuya inocencia jugó a su favor, gracias a que cayó en manos del Señor.

Lamentablemente, no siempre es así, cuando la inocente ignorancia, por ser ciega, cree en quien no debe, cayendo casi siempre en cualquier trampa. Todo ser, nace vulnerable e ignorante, condición favorable para caer a temprana edad en cualquier tipo de engaño, como es habitual cuando se es joven.

Después de todo, prefirieron definir un estilo de mujer bíblica a su gusto. Como si un determinado concepto de mujer virtuosa les fuera de mayor utilidad, haciendo ver que la sumisión y la virginidad, la hacen más digna. Pero no para aplicarse a ellos el mismo cuento, cuando la mayoría, no se sienten dignos de ser castos o sumisos. En su cabeza, estas virtudes, son exclusividad de mujeres, ya que en la historia llamada por ellos de sagrada, no se habla de sumisos, ni de ejemplares castos barones y menos de esclavos de sus esposas.

Hay, sin embargo, algunas sectas religiosas, cuyos miembros son aún más machistas, al atreverse a negar el poder de María como auxiliadora de la humanidad. Les cuesta creer, que el buen Dios, pueda confiar en la mujer que prestó su vientre y lo amamantó como cualquier madre; muy al contrario de lo que hacen ellos, que poco se dignan en considerar con respeto a la suya.

La necesitó para hacer acto de presencia física en la tierra, bajo la condición de hijo, acercándose a nuestro humilde y miserable modo de ser, como prueba de amor. Para que tomáramos consciencia de lo que verdaderamente sentía por la humanidad, gracias a esta gran mujer que creyó y aceptó sin prejuicios preconcebidos.

Es muy posible, que Dios, anduviera desde hace mucho buscando a alguna fina doncella, que se prestara para hacer de madre en la tierra. Hasta que la encontró crecida, lo suficiente fuerte y madura, capaz de conservar con dignidad un gran secreto, sin envanecerse, ni derrumbarse, ante tanto hombre incívico y malvado. No le habrá sido fácil encontrar el momento, dado tanta maldad como había. Fue muy fuerte y valiente, María, al arriesgarse en tiempos duros como aquellos.

El machismo y arrogancia de algunos, es tan grande, que se ofuscan en no aceptar, que Dios pudiera haber tomado cuerpo físico, nacido de mujer y tener madre. No se entiende su creencia a medias, si no creen en todo su poder. O se cree que es Todo Poderoso, o no se cree que lo sea en nada. Aunque puede que tenga también sus limitaciones físicas para aparecer ante la humanidad que, cuando lo hizo, no le tuvo que resultar nada agradable. Menudo desgaste y, por muy Dios que fuera, también habrá sentido fuertemente el dolor en su cuerpo de carne y hueso, que seguro nunca lo había experimentado. No creo que vuelva aparecer en las mismas condiciones para recibir escarnio. Desde aquí, mí ¡nooo! a que lo vuelva a hacer de aquél modo. Esperemos que en su glorioso cosmos, anden más avanzados en tecnología, para volver majestuoso en una nave y puedan creer y tener fe, incrédulos científicos. Aunque, para que lo viéramos de nuevo, necesitaría tomar el cuerpo físico e inconfundible que, según cuentan, se llevó consigo. Claro que, algunos, ya andan por ahí camuflados en pesadas vestiduras, para poder tomar tierra, que váyase a saber...

Si en el nuevo testamento, viene escrito sobre lo que Jesús afirmó, de que su reino no era de este mundo, ¿en quién siguen creyendo verdaderamente algunas ramas religiosas, sí desacreditan el poder que le otorgó desde allá a su madre, como Auxiliadora de la humanidad?... Pero si lo hace, hasta el más bondadoso de los mortales hijo de un monarca, cuando concede a la suya, autoridad en algunas gestiones del gobierno de su reino, para que participe dándose a los demás buenamente... ¿Por qué no se lo habría de conceder Jesús a la suya?... ¿O por qué no pudo haber tenido madre, como todo ser viviente, si tomó cuerpo en su vientre, nació y mamó de sus pechos?... A ver si va a resultar que, así como los seres más indeseables de la tierra la tienen, Él por ser quien es, no va a poder tenerla aunque le dé la gana.

¿Él, que es quien transmite el amor materno... no va a poder vivir esa experiencia como hijo, si quiere ?...

La cuestión, es contradecir en teorías, para diferenciar una religión de las demás y poder crear una nueva secta, con distintas opiniones para más confusión.

Lo importante no son las opiniones o el modo cómo cada uno piensa, cuyas ideas suelen dar origen a múltiples controversias que acaban en enfrentamientos, sino el mensaje principal. Y mirar con lupa, hacia dónde y a qué diana lleva intensiones de alcanzar cada flecha discordante; si al caos y a la perdición, o al meollo de la paz y al amor fraterno. Componentes que van siempre unidos y que alguien dejó como decreto para que obtuviéramos paz.

Son muchos, los que no soportan, que en los designios de Dios participe también la mujer y, con ello, demuestran lo nada que quieren a su madre, a su hija y demás. No sólo niegan esta dote apremiante, que Él, ya entonces, le concedió en su primer contacto con el ángel, sino también la grandeza divina de concederle intermediar por los hombres y mujeres. Que desde que aceptó el divino plan, María, ya estaba de algún modo colaborando en la toma de concienciación universal, como intermediadora.

Y si no fue como dicen, entonces el mundo anda muy engañado por todas las religiones, expendedoras de cuentos absurdos que, en tal caso, deberían de ser perseguidas y condenadas al más brutal método de su inquisidora ley.

Pero siguiendo la directriz del catolicismo, me digno a continuar bajo mi humilde raciocinio.

María, no sólo tuvo el designio de ser madre, como también el de auxiliadora, entre muchas grandes dotes más. Estaba destinada a ser lo que es. La necesitaba Dios como intermediadora entre sus ángeles.

Es muy posible que, por la mediación de María, muchos desalmados se salven, gracias a que aceptó de modo incondicional arriesgarse hasta llegar a ser lo que es hoy, poderosa Auxiliadora. Que sin planearlo, ni esperarlo, pasó a formar parte de ese amor de salvación que tomó apariencia física, convirtiéndose en sufridora universal por amor a Jesús, a quien ama intensamente más. Y como madre que es, sufre igualmente en sus entrañas el dolor de ese Hijo y su compasivo amor por la humanidad.

Sí, porque todo ser humano, por muy indeleble y malvado que sea, puede que aún tenga sin encender en su interior, la verdadera chispa de luz espiritual bondadosa, dado que todo lo que fue creado, se dio bajo esa misma luz y criterio.

Por todo ello, María, forma parte de un mismo plan de salvación. Ella es la encargada de atraer a todos los seres, dada su incondicional entrega y dedicación. Y para ello, precisamente, pide a los hombres que recen el rosario, se apacigüen para la paz y aborrezcan la guerra. La oración amansa la fiera interior de cada orador, le apacigua el corazón, da paz y les ayuda a ver. Por eso, les pide tanto que recen, que serenen el orgullo y las pasiones. Y sólo así, atraerán la paz y la concordia entre ellos.

No es la Virgen, quien traerá la paz, sino los hombres, que al orar se vuelven humildes de corazón. Son ellos, quienes a menudo deben rezar el rosario, depositando fe y sacando el odio. Pero sin hacerlo como un favor a la Virgen, que aunque lo pida insistentemente, lo deben hacer por sí mismos y por los demás. Amansando el ego y dejando paso al sosiego, como amago de un abrazo de paz mundial que tendrá que llegar un día. No puede ser que nunca aprendan y sigan eternamente en sus trece haciendo maldad. ¿Acaso necesitan del transcurrir de milenios para darse cuenta que el mal no interesa?... El odio y la pobreza, afectan de algún modo a toda la sociedad. No interesan, perjudican.

La Virgen no necesita de oraciones, es el hombre quien necesita tranquilizarse. De ahí que le dé por rezar cuando se siente solo y agobiado, sin apenas ser consciente de cuanto lo calma. Ni siquiera se apercibe, de que es un buen método para bajar el soberbio ego que tantas guerras pone en marcha.

¿En este planeta, cuántas madres no habrán sofriendo a diario por los escarnios hechos a un hijo?... Es infrahumano el dolor de una madre. Si el hombre supiera mínimamente cómo es ese dolor, no se lo pensaría dos veces antes de masacrar despiadadamente a nadie, como seguro estará ocurriendo mientras leemos este libro. Pero no por ello, deseo restar protagonismo a la madre de Jesús. Ni al amor paterno, dado que no lo vivo, ni siento.

Los conceptos de esclava y sumisa, atribuidos a María, son impensables ser aceptados por la mujer de hoy, por seren entendidos como de mujer tonta, corta de inteligencia e ignorante. Muy aplicados dentro de las sectas religiosas, para humillar a sus vírgenes y se hagan esclavas y obedientes a las reglas de la comunidad. El voto de obediencia, se hace cómodo para los altos mandos militares y superiores religiosos a la hora de dar órdenes. El juramento de obediencia, encadena al súbdito y lo obliga a cometer cualquier barbarie, sin objetar.

Resultan tan ofensivos los conceptos de sumisión y el de obediencia que casi ya ni se pronuncian. Excepto alguna religión que, sin estar presente en aquel deslumbrante comunicado, a menudo les encanta poner de manifiesto la entrega de la Virgen, como si la hubieran oído decir:

`` ¡He aquí la esclava del señor, hágase en mi según tu palabra! ´´, y todas las demás tuviéramos que ser como ella: esclavas y sumisas a las ordenes de cualquiera. En cambio, no suelen atribuir los mismos conceptos al hombre. Y que se recuerde, en la biblia, no escribieron sobre el género masculino prostituto, adúltero o infiel, como se empeñaron en definir a algunas mujeres. Ni los insultan en público, como cuando para maldecirlas ofenden de paso a su madre, llamándolas ``hijas de puta´´, pero nunca ``hijas de puto padre´´ o ``hijos de fulano´´.

— (Aprovecho para hacer aquí un inciso, en memoria de la pequeña Valery de trece años, que se suicidó en el verano de 2017, harta de que su padre le llamara `puta´. Y no sabemos, cuantas más hay con este horrible cartel colgado, ni si la hija era como su putero padre, ni qué clase de demente era él. Forma parte de este mismo argumento que estaba escribiendo mientras se daba el fatal desenlace. Hay muchos como él y no se les debe llamar padres.)

Hasta Adán sale mejor parado que Eva, que carga con toda la culpa: desobediente y tentadora.

Excepto el pobre José, que pasó a la historia como insignificante y casto varón, cargado de flores de azucena en su regazo, por su bondad y honestidad con María. Y al que deberían glorificar con más merito, por haber sido precisamente padre adoptivo. Y concederle más importancia, a fin de congratularse con los que adoptan y se sacrifican por los hijos de otros.

María, lejos de estos efímeros conceptos, se regocijaría humildemente ante tal reconocimiento y consideración divina, que la envolvería en un amor jamás sentido, sin pedirle Dios nada a cambio y menos esposarla.

Estos conceptos machistas, nada más se encuentran arraigados en la mente del hombre, con propósitos de marcar territorio y poseer a la mujer como de su propiedad frente a los demás. Amigos de poseer a cualquiera y a niñas jóvenes sin madurar, ni desarrollar plenamente su cuerpo. Al tiempo que se jactan de no seren hombres de segundo plato con ninguna, que tal o que cual, es su mujer y que nadie la toque, mientras a escondidas van con la mujer de otro.

Dios no necesita de esposa y mucho menos de una esclava sumisa. Él, únicamente, necesitó de llenar a María con su divina gracia, colmándola de amor irresistible para invitarla a la realización de un gran compromiso. Y María, que no era tonta, se dejó llevar con inmenso gusto y humildad, ¿cómo no?...

Algunos, se atreven a hablar de Ella con mucho detalle, sin haberla conocido jamás, ni haber libros que narren sobre su vida personal. Pero aun así, se encargan de describirla a su manera en las homilías:

``Era virgen, humilde, sumisa, esclava y sencilla pero ignorante, aunque en aquellos tiempos era normal; no iban a la escuela...´´ —Oí cómo decía un atrevido sacerdote.

Cabría preguntarse, qué mujer de aquella época, tuvo la oportunidad de estudiar, como la tuvieron aquellos sacerdotes, que controlaban bajo su dominio y poder, la ignorancia y el pecado de los demás, mientras olvidaban el suyo propio, cometiendo atrocidades a tropel...

Precisamente, por eso, aceptaría María el mensaje, por ser ignorante y bien intencionada, limpia de pensamiento como lo es toda inteligencia natural, sin ideas preconcebidas. Antes de que la influenciara el comecocos sacerdotal de los Sanedrín, que se las daban de muy sabios, para no cosa muy buena.

Sin embargo, de libros escritos sobre la vida de María, están llenas las librerías cristianas, donde se lee sobre lo que pensaba entonces. Y una emisora de radio, donde transmiten lo que piensa en cada momento hoy.

Y aunque, algunos, hablen por Ella con la mejor de las intenciones, debería bañarse en el río con la mejor de ellas. Homilía de Año Nuevo:

``Habiéndose perdido Jesús, entró su madre muy preocupada al templo en su búsqueda y lo encontró hablando con los sacerdotes, contradiciéndoles sabiamente en todo cuanto decían..., María, que era ignorante, no sabiendo que decir, dijo: ¡hijo, nos tenías muy preocupados!... María, sin saber más que decir, se calló, pues no era inteligente como los sacerdotes y prelados del templo´´.

O sea: ¿María no era inteligente?... ¿Y esto lo dice un sacerdote del siglo veintiuno en su iglesia?... ¿Cómo lo podrá saber?... ¿Cómo puede saber que los sacerdotes y obispos de hace más de dos mil años, sí eran inteligentes?... ¿Por lo que habían estudiado?... ¿Y María que se supone no sabía ni leer, quiere decir que no lo era?... ¿O que lo era más, pero no le dieron la oportunidad de estudiar, como siempre pasó con la mujer?...

He aquí una vez más, el modo de predicar machista de los *sacerdotes de la iglesia de todos los siglos*, que se tienen por humildes e inteligentes sabios. Como los de aquel templo a quienes Jesús enseñaba, porque no entendían absolutamente nada de lo que se suponía debían saber, ni tenían la capacidad como María de conectar con Él. Hasta es muy posible, que Ella hubiera comprendido mejor el significado de tal enseñanza, a pesar de no haber estudiado. Además, ¿quién sabe si estudió o no, si apenas escribieron sobre su vida, dada la insignificancia de ser mujer en la incultura machista de entonces?...

Deberían saber que, la inteligencia, no se fundamenta en tener estudios, sino en tener sensibilidad, intuición, sentido común, percepción, visualización, equilibrio psíquico, y estar dotada de un etcétera más de dones, además de conocimientos y buen sentido de humor. Que ser sabio, significa saber mucho por haber estudiado y tener buena capacidad de memoria y, por tanto, más conocimiento. Carecer de estudios, es ser analfabeto, no tonto. Ser ignorante, es desconocer leyes y costumbres. Ser listo, es ser capaz o atrevido por instinto, no inteligente. Y aunque todo proceda del mismo hemisferio cerebral, si se poseen todas las facultades, se es superdotado. Excepto si, se es inconsciente que, en este caso, es ser corto de mullera.

De este modo, aquí queda limpio el buen nombre de María. La llena de gracia por el Espíritu Santo, considerada por su inteligente percepción y libre de preconceptos estúpidos. De ellos se valieron los muy amigos de textos bíblicos, para ejecutar a su conveniencia el servilismo y la sumisión. Los que no les agrada que la mujer desarrolle su inteligencia, no vayan a quedar por debajo y perder su poderío, ya que maduran antes. Y son más conscientes, de mayor intuición y muy brujas, siempre en alerta como inteligentes suricatos con las antenas puestas, demasiado avispadas y persistentes.

Por lo que, valiéndose de aquella anunciada frase de...``He aquí la esclava del Señor, hágase en mí según tu palabra´´, se les ocurrió pensar, que Dios era masculino como ellos, a su imagen y semejanza en contra de la mujer. Claro que, por ignorancia y gracias a su brutal fuerza física, fueron sometiendo a generaciones femeninas enteras, con la pretensión de alzarse como señor y obtener cada vez más poder sobre ellas. A las que doblegarían con la misma frase de orden y mando hacia la sumisión y esclavitud, para acomodarse y ser servidos gratuitamente como osados dioses. Y en algunos tribunales, no juzgan igual a la mujer por adulterio que al hombre. ¿Por qué?...Y hasta permiten que les peguen a sus mujeres por irse con otro, cuando ellos hacen lo mismo a diario en su harén y fuera de este.

Sería conveniente que, al tiempo que predican desde los pulpitos sobre el gran amor que Dios ofreció a María, del mismo modo, inculcasen a los hombres a imitarlo. A hacer lo mismo con sus mujeres: a no maltratarlas, a respetarlas más, a compartir derechos mutuamente y hacerles ver lo cuanto se necesitan uno al otro.

Y desde sus colegios, enseñar a los niños lo que es ser verdaderamente humano. Y cómo desnudarse de su piel de lobos que durante largo tiempo conservan, mientras se van haciendo hombres de fe.

A pesar de que en esos centros, separados de las féminas, aprenden religión y bonitas plegarias que con ficticia humildad elevan al Altísimo, para posteriormente elevar sobre ellas el súper ego de la desigualdad y el machismo.

TERESA DE ÁVILA

Una de entre muchas e inteligentes santas, en cuyos libros de biografía, narran sobre algunas de ellas, quemadas en la hoguera por la inquisición. Y de muchas otras, como santa Teresa, que corrieron mejor suerte en su contradictoria forma de pensar y hacer, frente al dominante dueño de todo cuanto dice y desdice; el dios hombre que todo lo gobierna desde la cúpula sacerdotal. Y de quien los libros de historia hablan, sobre autores de tan macabras sentencias del tribunal eclesiástico de aquella época.

Incomprendida, ninguneada su inteligencia y buen hacer, por los llamados príncipes del ministerio de la iglesia. Aquéllos que decían representar a Jesús, sólo ponían zancadillas a los planes de la santa de Ávila. Una mujer más, de las muchas que pasaron bajo la orden y mando de los eruditos de la santa madre iglesia católica, que por ser mujer, no tomaban sus ruegos muy en consideración. Que a pesar de su gran inteligencia y santidad, tuvo que valerse de su carácter y personalidad, para pelear con los zancadilleros religiosos de su tiempo y llevar a cabo su buen hacer, en contra de las opiniones de los llamados padres espirituales de su tiempo.

Y cuantas historias más habrá, sobre extraordinarias e inteligentes mujeres, encerradas en conventos, bajo el engaño e injusto dominio de poder de la religión que profesan. Que les impide pensar y actuar, gracias al miedo amenazante del castigo divino y las duras disciplinas que martirizan a muchas novicias. Obligadas a callar, mientras van renovando votos, impuestos por un sistema dictatorial Medievo, al que se sienten amarradas por temor a su dios, que igual que cualquier hombre las puede castigar por salirse y no les queda otra.

En los conventos, son sometidas a continuos métodos de humillación hasta que pierden su autoestima. Mermada por una rígida disciplina para poder ser manipuladas hasta la sumisión, el silencio y la obediencia a sus fanáticas superioras. También víctimas del mismo sistema, a las que después se las ve con caras tristes y amargado carácter, aunque a menudo intenten sonreír para estar un poco alegres.

En memoria y gloria de santa Teresa, de las demás santas y menos santas que, por tener gran inteligencia, fueran arrojadas a la hoguera. Víctimas del pecado de soberbia de aquellos satánicos inquisidores. Sepan que, Dios, consideró buenas sus obras y reconoció su merito. Muy al contrario del endiosado hombre, que dice representar al que ellas amaran y sirvieran santamente, posiblemente más que ellos.

Hay biografías donde narran la vida de muchas religiosas, que también sufrieron dura violencia de género a manos de sus jefes inquisidores. Encerradas bajo férreos portalones con doble puerta provista de rejilla, por si acaso, no fuera los curiosos mirones, captar la tétrica tristeza de sus esclavas, enclaustradas a la espera del supuesto esposo prometido. Y quien sabe, cuantas más no habrán sido violadas y amordazadas de por vida entre claustros, bajo el obligado voto de silencio impuesto a conveniencia. Cosa que da que desconfiar, puesto que, muchos son los que callan bajo el secreto de confesión de pederastas y violadores, que forman parte del horrendo esclavismo que reina dentro de sagrados muros donde se pervierten.

Jesús no se esposa con nadie, desengáñense de esta infame mentira, inventada por el hombre para justificarse tener él un harén de mujeres encerradas a su disposición.

Poco o nada sermonean, ni siquiera por humanidad, se les ve reclamar una justicia aplacante para este tipo de salvajismo clerical, pues todo queda en intramuros. Y para ellos, la única mujer que existe es la Virgen que sumisamente calla, como tanto les gusta a ellos que sea toda mujer.

La obsesión de las religiones por el puritanismo ejemplar, hace que muchos de sus miembros sean aberrantes, enfermizos mentales, ofuscados y muy obcecados en la búsqueda de la perfección, que los incapacita de vivir con naturalidad el día a día y alcanzar la felicidad que tanto anhelan. Deseosos de vírgenes puras, con ollares de lobo y cerebro anquilosado, que los llevará a la condena y al difícil camino de una santidad inexistente en medio de un silencioso infierno.

Hay mucho pseudoreligioso, cometiendo gran mal en nombre de su dios diablo, cuyas víctimas, son en su mayoría, mujeres, niñas y niños. Y no hay hombre que quiera contrariarlo, ni siquiera sus muchos hijos bestia, que campan por ahí a sus anchas, sin la justicia tras sus pies, porque ni los suyos se molestan en perseguirlos.

—*Si hubiere algún religioso sensato en este mundo de Dios, que lo quiera denunciar... que lo haga cuanto antes, pues anualmente caen montones de víctimas inocentes por maltratos y guerras.*

Y sobre las mujeres religiosas enclaustradas, ocultas bajo su yugo, también, ya que nada se sabe sobre la injusticia que cometen contra ellas bajo sus muros de silencio. Muchas de ellas, son traídas inocentemente de países africanos para llenar conventos, ya que, a las jóvenes europeas, no se les despierta vocación religiosa alguna.

La guerra, el hambre, la miseria y la ignorancia, siempre favorecieron a la proliferación de vocaciones y al ingreso de jóvenes en los conventos. A cambio de cobijo y alimento, que siempre es mejor que acabar en redes de prostitución.

Las sectas, se lucran de la inocencia de muchas doncellas, aturdiéndolas con la promesa de un bien estar celestial, hasta que se alistan. Y a las novicias, les prometen ser esposas de Jesús que, como ellos, es muy amigo de harenes. ¡Qué sacrilegio a Jesús!

O bien prometen a sus barones, un harén de jóvenes vírgenes en el futuro cielo. Y que después, acaban inmolándose en desespero, por la tardanza del tan deseado premio, antes de que pierdan aquí su virginidad a punto de descapullar de ansiedad.

Y una vez, dentro de la secta, viven con total privación de acceso a los medios de comunicación para no ser influenciados. No vayan a abrir los ojos a la consciencia y enterarse de los delitos sexuales de sus embaucadores sectarios o ver el triste espectáculo que dan por ahí.

Este tipo de comunidades, suelen tener a sus novicias privadas de todo confort y con mínimas provisiones por no gastar, haciéndoles ver que el silencio y la austeridad, las elevarán en santidad hasta el señor.

La dura abstinencia, debilita y enferma física y mentalmente. Y no eleva el espíritu a nadie ni lleva a ninguna dimensión celestial, por muy santo que se sea, sino a la anulación de la personalidad.

Desde aquí, una llamada de socorro y atención a la abundancia de locos iluminados o *religiosos,* que hay por cualquier círculo juvenil captando a adeptos.

—*Esto va para que lo sepan los jóvenes y no se dejen engañar por las sectas, ni por ningún régimen militar, ni traficante de armas, o drogas:*

Nuestro cuerpo es un regalo de Dios que lo bendijo con variedad de vitaminas y minerales, etc., para constituirlo sano y bondadoso. Por tanto, debemos cuidarlo, sin abandonarlo a la dura vida monástica, ni a ninguna secta o persona alguna, y menos a la droga o al vicio.

Dios no necesita que le demostremos amor. Sabe muy bien, todo lo que sentimos en cada momento y hasta donde somos capaces de amar y darnos por los demás.

No hay que demonstrar nada a nadie, la espiritualidad forma parte de cada individuo y cada cual ya tiene la suya, sin necesidad de abandonar a la familia por una comunidad religiosa. Mejor dedicarnos en la medida de lo posible a nuestros seres queridos y a los demás cuando nos necesitan. Con ellos practicaremos la autentica religiosidad, creciendo espiritualmente a su lado, sin encerrarnos entre muros estudiando inverosímiles historias y alejados de la realidad. Y en cuanto al cielo se refiere, nadie sabe nada y es irreal aquí, por lo tanto, asentemos pies en tierra y esperemos a vivirlo un día. Y aunque pueda ser tan real como lo que estamos viviendo, se encuentra muy distante por ahora.

Que los gobiernos declaren ilícito adueñarse de la vida de los jóvenes, porque para amar a Dios no es necesario encerrarlos en ninguna secta o convento. Si tenemos en cuenta que, la filosofía de su Divina ley, está basada en el principio de `libre albedrío´ para que cada ser actúe buenamente sin hacerse esclavo de nadie, ni siquiera del mismísimo Creador. Que sólo nos pide que distribuyamos paz entre todos, amemos y cuidemos al prójimo como nos gustaría que hicieran con nosotros.

LAS ABORTISTAS

Mujeres afligidas, incomprendidas y abandonadas por sus Adánes, tan responsables como ellas de la cruel práctica de aborto. Y a los que, la ley, diseñada por hombres, debería sentenciar igualmente, si tuviera en cuenta que, la vida o muerte de un ser indefenso, es responsabilidad de dos.

A la mujer, se le cae el mundo encima cuando es sorprendida por un embarazo no deseado, principalmente, cuando no se siente arropada, sin cariño ni apoyo, por parte del padre de su futuro hijo.

Como consecuencia y a pesar de la carga emocional que ello supone, a menudo decide hacerse cargo ella sola de la vida o de la muerte del hijo que lleva en sus entrañas, sin querer hacer responsable a nadie más que a sí misma.

Influenciada, en la mayoría de los casos, por una educación a regaña dientes de un padre machista, cuya actitud, le hace sentirse culpable y a declinar por tomar la decisión de no implicar en conciencia, al padre de la criatura. Que a pesar de saber que el hijo es suyo, se hace el remolón o se desentiende, acabando por desmoronarla.

Hasta que, finalmente, opta por alejarse de todos y mantenerlo en secreto. Al no querer cargar de obligaciones a sus padres que, a su vez, puede que se sientan tan abrumados como ella y en pésima situación económica. O ni siquiera cuente con una ley protectora que la ampare eficazmente y la defienda frente al padre de la criatura, para obligarlo a cumplir mínimamente con alguna ayuda económica. Y a que tenga responsabilidad paterna, por bien de ese hijo al que tiene obligación de mantener, aunque no quiera saber nada de la madre. Y puede que, en ocasiones, frente al desespero de un sentimiento de culpabilidad, cuando no sabiendo siquiera a quién reclamar paternidad, se sienta única y responsable de su desgracia. Atormentándose cada vez más, a medida que va optando por abortar, creyendo salir de este modo de una pesadilla que la atormenta. Que de estar debidamente arropada por alguien, probablemente, la llevaría a tomar otra decisión menos desafortunada. Y si, además, se pusiere a pensar en las consecuencias jurídicas que le acarreará el aborto, pasará a sentir un terrible infierno en soledad, sin escapatoria posible, que es aún más terrible.

Y no hablemos del sufrimiento de las que son violadas, cuando con sentimiento de odio y asco, desean con todas sus ganas vomitar la vida que llevan dentro.

¿Qué hombre que las acusa y persigue con la ley en la mano, es capaz de sentir piedad por ellas?...

La mejor forma de ley contra el aborto, debería ser aquella, que juzga también al padre y lo obliga a hacerse cargo del buen desarrollo de ese hijo. Al tiempo que da apoyo económico y psicológico a la futura madre, antes de que ésta se derrumbe y tome una drástica decisión, al quedar desamparada ante un embarazo no deseado.

Es necesaria una ley, cuyas resoluciones estén humanamente mejor pensadas, para ayudar a aquellas mujeres en apuros a evitar el aborto. Cuando, por una fatal circunstancia, es obligada a ser madre a la fuerza, en el momento menos deseado de su vida y en descalabradas circunstancias.

Es la mujer, quién debe decidir, ser o no, madre. Jamás el hombre, cuando por su desorbitado deseo sexual, la fuerza de múltiples y deshonestas maneras. Algunos, después de andar en puticlubes, salen con la hipócrita moral a la calle para decir no al aborto. O con la *injusticia* en la mano para detenerla y obligarla a ser lo que no quiere.

Hipócritas manos legisladoras de moral, lavadas con indiferencia contra ellas, en vez de buscar soluciones e imponer duras leyes contra todos ellos.

Ayudar en vez de condenar, sería la solución para evitar dos grandes males, como lo son el aborto y la condena, que en ambos casos no dejan de ser una lástima social. De este modo, cabría la posibilidad de que esa madre llegara a querer a ese hijo, si se le diera mejores oportunidades para crearlo.

No hay que olvidar, el cariño que necesita toda mujer, en situaciones de desamparo ante un embarazo. Habría que empezar por ahí, aupándola con atención y ayuda, mientras pasa nueve meses con el corazón sofriendo, tratada con indiferencia en la mayoría de los casos.

Se debería tener en cuenta que, por el hecho de ser mujer, sale más perjudicada y le cuesta todo más, al tocarle peor situación de vida.

Hoy en día, gracias a la prueba genética, al padre se le puede obligar por ley a reconocer su paternidad y a ayudar a la futura madre, económicamente, para que pueda seguir adelante con la vida de ese hijo. Y ya no sólo después de que nazca, sino desde antes de nacer, pues los gastos empiezan a partir del momento mismo de quedar encinta. Motivo por el cual, la lleva a la aflicción por sobrecarga de responsabilidad y gastos, recorriendo al aborto. Por el cual, el padre, debería ser también culpable por su indiferencia que, en cierto modo, la induce a tomar una indeseable determinación.

La omisión de ayuda por parte del padre de la criatura y, por tanto, su irresponsabilidad y abandono, debería, en la mayoría de los casos, ser tenido en cuenta, como uno de los detonantes que lleva a una mujer a abortar.

¿Dónde han aprendido estos Adánes a preñar a una mujer y a esconderse después, como si la cosa no fuera con ellos, o no hubieran participado en la contienda sexual?... Y todo sucediera, una vez más, por obra de otra maldita serpiente que pasó despistada entre ambos, sin que se enteraran de nada más que de gozar, importándoles un bledo las consecuencias y el aborto de un ser.

Es necesario, obligarlos a tener responsabilidad de las consecuencias que conlleva acostarse con una mujer, e imponer leyes que penalicen a ambos, pues sólo así, se disciplinaran.

Cualquier ley civil, es aplicada sin tener en cuenta al que las ignora. Las multas de tráfico, que se aplican al conductor por conducir bajo los efectos del alcohol, ni siquiera por su inconsciencia se le perdonan, ni se le rebajan las sanciones.

En cambio, en lo que respecta a una indiferente paternidad, o frente a la práctica del aborto, no hay, sin embargo, una ley que obligue al padre, conjuntamente con la madre, a hacerse cargo de una criatura, que puede que no vea la luz, por la falta de dignidad de sus padres.

De igual modo, los defensores humanistas, deberían de andar finos en ejecutar leyes que reprendan a aquellos hombres que, por su ignorancia o borrachera, infrinjan en relaciones sexuales de manera irresponsable, desentendiéndose, posteriormente, de sus obligaciones. Y cuya ley, si la hubiera en este caso, debería condenar igualmente al padre y obligarle a responder de delito, igual que a la mujer, por abandono o aborto, si humanidad tuvieran dichos defensores.

De este modo, se forzaría al hombre a ser más consciente y disciplinado, para que no haga de su capa un sayo, siempre que le da la real gana, como suele suceder. Es decir, que no haga de su sexualidad una diversión, sin atenerse a las consecuencias. Como cuando coge chulescamente el coche y a gran velocidad infringe normas, importándole las leyes un bledo, siendo atrapado de inmediato para ser sentenciado.

Tal como se considera, fuera de toda responsabilidad moral al perro, por montar siempre que le viene en gana a una hembra por la calle, dejando preñadas a dios sabe cuántas; de igual modo se le considera al hombre en muchos casos. Y en lo que a esto se refiere, las leyes, que como es sabido están hechas por el hombre y a su salvaje medida, fueron diseñadas de modo a no tenerlo a él muy en cuenta, en los casos de delito sexual. Por lo que actúa con libertinaje frente a sus defensores, también machistas, que por mutua conveniencia, atenúan siempre más este tipo de delitos.

En algunos países, se les permite actuar como inconscientes bárbaros sin sentimientos, ya que esas mismas leyes, en lo que dice respecto a casos de carácter sexual, no suelen ser contundentes cuando son acusados de violación. En cuanto que, a la mujer, no le queda otra que sufrir toda suerte de desgracias, por falta de una ley que la ampare en este sentido y lo condene también a él.

Ahora, eso sí, no vayan a dañar la naturaleza animal que, para su defensa, sí existen leyes de protección firme que van contra cualquiera, sea él, hombre o mujer, capaz de matar alguno sin permiso legal.

¿Entonces, cómo es que, cuándo se trata de la ley contra el aborto, no implican también duramente al hombre, que daña con su indiferencia a una criatura indefensa, y a la mujer sí la condenan y juzgan, por no haber querido ser madre?... Mientras que al padre de la criatura, por no saberse quién es, lo ignoran de inmediato, sin ni siquiera ir en su captura. Como lo suelen hacer, cuando alguno mata a una especie de animal exótico y detienen al cazador en menos de dos días para ajusticiarlo. Y en algunas culturas, lo dejan manco, por haber matado elefantes y, despiadadamente, haberles serrado el cuerno para vender a laboratorios farmacéuticos. Amigos de elaborar sustancia afrodisíaca que, según la opinión de grandes inconscientes, les ayuda a subir la autoestima de su entrepierna, para poder seguir haciendo uso de sus más bajos reflujos y pasiones. Mientras que las mujeres, mal paren al desamparo de sus violadores, que viven sin ley, sin jueces capaces de condenarlos, como si no perjudicaran a nadie, ya que ella, no está considerada una de esas especies de valor en peligro de desaparecer. Y en este caso, no hay cuidado, abundan más que hombres. Muy al contrario de como solían hacer, cuando algún soldado desaparecía por desertar en tiempos de guerra y era perseguido hasta dar con él para fusilarlo. Esta persecución no dejaba de ser también un grave delito, era otro modo de abortar una vida que huía de la barbarie. Sin embargo, para obligarlos a cumplir con el noble deber paternal, nadie los persigue.

Desear ser madre o no, es una elección legítima de cada mujer antes de quedar encinta. Pero después, ante la posibilidad de una vida engendrada en su vientre, la elección no debería ser otra que, la de dejar que esa vida siga su curso y se desarrolle, gracias a su naturaleza de la que ninguna mujer u hombre son creadores, y sí, protectores obligados.

A no ser que, la que fuera violada, desarrollara odio dentro de sí y deseara abortar, por no desear ser madre de un ser nacido bajo acto tan salvaje. Y que, probablemente, jamás quiera conocer, ni oír hablar de la bestia que forzó a su madre y, menos aún, cargar con tan duro recuerdo toda su vida. Con lo cual, para llegar a ser un mal nacido, cargado de un bestial recuerdo, mejor es no nacer, para no tener que vivir cargado de odio. El odio, crea enfermedades y mejor es alejarse de todo aquél que lo crea.

Si hubiera una ley que implicara también al hombre en los casos de delito por aborto, la mayoría de ellos, vivirían más temerosos de mantener relaciones sexuales, por la condena que les podría caer. Y hasta puede que se esmeraran más, en cuidar de la vida de un hijo, que no sólo es deber de la madre traerlo al mundo, sino obligación del padre, el crearlo.

Mientras lo exculpen de toda implicación, actuará a su libre albedrio, sin hacer nada por evitar la desgracia de la mujer a la que dejó encinta. Que desgraciadamente abortará, si no cuenta con ayuda económica y apoyo emocional suficiente, por parte de su familia que, a su vez, queda perjudicada y muy afectada también, sin saber cómo enfrentar económicamente el caso. Por eso, habrá que socorrerla cuando se den tales circunstancias, para evitar males mayores y nunca permitir que quede desamparada.

El hombre, por naturaleza, es en el terreno sexual, muy indisciplinado. Se requieren leyes más estrictas que lo obligue a disciplinarse, a practicar más deporte y a ocupar su vida en ejercicios de concienciación para que se haga más racional. Y se dé cuenta de su instinto animal al querer practicar sexo a todas horas, sin pensar en las consecuencias.

Hay mujeres, que viven agotadas de tanta obsesión sexual por parte de sus maridos, que hasta llegan a rechazarlos por no poder aguantar y, en ocasiones, ni les importa que vayan a satisfacerse fuera de casa. Y es que, a algunos, ya los tienen por imposible, que igual que a su mascota, hay que dejar que vayan a la calle a escupir sus miserias, por no querer entender de disciplina. Como otros que auto se controlan y son disciplinados consigo mismos, o ocupan su mente en ocio inteligente.

En general, la mujer, es muy diferente, ya no por su naturaleza sexual, pero sí, por haber sido educada desde niña en un rol muy distinto. Acostumbrada a ocupar su cabeza en otro tipo de cosas, como en el cuidado de los suyos y a estar más pendiente de las necesidades de los demás que de las suyas, propiamente dicho. Por lo que desarrolla una mente protectora, siempre consciente de las necesidades de otros y, por ello, muy acostumbrada a fijarse en miles de detalles que la distraen de centrarse en sus propios deseos. Y esto, en el fondo, le hace distinguir de la simpleza cerebral de su compañero masculino, más acostumbrado a ser servido que a servir. Siempre centrado en sí mismo, constantemente ansioso de satisfacer del modo que sea a su ego, y gozar de fuertes emociones y aventuras.

Estos Adánes, lo llevan marcado en el ADN mental, acostumbrados a lavarse las manos y a huir después de haber dejado preñada a una hembra. Como les han hecho ver las religiones, hablando siempre de la tentadora y culpable Eva, pero nunca del tentador e irresponsable Adán. O cuando condenan a la mujer por abortar y a él nunca, porque, a este respeto, en la doble moral de la iglesia, ni lo mencionan, lo dejan al margen del delito.

Y por cuyo credo y vergüenza de un indeseado embarazo, a menudo, su cristiana familia, le regaña, induciéndola con su dura actitud a cometer el aborto, del que quieran o no, también son culpables, por no haberla arropado y tratado con más cariño.

¿Y el Adán, padre de la criatura?... Del Adán nada se sabe, ni siquiera lo condenan, ¿por qué?...

¿Por qué las religiones, cuándo se pronuncian contra el aborto, no resaltan también la culpabilidad del hombre para condenarlo por irresponsable y libertino ?... Porque las religiones están regidas por hombres que también follan. Y que Dios los libre de atribuírseles hijo alguno, que tienen que dedicarse a su comunidad de por vida y aquello no fue más que una tentación venida de Eva. No fue suya la tentación. No pueden cargarse con obligaciones paternales que arruinarían la iglesia comunitaria. Por eso, no les conviene machacar al hombre, porque se machacarían a sí mismos, ya que no son tan ejemplares.

Les es más cómodo, culparlas de sus debilidades masculinas que, para eso, ya están bien concienciadas por sus sermones; de cómo aguantar por amor a Cristo todo cuanto se les eche encima. Además de tener mayor resistencia, como para sufrir en silencio sus penas y en la más absoluta soledad, sin quedarles otra.

¡Sí, claro!... ¡Ellas son las que tienen que evitarlo!... ¡Es de su única responsabilidad y, si no, que no se hubieran acercado!... ¿Ya saben cómo es el hombre de animal, no ?... Así es cómo prefiere pensar la mayoría, ya que les basta con huir después, desapareciendo de la escena, mientras nadie va detrás de ellos a pedirles responsabilidades.

La sociedad, tiene bastante claro que hay cierta clase de hombres que no son muy de fiar, por tender fácilmente al egoísmo y a declinarse a actuar como un cerdo sin sentimientos. Y cuando la mujer, por ingenuidad o sentimentalismo, cae en sus artimañas, en algunas culturas la desprecian y la culpan de recibir maltrato o violación. Es decir: sea como fuere, mujer ingenua o niña inocente, la hacen ser culpable de sus desgracias causadas por alimañas masculinas...Que se habituaron a cargar sus maldades sexuales sobre hombros femeninos, gracia a la incultura diabólica religiosa que, como cáncer, invade la vida de cada mujer para estigmatizarla.

Y no obstante, la dejan cargar con todo el peso de decidir qué hacer con las consecuencias del aborto, porque ya vendrán después otra clase de hombres, que en nada tienen a ver con su angustia, para ejecutar una sentencia contra ellas y condenarlas... ¿Y quién sabe, si no serán los mismos que suelen ir a los prostíbulos a disfrutar de los servicios de muchas de éstas desafortunadas?... A las que después condenan por esta práctica ilegal de matar inocentes, mientras pasan por alto, la misma canallada cometida por asesinos de guerra... Que, con mucha probabilidad, hasta puede que haya entre tanta víctima alguno de sus muchos hijos, engendrados en una de aquellas acampadas de borrachera entre camaradas militares. Por este mismo motivo, deberían preguntarse si, el abandono de aquél feto por parte del padre, no es doblemente delito, que daña y mucho a dos seres por igual. Razón suficiente como para condenarse ellos también. Y pensar, concienzudamente, sobre cómo legislar y si no deberían culparse. Por aquello que pueda opinar Dios de ellos, como hombres, pues también se encuentran implicados y cuya ley del aborto hicieron, no para condenarse ellos, sino a ellas. Es decir: el hombre, no sólo la masacra una vez, ya que ejerce múltiples maneras de hacerlo. Y mientras unos, las persiguen por asesinar a un hijo que no quisieran tener, otros, por su parte, sí pueden abortar con rifles y bombas a millones de hijos, cuyas madres, sí los quisieron concebir y crearlos con amor. Y, sin embargo, a estos malditos abortistas de guerra, no los persigue nadie, ni el mismísimo papa.

¿Acaso hay un dios misógino echo a la medida del hombre y otro que piensa distinto para la mujer?... Sí, pero son dioses muy pequeñitos e insignificantes terrícolas.

Estos Adánes, tienen muy bien aprendido en la asignatura de religión, lo de su progenitor primitivo. Por eso se ocultan, dejándolas solas con su culpa, sumergidas en la desgracia, frente a la más terrible de las decisiones, mientras se esconden en la cobardía. De donde saldrán después de que éstas hayan abortado, haciendo ver, que ellos, no sabían que las hubieran preñado. ¡Hipócritas!

Cuando una mujer decide abortar, lo hace casi siempre por el abandono del hombre, por su indiferencia y desamor, porque si no, rara es la mujer que quiera hacerlo cuando siente apoyo. Y si lo hace, puede que sea por su pobreza extrema, o porque enloqueció de desprecio, por haber sido utilizada como objeto de sucias pasiones. Por esto mismo, enloquecen muchas pobres mujeres.

¿Dónde estaba él, cuándo abandonó a su hijo en el mismísimo vientre de su madre, antes de que ésta disidiera abortar?... ¡Ah, seguramente, en las cavernas, escondido como un cobarde!... Y sólo después del aborto, va apareciendo, como si de una larga siesta acabara de salir y no se enterara de nada. Y aunque sospechara, nunca va antes a preguntar, si acaso aquél hijo, no será legítimamente suyo, para reclamar la paternidad... Casi ninguno lo hace. No hay más que ver, como muchos hijos al llegar a la edad adulta, se empeñan en buscar a su padre, porque él jamás lo hizo. Y son muchos, los que tienen varios hijos desperdigados por ahí, sin reconocerlos. Cuesta mucho crearlos en número, cada vez que dejan a alguna preñada. Y no obstante, en otras circunstancias bien distintas, cuando es la mujer la que se adelanta a pedirle el divorcio, su ego masculino, se enfurece de tal manera agresiva para reclamar con uñas y dientes la custodia de sus hijos, más bien por fastidiar a la madre que por afecto a los pequeños. Habituados como están, a poseer a la mujer bajo contrato civil o religioso, como si fueran propietarios de un mueble. Cuando su verdadero amo y señor, es única y exclusivamente Dios, Creador y Libertador.

¿Y sobre estos Adánes qué dicen las religiones?... ¡Nada! No se suele oír sermón alguno contra ellos, ya que las religiones no les hablan de ser responsables. Y en sus cursillos espirituales, a los barones los separan de las señoras, por si acaso, que con reserva y secretismo, siempre anduvo el clero obscurantista, separatista y misógino, para los que, al parecer, los consejos de moral son también distintos. Que vaya uno a saber, qué aconsejarán a cada grupo: si cómo deben azotar a sus esposas y cuántos látigos darles hasta que se amolden, o qué ideas insertar para limpiarles el cerebro y volverlos más afines a sus credos.

A ellas, separadas de sus maridos, les dirán que aguanten, sean fieles esposas y resignadas madres para tenerlos contentos, no se violenten en la vida conyugal, no vayan a maltratarlas. Además de algún particular consejo bajo confesión, para que no aborten y oren con devoción, por si algún día se desesperan de tanto parir; no descarrilen y tengan la paciencia de aguantar a un insoportable marido. Que siempre será mejor, mantener la injusta entereza de permanecer cargada de hijos amargamente a su lado hasta enviudar, para un día acabar recibiendo la eterna recompensa de liberarse, si es que no muere antes que él como una desgraciada por desgaste físico.

Queremos ver en las manifestaciones antiabortistas, aquellas mismas personas religiosas que se suelen manifestar contra el aborto. Entre ellas a los obispos, con sus pancartas, donde pongan que condenan al hombre, igual que a la mujer, ambos responsables por la vida y muerte de un Ser. Pero también los queremos ver protestar por las calles, cuando son abortados niños bajo el mortero de las guerras, no causadas por sus madres, sino por el hombre cruel y su ambición de enriquecimiento armamentístico.

En las guerras, igual que en el vientre de sus madres, hay niños indefensos a los que hay que proteger y condenar su muerte. Ya no sólo velar por su vida antes de nacer que, a veces, más les valdría no haberlo hecho en tan tristes circunstancias, sino también cuidar de ellos después de haber asomado la cabeza a un infernal medio de vida. En el que suelen andar tirados por las calles, huérfanos, en busca de sus padres muertos por las ignominiosas guerras. Si es que no corren la misma suerte, mientras deambulan entre casas en ruinas en busca de protección, huyendo de las malditas balas de estúpidos soldados. Tristemente, repito: más les valdría no haber nacido que ser maltratados, despreciados y utilizados después para carne de cañón.

A veces, se le hace mayor favor al no nato, impidiéndole que nazca, evitándole una vida perra. Muy en contra de otra clase de personas hipócritas, que sí quieren que esa criatura vea la luz a pesar de todo y de cualquier modo. Sin preocuparse después por su buen crecimiento y educación, ni siquiera de ayudar debidamente a esa madre, debilitada por su desafortunada situación.

Mientras tanto, los gobiernos, siguen afanados en hacer leyes que condenen a la mujer abortista, en cuanto que, los que asesinan bajo el estandarte de guerra, a esos, no los persigue ley alguna. Es ilícito matar, menos en la guerra de hombres imbéciles. Las guerras, están justificadas por sus dioses malditos que hasta les ayudan, pero en el caso del aborto, no es legal. Parece ser, que cada día, necesitan de ver nacer a cuantos más niños mejor para reclutarlos muy pronto, antes de que se hagan adultos para cargarles un rifle entre sus inocentes manos, que pasan a ser máquinas disparadoras. ¡Increíble locura satánica! ¿Qué puede esperar la sociedad de sus futuros hombres?...

No hay más que ver, la poca sensibilidad que algunos gobiernos demuestran por las criaturas. Constantemente, estamos viendo con estupor, niños guerrilleros armados, como si fueron robots de guerra. Y otros, ahogándose en el mar o siendo aplastados por grandullonas bestias de masa humana, huyendo de la desgracia. Y muchos más, que llegan a orillas de nuestras costas como peces muertos por inanición. Y cuando no, se les ve deambulando entre minas de granadas por explotar o entre escombros, pisando a otros ya muertos bajo bombas explotadas, buscando no se sabe qué.

¿Cuándo se les ha visto a los antiabortistas protestar por los múltiples abortos causados por hombres en sus guerra?... Estos sí, que son los mayores criminales.

¿Dónde están aquellos obispos que andan siempre condenando a la mujer abortista?... ¿Cuándo los hemos visto protestar contra este satánico aborto universal del hombre?... Que salgan y condenen a todo monstruo causante de semejante matanza en masa. Y que griten por las calles un ¡basta ya malditos!

¿Y el dolor de sus madres?... ¿A quién le puede importar su inmenso e ingrato dolor?... ¿Y aquellas otras, con sus hijos en brazos, huyendo del horror, aplastadas como amasijos de hierro en barcuchas entre malditos, que las violan nada más llegar al otro lado de la infernal tierra prometida?... ¿Y cuántas jóvenes más hay muertas, machacadas por la bestia humana como si fueran vacas, al huir de ruines bestias a través del mar?...¿Quién reparará y compensará sus desgarradas vidas?... Todos ellos son también crueles abortos, sobre los que nadie protesta.

¡Qué insensible sigue siendo el hombre, con tanta religión comecocos!... ¿Cuándo se les ha visto a los obispos enfilados con pancartas, manifestarse contra tanta barbarie cometida a inocentes mujeres y niños?...

¿No hay religión sobre la faz de la tierra, capaz de cambiar con sus sermones la maldad por bien?... Entonces, no son útiles.

¿Qué clase de hombres son, que no son capaces de mejorar al más ruin?... ¿Para qué sirve su modo de educar y pregonar?...

¿No hay religión entre las religiones, capaz de apedrear a las bestias, causantes de semejantes barbaries?...

Hay demasiados hombres salvajes, masacradores de vida, que deberían ser condenados sin piedad, mucho más que las abortistas, pues para ser un mal nacido como ellos, mejor es no nacer para no cometer salvajadas.

Los antiabortistas, no suelen salir con demasiada frecuencia a la calle a condenar la guerra, donde más tarde acaban muriendo los ya nacidos, los que no fueron abortados. Aquí, no es la mujer la que mata, es el hombre, con otros modos de abortar y, en este caso, la cosa cambia de parecer en la maligna e hipócrita cabeza machista, donde matar en la guerra sí es lícito para ellos. Sin leyes antiguerra que los condene como las leyes antiaborto, ni clérigos persiguiéndolos tras sus pies.

Es muy cómodo, muy bonito y altruista, dar consejo y palmaditas a una joven ante un embarazo no deseado para que no aborte, pero resulta que, no sólo se vive de esto, igual que no sólo se vive de pan, ni sólo de amor. Hacen falta muchas más cosas para sacar sola y dignamente adelante a un recién nacido, hasta hacerse adulto.

Aquellos obispos, a los que tanto les preocupa que las mujeres aborten, deberían ceder sus lujosas mansiones para albergar a jóvenes desgraciadas sin techo, que se van de casa por miedo a sus padres. Educados dura e inhumanamente en colegios religiosos privados, que se llevan las manos a la cabeza por vergüenza, afligiendo a sus hijas con fuertes represalias. Tentándolas a irse de casa, como se conocen casos, por causa de una despiadada doctrina condenatoria que los curas mismos les predicaron.

Sin embargo, a pesar de las guerras, las violaciones y la más cruel de las matanzas, seren actitudes preferiblemente de hombres, las religiones débilmente protestan contra ellos, contra sus repugnantes actos. No protestan como lo suelen hacer contra el aborto.

Se ocupan más en vigilar lo que hacen las mujeres con sus cuerpos, que en lo que hacen los hombres con su maldades por ahí, que no son leves. Se enzarzan con las que menos daño causan y, sin embargo, es a las que más condenan: a las abortistas, adúlteras, prostitutas y a toda sabia bruja que encuentren por ahí y no pueden controlar. No se sabe si, por odio hacia ellas..., que al ser menos sumisas no se dejan doblegar..., o si por cobardía..., no se meten más con el hombre, por ser duro de mullera y más altanero que un pajarraco, como para dejarse atrapar.

El caso es, que se van quedando sin feligresas para entretenerse en sus retiros espirituales. Y poder oír históricos romances del siempre eterno adulterio, tras la reja de algún que otro confesionario. El único lugar para estar más cerca de la excitada vida mundana, fuera de sus aburridas celdas alejadas de la realidad.

El amor a Dios, no sólo se demuestra predicando la doctrina de Cristo, también protegiendo a estas mujeres afligidas sin amenazarlas, dándoles apoyo antes de que aborten y amparándolas de las injustas leyes machistas.

No estaría de más, ver por todas las parroquias, carteles antiaborto incorporando un buen plan educativo, en lugar de condenas y sermones. Sobre todo, en los países pobres, donde a gobiernos insensatos les importa un rábano la sobrepoblación, o que nazcan como rosquillas recién salidas del horno, niños que han de morir al de poco. Y que de una manera u otra, van a morir igualmente, ya sea por el hambre, por la miseria o la droga, si antes no mueren abortados de una madre anímicamente enferma por desnutrición. Que de no morir por una de estas desgracias, morirán de todos modos con un tiro en la cabeza, expuesta a modo de calabaza para hacer puntera diana, dispuesta a prueba de mira de rifles que disparan desde necias manos. Y si no, por medio de la activación de bombas, ¿qué más dará?, si para eso las fabrican, para explotar encima de seres vivos, que después de muertos, dejan de preocupar a gobierno militar alguno. Y a poder ser, que no exploten sobre la vivienda de su propia familia, que los suyos, son carne y hueso de otro costal y duele una barbaridad.

Necesitan dar salida a su armamento como sea y, para ello, sin humanos, no tendría sentido fabricarlo. Que de no nacer niños a millares, nunca habrá suficientes personas para aniquilar y poder dar salida de fábrica a monstruosas remesas de armamento. De lo contrario, tendrían que apuntar a cualquier otro ser lleno de vida, que se moviera por ahí, por entre la naturaleza. Acabando con toda existencia animal, hasta que se murieran también de hambre todos los tiranos carnívoros, tiradores de fuego mortal, sin carne para alimento que embrutezca su espíritu guerrero. Que en este caso, no habría mal que por bien no viniera, para acabar con todo mal nacido sobre la fase de la tierra, que hay demasiados, sobran, no son necesarios y hacen enorme daño a su semejante.

Hay un peligroso animal entre los más salvajes, causando peores males que las abortistas, con el que las religiones no se atreven a enfrentar para domesticarlo.

Ya quisiéramos verles, señores obispos de elevada moral, a quienes tanto les molesta el aborto y el preservativo, ayudándolas a crear a sus hijos en sus chalets de lujo de no se sabe cuántas habitaciones. Antes de que venga el malvado de turno y les dé una falsa protección en el comercio sexual, como empleo para alimentar a sus hijos, no vayan acabar muertos de hambre o comidos por las moscas en países de gran miseria. Este sí que es, el más terrible de los abortos; morir desnutridos, mientras asquerosos insectos van chupando la poca vida que les queda. Mientras los ricos van viviendo, intentando ser felices padeciendo de gota y colesterol, a costa del maleficio de la gula por exceso de riqueza, que también mina la vida e infarta el corazón. Con la diferencia de que una vez muertos, han de ser comidos igualmente por los gusanos, o carbonizados del mismo modo por las llamas. Y ya se verá, en el más allá, que le deparará a cada uno por justicia.

De este tipo de miseria, saben los obispos mejor que nadie, por medio de organizaciones voluntarias, que a menudo informan de la terrible realidad en el mundo de las misiones en África. Y en la Índia, entre otros desgraciados pueblos, donde diariamente los mal nacidos se consuelan de violar a niñas, que mejor si nunca las hubieran parido sus madres para tan desgraciado destino. Que por mucho que Dios las ame, tampoco las libra de depredadores, que de ser tan poderoso, podría paralizar a los malditos, en aquél desdichado momento para las indefensas criaturas poder escapar. En países, donde reina lo espiritual por encima de todo, pero no así la paz entre sus mujeres, que son violadas cuando les place a la bestia. ¿Cómo entender y asimilar esto?...

Pero también en los países desarrollados, existen acosadores al más alto estilo social, que soban a sus compañeras de trabajo de alto standing, cinematográfico, empresarial, sanitario, gubernamental y eclesial, etc. Hay a nivel mundial una gran anarquía sexual sin resolver, porque el mundo está en manos de bestias macho, a las que les divierte mucho este asunto.

¿Por qué la mujer estamos tan desprotegidas?... ¿Dónde está Dios?... ¿Por qué permite que vivan hombres causantes de tanto mal?... ¿Por quéeee?... ¿Para quéeee?...

Según la ``Voz de la Razón Universal´´ que contesta casi siempre a todas las preguntas, viene a decirnos que:

— ¡A pesar de seren malvados, Dios no es un asesino y no los puede matar! ¡Que prefiere esperar pacientemente a la llamada *causa y efecto* de las maldades de cada uno y que el infierno de su propia conciencia los vaya atormentando! —Este es, en definitiva, su inteligente método de castigo.

El mundo está en manos de insensatos y nadie es capaz de derrocarlos, ni con la más sagrada de las oraciones para convertirlos.

Ni siquiera todas las oraciones del mundo implorando al unísono, son capaces de hacer desaparecer el mal, afincado en su egocentrismo, difícil de cambiar, si no es con una severa disciplina.

Las mayores desgracias del mundo, son causadas por manos de grandes dementes, que sin estar del todo locos y a medida del propio poder, se convierten en tiranos. Pero lo más increíble, son los miles de batallones de hombres que siguen la misma locura de afán y protagonismo, al frente de crueles gobiernos extremistas. Siempre en busca de enriquecimiento y dominio a cualquier precio, para mayor gozo de sus sádicos cerebros. Llenos de absurdas reafirmaciones narcisistas y patriotas, que los lleva a creer ser dueños de la patria, y entonces es cuando se vuelven violentos.

De rosario en mano acostumbran a andar otros, con cabeza carente de inteligencia y buenas ideas, con apariencia de buenos hermanos, ajenos a la común ideología pacifista y al bien hacer de grandes hombres. Por su mente circula el caos, siempre guiada por una maldad que los subleva y los lleva a concurrir a la inclinación del peor de los males, que a su vez los altera y se vuelven más ruines, sin acabar de hacerles sentirse felices. Al contrario, los lleva como corriente al rio de un mayor círculo vicioso, amargándoles la existencia, sin poder dar marcha atrás, por sus mal formados cerebros y mente petrificada de ruindad.

¿Cómo es que, llevando como llevan los misioneros durante siglos dispersas por el mundo y tantas religiosas como hay por ahí, recorriendo pueblos de miseria, siga habiendo tanto violador y tanta locura de hombres?... ¿Es que no son capaces de educar debidamente y acabar con tanta deshumanidad?... ¿En qué ayuda su enseñanza de moral a estos individuos, que no viven nada más que para satisfacer su instinto ?...

Deberían predicar dando ejemplo, no sólo con la cómoda palabra, sino demostrando apoyo y verdadero compromiso antiaborto, al tiempo que educan a la juventud para que tengan relaciones sexuales seguras. Con consciencia y responsabilidad, sin prohibir el preservativo, no vayan a inducir a los jóvenes todavía más al caos social. Educando no sólo desde sus colegios privados, también desde el pulpito parroquial. Y les oigamos hablar más en todas partes, sobre un problema de tamaña envergadura, como el de llevar a todos los efectos, una sexualidad más responsable.

``Es preferible que pequen utilizando preservativo por aprecio al sexo; a que pequen abortando sin aprecio a la vida ´´.

``Mejor usar y tirar preservativos; que no usarlos y tirar vida´´.

`` Siempre hay que evitar un mal mayor a cambio de uno menor; si no hay otra´´.

Ni por caridad, parecen estar por la labor de repartir preservativos, por los pueblos africanos más abandonados de toda responsabilidad por el hombre. Para que mujeres y niñas, no se sientan desgraciadas con tanta pobreza familiar, que además de violadas, cargan con hijos que no deseaban tener a temprana edad. Nacidos de la miseria, cada día otra boca para alimentar, sin tener con qué alimentarse ellas para poder tener hijos sanos y amamantarlos, si no es, con secos pechos. Desnutridos, rodeados de pesadas moscas que las desespera aún más, succionándoles la poca sustancia que les queda para sus hijos. Que duro y triste, es ser mujer en muchas países.

¡Pobres criaturas, millones de veces pobres! Sin un Dios que las socorra y las libre de las manos de indeseables personajes.

—*¿Dónde estás buen Dios, que en tu nombre tanto predican amor y misericordia y como hombres poco hacen?... Esperan que lo hagas tú por ellos. Tanto te responsabilizan a ti de todos sus males, como ya culpan a Eva de la debilidad de Adán y todas sus desgracias. El caso es, pasar la pelota unos a otros y decir que sus guerras y demás desastres son un mandato divino, y no auto culparse frente a los pobres inocentes.*

Las más de cuatro mil religiones que forman como una especie de monarquía rancia, para controlarnos a la par de otros gobiernos, sólo serán modélicas y creíbles, cuando vendieren todas sus propiedades. Y con ello, obtener fondos para educar mejor a la infancia abandonada e indemnizar a los pueblos perjudicados por tanta catástrofe. Teniendo en cuenta que son millonarias, y les conviene vender todo su lujoso patrimonio en beneficio de toda la sociedad. Si es que quieren entrar en el reino del cielo, cuya puerta es tan ancha como el agujero de una fina aguja de coser. Por donde no pasará siquiera un sólo rico camello de la droga, de la prostitución, ni muchos otros camellos del mal, incluidos los fundadores de religiones o sectas.

Ya que su inmensa riqueza, deberían emplearla en civilizar a los hombres desde niños, aun a cambio de llenarles el estomago para que puedan pensar por sí mismo y descubran que no son bestias. Inculcándoles consciencia de ser mujeres y hombres, honrados y honestos, para ayudar a construir una nueva sociedad, si no más espiritual, al menos más humana.

Las religiones, no son más que un poderoso sistema de marketing sectario, un modo de vivir en comunidad y ayudarse en algún que otro oficio empresarial. En cambio, la espiritualidad, es el estado trascendental que eleva e induce a desprenderse de lo material y a vivir en plenitud con uno mismo sin necesidad de congregarse. No es por casualidad, que grandes ermitaños hayan vivido austeramente en solitario, después de apartarse del modo de vivir y obrar de las religiones. Hay muchas personas, que deciden su particular modo de vivir la espiritualidad recogidas en sus familiares, sin apartarse socialmente mientras van ayudando a los demás como pueden.

Algo falla desde hace mucho en la sociedad a nivel mundial que no mejora:

- ✓ Miles de años predicando; mayor es la maldad y la corrupción.
- ✓ Miles de religiones; menos es la fe y más son las injusticias.
- ✓ Miles de ONGs; más elevada es la tasa de hambrientos.
- ✓ Miles de multimillonarios; mayor es la pobreza y la esclavitud.
- ✓ Miles de ricos empresarios; mayor es la explotación laboral
- ✓ Millones de formaciones; mayor es la migración juvenil.

- ✓ Mayor población; mayor precariedad y rapto de personas.
- ✓ Elevada tasa de natalidad; mayor tráfico y venta de bebés.
- ✓ Elevado índice de analfabetismo; más prostitución y droga.

Ya es hora de hacer una concienzuda reflexión global y preparar un plan internacional positivo a favor de todos. Algo no funciona en esta hipócrita sociedad de lobbies, plagada de miles de sistemas de negocio religioso, político y militar, muy rentables, que favorece a unos cuantos, en este caminar por *Tierra*. Y que, como a mujer van maltratando, envenenándola hasta que muera poco a poco, mientras los *manda más* del mundo se van dejando sobornar sin hacer grandes reparos, ni tener sentimiento de vergüenza cuando piden la *paz* mundial al Altísimo. Que si quisieran, bien la podrían lograr, si dejaran de dar órdenes incendiarias de guerra y de invertir en armas, en droga y prostitución.

La obligación preferente de un buen gobernante que se precie, debería ser la de dar orden de ejecutar un modelo educativo y concienzudamente ideado en comportamientos de igualdad, valores, ética y civismo, que hiciera cambiar a la sociedad desde la edad infantil. Que educara desde la edad de párvulos con expansión de continuidad hasta la adolescencia, y cómo dar sus primeros pasos de salida al mundo. En las escuelas, principalmente, sin obviar las parroquias, en la calle por medio de anuncios, facilitar libros a cada edad y a mano como caramelos; por no decir como la droga que aparece por todo lado sin buscarla. Atajando de forma inmediata y urgente un problema de educación, capaz de ser mejorado por múltiples medios.

Lo que más daña a los jóvenes abunda por todo lado sin ser reclamado. Salga la educación pública también a la calle, al encuentro de lo oponente, para alertar a grueso modo sobre los peligros que atañen a los niños al salir de clase, antes de encontrarse con la inmundicia de camino a casa. Sin olvidar la vigilancia y protección a la inocencia, hasta que tomen conocimiento y puedan rechazar por sí mismos todo lo negativo que les pueda rodear fuera de la protección de sus padres. A esto se le llama cuidar de un país desde párvulos o velar por la sociedad en general. Y no sólo cuidar del terrorismo, mientras descuidan a las grandes mafias, a violadores y pederastas, fruto de un país de mal formados.

Es muy necesaria una contundente y eficaz forma de educar en todos los centros de enseñanza. También en los medios de comunicación, por no decir en la calle, en lugares públicos, donde a los jóvenes se les empape con programas educativos mientras están por los bares. Que bien podrían escuchar mejores programas y tener presente de cómo debe actuar todo hombre digno de respeto. Y puedan mirarse unos a otros con vergüenza, aquellos influenciados por malas compañías, carentes de escrúpulo. Y a las que suelen hacer más caso que a sus padres, que los educaron lo mejor que sabían, ya que nadie nace sabiendo cómo ser padres.

No sólo se debe enseñar cultura y formación, ya que hay personas con grandes licenciaturas, que no saben siquiera de buen comportamiento social o humanitario, que no por saber más, son más escrupulosos o más honrados.

Es urgente y necesario, reforzar seriamente sobre civismo y valores, en los institutos, donde el caldo hormonal juvenil, hierve a alta graduación y los cerebros están a punto de idiotizar. Es en esta edad rebelde, cuando hay que darles un buen e eficaz repaso de comportamiento final a toda clase en su conjunto, mientras se hacen adultos entre amigas y prepotentes amigotes. No vayan después a comerse el mundo al salir de clase, sin saber de normas, ni de consecuencias sociales irreparables, por falta de tener plena consciencia. ¿Cuánto mal no se evitaría?...

Sólo un buen modelo de educación moral y ética, común en las escuelas e institutos, mejorará toda la sociedad en general. Y reforzará la que reciban de sus padres, pocas veces tenida en cuenta y sustituida por la aprendida en malos ambientes, casi siempre destructiva.

La educación de los padres pierde prevalencia en la calle, donde las malas compañías la absorben, imponiéndose la ley de la selva unos a otros. Por eso, una buena educación reforzada en valores, civismo y ética, hay que recibirla desde el pupitre para hacer frente a amigos conflictivos de vida fácil y delictiva. Esta es una realidad problemática de fácil resolución: enseñanza y educación común a toda sociedad mundial, sin permitir a ninguna etnia quedarse fuera y que las niñas tengan los mismos derechos. Sólo entonces, cambiará la sociedad en beneficio de todos.

De no diseñarse en serio una educación disciplinaria global en todos los centros de enseñanza, la vida social irá cada día más hacia un caos imposible de tolerar.

Una educación común a nivel social, es tan importante como la formación, y los gobernantes de naciones prosperas se ocupan más de lo segundo.

En los países más dejados de la mano del hombre, ni siquiera las más de cuatro mil religiones con todo el dinero que poseen, son capaces de solventar las graves carencias educativas que padecen los más marginados, como las niñas que no siempre van a la escuela. Al contrario, se ocupan más de educar regiamente en sus colegios elitistas de fría afectividad. Donde tratan a los niños de `papa´ como si fueran adultos, que según crecen y se hacen hombres, se comportan con mayor despotismo y arrogancia en la sociedad. De la que más tarde se creerán importantes señores para someterla, dada la severa educación que recibieron.

Harán lo mismo que hicieron con ellos, por no haberles dejado ser niños a su edad infantil, en el empeño de adelantarlos a ser un brillante alumno ejecutivo. Que acabará con el cerebro encallecido para volverse insensible, hecho una máquina cuando llegue a su verdadera mayoría de edad.

Sí, niños de élite, aparentemente formales y ejemplares, contenidos en demasía, sin explayar sus travesuras durante el largo tiempo infantil perdido. Y ya se sabe que, lo que queda dentro habrá de expandirse cuando ya no pueda controlar más la fuerza de su naturaleza, encerrada durante años. Y es que, algo muy grandioso perdieron, la infancia.

Muchos jóvenes, se ven cada vez más encaminados hacia el negro futuro de la perdición, cuando todo ya dará igual, porque se le han pasado las oportunidades, hasta la de ser padres. Con gobiernos desinteresados y millares de predicadores de incrédula palabra, que deberían morirse de vergüenza por desatender a la juventud, en especial a la mujer, la más desfavorecida. Utilizada como icono de la inmoralidad en ridículos sermones, pobres en sabiduría popular, en los que excusan señalar al hombre como el principal problema social. Cada vez más necio y autoritario, por la sin razón religiosa que acota la libertad femenina y la desprecia radicalmente en algunos países.

Afortunadas las mascotas, que apenas tienen que reivindicar y son mejor tratadas que la mujer, que no nació para ser prostituta. Pero se encargaron las religiones de que lo fuera, al excluirla de sus derechos, al tiempo que se hacen consumidores de la dignidad femenina y como malditos usurpan su alma. Son todos, grandes abortistas de derechos y libertades. Son cerebros petrificados, caricaturizados de bravos borregos por el mal.

Hay muchas personas que por medio de organismos humanitarios, llevan a cabo la benefactora acción de ayudar a mujeres sin recursos ni defensa, ante una posible maternidad oculta, por miedo a los seres que dicen quererla mucho, sus padres. Que miran con gran deshonra y desgracia familiar el embarazo de una hija soltera. O por decidir casarse con la persona que más le gustaba a ella, sin consentimiento de su obcecado patriarca, al que económicamente le convenía más otro.

Hay por otro lado, hombres de etnias incultas y sin gran consciencia, incapaces de elevar el desarrollo moral y colectivo de su gente, cuyo credo religioso prohíbe adquirir contacto cordial con otras civilizaciones. No ayuden éstas al enriquecimiento cultural y moral de su clan, muy acostumbrado a pastar como cabestros por cualquier prado y a montar a la que se le ponga por delante.

¿Y cómo acabar con cierto grupo de individuos con mente enfermiza, que venden a sus hijas o las obligan a casarse contra su voluntad, excusándose de no tener con qué alimentarlas?... Habría que castrar a todos estos irresponsables, antes de que monten a sus mujeres como si fueran burritas del campo, que siendo así, ¿cómo no va ser más necesaria la educación que el comer?...

Para ello, serían necesarias muchas escuelas, ubicadas en barrios incívicos de todo el mundo. Allá donde haga falta movilizar a los más salvajes para que despierten sus conciencias. Que sin reparo ni impunidad, acostumbran a maltratar a las féminas siempre que les apetece dar rienda suelta a su instinto más bajo.

Para acabar con esta lacra social, es urgente y necesario que algún personaje de gran peso moral como lo es Su Santidad a modo de patriarca universal, exija a todos los gobernantes del mundo, tomar entre todos, mayor concienciación al respeto. Con sistemas educativos más concretos para acabar desde párvulos con la deshumanización salvaje. Ayudándose económicamente entre unos países y otros, por tener una repercusión o afectación a nivel mundial, en la vida de cada madre e hija, ya que ambas sufren por las dos y por la demás prole también.

Hay personas dedicadas a los centros humanitarios que son verdaderas practicantes de la doctrina de Cristo, dedicando su tiempo a ayudar a muchas mujeres en apuros, sin familia. En ocasiones, abandonadas por unos padres fanáticos religiosos, que suelen echar de casa a su propia hija soltera y embarazada. Por sentir vergüenza de ella, al romperles el molde de su pestilente honor familiar, inculcado por la inconsciencia religiosa, fría y nada humana. Pero que, al hacerse mayores y por muy escrupulosos que hayan sido en su beatitud, no se librarán de necesitar también algún día de protección. Viéndose obligados, años más tarde, por determinadas circunstancias, a vivir el resto de su viejez, bajo el amparo de esa hija y ese nieto o nieta, que tiempo atrás despreciaron por su ridículo fanatismo. Y a los que no se les condena por haberles negado protección, que los llevó a cometer un doble pecado, aún más abominable que el aborto en sí, como es el abandono de la sangre de su sangre. Dos seres en apuros que, posiblemente, no tendrán el mismo valor de abandonarlos a ellos, cuando les llegue la vejez y estén inútiles como un vegetal o sólo den trabajo. Lo que debieron haber hecho entonces y no hicieron, dada su despiadada e inhumana educación religiosa, como se conocen casos de padres con dura mollera fanática.

Hay otra clase de padres que rechazan la homosexualidad de alguno de sus hijos, que se supone no eligió ser lo que es y lo desprecian sin compasión. Y no digamos aquellos que, por ocultar a sus hijas embarazadas en auspicios religiosos, deciden por ellas el futuro de sus nietos, conviniendo con monjas de falsa caridad, afanadas en esconder el pecado con la adopción y venta de las pobres criaturas. Engañando a sus madres legítimas con una supuesta muerte de sus bebés, sin ser penalizadas de delito, ya que todo está permitido a las siervas de ¿Dios?..., o ¿del diablo?...

Por causa de esta gran farsa `caritativa´, es por lo que hay tantas madres desesperadas buscando aquél Ser, que con tanto amor llevaron en sus entrañas y en la más difícil de las situaciones. Que a pesar de las dificultades que pasaron muchas de ellas, nunca quisieron abortar, ni abandonar. Todavía hoy, muchas de ellas viven desasosegadas, deseando encontrar aquél hijo o hija que un día desapareció de su vida porque otros decidieron por ellas.

¿Cuál de los males es el más ruin? ¿El de abortar o el de vender un pequeño ser como mercancía?... Ninguno es bueno, pero que juzgue Dios. Ambos causan mucho dolor y denigran a la persona que mal obra. Si lo analizamos bien, puede que la maldad de vender un Ser, sea de mayor delito que el acto de abortar por la propia madre, que nunca se sabe qué locura le entró. Nadie desea nacer para ser vendido después.

No olvidemos cuidar bien de la madre soltera mientras esté encinta, ni de aquella después de robado su hijo, no vayan a enfermar y volverse locas. Estos son dos grandes delitos, tibiamente contemplados por la justicia y del que apenas se habla: el abandono de una joven embarazada, por parte del hombre o de los padres de ésta, y la adopción o venta de niños sin conocimiento de su madre.

Algunas autoridades, influenciadas por la educación religiosa, siempre han puesto de lado los problemas de la mujer, como siendo la única culpable de todos sus males.

Las instituciones religiosas, donde la mujer vale menos que diez ceros a la izquierda, se creen a menudo con derecho a decidir por ella cuando es soltera, hasta en deshacerse de sus hijos a cambio de un fajo de billetes. No la respetan como se merece, ni toman en serio sus deseos y opiniones. Y si está soltera o divorciada, más rechazada es por la curia y más razón para justificar la venta o adopción de sus bebés, cuidados por la beneficencia de auxiliadoras monjitas.

Hay muchas madres sofriendo por tantísima injusticia, mientras buscan sin saber por dónde a sus hijos, que otros se encargaron de vender bajo la diabólica caridad de estas religiosas. Contra quienes el Vaticano debería tomar cartas en el asunto y ayudar a estas madres a rencontrarse con sus hijas e hijos legítimos, robados. Aunque es de suponer, que ni siquiera estarán por la labor de escucharlas, ni dispuestos a creerlas por falta de consideración hacia ellas.

Es mucho más grave, la venta, el desprecio y el maltrato, que se le da en vida a un inocente que el aborto en sí, pues hasta es muy improbable, que un feto, cuyo sistema nervioso esté aún sin desarrollar del todo, pueda sufrir por unos instantes. En cambio, durante toda su vida, sí que sufre y mucho, toda clase de injusticias y apaleamientos. Y cuando no, son vendidos como rosquillas, casi siempre, bajo el poder de personas que, más que practicar caridad hacia los demás, lo que hacen es, practicar la caridad de su dios dinero, obteniendo poder a costa de estos inocentes.

Sí, porque el poder, no está tanto en sus oraciones como lo suele estar en la vil moneda de cambio. Y por mucho, que en sus discursos, hablen de atesorar para el cielo con buenas obras, en realidad, sus consejos, van dirigidos a los demás, a que estiren la mano hacia sus cofres de limosnas, dispuestos a modo de recaudar para obras de cemento y no tanto para beneficencia.

Hay quien defiende con protestas y pancartas la vida de un niño, pero después de que nazca, a pocos les importa mucho su vida cuando es maltratado. O mientras corre agarrado a su madre, huyendo para morir después a balazos, váyase a saber en qué maldita contienda. Pero a esto, no lo llaman aborto.

¡Es la guerra! —Acostumbran a decir estúpidamente—. La guerra, es el mayor monstruo abortista de vida, con responsables detrás que salen inmunes de condena sin ser perseguidos ni juzgados, como hacen con las abortistas que las juzgan.

Hoy por hoy, es imposible saber lo que podría desear un feto; si nacer en un horrible medio, lleno de hipocresía y sufrimiento, para años más tarde salir huyendo de una guerra mar adentro..., o si morir sigilosamente en el vientre de su madre. Después de haber sido fecundado, gracias al vigor de vida de dos elementos principales que, inicialmente, lo van a constituir. Y cuyo vigor, efectivamente, forma parte de su imperante deseo de nacer, por tanto, se le debe respetar que nazca.

Cuando un Ser, no está lo suficientemente apto como para seguir adelante con su vida, su misma naturaleza inteligente deshace su desarrollo. Pero en el caso probabilístico de que pueda nacer con enorme deficiencia física o psíquica, o en el caso de no ser deseado por unos padres ansiosos de abortar y que, como es obvio, él como feto, no puede determinar que elección tomar en su desarrollo embrionario; entonces, instituciones humanitarias y gubernamentales, deberían tomar cartas en el asunto, mediante una ley proteccionista que pensara por él. Que lo defendiera de cualquiera deshumana decisión, discerniendo con piedad, sobre lo que es más noble para su futuro crecimiento, dejándole vivir o morir dignamente. Ejecutando leyes que respecten y protejan debidamente su vida desde el antro materno, de modo a estar bien atendido y no ser víctima de indeseable maltrato, aborto o asesinato.

Siendo así, se le podría llamar *verdadera ley humanística de protección al no nato o ley antiaborto.* Porque de no ser así, se estará incurriendo de algún modo en el mismo delito, por falta de protección y ayuda. Que mientras se está desarrollando ya debería contar con protección ante unos padres inmaduros.

Nacer en manos de la desdicha, es nacer para la desgracia y nada más que para ella. Se dan muchos casos de niños desatendidos, proclives a ser utilizados para carnada de víboras. Mientras vemos cómo los gobiernos se vuelcan con la protección de animales en plena floresta, bajo el peligro del hombre, como lo están muchos niños, nacidos bajo el mismo desamparo, con riesgo a ser utilizados para el más vil de los vicios, la pederastia.

Directa o indirectamente, las autoridades gubernamentales, son de algún modo también abortistas por no poner más medios para evitarlo. Por no salir en su rescate, tanto cuando está en el útero de una madre en situaciones críticas como cuando deambula por ahí entre guerras. Y por no haber dado mejor educación a los jóvenes, ni haber puesto más a mano, medidas anticonceptivas para evitar que se reproduzcan sin responsabilidad y nazcan hijos al azar en un seno familiar de inconscientes padres. No acaben por ser raptados por malditos pederastas o vendidas como esclavas y puteadas en salones de sexo. O arrinconados en claustros monacales, por no haber con qué crearlos, que siempre será preferible que acabe como penitente servidor de algún que otro abad prior, deseoso de vivir servido como dios.

Se da mayor valor al vil metal que a la vida misma. Y como se sabe, hay quien arriesga más la suya, por la fiebre del oro que por la vida de nadie.

Que no baste sólo con decir: ¡no al aborto!, por parte de las autoridades, pero sí, que cada gobierno, conjuntamente con aquellos progenitores irresponsables, controlen el buen desarrollo de esa criatura y su posterior educación hasta la etapa de la adolescencia, evitando así el fatal desenlace. No vaya a ser uno más, de los muchos que vagabundean por ahí a causa de una marginación inmerecida, por falta de atención y afecto familiar.

Con ello, todos demostrarían lo sensibilizados que están por los casos de aborto. Y si es un delito que preocupa tanto a gobiernos como a obispos, ¿por qué no se implican humanamente más y educan mejor para que este hecho no sea frecuente?...

Si tanto les duele la muerte de un niño, deberían apresurarse a protegerlo de cualquier crueldad hasta la adolescencia. Igual que lo hacen, cuando tratan de evitar que cazadores furtivos maten a ejemplares cachorros que corren peligro en la selva.

Los niños, deberían estar en primera línea de preferencia y no las fieras que no necesitan cuidados, son autosuficientes. A no ser, que intervenga la mano de algún despiadado sobre su hábitat y las aleje de su naturaleza protectora. Si los animales necesitan de cuidados, es porque el hombre los enjaula, enferma, hiere, envenena o mata. Igual que lo hace con su semejante, cuando lo convierte en su víctima y la enferma a base de productos tóxicos o la hiere con sus armas y la ataca con toda su fuerza para violarla y maltratarla despiadadamente.

El hombre bestia está loco y enfermo, hay que sanarlo recetándole buena educación y mucha disciplina. También premiarlo, cuando por su altruismo, se dé el caso, no se desanime, en el intento de ser lo que debería ser; un hombre que se comporta bien con todos los seres vivos de la tierra, del mar y del aire, empezando por tratar mejor a su semejante.

Cuanta preocupación y presupuesto se destina para el cuidado de animales en cautiverio, debiendo vivir en condiciones de vida salvaje. Y en los zoológicos, cuanto cariño y atención para que las hembras estén bien alimentadas, bien cuidadas y puedan nacer sanas sus crías, que de nacer en su hábitat natural, no necesitarían de tanta asistencia. En cuanto que, a millones de niños, les falta la protección que por derecho deberían tener antes de nacer. Y muchos, ni siquiera la tienen después de haber nacido, cuando mueren huyendo de un habitual campo de batalla. Tiroteados a la puerta de sus casas por la indiferencia de aquellos que: por un lado, matan a inocentes en sus guerras y, por otro, rescatan a animales de morir en la selva. Y que, cuando se aburren, juegan a ser conservadores de moral contra el aborto. Posiblemente, después de haber ido a puticlubs a fecundar como salvajes. Muchos, ni saben cuántos hijos tienen por ahí, cuando con grandes pancartas salen empavonados en un elevado grito de ¡no al aborto!

La diferencia está en que la humanidad, por ahora, no está en peligro de extinción. Mientras tanto, el aborto, va quedando en un simple delito rutinario, por el que no se esmeran demasiado en ayudar a evitarlo, con tanto método anticonceptivo a su alcance. Pero en condenarlo sí, con la aparente *moral* de una farsa religiosa, que lo mismo se declaran antiabortistas que desaprueban dichos métodos. O bien se quedan sin repudiar a los autores de enormes masacres con bombas, causando miles de muertos inocentes. Y que deberían condenar, con la misma indignación que demuestran en las manifestaciones antiabortistas. Pudiendo por otro lado, colocar carteles de protesta en sus parroquias por todo el mundo, demostrando estar contra la matanza de millones de mujeres y niños, abortados bajo morteros de fuego, que es de mayor delito y no consta que lo hagan, ni fuera de los templos, ni a pie de ningún altar.

¿En cuál de las iglesias más cercanas, hemos visto alguna vez, protestas escritas contra abortos causados por las bombas o contra la venta de armas abortistas de vida?... ¿Acaso no es el mismo pecado, para las religiones, matar a los niños que corretean por ahí?... ¿Qué diferencia hay, entre matar con explosivos o abortar?...

No sólo los bisturís abortan vidas, también las bombas y las armas asesinas. Muchos médicos, son perseguidos por practicar tamaña carnicería en sus clínicas, hasta prohibirles ejercer como tal, pero a los abortistas bélicos ¿quién los persigue y condena?...La farsa política y religiosa, caminan de la mano por intereses comunes y cierran ojos ante millares de abortos de este tipo. Excepto con las abortistas, con ellas se las dan de hombres defensores de vida, llamándolas asesinas de la carne de sus propias entrañas, que mayor daño les hace el aborto a ellas que al propio feto. Pero esto, poco les importa a los moralistas de enseñanza religiosa, que viven de la numerosa prole y pobreza de otros, acabando por beneficiarse de los hijos de Dios más que la madre que los parió y sufrió por crearlos. Lo que les preocupa, es quedar con sus colegios vacios, sin saber qué hacer, sin niños armando alboroto por los patios. Sin ellos, se les acabaría el chollo de la religión, su modo de vida. Necesitan niños para llenar colegios, que son una bendición de Dios y llenan las arcas, por lo tanto, deberían de ayudar a crearlos mejor.

`` ¡Dejad que los niños se acerquen a mí!´´ De esta frase, se valieron muchos predicadores, para hacer caer a los padres en la trampa de confiar en ellos, la tutela de sus hijos.

Los acomodados sermoneadores de iglesia, deberían salir del pulpito a la calle, a condenar el sin fin de abortos canallescos, llevados a cabo con el armamento militar. Pero no, no es así, se dejan llevar por la corriente política más favorable, precisamente, porque son falsos religiosos que siguen la voluntad del dios gobierno que más les favorece. Mientras se dedican a la sacrosanta industria de múltiples reliquias y librerías de religión, además de a la enseñanza concertada. Por este motivo, tienen interés en llevarse bien con cada gobierno de turno, sea él cual fuere, a cambio de no echarse arengas por inmoralidad, unos a otros; no tocando el tema del gran desmadre global y sus múltiples pecados: la corrupción y las guerras asesinas. Y a no ponerse de parte de la población para apoyarla o defenderla. Con tal de salvaguardar su inmenso patrimonio eclesiástico, sin pagar impuestos. Y no sólo, sino que, además, condescienden en lo de atemorizar con un supuesto dios enfurecido y de su misma talla, para castigar tanto al rebelde como al que reclama justicia. Y algunos, hasta se atreven a echarles una mano a su gobierno, dando mítines políticos desde el altar de cualquier iglesia. Donde sólo deberían predicar el evangelio y llevarlo a la práctica con amor, como lo hizo Cristo. En la calle, al lado de miles de personas, cuando luchan por injusticias políticas, por la desigualdad salarial, por el derecho de los pueblos y demás problemas sociales, que hay muchos, sin voluntad de ser resueltos.

En África y otros pueblos remotos, gobernados por el diablo, los animales en peligro de extinción, viven más protegidos y mejor cuidados que la población, víctima de una realidad que parece no tener fin. Que forma parte de la siempre eterna inconsciencia, que permanece inalterable dentro del cerebro de sus hombres, cuyo razonamiento milenario, da preferencia en salvar antes a las fieras que en librar a su gente de morir de hambre. Creada por él mismo, visto que no hace otra cosa que follar y matar, como si sólo valiera para eso, procreando sin tener con qué alimentar a sus criaturas. Que nunca debieron poner pies en tierra tan hostil, llena de contrastes y contradicciones, para ser menos valoradas que cualquier especie exótica. Y que, además, repuebla tanto como ellos, sin poner medidas. Mientras, exploradores y misioneros, acallan, por convenirles un mayor número de población, dándoles lo mismo que nazca bajo cualquiera condición. Como el de vivir un destierro en brazos desnutridos de sus pobres madres, que ya no dan más de sí. Olvidadas por los hombres, que se desviven en repoblar tierras a millones de años luz de distancia, para huir e ignorar esta otra realidad, en vez de buscar medios de encontrar agua y hacer proliferar la agricultura y acabar así con el hambre.

Y resulta contradictorio, ver como en Europa, tanto gobiernos como religiones, viven preocupados por el descenso de la natalidad y como condenan el aborto, so pena de cárcel y excomunión. Habiendo como hay, por este mundo fuera, millones de seres que se caen de flaqueza o viviendo de la prostitución para poder comer. Que mejor favor les podrían haber hecho, si no les hubieran permitido nacer para esta vida de perros, por la que a muchas personas les toca pasar. Mientras, miles de degenerados soldados, andan por no se sabe qué maldito lugar, donde al parecer, ni Dios se asoma, por no ver cómo aniquilan a millares de criaturas. Barbarie religiosamente silenciada y tolerada, por patriarcas lame pies de señores de la guerra que se acercan a recibir bendiciones. Y por cuyos gobiernos, mantenidos, a cambio de callar sermones de moral contra su oscuro modo de matar y hacer política. No obstante, la hipócrita sociedad religiosa, sigue rezando para que suba el índice de natalidad y se llenen de tan vacios sus colegios. Pero eso sí, que los críen sus pobres madres a costa de lo que sea y como sea. Y aunque no tengan, quién las ayude a crearlos..., no importa, cuanto menos tengan para comer, antes entregarán a sus hijos para servir a sus congregaciones, a cambio de que les den apenas de comer y no mueran. ¡Tela!

No hay, en este caso, tanta defensa para un niño, cuando se encuentra en iguales circunstancias de peligro que un indefenso cachorro salvaje, para el que sí se destina un enorme presupuesto para protegerlo y evitar que muera a balazos de un furtivo cazador. Mientras, a ellos, se los va matando junto a su familia en plena guerra salvaje de al lado, o bien se les obliga a ir en barcuchas mar adentro. Que de liquidarlos se encarguen las fieras marinas, como método ecológico de hacer desaparecer desdichados cuerpos.

Lo mejor es resolver dos problemas de una sola vez: matar y eliminar, induciéndolos mar adentro para que se ahoguen, hacia los temibles tiburones que se encargan de todo el trabajo de exterminio por ellos. De tal modo satisfechas estas fieras marinas, que han de comer menos bancadas de peces, que hay cada vez menos para pescar y repartir. Pudiendo los tiranos decir después que ``*no hay mal que por bien no venga*´´, es decir: mayor abundancia de pesca a la red. Sí, a cambio de haber menos personas a la mesa a comer, engullidas por los insaciables monstruos bajo las oscuras y frías aguas.

Esto mismo, es lo que han hecho siempre en las guerras: lanzar desde aviones de combate a los opositores a un determinado régimen y exterminarlos de una sola vez en medio del océano. De esto, saben mucho los militares y telegrafistas aéreos, cuando sobrevuelan en servicio de aniquilaciones de personas detenidas en tiempo de guerra, entre otras negras hazañas, que cometen por todo el mundo y silencian. ¡Tela!

Se podría decir, que ``*no hay mal que por mal no venga*´´ contra la vida de estos satánicos, a los que les espera una grandísima tribulación eterna, por tanta crueldad a su semejante.

Es menos ingrato morir en el dulce vientre materno que ser linchado de cualquier otro modo. Y es que, el aborto, es de entre los actos criminales, el menos terrible, si lo comparamos con otros modos más indignos de morir. Como cuando se ahogan en el gran vientre marino de la madre tierra, al atravesar su inmensurable agua salada, al huir de la maldad infernal de los malditos canallas.

¿Para qué molestarse en nacer, si al de poco arremeten contra la vida de cualquiera y la machacan despiadadamente más?... Si los todavía no nacidos, fueran conscientes de la tremenda situación de vida que a muchos les va a tocar vivir, o de la forma terrorífica en que irán a morir después y a sabiendas pudieran elegir..., posiblemente, elegirían ser abortados en el tranquilo vientre de su madre.

—*Aprovecho para decir a toda mujer joven sin experiencia que, abortar, no es la más noble de las salidas. Que tarde o temprano el recuerdo de tan innoble practica, minará su psique, deprimiéndola en el dolor de un recuerdo imborrable que las acompañará siempre. Que aunque aborten, seguirán de algún modo siendo madres de un hijo que seguirá viviendo en otra dimensión, sin dejar de implicar una gran carga emocional de por vida. Un hijo, aunque sea creado con muchísimo esfuerzo, siempre trae gloria, sin embargo, el aborto, trae con el tiempo, desdichas amargas y para siempre. Siendo preferible un embarazo no deseado, que cualquier enfermedad o cáncer, como concepto de desgracia, por poner un ejemplo.*

Lo mismo digo a los provocadores de guerras: sus almas difícilmente tendrán sosiego eterno. Quedan marcados para el resto de sus vidas, perseguidos en su conciencia por el clamor de los justos que más adelante les fustigará, pues la memoria es imborrable. Y aunque, mientras vivan, lleguen a padecer de Alzheimer, en la otra vida se acordaran nuevamente de todo, por recuperación de la memoria que permanece en el tiempo, dentro de su disco duro cerebral, la mente.

Todo queda registrado en el inconsciente colectivo del cosmos, la gran memoria o archivo universal, donde un día se encontrarán con los justos ante Dios. Nadie muere realmente, pasamos por la metamorfosis físico-espiritual, de halo inteligente, que hace posible su desarrollo por un tiempo y la desintegración después. Más tarde, lo que queda acá, no es más que nuestro gusano cuerpo que alimentará a otros gusanos, si es que no nos incineran. Pero nuestro verdadero Yo, que ya formaba parte de un todo como un ser individual, seguirá ajustado al karma de cada conciencia inmortal.

Es muy habitual, ver como algunos gobiernos emplean más su tiempo en el afán de pensar, cómo acabar con el terrorismo que en cómo evitar que sus futuros hombres acaben más tarados de lo que ya están. Y de que niñas y niños, reciban conjuntamente disciplina moral, para llegar a tener grandes personas de bien que reflejen civismo y rechacen todo tipo de violencia, como el aborto, la guerra y mucha basura más. De tal modo que, en clase, aprendan entre compañeros y se exijan unos a otros a tener el mismo respeto e igualdad que aprendieron juntos. Por valores que engrandecen a un país y llevan a las naciones a respetarse unas a otras, sin andar invadiendo tierras de nadie, movidos por la ambición de robar, como siempre ha sucedido a lo largo de la historia y que atrajo mucha desgracia a Europa y al resto de países.

De este modo, se acabará con el terrorismo, cuando se respeten entre sí todos los países y ninguno esté pensando en cómo machacar al otro. Se acabará con todo tipo de lacra social, tanto política como de género, suponiendo que dicha educación sea eficiente.

Está claro que, en muchos centros de educación, no se forma debidamente a los jóvenes, cuando ambos sexos son separados en clase, donde deberían aprender juntos los mismos valores que atañen a todos por igual. En especial, sobre determinada realidad de vida en pareja, cuando por obligación, toca compartir responsabilidades entre dos. Inculcando a ambos, derechos de igualdad, responsabilidad, deberes y obligaciones conjuntas, sin la posesión de uno sobre el otro. Y tengan más en cuenta que, los derechos y obligaciones de uno, son también los del otro en igualdad de condiciones, evitando declinar, únicamente, sobre la mujer, la responsabilidad de un embarazo no deseado.

Y responsabilizarlos también a ellos por aborto, debido a una inadecuada relación de pareja, que tendría que ser más implícita en deberes y obligaciones, si tuviera bien claro, cual *tiene* que ser su compromiso en cada situación. No, cuál *debe* ser su compromiso. El *deber* no obliga, por mucho deber que sea. En cambio, el *tener* compromiso en una relación, es estar obligado a *tener* responsabilidad.

Queramos o no, hay determinadas situaciones en la vida de una pareja que la obligan, cuando están relacionadas con hechos que sucedieron a partir de una relación carnal y, por tanto, de su exclusiva competencia. Como en el caso del aborto que, en principio, comienza por ser responsabilidad de dos personas. Ambas culpables de delito, aun cuando la decisión la tome la mujer a consecuencia del desinterés de su pareja por el feto.

No hay hombre, ni mujer, dueños de ser humano alguno. No son creadores de vida, ni tienen licencia para matar, por tanto, debe cuidar que no muera nadie. Y menos jugar a relaciones sexuales como si fueran animales.

Normalmente, en las manifestaciones antiaborto, las pancartas van dirigidas a mujeres. Es como si el aborto sólo tuviera una cara, cuando tiene múltiples causas y cómplices. Hay que dirigirse también directamente al hombre, pues una vida es asunto de dos, no únicamente de una. Y a los que lo practican como negocio rentable en sus clínicas, también. Que en vez de ayudar a la mujer, lo que hacen es vivir a su costa desgraciándola aún más.

Deberían los antiabortistas salir a la calle todos los días, con enormes pancartas a protestar por la muerte de niñas y niños en las guerras. Y por las escarnecidamente violadas y vendidas, millares de ellas para la prostitución, cuyas madres, ¿quién sabe? si anteriormente no habrán sido prohibidas de abortar. Acabando también sus hijas, como producto carroñero para clientes de lo terriblemente inmoral. Teniendo ellas solas, que hacer frente a su desarrollo con gran esfuerzo, para que más adelante les maten y maltraten a sus hijas e hijos de aquella horrible manera. Como a indefensos perros en una maléfica y estúpida cacería de hombres en guerra, donde da lo mismo de donde venga la carnada para locos militares psicópatas.

Es muchísimo más grave esta ignominia que el aborto, por medio del cual, una madre, rechaza que su hijo nazca en medio de una triste situación de vida, muy difícil a veces, por escasez económica y falta de apoyo afectivo, a la que muy pocos están dispuestos a ayudar.

Aunque ninguna de las opciones nos guste, el aborto no es el peor de los crímenes que, en ocasiones, como acto de *`piedad´* más vale ser abortado en un instante que mal deseado y mal tratado durante larga vida. O agonizar durante horas en un hospital, herido por las balas del soldado de turno que anda siempre por ahí jugando, bien con granadas o armas de fuego. Juego predilecto de imbéciles hombres, mutiladores de miembros, aplastadores de órganos, decapitadores de cabezas, destructores de vida, amigos del caos y de un infernal modo de vida.

La cuestión no es, ser o no, antiabortista, sino velar por la integridad y dignidad de la vida antes y después de nacer, cuidando de que no la desprecien, ni la destruyan por ahí. Sólo de ésta forma, puede una persona considerarse defensora de vida.

Por nacer, nacen también los animales para los que no hay slogans antiaborto. Pero hay, sin embargo, suficientes veterinarios preocupados, vigilando con especial seguimiento para que nazcan bien y se críen sanos. A diferencia de muchos niños abandonados. Y mientras unas personas protegen a los más indefensos, otros los aniquilan sin piedad. ¿Quién beneficia a quién con tanta matanza?...

¡No al aborto y no la guerra! ¡No a ninguna forma de aborto! Moralmente, ¿de qué nos sirve protestar contra los abortistas, si no protestamos también contra miles de asesinos de guerra?...

No hay madre capaz de matar a sus hijos, si no es por enajenación mental, causada, en la mayoría de los casos, por el abandono del hombre que la deja tirada. Cargada de tanta responsabilidad, impotencia y miedo, debilitada por tanto dolor, ante un hijo que aún no conoce y por el que hipotecar su vida sin estar preparada para afrontarlo sola. Que unido a una sensación de fracaso terrible, rechaza el nacimiento de una pobre criatura en medio de tanta irresponsabilidad, engaño y desamor. Y que, a consecuencia, va entrando lentamente en depresión y locura, frente a un futuro padre cobarde, que lo más seguro es que pase del niño sin importarle un rábano su vida.

Sí, debería haber más caza a estos insensibles, aunque sólo fuera para obligarlos a hacerse cargo de la manutención de su hijo. Y a ser consecuentes, no vuelvan a hacer de las suyas con otra mujer, mientras van haciendo abuelas forzadas también a sus madres, con carga de nietos a los que muchas veces tienen que alimentar, cualquiera sabe con qué economía. Por causa de estos despiadados, que abandonan a sus hijas embarazadas sin importarles su hijo para nada, excepto, cuando fracasan en su relación de pareja y la mujer es quien pide el divorcio. Entonces, sí pelean por ellos, sintiendo de tal modo el derecho a tenerlos que, en ocasiones, hasta llegan a matarlos, antes que perder su custodia y ver herido su ego machista.

Hay muchas madres por ahí, hechas abuelas sin desearlo, con hijas solteras y, por si fuera poco, con la inmerecida carga de alimentar y cuidar de los hijos de estos inconscientes. Y de las que nadie cuida que no les falte de comer, que seguro se quitan de su boca para que coman sus nietos a costa de empobrecerse ellas, llegando a una triste y desnutrida vejez que, como se sabe, favorece a la senilidad.

Pero nadie se fija en todo esto y el fugitivo va disfrutando de buena vida en busca de más fantasías, sin cargas familiares, mintiendo y haciendo infelices a otras mujeres. Cayendo en el mismo error aquí y allá, una y otra vez, por no sentir tras sus pies ninguna ley aplacante, que le reclame responsabilidad paterna y lo ponga en su juicio. Y es que, las leyes, están hechas por el hombre y a su semejanza, favoreciéndole más a él, permitiéndole ciertas libertades, mientras se compadecen, identificándose unos con otros en sus mismos devaneos.

¿Quién le dice a esa pobre madre que, después de crear sola a ese hijo y cuando se haga mayor, además le va a tener que explicar el tipo de animal que fue su padre?... ¿O que la vida de ese hijo que con tanto sacrificio creó, no lo matarán años más tarde en la contienda de una maldita guerra a balazos o a palizas en manos de un despiadado policía?...

¿Y quién sabe si, por derroteros del destino, no lo convertirán en juguete a manos de algún religioso pederasta, que otrora se manifestó contra el aborto?... ¿O si no acabará secuestrado, vendido, violado y utilizado como inocente angelito, en manos de no se sabe qué tipo de bestia?...

Me pregunto qué es peor... ¿ser abortado en el cariñoso vientre de su madre..., o vivir en medio de toda esta inmundicia, en el mayor de los martirios?...

Contra todo esto, sí deberían salir los antiabortistas todos los días a protestar, pues cada cinco minutos y en este preciso momento, se está dando tan deshumano terror de inocentes, que caen a diario como ratas entre escombros de infernales combates, o atrapados entre las piernas de algún villano pederasta.

Hay muchos otros tipos de aborto que esta sociedad debería condenar con más frecuencia, como lo son las guerras, donde abortan a diario cientos de vidas humanas y lo mismo violan a mujeres embarazadas que a niñas, hasta reventarlas. Esto sí que es gravísimo delito, y cuán poco se les oye a las entidades religiosas manifestar contra esto.

Lo más terrible que le puede suceder a un ser humano, no es ser abortado en el vientre de su madre, sino maltratado por el hambre todos los días de su vida, ser violada por la escoria humana, vendida, apedreada, esclavizada, mutilada o decapitados etc... Estos son, los más terribles abortos de vidas rasgadas, que te convierte en una verdadera *muerta viviente*, que es aún peor que cualquier aborto, es una humillante cruz a arrastrar. Por lo que hay que seguir gritando sin desfallecer, ¡basta ya hombres malditos!

¿Y las terribles mutilaciones del clítoris?... ¡Qué práctica tan depravada! Imaginemos, por un momento, que esto nos pudiera pasar, o que siendo niños, tuviéramos que aprender a manejar armas y jugar entre tanques y kalasnikovs, o ser vendidas como consoladores de bestias desenfrenadas, deseosas de sexo bruto, como desgraciadamente las hay...

Muchas personas, vemos muy lejana esta bestial posibilidad y nos sentimos despreocupadas. Deberíamos ponernos en la piel del otro, humanamente tan necesario para provocarnos fiereza y salir con ahínco a protestar contra todo canalla, causante de tanta crueldad.

Cabría preguntarles a las madres de semejantes bestias, si ante tan maléficos hijos, ¿no habrán sentido alguna vez, pena de no haberlos abortado?...

La verdad es que, frente a tanta maldad, lo mejor es no nacer, que ser un mal nacido o un desgraciado y tener que padecer la cruda realidad, por mucho que le digan a uno, que la vida es un don de Dios, o que si aquí venimos a aprender.

¿Aprender el qué?... ¿De qué dios hablan?... Si no hay más que guerras, corrupciones, violaciones y toda clase de esclavismo, sin importarle a nadie un bledo. Y si venimos para aprender, como muchos que se dan de sabios dicen, ¿qué enseñan y a quien favorece lo que enseñan, si es que enseñan algo honestamente?...

Sí, enseñan a los demás a no robar, a no matar, a no desear la vida del otro y un etcétera de inmoralidades más. Pero luego, van y se destronan: asesinan, violan y son corruptos, apropiándose de todo y de todos los bienes de otros países y personas.

¡Cuánto engaña bobos se mueve por ahí! ¡Y cuánta basura sectaria! Medio mundo hablando mal de la otra mitad, distorsionando la verdad desde el pozo de la maldad para atraer adeptos a su religión.

Si la vida es un don de Dios, ¿por qué no se esmeran y obligan a respectar con más rigor la vida de cada Ser, que muere a diario, gratuitamente?... Asesinado o maltratado con vida perra y mucha calamidad...

Este triste modo de vivir, no puede ser don de ningún buen Dios, pero sí de un conjunto de locos, en cuyo mundo se ven endemoniados dioses, usurpando como chacales rabiosos aquello que pertenece a otros. Los hay muy poseídos por el mal, que los conduce cada vez más, hacia una mayor locura colectiva maligna.

¡Oh buen Dios!... ¿Cómo es que creas el mundo y lo abandonas en manos luciferinas?...

En las guerras, las personas mueren como inocentes abortados, sin posibilidad de defenderse. Excepto el que las mata, que aunque muera también en ellas, es un gran malvado, por obedecer en vez de desobedecer a sus maléficos jefes. Si no hubiera soldados, no habría guerras, así que todos son culpables de la muerte de inocentes. Son a su vez, crueles abortistas de vida indefensa.

Sin embargo, aunque las guerras no son decisiones de mujeres, como lo pueda ser el aborto, los curas y algunos políticos, a menudo centran más su atención en arremeter contra ellas para condenarlas. En cuanto que, los responsables de la matanza en masa de inocentes por disparos y bombas en zonas de conflicto, andan por ahí en libertad, orquestando de un lado a otro. Afanados en dirigir y describir a su gusto la fatídica y terrible historia que, según ellos, la guerra, la envía no se sabe qué dios para castigar. Que si la victoria fuere de los que vencieren; será porque ese dios está de su lado y les ayuda porque son buenos. Pero en el caso de seren vencidos; entonces es como castigo por los pecados a todo un pueblo, enviado por él mismo dios deseoso de matanza.

No sé a qué dios se refieren, pero vergüenza les tendría que dar, decir esto. Me parece una grandísima infamia.

Se les suele ver rezar en Fátima por la paz del mundo y soltando palomas. ¿Por qué no se autoimponen luchar de verdad por la paz, rompiendo relaciones con los jefes que ordenan hacer guerras?... Y en lugar de recibirlos en la llamada *`santa´* Sede del Vaticano, ¿por qué no les dicen?, ¡basta ya!, ¡no más barbarie!

Que en sus manos está, la obligación de hacer ver a determinados gobiernos, el inmenso daño que hacen y la infelicidad que causan. Para de paso, pedirles a ellos la ansiada paz, en vez de pedirla a Dios, ya que no es Él, quien causa o envía guerras.

Y no estaría de más, aprovechar en una de esas visitas *fulminantes* de los jefes de Estado al Vaticano para aconsejarles cambiar sus armas por arados. E invitarles a arar la tierra, que está sin sembrar en millones de hectáreas de terreno fértil, para meritoriamente matar la hambruna. Porque es a ésta, a quien deben de matar. Empleando noblemente sus esfuerzos en la agricultura, para alimentar a los niños y a sus madres que se siente desnutridos. En vez de dedicarse a masacrarlos en horrorosos campos de trincheras llenos de desolación y vidas abortadas.

Y podamos oír todo el mundo, cómo Sus Eminencias cardenalicias se lo piden. Pero no en privado, que váyase una a saber a qué acuerdos llegan para atraer la paz definitiva. La que desde 1917 viene pidiendo con insistencia la Virgen, que hasta ella baja a pedírsela a los hombres. Y a que recen para apaciguar y ablandar sus petrificados corazones. Pero que nunca llega porque los gobiernos no están predispuestos para la paz. Ni las religiones dispuestas para dejar a las palomas tranquilas. Que a pesar de estar más cerca del cielo que la más común de las aves que vuelan más alto, parecen no vivir sosegadas cada vez que son reclamadas para hacer el paripé en Fátima.

O tal vez, no pase de ser otra trama del negocio que hay montado con la guerra que, por lo que se ve, da miseria a unos y riqueza a otros...

¿Por qué tanta hipocresía?... Ni Dios, ni la Virgen, van a traer la paz. Sólo dan la que cada uno quiera llevar en su interior, si se lo pide para seguir resistiendo tribulaciones. La paz de la tierra, pidámosla al hombre, que es en manos de quien está la guerra y quienes tienen que poner sosiego.

¿O tal vez sí, haya que rezar también por los imbéciles?... Para que Dios les dé descernimiento y se aburran del maldito juego de trincheras, haciendo caso omiso a sus jefes militares, desobedeciendo a sus órdenes satánicas, regresando a casa donde los espera múltiples obligaciones familiares y el cariño de sus sufridos padres, deseosos de abrazarlos.

La paz, llegará, cuando los hombres despierten a una concienciación global, adquirida por el conocimiento de valores que les despierte el raciocinio. Siempre y cuando, se dispongan formadores que entrenen batallones militares para tal fin. Mientras no estén interesados, no se dará dicha evolución, ni habrá proceso de mejoría y seguirá habiendo desorden mundial. Porque es más fácil que los inconscientes se declinen a hacer el mal que el bien.

Mejor si dejan de engañar a las personas de buen corazón que depositan en los santuarios su fe. Los rezos por la paz dejan mucho dinero. Y si la guerra no acabar, mejor, así como se suele decir... ``*no hay mal que por bien no venga*´´; más dinero para agrandar y hacer más lujosas las catedrales, palacios episcopales y amplios santuarios. Que si quedaren vacios, ya se encargarán de llenarlos, haciendo que surja alguna que otra aparición al más hortero estilo de Palmar de Troya o de cualquier obispo, que si fuere con propósito de aumentar la fe, todo tipo de guerra quedará absuelta de pecado y toda mentira será piadosa.

Sí, porque es gracias al dinero que muchos asesinos de guerra quedan absueltos. Menos el pecado de la abortista, que disminuye la natalidad y, por la cual, perjudica a los cuarteles militares que van quedando vacios, sin títeres para la barbarie. Y También los seminarios, que se quedan sin vocaciones para dar continuidad al sacratísimo negocio. Sólo faltaría que, además de morir millares de niños y jóvenes bajo sus manos, también abortaran sus madres.

Los señores de la moral, del orden y del caos, se quedarían sin niños para manipular y matar. Porque la salida de sus armas no tendrían sentido, de no haber poblaciones repletas de seres en situación problemática, que diera como escusa emplear armamento y motivar su aniquilación. Necesitan de países muy pobres y miserables en lucha diaria por la supervivencia, a costa de delinquir y ser cogidos como pretexto de conflictos, para utilizaren sus atroces armas y poner a unos pueblos enfrentados contra otros.

Parecido a lo que hacen en los cotos de caza, cuando no hay suficientes aves para tanto tirador; las crean en granjas de modo artificial, acelerando y manipulando su reproducción, para después soltarlas a punto de mira de las escopetas de otro tipo de imbéciles. Necesitados de demonstrar su hombría matando y orgullosos poder decir, que aman las aves y el deporte de la caza, es decir, aman el deporte de matar por placer.

Cuanta más guerra hubiere, más miseria y sumisión habrá, por tanto, el pueblo, más temeroso de Dios quedará. Y más gente desgraciada habrá rezando, pidiendo por el fin de una guerra que nunca acaba. Y si acabar en un lugar, que empiece en otro. Que sigan los rezos por la *paz* llenando cestitos de monedas para la construcción de nuevos santuarios. Y continúen las fábricas de armamento a pleno rendimiento para seguir aniquilando vidas.

Como en la hipócrita campaña antitabaco que, sin prohibir, concede la libre opción al fumador de vivir o morir envenenado cómo quiera. Al tiempo que avisa que puede producir cáncer, mientras se va recaudando impuestos que, al fin y al cabo, no deja de ser todo un intercambio de intereses. Eso sí, no sin antes haber dejado bien claro a la sociedad de su efecto dañino, no carguen de homicida la conciencia de las autoridades sanitarias por no haber informado. Y en el caso de que los gobiernos llegaran a prohibir el tabaco, tendrían que hacerlo también con las drogas, pero no interesa prohibir lo que recauda tanto dinero. El armamento, el tabaco y la droga, ayudan a mantener un equilibrio global de sobrepoblación, por eso no los prohíben totalmente, son un gran negocio. En cambio, el aborto, que también mata como el hambre, lo condenan de pleno, por necesitar de reponer criaturas, dado sus constantes asesinatos en masa.

Allá cada cual, con su conciencia y libertad de morir, cuándo y cómo quiera, mientras esté en plena facultad de decidir cómo acortar su vida, envenenándose a diario. Pero la cruda realidad es bien otra, cuando recortan alas al libre albedrío de alguien que expresa sus ideas, que dependiendo a quien molesten, son censuradas o retiradas sus obras de inmediato.

Y a diferencia de otras muchas personas que, queriendo vivir, sin embargo, no las dejan. Las desploman como a aves sobre cualquier campo de batalla, al caer muertas por el reventón de una bala de aficionados al deporte de disparar por placer, en combates.

Hay demasiado desalmado con licencia para matar e ir matando, con todo tipo de medios bélicos habidos y por haber a su alcance, tan delictivos como cualquier técnica de aborto y que, en tal caso, no hacen ver que lo sean...

Es inverosímil, ver como gobernantes satánicos, permiten que su población lleve armas encima para ir a trabajar o a la escuela. Gran vergüenza les debería de dar, por lo incivilizados que tiene a su gente, que hasta los niños van armados y mueren en grupo que superan al número de abortados. Mejor cambiar armas por tractores que aren la tierra productiva y maten el hambre.

Con viva voz y abiertos al mundo desde la turística plaza de San Pedro, habría que invitar a los malditos fabricantes de armas y a sus jefes militares que condescienden con la dinámica de tanta matanza, a postrarse de rodillas y rezar en la basílica, por sus muchas vidas abortadas y obtener perdón ante el mundo entero. A los cabecillas del caos mundial, es a quienes hay que exigirles rezar por la paz y a que depositen armas. En lugar de darles bendiciones, como acostumbran a hacer Sus Eminencias vaticanas. Llamar a todo hijo de Satán a rezar de rodillas ante la humanidad, es un deber supremo que todos deberíamos ver hacer, cada vez que llegan al Vaticano a recibir bendiciones. Y en lugar de ver cómo movilizan a multitudes de personas para rezar por la paz, veamos como se la piden a ellos directamente cuando cruzan la *sacrosanta* puerta.

Se hace necesario para el bien común de todos los países del mundo, considerar a un único Dios de cuya filosofía es el amor. Dueño y Señor de la humanidad y de la naturaleza en su conjunto, definido bajo una sola identidad de Padre y Madre de todo cuanto existe. Para de este modo, acabar con el endiosamiento de las religiones y con todo su poder, que ocasionan mucha confusión y desgracia. Organizadas con un sistema político retrogrado, basado en leyes antiguas obsoletas, cada cual con su dios malvado detrás para atemorizar como perro y hacer respetar a cada uno de sus gurús o profetas dictatoriales. Y que nadie tiene la certeza de quienes son, ni qué proclaman más allá ni más acá de los cerros de Úbeda. Y lo sabe menos aún, la humilde y pacifica gente del pueblo de las Hurdes, donde las cabras y las vacas pacen en paz y las mujeres viven libres sin ser molestadas, por ahora. Sin nunca haber visto jamás, predicador alguno perdido por allí que las acose y les dicte como ir vestidas, o les inculque el sentido de pecado mahometano, si es que todavía queda alguna por aquellos inhóspitos lugares para contarlo.

Muy al contrario de lo que pasa con las mujeres en la Índia, donde sus yoguis en constante meditación, violan tanto o más que cualquiera de sus mozos, que les sirven como a reyes. O como en el país de la Meca, donde las mujeres van tapadas como síntoma de lo fieras que son sus paisanos. Los mismos que, arrodillados, imploran por siete vírgenes a su profeta. Y a los que renuncio a llamar hombres por cómo las tratan.

Convendría expandir un sólo sistema educativo humanista, que reuniera bajo un mismo paraguas a toda la humanidad. Y de este modo, hacerla participe de un único compromiso de paz a nivel global para destronar a tanto fundador de confusión religiosa.

Toda la sociedad bajo una misma filosofía, basada en los mismos principios, que recubriera con velo de libertad, de amor e igualdad, a mujeres y a hombres de todas las etnias.

Para sentirse bien consideradas y respetadas entre unas etnias y otras. Y poder acercarse más a su pueblo vecino y ayudarse mutuamente sin enfrentamientos. Y con ello, evitar todo engaño y manipulación sectaria que descarna a medio mundo a diario.

Toda la humanidad bajo un único Señor, creador de razas y culturas diferentes, cuya noción de Ser Libertador, debiera ser igual en todos los países, sin diferencias ni clasismos de ningún tipo. Diferentes, pero iguales bajo el mismo halo, bajo los mismos valores y una sola conciencia, que los llevara a entenderse mejor y a cuidar de la vida con respeto, desde que nace del antro materno hasta que renace al antro etéreo el día que le tocar a cada uno.

Si por un casual se despertaran todas las consciencias adormecidas y pararan a reflexionar con profundidad, sería suficiente para que todo cambiase de manera extraordinaria. E igual que la obra de cualquier artista cuidada con esmero, pasarían también a apreciar y a cuidar la obra de Dios, grandísimo dador de vida que los inconscientes destruyen con abortos, violaciones y guerras.

Que la paz esté muy presente en todos los hombres de buena voluntad, como para reconocer que la guerra y la maldad tienen que acabar en todo mundo y dar paso a la vida, al amor fraterno para felicidad de todos.

SOS

Santidad: en nombre de todas las mujeres del mundo, gritemos muy alto para denunciar los trece pecados capitales más machistas y que apenas se le oye condenar:

1) La desigualdad: las martiriza
2) El maltrato: las enloquece
3) El prisionero burka: las encadena
4) La violación: la tortura.
5) La venta de mujeres y niñas: las aflige.
6) La esclavitud: las humilla.
7) La ablación: las descarna.
8) La decapitación: las desfallece.
9) La ley que las obliga a casarse contra su voluntad: las desespera.
10) La difamación: las descalifica
11) La exclusión: las empobrece
12) La satánica ley de apedreamiento por adulterio: las entierra; no aman a sus maridos.
13) La ley que permite el matrimonio infantil: es de enloquecer de pánico; mueren reventadas por vejestorios demenciales.

Y las que, equivocadamente, se dignan a manifestar que eligen ir cubiertas de la cabeza a los pies para agradar más que ningún otra a su dios; lo que sienten es miedo.

Habría que despertarles la consciencia y decirles que, si fuere de su propia voluntad agradar de aquel modo al Dios de Jesucristo, sepan que, su carcelaria vestimenta, no es del agrado divino, sino del maligno. Y que pueden liberarse de sus cadenas malditas ya.

Y a las demás mujeres que no hemos pasado por estos martirios, el verlas sufrir, también nos afecta de algún modo. Y quisiéramos oír denunciar con ganas desde la maravillosa ventana del Vaticano, las frecuentes violaciones que ocurren a diario en países incívicos, como en la Índia espiritual, tan amiga de las vacas.

¿No habrá en el mundo un batallón de hombres con voluntad suficiente, como para unirse y combatir educando a la vez que reprenden con durísima justicia a toda religión represora, que como célula cancerígena siembran interminable mal?...

¿Qué hacen los misioneros en la Índia y en otros países salvajes?... Que se comprometan más y denuncien en grito desesperado un ¡basta ya hombres malditos!

No se les oye desde los pulpitos a los vicarios de Cristo, sermonear contra todo esto. Ni se les ve mucho defender a mujeres maltratadas por todo el mundo. Como posiblemente lo haría Jesús, si volviera para defender y reclamar los derechos de las mujeres catapultados por las religiones.

Contra esto, es por lo que hay que sermonear con protesta e indignación todos los días, para que lo oiga el mundo entero desde la tibia e indiferente iglesia que Su Santidad representa.

Reclamar a los gobiernos de todas las naciones y exigirles justicia e igualdad, es predicar la verdadera doctrina y no se les oye lo suficiente. Defiendan y cuiden de su rebaño más dócil y vulnerable.

¿Qué clase de pastores tiene en su ministerio, que dejan que el lobo maltrate y asesine a sus ovejas?...

Prediquen espantando el mal que constantemente las acecha, como gacelas desprotegidas ante el cazador, expuestas a ser cazadas como cualquier animal por el mayor de los depredadores furtivos. Y que las religiones son incapaces de concienciar y declinarlos hacia el bien.

Deberían ser más revolucionarios y salir a la palestra a dar ejemplo, condenando toda maldad. Sus sacerdotes, que tienen poder masculino en los músculos y religión en la boca para embaucar; deberían de tener también valor moral para protestar por tanta injusticia contra la mujer y contra tantas carnicerías más.

Evangelizar es dar a conocer las injusticias que Jesús detestaba y condenarlas continuamente en público, cómo lo hacia Él. Y no, cómodamente, desde el interior de ostentosos aposentos, sentados sobre butacas aterciopeladas y mesas de caoba, delante de un crucifijo que representa humildad, lucha y sacrificio por los que viven a la intemperie y sin justicia, como las mujeres y sus hijas, las que más.

También ellas forman parte del mismo rebaño de Cristo, el ungido. Y no por el Vaticano, que quién sabe si llegaría a tener con Él tal reconocimiento, si hoy volviera de nuevo, visto lo endiosada que está la cúpula clerical, que más parecen dioses que servidores de Dios, y de seguro lo tratarían como a cualquier mujer; con indiferencia absoluta.

Como posiblemente harán con esta carta, escrita y enviada por manos de mujer.

DICIEMBRE DE 2014

Sentada frente al televisor, veo y oigo hablar sobre actos terribles de violaciones a mujeres y niñas, con sus caras aviejadas, vestidos rasgados, caras sucias y ensangrentadas, destrozadas por violadores fanáticos, pseudoreligiosos, como frecuentemente se ven imágenes. La mayoría, arrancadas de la tutela de sus padres, secuestradas y vendidas como mercadoría para la prostitución. Apartadas a la fuerza del entorno familiar contra su voluntad, simple y llanamente con la escusa de no querer convertirse al Islán. O por pertenecer a otra maldita religión que, como moneda de cambio o castigo a los que contrariamente se oponen a sus estúpidas leyes, carga cobardemente contra los seres más débiles y menos culpen tienen de su fanatismo *político-religioso*.

Desde el sillón, doy un salto frenético, miro por la ventana al cielo y grito: ¿Señooor, dónde estás?... ¿Hasta cuándo?... ¡No lo permitas!... ¿Tú, que todo lo vez, por qué no haces algo?... ¡Paraliza al hombre malvado!...

Como Su Santidad se debe imaginar, Dios no me contestó y me quedé contraída, tal cual limaco con un carro de sal encima, sumergida en una enorme impotencia y consternación, con los ojos clavados en el firmamento. Como tantas otras veces, me vi hundida en tristeza, reclinada y pensativa sobre el transparente cristal de la ventana y pensando si valdría la pena vivir, mientras miles de criaturas pasan por un terrible e inmerecido infierno.

De repente, a mi mente acuden pensamientos de una clara razón que me dice:

—No es a Dios a quien hay que pedir el fin de las violaciones o de las guerras, sino al hombre que las causa. Pedir a Dios lo que concierne a Dios y al hombre lo que concierne al hombre. Primero, enroscarle bien la bombilla en su cerebro para que le llegue bien la corriente y, sólo después, pedir a Dios que la ilumine.

¿Enroscar la bombilla...cómo?... ¿Qué bombilla?... —Me pregunté—. ¡Tal vez sea ajustar su floja conciencia para que quede bien firme, si es que la tiene, y despertarlo después a la luz para que tome consciencia de sus actos!... ¡Educando de algún modo su mente animal, para abrirla al conocimiento del bien!... —Me contesté—. ¿Pero a mí, quién me va a hacer caso?... ¿A dónde acudo?... —Me volví a preguntar.

Afligida estuve aquella noche por las duras imágenes que acababa de ver minutos antes, que me impidieron conciliar el sueño por la impotencia de no poder protestar contra tantísima injusticia. Y por sentir necesidad de gritar hasta que me oyeran desde una punta de la tierra a otra, un ¡basta ya malditos!, ¿hasta cuándo?...

Mientras intentaba conciliar el sueño..., se me enciende de repente la bombilla iluminadora en mi cabeza, que me dice: —¡ya lo tienes!..., ¡el papa Francisco!..., ¡él es el más idóneo, por ser además hombre de poder!..., ¡el representante de la moral!..., ¡el espejo donde se miran las religiones para imitar!... ¡A él sí, le van a escuchar!... Y si no, a su futuro sucesor que con certeza ha de ser también muy influyente.

Así llevo escribiendo desde entonces, sin saber de dónde me sale todo este modo de reclamarle que grite ¡basta ya malditos!

Pero pensando por un momento en cómo le iría a cargar la cabeza al pobre Francisco, con tanto problema buitre a su alrededor y una carta tan extensa como ésta..., más la cantidad de cartas que tendría para abrir... que a lo mejor ni se la entregarían y acabaría traspapelada, sin ni siquiera leerla..., me empezó a entrar el desanimo.

Después de tirar el borrador a la papelera y recordando por un momento su cara bonachona..., y volviéndome nuevamente aquella fuerza interior misteriosa..., empiezo de nuevo la carta que se hace extensa a medida que la voy escribiendo.

Mientras recordaba cómo Jesús también gritó: `` ¡padre aparta de mí este cáliz!´´ y Dios no le asistió para salvarlo, pues según dicen, Él era el mismo Dios y nada hizo para evitarse ese escarnio..., me fui quedando hecha polvo, pensando que si no deberían haber gritado con bastante más insistencia y ahínco frente a Pilatos, lo de `` ¡basta ya malditos!´´, y si no lo hicieron entonces, como serían capaces de hacerlo hoy. Que es precisamente lo que hay que seguir haciendo, para que paren ya de una vez de maltratar a inocentes, sabiendo que Dios es antiviolencia y no va a venir a violentarse contra todos. Como no lo hizo entonces para defenderse, porque es el hombre quien tiene que decir ¡basta! y aborrecer el mal por sí mismo, para poder renacer cuando despierte de su inconsciencia y reflexione sobre su maldad.

Dios no va a venir a humanizar más al hombre, como lo hizo entonces. No es a Él, a quien hay que pedir que acaben todas las ignominiosas acciones, sino al que las comete. Por eso, le pido Santidad, que grite al mundo de los desalmados.

Dígales ¡basta ya!, pues desde mi ventana el mundo no se ve, ni pueden oír mí voz y, desgraciadamente, ni siquiera me van a hacer caso por el hecho de ser mujer. Desde la suya sí, se ve y le oye el mundo entero por ser usted hombre, al que le prestará atención todo aquel salvaje que no tiene oídos para mujer.

Grite a la bestia que no merece ser llamada hombre, un ¡basta ya maldita! De brava voz, diga ¡basta ya! de violaciones a mujeres y a niñas, de femicidio y ablaciones, de decapitaciones y asesinatos, de venta de seres humanos, de desigualdad y esclavitud.

Que las respecten más y las dejen ser libres, aquellos que las tienen de esclavas o de prisioneras sexuales, porque así se lo exige Dios, que es su verdadero Padre-Madre.

Dígales, que cada vez que violan, maltratan o decapitan a un Ser, lo hacen al mismo Dios, Padre-Madre que se siente hombre y mujer a la vez.

Predicar contra toda aberración desde los pulpitos o morir por condenarla, debería ser el mayor acto de caridad que definiera a una religión de buenos principios morales, cuya sensibilidad la llevara a ir en defensa férrea de mujeres y niñas, protegiéndolas de las brutas y sucias manos bellacas.

Hágales saber Santidad, que también ellas fueron creadas a imagen y semejanza de Dios y, por eso, se las debe tratar con respeto. Que así lo dicta el Señor de todas las criaturas.

Qué poco se oye condenar esto desde el Vaticano y sus iglesias. Parece que tienen ustedes miedo. Se les suele ver dar demasiadas veces la mano a grandes creadores del mal de este mundo.

El verdadero evangelizar de Cristo, se basó en el permanente reprochar de la ignominia. Él, no vino a ser simpático con esta gente, vino a ponerse en sus manos, para demostrar que no es con el mal, ni con la esclavitud, que se arreglan sus mundanos deseos, sino con amor, sin enfrentas ni maldades, y que, además, perdonaran al prójimo hasta arrepentirse de verdad.

Aunque es difícil perdonar grandes males, como las aberraciones Nazis y demás atrocidades parecidas de otros muchos endemoniados jefes de Estado. Y que son demasiadas para poder nombrarlas a todas aquí, aunque ya están muy presentes en la memoria histórica y es del conocimiento de todos.

El dolor de las víctimas es muy grande y aclaman justicia, no perdón para estos malvados. Y ahí está el castigo eterno del no perdón, por tanto dolor causado. No podrán perdonar tanto mal, porque el dolor y la humillación fueron intensos y el estigma gigantesco. Y si las víctimas no perdonaren, el Dios de Jesús Cristo no les perdonará, como bien dijo: ``a quienes perdonéis los pecados, les serán perdonados´´.

Pero si sus víctimas no les perdonaren, cargaran eternamente con el sufrimiento sin posibilidad de redención. No basta con que el sacerdote perdone. El perdón sólo puede venir de la víctima que es quien debe perdonar, si quiere. Y aun en el caso de seren perdonados, no podrán olvidar nunca, hasta conseguir mejorar su purificación.

Dios es el que impone justicia, el que lee las conciencias y dicta sentencia sobre lo que es verdad y lo que no lo es, lo que es justo o injusto. Él, es el que verdaderamente sabe leer las conciencias, pero no es el que castiga. El que sofrió injusticias, es el que castigará, no concediendo perdón a sus masacradores. El no perdón, es el castigo que la víctima impone a su verdugo, que no tendrá paz cuando vea desde otra dimensión el gran sufrimiento que causó, sumergiéndose por sí mismo en terrible desasosiego infernal. Ya que el espíritu aun siendo maligno, tampoco muere, y permanecerá eternamente en las llamas de su acalorada conciencia sofriendo mucho.

¿Cuántas veces, habremos oído decir que Dios permitió la guerra Nazi, entre otras muchas guerras?... ¿O que manipuló a hombres endiablados para castigar los pecados de la humanidad, entre ellos la vida de muchos inocentes?... ¡No! Lo permitió el hombre bestia, mientras las religiones silenciaban y nada hacían en defensa de toda aquella pobre gente. Porque, en cierto modo, les beneficiaba el terror y el sufrimiento de las personas, que acudirían desesperadas y sumisas a sus pies en busca de consuelo, como banco de aturdidos peces atrapados en su red.

Necesitamos verles predicar más contra tanta injusticia, que ahí, es donde tiene que llegar el verdadero evangelio práctico de Cristo. No es únicamente en la actitud moral donde se basa su verdadera enseñanza, sino en la acción, incomodando a los gobiernos malvados y corruptos, haciéndoles sentirse incómodos en sus despachos. Que no duerman como si nada hubieran hecho, aunque cojan manía a los curas por defender al débil una y otra vez de las manos del demonio, que viola, mata y masacra con sus guerras a inocentes que gritan bajo el clamor de la indiferencia.

Así, al menos, lo haría Jesús, que cuando vino no cayó bien a los gobernantes, ni a los de la iglesia de su época que le cogieron mucha manía, hasta denunciarlo como al más canalla de los canallas.

El mayor héroe y humanista de la historia, fue el verdadero Dios y verdadero hombre, bueno y misericordioso, que reclamó justicia para los demás, no para sí mismo.

No tuvo sirvientes; y le dieron trato de Señor... No tuvo titulo; y lo consideraron Maestro... No tuvo ejército; y aun así, los reyes temblaron... No ganó batallas militares; pero conquistó el mundo... No escribió ningún libro; y escribieron por Él miles de libros... No se las daba de sabio; y su sabiduría era infinita...No fundó ninguna religión; y montaron en su nombre miles de ellas. No se endiosó; aunque muchos lo hicieron por Él. No habló de santuario alguno; y en su nombre se construyeron monstruosas catedrales y palacetes.

Sin cometer delito alguno, fue crucificado, muerto y sepultado, para resucitar al tercer día y aparecer de entre los muertos, desde otra dimensión donde reina por siglos de los siglos hasta nuestro encuentro con Él.

El hombre, es el ser más inconsciente y egoísta que, pensando una cosa, dice o hace otra, con tal de masacrar a su semejante. Su mísera ambición, lo domina sin piedad, ni escrúpulos. Por sus obras los conoceréis y no por su apariencia. Lobos vestidos de corderos abundan por todo lado, con anímicas y blancuchas caras remilgadas, con aire de santos en meditación a prueba de sus propias maldades. Cuya apariencia deben cuidar y mucho, no vaya a delatarlos su disfraz, utilizado para tal fin, como lo es la túnica, el hábito, la chilaba o el traje con corbata, entre otros complementos. Como manda la ley del engaño de guante blanco para aparentar, engañar, robar, violar y matar, sin mancharse las manos como el tal Pilatos y sus secuaces.

Hombres de falso poder, que se valen de su filosofía político-religiosa para enmascararse y apresar a sus presas, engañándolas a modo del más vil de los depredadores salvajes. Y poder así, mantener al ser humano más débil entre sus garras mientras le lava el cerebro, que cuanto más joven fuere su presa; más fácil será de cambiar su disco duro cerebral.

En los más jóvenes, no hay todavía grandes ideas preformadas como para oponérseles en contradicción. Así es más fácil la manipulación de convertirlos en máquinas, sin sentimientos ni razonamiento de ningún tipo. Robotizados y con el chip de la obediencia por la obediencia hincado en sus mentes, preparados para cualquier barbarie. Dispuestos para hacer lo que se les ordene, aun a sabiendas de que aquello no está bien, como en las guerras, donde cometen atrocidades de toda índole, sin ningún dolor ni miramiento, hacia su propia conciencia. Así es, cómo matan, violan y roban libertades, persiguiendo a mujeres y a niñas de cualquier edad, dando lo mismo que estén preñadas, como venganza contra los enemigos de sus gobiernos, sin ningún tipo de escrúpulos. Y que después, se les ve a sus representantes en el Vaticano, besando la mano a la eminencia de turno.

¡Indecentes cerdos!, con perdón por los cerdos, que no tienen la culpa y también son tratados bestialmente, cuando vivos aún y como sardinas en lata, son transportados muy apretados y metidos en camiones a camino del matadero. No importa, que vayan poco a poco muriendo, total... Es muy típico ver al hombre, maltratar al animal que le va a servir de alimento.

Igual con lo que hicieron con Jesús, mientras caminaba hacia la muerte, azotado por inconscientes, si comparamos la salvajería del hombre para con su semejante más noble.

Uno de los mayores problemas de la humanidad, es la inconsciencia. Y habría que despertarla e instruirla desde la niñez, antes de que llegara la fiera adolescencia para concienciar a tiempo a los jóvenes a ser solidarios y respetuosos.

Las religiones, son el mayor enemigo y depredador de la libertad femenina y del hombre en general; lo ofuscan e impiden pensar por sí mismo. Lo inducen al pensamiento único de su muy conveniente filosofía, produciéndole ceguera mental para utilizarlo después como robot programado, sometido a las normas y al rigor del voto de obediencia y el silencio.

Si Dios, hubiese querido que todos los humanos pensásemos igual, habría clonado la mente humana; pero no fue así.

Desde los más antiguos escritores de la biblia, hasta el día de hoy, a la mujer la siguen catapultando. Y para la que no hay mayor desprecio que se le pueda hacer a una persona, que excluirla del otro. Cualquiera que sea la religión, que excluya, quite libertad, o imponga absurdos y duros sacrificios a las personas, no es humana.

Hacer religión, es protestar a los cuatro vientos contra toda injusticia y ayudar a las personas desamparadas, humilladas, explotadas, vendidas, violadas, decapitadas, abortadas o asesinadas, etc... En resumidas cuentas: es servir, gestionar y ayudar al hermano o hermana afligida, que se encuentra desatendida por la mal llamada *justicia y defender sus derechos.*

¡No, al racismo! ¡No, a la desigualdad! ¡No, a la violencia de género! ¡No, a la guerra! ¡No, al femicidio! ¡No, a la ablación! Y ¡No, a muchas crueldades más! —Se suele oír a la gente gritar...

Pero también deberían unirse a estas reivindicaciones las personas religiosas, encerradas en sus celdas, como si el mundo les importara poco. Fuera de ellas es dónde está su misión, Dios no los necesita dentro rezando, sino fuera actuando, aclamando justicia e igualdad para todos y dar ejemplo de la religión a la que pertenecen. Que es de lo que se trata, de estar al lado de las personas, no alejados de ellas, sino apoyándolas en todo cuanto sea injusto.

En muy pocas campañas de concienciación contra la violencia de género y la desigualdad, se ha podido ver instalado durante un breve periodo de tiempo, junto al tablero de oficios religiosos de alguna parroquia, un pequeño cartel repudiando la cruda realidad. Aunque muy poco expresivo, representado con la fotografía de una menor y la *D* mayúscula de desigualdad. Y el resto del cartel, escrito en letra pequeña, con apenas destaque como para manifestar un sincero rechazo. A efectos de querer aparentar combatir lo que hace siglos atrás, debieron de haber hecho desde sus pulpitos: reclamar derechos robados a la mujer. Y como si, al parecer, quisieran empezar hoy mismo a educar a los niños o a concienciar a sus feligreses de una realidad antiquísima que ellos mismos catapultaron. Influenciando negativamente al hombre y forzando a la mujer a vivir en desigualdad, con la perdida que eso acarrea. Y que sólo ahora se les ocurre débilmente reivindicar la renegada igualdad, aunque sea en medio de una espiritual hipocresía que nunca resuelve nada.

Sólo después de que mujeres y hombres, hayan ido abriendo paso a paso las mentes más ofuscadas y alejado a muchas mujeres de esa maldita negación de sí mismas, a la que estaban y están todavía sometidas.

Lamentablemente, tan pronto como la susodicha campaña se acaba, desaparecen también dichos carteles de las iglesias, incluida la voluntad, que de por sí ya era muy flaca o inexistente.

En cada iglesia deberían permanecer carteles bien grandes con el eslogan de: ``ama a la mujer como a ti mismo´´ pues también forma parte del prójimo al que Jesús se refería. Para ayudar a todos a avanzar en la senda del bien común. Lucha por la cual, poco o nada, se implican los dedicados a la moral religiosa.

Y digo, carteles *escritos con letra pequeña*, porque no son el claro ejemplo de una igualdad entre hombres y mujeres, pues de lo contrario, ya habría desde hace mucho, mujeres celebrando misa por las parroquias en lugar de dichos carteles que, ejemplarmente, nada constatan que algo vaya a cambiar. No hay interés por su parte y sus quehaceres se deben a la institución episcopal. Y aunque no deben intervenir en asuntos de Estado, lo hacen, cuando para su particular interés les conviene manipular a los gobiernos.

Las religiones, en lugar de ir por delante de la sociedad reclamando mayor justicia social, igualdad y libertad, como un bien común a todos; prefieren retirarse al aposento de la indiferencia. Como si no les dijera nada, aquello que Dios defendería como primordial al ser humano y que por derecho sagrado les pertenece.

Hoy por hoy, apenas han cambiado en muchos lugares del mundo, donde todavía siguen sometiendo a sus mujeres a la más mísera de las prisiones: el burka. Como si éstas fueran objeto de su propiedad y al que ocultar de maléficas miradas, la belleza que el Creador dispuso para ellas, no para ellos. Y que tanto miran con irrespetuosos y desollados ojos, en vez de cubrirlos por su pecaminoso mirar y no tener ellas que cubrir su benigno cuerpo.

Con un porrazo sobre la mesa, cómo acostumbran hacer, deberían obligarse a sí mismos, llevar cada uno el burka sobre sus ojos a modo de penitencia. Para no ver, ni ofender con su mirada maliciosa a ninguna mujer, a la que deberían estimar y respectar. Visto que el mal no está en ella, sino en su mente incívica y viciosa, que la ofende y mucho con su mirada, cuando la soban con ojos de cerdo asqueroso.

Las religiones mal educan dentro de sus colegios concertados atrayendo y separando a los chicos de las chicas. Para amarrarlos y convertirlos en seguidores, esclavos de sus esquizofrénicas ideas que, como se puede observar, abundan con esta enfermedad. Ellos, son más inmaduros y el trabajo de manipulación es más fácil. Ellas, en cambio, son muy avispadas y altaneras, más capaces de protestar contra la exclusión de género, tan negativa como machista, que transforma a los hombres en obcecados sexuales.

Hay individuos que no sienten empatía por las mujeres, debido a la falta de comunicaron. Fueron apartados de relacionarse con ellas y no aprendieron a captar su sensibilidad ni siquiera a considerarlas personas de respeto. Por esto mismo, las consideran tabú, obsesionándose con estrujarlas sexualmente. Llegando a fantasear con prendas íntimas femeninas y vídeos pronos para desearlas con mayor intensidad, hasta que las violan y las detestan de inmediato, al no soportar que recuerden más tarde, su depravada cara de cerdo. Y, o bien las matan o las maltratan de por vida, enseñándoles los dientes de su falso poderío para atemorizarlas, no se atrevan a denunciarlos o a probar con otros que, con toda seguridad, son mejores que ellos o, por lo menos, no tan salvajes. Mientras, les hacen ver que, *``quién bien las quiere, bien las hará sufrir´´*, sometiéndolas al servilismo casa a dentro, a intramuros religiosos o al cautiverio de un horrible burka que oculte su belleza. Según ellos, causante de sus frecuentes y desmesurados deseos sexuales, de los que se avergüenzan después de saciados y no antes de su barbaridad animalesca. Al tiempo que las privan de su derecho natural de tener relaciones sexuales gozosas, mutilándoles el clítoris, regalo de Dios, que el inculto y depravado tanto desprecia, en vez de castrarse él.

¿Hay algún animal al que le hagan salvajada semejante?... ¡Sí! A las mascotas, cuando se les capa a algunos machos para hacer más llevadera la convivencia con su inmerecido amo. No vayan sus hormonas sexuales a ponerle en un escandaloso aullido, al masturbarse contra las piernas de su dueño o contra cualquier tapicería florada, pensando que está el jardín y manchar las alfombras de su maravilloso salón. Que siempre será mejor, dar negocio a veterinarios, zanjando el problema de cuajo que andar entre lavanderías. Pero con la diferencia de que, algunos animales, a los que se les anestesia antes de castrar, son más afortunados que las pobres niñas, a las que la ablación es practicada cruelmente sin anestesia. Bajo el clamor de su doloroso griterío y con la consecuente pérdida de satisfacción sexual y riesgo de infección.

En este caso, la ley del ``*diente por diente y ojo por ojo*´´ debería funcionar también para esta clase de individuos carniceros, amantes de la mutilación genital.

¡Maldita sea toda persona que practica semejante carnicería! ¡Basta ya! ¡Maldígase ésta ley y a los inquisidores de semejante práctica cruel y humillante!

Dios dotó a la mujer de múltiples orgasmos, que el hombre es incapaz de satisfacer en número. Por eso, los muy bárbaros a fin de restarles gozar y no ser inferiores a ellas, inventaron normas para la encarnizada mutilación. Una más de las muchas sanguinarias que practican, no vayan a gozar más que ellos y corra peligro su harén, frente a otros inconscientes que, como ellos, no respetan la sagrada naturaleza femenina. Y para quienes la ley no es igual para todos, acostumbrados a poseer por encima de todo, aquella que más les agrada, aunque sea contra su voluntad y a menospreciarla después, si le place.

El desorbitado deseo sexual, es el grave problema de estas bestias salvajes y, por tanto, su motivo principal de enfrentamiento macho para poseer a cuantas más hembras mejor, que si fueren niñas, más han de saciar su demencial cerebro. Y por tradición de su cultura macabra, les basta, que no es poco, con arrancar parte del potencial sexual femenino, antes de que se hagan adolescentes. No vaya a ser que, por ser demasiado viejos, no den la talla con ellas. Y que, a modo de ``piernas para que os quiero´´, salgan corriendo en busca de otro, sexualmente más vigoroso y joven.

Y es que, con el deseo sexual femenino mermado, las retendrán sin problema y, como gato castrado, serán menos ariscas, más miedosas al sexo, muy caseras y centradas en su carcelario y añejo marido. No vaya a ser que, por un descuido, se llene el harén de hijos que no son suyos, mientras él va al de otros, a hacer lo mismo que teme hagan en el suyo.

¡Persecución y castración a estos indeseables, antes de que practiquen barbaries!

Miles de niñas son obligadas a casarse con viejos, sin que nadie persiga a sus bestias... ¡No al matrimonio infantil!

Que despierte el mundo, para protestar y pedir dura justicia contra tanta crueldad. Costumbres bárbaras de índole demoníaca y salvaje, que permiten a sus monstruos casarse con niñas...

Qué gran vergüenza les tendría que dar..., pero no..., abundan mujeres por todas partes para servirles en todo. Que a pesar de sentir menos fulgor sexual, no les importa, con tal de que se dediquen sumisamente a ellos... Como las prostitutas, sin derecho a satisfacer sus deseos, por ser aquél un servicio de esclava a su mal llamado marido o amo del harén.

Las humillan con este aberrante desprecio, síntoma de su incultura satánica, donde el disfrutar es cosa de hombres que a su vez aprueban semejante tortura.

Igual que animal capado para sentir menor deseo, no vayan a aullar por ahí, buscando a otro más joven que las satisfaga más. Pudiendo castrarse ellos como cualquier macho, visto que son para desgracia mundial, el mayor y más grave problema de tantas poblaciones femeninas. Y no la mujer, que es martirizada por la constante apetencia sexual de sus bestias que la llenan de hijos hasta reventar. Si antes no desfallece de una septicemia o de cualquier otra enfermedad, traída como regalo de su estúpido esposo.

Maldito sea todo aquél, que consienta estos actos y la ablación, que escudándose en absurdas leyes, comete tamaña salvajada.

¡Qué felices son las vacas, al ser mejor cuidadas y no pasar como ellas por aberraciones como éstas!

A muchos canallas, les resulta cómodo acusarlas, diciendo que determinada mujer, les provocó con su minifalda ceñida a un cuerpo lleno de curvas, o con un pronunciado escote insinuando hermosos pechos. Pero es para culparla de su miserable instinto animal y poder así librarse de una mala reputación delictiva.

Cuán fácil se suele ir de rositas el violador, en algunos países, sin el menor castigo por delito, frente a su tentación llamada sexo femenino, después de violar a una criatura, ya sea ésta, niña o mujer. Le es indiferente y le da lo mismo hacerle un tremendo daño de por vida, con tal de descargar su repugnante fluido sobre el cuerpo de cualquiera.

¿Le preguntaría, si al pasar por una marisquería y sentirse tentado por el apetitoso marisco; entra y roba, diciendo después que la culpa la tuvo el pescadero por exponer a sus deseos tentación semejante?... ¿Y si se va, sin más, librándose de una condena por asalto, sin pagar delito alguno por robo a propiedad privada, ya que la culpa no fue suya?... ¿O si aquél ladrón, que se deja tentar por la belleza de una hermosa joya; entra a una joyería y la coge para salir corriendo antes de ser detenido..., si también queda exculpado de delito por robo?... ¿ Y si la culpa la tuvo el joyero, al exponerla tan brillante en un escaparate delante de sus narices para tentarlo?... ¿Y si Dios, también es culpable por crear la belleza femenina que los tienta a cualquier hora del día?...

En cambio, cuando destrozan por violación el cuerpo de una mujer y roban su honor, no suele ser considerado de tan grave delito, aunque sea mucho más terrible. Y en algunos países, ni siquiera llegan a ser condenados por un juez, ya que allí, la mujer, vale bien poco y, en ocasiones, hasta es vendida por menor precio que una res o es entregada a cambio de ésta a un tratante de feria. No hay acto tan abominable y a la vez judicialmente más barato que el de violar, siendo como debería ser un delito de los más graves.

Todo violador, debería tener la misma condena que la de un asesino, por estigmatizar un alma de por vida. De ser así, a la mayoría de estos desalmados, sólo de pensarlo, se les bajaría la libido de miedo. Y de no servirles como enmienda, no vendría mal, aplicarles la ley del Talión: violar al que violó para que experimente el daño que causó. Sólo de este modo, funcionaría la terapia en esta clase de bestias. Haciendo a cada individuo, lo mismo que le agradó hacer a su semejante o, en tal caso, castrarlo para que escarmiente. Pero sin ánimos de venganza, sino de justicia. La castración, no es tan agresiva como la violación o la mutilación del clítoris, cuyo daño es mucho más intenso y supone un terrible trauma a cualquiera que la padezca.

Y a las que no hemos pasado por tristes sucesos de este tipo, sólo de pensarlo, se nos erizan los cabellos de pánico. La mayoría, ya desde muy pequeñas, tenemos más de una historia que contar sobre acosamientos e intentos de violación fallida. Gracias a que, en aquél preciso momento, surgió alguien de repente, un ángel de la guardia que interrumpió el macabro plan.

Rara es la mujer, que no arrastre en silencio, una mala experiencia de supuestos amigos allegados al clan familiar. Que de hacerse una encuesta pública fiable, a muchos personajes les entraría insomnio crónico o se infartarían. Sólo de pensar que pudieran tener por familiar o amistad, a un monstruo que intentó violar a alguno de sus miembros. Y para mayor desgracia, a la mujer, rara vez la creen cuando denuncia, y de esto se vale el tirano.

Si la ley del Talión la llevaran a cabo con cada violador y aun así no resultara; entonces, siempre estaría el manicomio, ya que es de suponer que con los monstruos no hay enmienda ni reprenda. Cada día hay más violadores sueltos que recaen para sacrificar a más víctimas. Con ello, queda demostrado, que fallan con el método de reinserción o nadie intenta otro más eficaz. Mientras, el machismo es cada vez más joven y las maltratadas también. Tic, tac, protesta cada segundo el corazón femenino bajo temerosas garras.

Si en manos de la mujer, estuviera el poder aplicar la ley del Talión, hace mucho que estaría en vigor. Si no se está en alerta constante y no se emplean contundentes medidas, por desgracia, morirán más mujeres por violencia de género que en la guerra. Pero qué fácil se elimina esta cruda realidad de la mente de los hombres.

¡Ah, cuán desamparadas nos tienes, Señor de las afligidas, qué desprotegidas dejaste a tus criaturas!

Pero como el ejecutar de la *injusticia,* está, en su mayoría, en manos de hombres que condescienden en este sentido y atenúan ese tipo de delito unos a otros, por identificarse con las mismas debilidades que los violadores; acaban por no aplicar la debida sentencia que se merecen como castigo. Quedando todo entre ellos, como amigotes recién salidos de un baile de zamba, donde un día baila uno, porque el otro día también bailó él otro. Como si no pasara nada y todo estuviera permitido o la vida fuera un loco carnaval. Sin darle demasiada importancia al grave hecho, ya que, para muchos inconscientes, todo es gozo y no es para tanto el daño. Y en ocasiones, ni los propios jueces se molestan en juzgarlos seriamente ante hechos como estos y, por este motivo, va el mundo como va. No les parece que sea tan grave el delito cometido bajo su instinto salvaje que, como a animales, se les permite casi siempre quedar fuera de toda responsabilidad. Ni son perseguidos por la justicia en muchos países, debiendo sus gobiernos encerrarlos no vuelvan a violar que, como es sabido, suelen reincidir.

Hay muchos lugares del mundo con situaciones de vida femenina muy crucificada, por causa de la delincuencia sexual libre de condena, al no estar perseguida por la mal llamada justicia. Representada por hombres acostumbrados a cazar lo que les viene en gana, sin tener en cuenta la pieza que tienen entre sus delictivas manos. Permitido por gobiernos que, por costumbre, hacen lo mismo y se dan después la mano entre ellos. Aunque se sabe de algunos hombres sensibles o policías honrados, que intentan hacer algo contra estos otros, pero son los menos y poca ayuda tienen.

Y en vista de que no se les puede seccionar el cerebro, la castración sería el mayor favor que se les podría hacer a hombres con esta obsesión animal, siempre al acecho constante de sus víctimas. Del mismo modo que lo mandan hacer a su perro y a su gato, deberían pedírsela para ellos y acabar con tanta desgracia que, directa o indirectamente, le toca a toda mujer sufrir, pues de algún modo, desagrada y afecta a todas en general.

Estando como está el problema en sus sucias mentes, estos bárbaros deberían ser castrados sin anestesia, que de seguro les haría ennoblecerse y dejar en paz a las mujeres, ángeles que Dios puso por compañeras para recibir y dar amor a la prole.

No las creó para servirles, como neciamente quisieron hacer ver los que escribieron el antiguo testamento. Donde dice, que la mujer fue creada de una costilla de un tal Adán para que no estuviera solo y tener por quien ser servido y distraído, haciendo ver que les pertenece y les debe borrega obediencia. En realidad, es para que se someta a ellos.

Es al propio hombre, a quién a veces se le oye declarar, ser un don nadie sin su madre, que según ésta va envejeciendo, va buscando substituta en una joven. En definitiva, se auto reconoce insuficiente, sin una mujer a su lado, la necesita, no sabe estar solo. Y de ahí le viene el fracaso, cuando se da cuenta de que, la que tiene por compañera, no es servicial como esperaba que fuese, es decir: no exactamente como la que lo parió, que le aguantaba todo para dicha filial y desdicha maternal. De ahí viene toda su violencia de género contra ella, por pensar que debiera ser con él como lo fue su sacrificada madre. Y por pensar, que el hecho de existir como hijo, el gran y sacrificado amor de madre, era obligación perene, y que de algún modo la podría substituir por otra.

Que por muy madres que sean, más de una está deseando que su hijo se vaya de casa, menos sus hijas, por algo será.

Cabría preguntar a más de uno, ¿para qué la necesita realmente?... Si para servirle en todo como creada; si como mascota para hacerle compañía; si para relajarlo en días venideros de alteración hormonal y tener con quien discutir en plena prepotencia masculina; o si para tener con quién pagar sus frustraciones de macho y desahogar su instinto animal todavía sin adiestrar. Ya que, de enfrentarse a un hombre, sale con toda seguridad aporreado. Y con la mujer, todo lo contrario, somos el recogedor de desgracias que permanece en silencio, para que nadie se entere de cómo es la fiera con la que convivimos. Bien se podría decir, que acabamos por ser como una especie de frio robot que mal traga los golpes y las desdichas discretamente. Somos como nuestra aspiradora que va tragando la mierda que hay por casa, hasta que revienta y chispea, entonces empieza a revelarse.

Habiendo como hay, tanta diversidad religiosa de misionera por el mundo, no está muy claro para qué sirven; si para salvación de las almas o para desgracia del cuerpo. Al que ponen a prueba de martirio, que los lleva más adelante a caer en el desenfreno, con cada vez más monstruos dentro de sus instituciones, cuyas víctimas suelen ser con crece los inocentes. Ya llevan varios siglos, con su pregonar nada fructífero, pues sigue habiendo mucho mal dentro y fuera de sus particulares burbujas. Y el hombre, no mejora, por cada siglo que pasa es aún más maleante, sobre todo, el de los pueblos indígenas, habitados por misioneros, donde las mujeres, siguen muy olvidadas de la divina providencia.

Según la vidente Lucía, la Virgen les dijo en Fátima a los tres pastorcitos que: uno de los pecados que Dios más aborrece, es el pecado de la carne, o sea, el pecado sexual—.No es de extrañar, con tanta violación y pederastia como hay por todo lado.

Y que el tercer secreto de Fátima —sin revelar hasta la visita de Benedicto XVI a este pequeño pueblo—, se refería a que el pecado está dentro de la propia iglesia.

Revelado al mundo, un trece de mayo por el papa Emérito, en una de sus visitas al santuario luso.

Meses más tarde, fueron saliendo poco a poco a la luz, más casos de pederastia, reconocidos por la iglesia católica. Lo que no se sabe, es si era ese el último y verdadero secreto de la Virgen o era el suyo, antes de retirarse. Mucha responsabilidad para que un señor tan mayor, siguiera con vida en su persecución y limpieza desde el Vaticano a toda la curia, por anidación pederasta.

Que no se alegren de esto, las demás religiones, pues es de sospechar que sean todavía mucho peores. Inventadas por hombres sin escrúpulos, donde hay miseria humana y podredumbre oculta como en nidos de Satanás. Con esclavas sexuales, salvaguardadas de los medios de comunicación, pero no del todo oculta a muchas personas, que acallan por vergüenza, mientras se apartan del oscuro mundo sectario.

Urge dar un gran cambio al sentido espiritual del mundo, cuyo único patriarca dirija con igualdad en una sola dirección. Hacía lo que dijo Cristo, el verdaderamente fiable, de cuya frase ``amar al prójimo como a uno mismo´´ es de las más sensatas filosofías que, bajo la oración del ``*padre nuestro*´´, une a todos bajo un único Dios, con el cariñoso eslogan de ``*Amaros los unos a los otros como yo os he amado*´´.

Frases que nunca pudieron haber salido de la boca de cualquiera, ni de la del más integro de los hombres, porque no los hay con sentimientos tan llenos de misericordia.

Las dejó imprimidas en los oídos de sus discípulos, como ejemplo a predicar y practicar por doquier, sin necesidad de ricas y ostentosas catedrales, mezquitas o santuarios ostentosos. Dios no las necesita para nada, ni siquiera se escandaliza por ver en ellas, mujeres en minifalda o a cabeza descubierta, ya que Él, es un Dios benévolo de mente limpia, sin pajas mentales. Pero que, por otro lado, sí se horroriza de otras cosas mucho más feas, las que hay bajo el ocultismo religioso de tantas religiones que Él nunca ordenó fundar y que acostumbran a hablar falsamente en su nombre.

Por todo esto se deberían de inquietar, aquellos que se escandalizan ante un cuerpo femenino al descubierto, dado que sus fanáticas ideas les hacen traición en sus hipócritas cabezas, cubiertas por un falso halo de santidad fundamentalista y enferma.

Vestirse adecuadamente para cada lugar u ocasión, nos dignifica. Y debemos hacerlo por respeto a uno mismo, no por el perjuicio que puedan tener los demás en sus mentes.

Dios no se escandaliza de lo que creó, ni pertenece al mismo mundo de pensamiento miserable que distorsiona los sentidos, ya que, se supone, es inmensurablemente más culto. De lo contrario, no sería el Supremo Creador, delicado, sensible y cuerdo, con inteligencia creativa sin límites, capaz de maravillarse de toda su buena obra, mientras vive en el alma de cada ser y lo llena de plenitud de vida.

Es el hombre, el que necesita de todo el arte religioso, el que se escandaliza de todo porque actúa con maldad. Y por cuyas cabezas puritanas, acostumbra a rondar el sucio pensamiento de su engreída mente.

El verdadero santuario y decoro, debería contemplarse en el interior de las almas de sus representantes, como la autentica iglesia de Cristo, que dijo: ``por sus hechos los conoceréis´´. No por sus obras de grandes catedrales o férrea religión, ni siquiera por su color púrpura o blanca vestimenta.

¿No será que toda esta macedonia de religiones está ideada por el maligno, que habita en la mente de muchos religiosos para contradecir el bien y el gozo que el buen Dios surtió a la mujer como premio a la Divina procreación?... ¿Y no utilizará este espíritu del mal su abominable ley, por medio de hombres crueles para desgraciarla, someterla y despreciar lo más admirado por Él: su sublime logro de perfección reproductora, el perfecto grial capaz de albergar vida fecundada por el hombre para continuidad de su Divina procreación y Gloria infinita?...¿Y acaso, no será Dios un Ser femenino, aunque se haya encarnado bajo un robusto cuerpo masculino para no ser violado y resistir físicamente mejor el martirio que le esperaba?... ¿Y por eso, venga de ahí tanto odio luciferino contra la divinidad femenina y el supuesto cuento del destierro de Eva del paraíso y la maldición de su descendencia?... Que hipotéticamente hablando, ¿quién sabe si, el mismísimo Creador, no hubo formado a Adán de una legendaria costilla de Eva y no al revés, como nos han hecho creer?... ¿O si acaso, no habrá sido fecundada con el mismo método inteligente que utilizó con María..., y el primer hombre saliera de entre las costillas de Eva..., como salió Jesús del vientre de su madre?... ¿Y quién sabe si, nuestros primitivos padres aquí en la tierra, no fueron quizá la primera pareja puramente creada a semejanza de Dios, sino sus descendientes, menos puros y desviados sexualmente?...

Aclama al cielo pensar... ¿por qué será que los hombres de poder no se reúnen en grupo, como lo suelen hacer con gobiernos europeístas para aquello que les interesa y acuerdan acabar con aquellas mentes malignas, que en nombre de sus fanáticos jefes tanto daño causan a inocentes?... En países donde abunda esta clase de bestia, causante de tanta drogadicción, violación y terror... En vez de pasarse la pelota unos a otros, cómo acostumbran, soltando la típica y cómoda frase: *``de todo tiene que haber en la viña del Señor´´*, para después olvidarse del problema y aparcarlo.

Detrás de cada guerra, hay siempre grandes intereses económicos y, por consiguiente, un enriquecimiento ilícito. Mejor ganar autoestima, poniendo caza a estos indeseables, educando y reinsertando eficazmente a todo hombre vil, maltratador de criaturas. Y enseñarle a no derramar sangre sobre sangre como agua echada a perder. A no malgastar su vida en aniquilar vida.

Son necesarios hombres ejemplares para formar ejércitos, que en son de paz reconstruían el caos que organizaron. Y harían falta profesores vocacionalmente formados, que a modo de servicio social se alistasen para constituir ejércitos educadores. Dispuestos a ir por todo lado como soldados de la enseñanza, que impongan paz educando a incívicos, cuyas armas o tanques, pasasen a ser tizas y pizarras, para atacar con su saber a todo niño ignorante que encontraran por barrios calamitosos, dejados de la mano de sus padres y de sus irresponsables gobiernos.

Mejor educar para el bien social de todos, cuidando y obligando a las niñas y niños a ir a la escuela, para acabar con toda la inmundicia humana. Obligándola si fuera necesario a recibir una severísima disciplina educativa.

Otro ejército bien formado de jóvenes médicos y enfermeras, dispuestos con uniformes blancos en lugar del color verde caqui. Y armados de valor con medicinas y jeringuillas, repartidos por el mundo en busca de gente enferma, abandonada a su mala suerte.

Y otro ejército de jóvenes abogados valientes, vestidos con togas negras, dispuestos a cambiar cascos azules por birretes. Capaces de ejecutar justicia contra injusticia, allá donde ella brille por su ausencia en la vida de cada persona, secuestrada por el terror y el miedo a ser vendidas o violadas.

Ejércitos de jóvenes debidamente remunerados y bien formados para expandir salud, enseñanza, educación, paz y justicia. De esta forma, pagándoles un sueldo digno a todos estos voluntarios y voluntarias, se animaría la mayoría de la juventud y se acabaría con el paro a nivel mundial.

Los jóvenes intercambiarían más saber y cultura, la sociedad sería muy rica en valores y compartiría también más, sin deseos de hacer guerra, ni mal de ningún tipo a nadie.

Con una organización voluntaria altruista, remunerada y digna, los jóvenes estarían ocupados, serían más cuerdos y vivirían satisfechos de sí mismos. Sin necesitar de tanta droga y alcohol, ni tanto juego, ni tanto sexo, porque esta noble ocupación, basada en el amor al otro, les bastaría para sentirse felices y mejores personas. En esto, sí estaría bien empleado su tiempo, su vida y sus impuestos, y no serían necesarias las bombas, ni las armas.

Si todo el dinero empleado en armamento, que es una cantidad bárbara, se destinara para llevar a cabo una educación global, desaparecerían poco a poco las guerras, que dejarían paso a la paz y repercutiría grandiosamente en toda la humanidad. No obstante, las armas se podrían reservar únicamente para situaciones de imperiosa necesidad, en caso de legítima defensa y seguridad, frente a posibles desalmados invasores contra nuestro pueblo.

Hasta mediados del siglo xx, los jóvenes europeos, eran obligados a cumplir el servicio militar, donde sólo adquirían valor bajo mucho entrenamiento y, algunos, acababan psicológicamente muy tocados. En cambio, los jóvenes de hoy, no cuentan con ninguna clase de disciplina. Y mejor si se les formara para ocupar otro estilo de filas más altruistas en trabajos sociales, a cambio de un digno sueldo para presentarse sin rechazo ni amargura.

Como cuando eran obligados a alistarse para el deshumano atrincheramiento, marchando como ganado al campo de la desolación de cualquiera sabe que carnicería. Eso sí, siempre acompañados de un capellán para darles apoyo, no fueran a desfallecer los soldados, por el grave delito de haber matado. O violado a mujeres e hijas de sus enemigos que, frecuentemente, formaban parte del mismo punto de mira de ataque como venganza militar. Y por sí caían heridos en combate; darles ánimos con un ``Dios te acompañe y te bendiga´´ para continuar, con la salvedad de que todo lo hacían por el bien del país. Y en caso de cualquier acción canallesca, por muy criminal que ésta fuera, poder quedar allí mismo perdonadas sus barbaridades. No fuese alguno a morir en pecado mortal; salvar su alma al instante, con una rápida absolución de sus horribles actos. Todavía se sigue dando esta cruda e hipócrita realidad, entre ángeles y demonios guerreando.

¡Matad malditos! Tenéis licencia para matar en vuestras guerras, mientras tengáis por detrás a un sacerdote que os absuelva de tal acción que, como nefastamente suelen decir, ``todo sea por amor a la patria´´ de imbéciles hombres.

¿Y la tan inmensamente rica e infalible religión católica, con el empeño de representar a Jesús, rey del amor y la paz?...

¿El amor y la paz de quién?... ¿Por qué no se les oye más desde los pulpitos, denunciar con tesón una y otra vez las guerras, las abominables prácticas que cometen los soldados contra las mujeres y sus hijas?... Obligadas a huir constantemente, como cervatillas a corazón galopante, de las manos de sus depredadores.

¿Por qué no se les oye más protestar desde el Vaticano contra tanta ignominia y desigualdad mundial?... ¿Porque les importa un comino la mujer?... ¿Son misóginos, tal vez?...

En la historia narrada sobre la vida de Jesús, nos consta, que Él no lo era, pues se dejó rodear de mujeres hasta su muerte. Es más, hasta se hizo muy amigo de una supuesta y injustamente llamada prostituta. Los verdaderos señores actúan así, sin despreciar al que es diferente. Por algo estuvo más acompañado de mujeres cuando lo crucificaron, ya que los cobardes hombres huyeron y los malvados culminaron su mal.

Jesús, más cerca de las mujeres que las eminencias del Vaticano, que únicamente las tienen para servirles, haciendo creer que son los elegidos de Dios y no ellas que, según los más fanáticos, menstrúan y son impuras. Pero resulta, que ellos se masturban y lo son más. Y no deberían tocar con sus impuras manos lo que se supone es el cuerpo de Cristo. El mismísimo Señor que, sacerdotes y obispos, suelen negar dar en comunión al que no siga las directrices sacramentales de sus santidades. Que de seguro también tienen pecados en abundancia y de mayor importancia capital, como los *siete* establecidos para perfección de todo hombre. Y que muy pocos llevan a rajatabla, aunque deberían, para bien de su santificación.

La sigilosa influencia femenina, ha estado siempre presente en todas partes, sin ser reconocida por su compañero, debido a su ridícula y absurda ambición de querer mandar y destacar como dueño y señor ejecutor de leyes. Claro que, a él, se le concedió tener siempre preferencia y también mayores oportunidades de formación, adquiriendo supremacía, plasmada en libros antiguos. Escritos por antepasados, denominados profetas de cualquiera sabe qué dios, desde donde procede el tradicional machismo milenario, que abarca hasta nuestros días y tanto afecta a la mujer.

A medida que una buena parte de la sociedad se va culturizando y abriendo cada vez más los ojos, van desapareciendo también los profetas de la vía pública. Aunque sus librerías sigan llenándose de libros, que hablan por ellos de nuevas doctrinas. Ideadas a la medida de cada predicador contemporáneo, que ya no sabe cómo influenciar a sus fieles, cada vez más incrédulos de sus sermones.

Les es más cómodo y lucrativo escribir, que salir a atender el clamor de las personas que imploran justicia contra injusticia. O bien ocuparse de necesidades sociales básicas, como lo suelen hacer las mujeres, siempre dedicadas a personas marginadas y desatendidas por algunos gobiernos.

Como aquél grupo de monjas, que además de dedicarse a impartir formación gratuita, se las puede ver paseando por álgidas calles de la prostitución, repartiendo alimentos y preservativos a las prostitutas. Expuestas a coger enfermedades sexuales, mientras deambulan famélicas por una de las capitales de la Europa solidaria.

Es a este modelo de religión callejera a la que me refiero en todo momento en este libro y a la que defiendo y quisiera pertenecer. Por entender que, ser religión, es comprometerse con el prójimo y ayudarlo a salir de una mala situación de vida, sin utilizarlo para intereses particulares.

Cualquier buen pastor que se precie, suele preocuparse de las necesidades físicas y psíquicas de sus ovejas: de si están enfermas y bien alimentadas, de cardarles la lana, de sacarlas a pastorear y velar por ellas mientras pacen, por si viene algún lobo no las ataque. Y de que no se estresen, para que las ubres no se enquisten y den buena leche o pueda parir en óptimas condiciones la que está preñada, no vaya a ser de gran pérdida la muerte de sus crías.

Se requieren pastores como éstos, que sepan cuidar de personas, observando con interés la situación por la que atraviesan muchas mujeres, que por ser lo que son, les toca más de todo en esta sociedad machista, donde corren más peligro que las propias ovejas, que ya es decir.

Digo mujeres, aunque también hay hombres marginados, débiles, con muy baja autoestima e incapaces de salir por sí mismos de una desafortunada situación, pero son los menos y son más fuertes para defenderse.

La mayoría de estos pastores de iglesia, simpatizan poco con ellas. Las miran como tentadoras de sus reprimidos deseos. Mejor no acercarse, no vaya a ser que con sus armas de mujer los hechice.

Les inculcan en los seminarios de que el diablo anda siempre entre faldas. Y ni siquiera se dejen aconsejar por el punto de vista femenino de su madre, de su hermana o de una amiga, a las que abandonan cuando son tocados por la inspiración vocacional de cualquier predicador. El que les ordena dejar a toda su familia y someterse a las órdenes de su congregación, donde el sometimiento es un hecho sacramental de entrega a sus intereses religiosos. En cuanto que, para cualquier persona sensata, el someterse a otros, está moralmente muy mal visto y para Dios me temo que también. Una cosa es, ayudar o participar, y otra muy distinta es, someter a personas para sacar beneficio de ellas gratuitamente, aunque sea para crear una gran familia misionera.

¿Por qué no someter su vida religiosa a la compañía de una amada esposa, con la que llevar una vida sexual más de acorde a su naturaleza que la del incontenible celibato?... Persistente inductor de deseos pasionales a los que intentan reprimir utilizando un cilicio. Objeto preferente de cualquier santo en cautiverio, tan necesario para fustigar su pecador cuerpo hasta desvanecer el ansia. Además de un rosario de avemarías que los libre de acercarse a todo cuerpo femenino, donde cree habitar el maligno que lo aparta del seminario.

No obstante, algún adicto al incienso, siempre ha de quedar atrapado, mascullando para su adentro aquello de: más vale permanecer célibe y obediente a mi superior que dominado y fiel en brazos de una mujer. A pesar de que ésta debiera ser lo más apreciado; la que da afecto y le ayuda a ser santo, siendo como es también muy devota.

Aunque, pensándolo bien, lo de aconsejar la compañía de una buena esposa al más escrupuloso..., quizá mejor no, que al igual que a la madre Eva... puede pensar que la ronda el demonio. No vaya también a hacerla culpable del furor que lo asiste, cuando a duras penas y con ganas, se vea mitigando deseos para lograr su perfección. Impuesta por un padre espiritual, que dirige su atormentada conciencia y lo induce con desmesura a la desviación sexual, causada por el celibato y la inútil mortificación. Y a consecuencia de una soledad declarada entre hombres, que viven bajo el mismo techo y oración.

Así es cómo se protegen unos a otros, entre muros de silencio, donde el afecto pasa a estar reñido con lo sagrado. Y sus verdaderos padres pasan a formar parte del más común de los mortales, sin derecho a gozar del afecto de sus hijos, captados entre cantos gregorianos y oraciones al Santísimo.

¿Y el verdadero padre biológico que los creó?... Ese que se aguante, si un día su hijo decide irse a un seminario, por la influencia embaucadora de cualquier secta.

Y con las hijas, más de lo mismo, sus madres biológicas pierden todos sus derechos después de haberlas traído al mundo, que bien debieron haber abortado. Y que por no hacerlo, son después absorbidas por la madre superiora de cualquiera sabe que congregación comecocos, que siempre aparece por algún colegio. Y va usurpando a las jóvenes para servirse de ellas, en nombre de un dios mudo que ni siquiera corrobora de que deba ser así. Las religiosas no tienen hijos, pero los tienen las demás por ellas. Hasta hay madres solteras que se los entregan y acaban por llenar auspicios, como si fueran muñecos recién salidos de una tómbola. Para pasar a formar parte de comunidades religiosas o vendidos a cambio de un buen fajo de billetes y poder reformar conventos.

A los jóvenes que ingresan en los seminarios les van infundiendo miedo hacia la mujer, para que no se casen y queden definitivamente agarrados a la hermética comunidad. Donde van a ser amaestrados sus cerebros, como títeres sin voluntad, para al de poco entrarles el diablo por la sotana pederasta u homosexual. Por eso, no suelen demonstrar grande empatía hacia la mujer. Y por la que más deberían salir en su defensa, cada vez que oyen injusticias contra ella. Pero no, no las necesitan, para lo de recibir afecto siempre lo tienen cubierto de algún otro modo. Y en cualquier caso, las devotas religiosas les vienen bien para que limpien sus templos y tenerlas de sirvientas. En cuanto que ellos, como deber por su parte, cómodamente se dedican a escribir o a ensayar sermones, dejándose servir por ellas sin dejar que se acerquen mucho, por aquello de la reprimida tentación.

Recuerdo cuando en una residencia sacerdotal, las religiosas servían con mucho detalle, colocando con esmero todo sobre la mesa. Desde el primer plato, hasta el último de los postres, tazas y café incluido para salir corriendo del interior, antes de que estos entrasen al refectorio a comer. Cerrando a su vez la puerta con llave por el lado de la cocina, después de estar bien seguras de no habérseles olvidado colocar nada, ni siquiera el salero sobre el mantel. No fuera la comida a estar insípida y tener que pasar por el bochorno de un posible roce, al entregárselo en mano a los príncipes de la iglesia, después de que éstos hubieran entrado por la otra puerta del pasillo contiguo al solitario comedor. Como si fueran extrañas y peligrosas criaturas de otro mundo a las que no hay que acercarse, por si caso.

¿Qué incomprensible prejuicio puede haber en sus cabezas, para que una actitud tan inhumana se diferencie tanto de la de personas normales?... Esta forma de proceder, los distingue mentalmente del resto de la sociedad, que conviven ambos sexos unos con otros en lugares de trabajo, sin problemas. Aunque si bien es cierto que, todavía se dan casos de acoso sexual en muchas empresas.

Salir del comedor corriendo antes de que éstos entraran, como si de una perrera acabaran de salir de echar comida a fieros lobos, que viven bajo llave y no son de su misma condición. Y como si de seres irracionales se tratara, después de que acabaran de comer y para poder entrar de nuevo a recoger la mesa, entreabrían con mucho cuidado la puerta para mirar, no fueran a encontrar alguno todavía dentro. ¡Increíble!

Esto mismo lo solemos ver hacer al dueño de la perrera, donde acostumbramos a dejar por unos días a nuestro perro. Cuando al más feroz de ellos le dan de comer a parte, entrando por otro lado para salir corriendo.

Por mucho que digan que Dios y la Virgen los acompañan, es inhumano el frío ambiente de soledad que viven muchas personas religiosas, sin cariño. No me extraña que un día revienten, declinados por buscar afecto en cualquier ser más próximo. La culpa es de sus padres superiores, tal como denominan a sus jefes espirituales.

—Aquí va mi atención hacia todas aquellas personas que, en el intento de querer mantenerse vírgenes y puras, puede que flaqueen en las duras y largas disciplinas de ambientes fríos o carentes de afecto. Y el que diga que no flaquea:

`` Tire como carnero una taba de su pata `que no es humano´ y el carnero lo es aún menos´´.

No deberían dejarlas entrar siquiera a las sacristías y menos tenerlas para sus menesteres, pues deben tener cuidado con las minifaldas y los escotes cuando éstas entran en un lugar sagrado. Que no es a Dios a quien ofenden, sino al puritano religioso que, por serlo, tiene también deseos de pecar con el sexo contrario, ya que su verdadero problema va con él a todas partes, hayan o no, bonitas mujeres para provocarle. Y aunque vaya barbudo, con silaba o con sotana, se ruboriza como incandescente casto deseoso, cuya disciplina extrema está al borde de la rotura de tanto aguantar. Que a pesar de algunas de sus servidoras, ir vestidas con un ridículo hábito y otras ir cubiertas con un simple burka, da igual, pues la abstinencia se hace larga y la apetencia es más fuerte que ellos. No da tiempo para fijarse en insinuaciones, como la liga a media pierna por bajar o el sostén a punto de desabrochar. Les basta con saber, que cerca pasa una mujer, aunque baya disfrazada de morfa sin encanto alguno. Por salir de su necesidad, les basta con un *aquí te pillo y aquí te remato,* para salir del apuro más inmediato y del que después ni se acuerdan. Como cuando utilizan un baño público para descargar necesidades fisiológicas, sin fijarse en las condiciones, ni siquiera en su propia cara en el espejo, ni si misionan fuera o dentro, da igual, no les pertenece aquel inmueble. La cosa es salir del apuro como sea, con cualquier cosa que pillen, sin importarles cuidado alguno.

Igual que milenios atrás, determinados autores religiosos de hoy, todavía siguen sin permitir a sus mujeres entrar en sus templos a cabeza descubierta, ni con faldas por encima de las rodillas, ya que el dueño de esos templos se puede encabritar. Mucho más que Dios, acostumbrado a ver el interior de sus corazones llenos de machismo, de maldad y mala fe, e incluso diría que bajo las faldas. Por lo que, le será indiferente que la mujer baya desnuda por donde quiera, ya que a Él, no le puede ofender lo que con tanta hermosura se supone creó. Al contrario, le agradará ver cómo el hombre sin malicia, admira y respeta su creación en el maravilloso cuerpo femenino.

Excepto los predicadores de falsa moral que, aunque aparenten vivir de acuerdo con lo que predican, no pudiendo contener su deseo animal dada su indisciplinada mente, son capaces de cometer aberraciones contra la mujer, sin respeto alguno por ellas, ni por sí mismos.

El burka y el pañuelo, son otro método de despreciar el cuerpo femenino. Es para afearla más, les da rabia que sea tan hermosa, inteligente y tentadora a la vez.

Irónicamente, hasta es muy posible que algunas se sientan más cómodas, camuflando entre velos su atractivo para evitaren ser proclives al asalto de gorrones, resaltando la pésima reputación de los hombres de su país, aunque me temo que a ellos les da igual.

La solución no está en una simple tela a modo de mesa camilla para ocultarla. Hay que cambiar la cabeza del imbécil dándole mucha educación y disciplina, que es donde reside realmente el problema. Sobre todo en aquellos países de leyes crueles, donde acostumbran a sentenciar duramente a la mujer con apedreamiento, hasta enterrarla viva por adulterio, mientras el hombre se queda libre de sentencia por lo mismo. No estaría de más, aplicar la idiota ley del talión a todo hombre que viola y apedrea, a ver si de este modo, se abren a la conciencia muchos petrificados cerebros.

No se fían de los demás, ya que ellos mismos no son de fiar. Habrá que disciplinarlos, abriendo su mente con duras leyes para hacerlos razonar y reconozcan la maléfica intención de su instinto, que los encadena a la oscura realidad de un inconsciente instintivamente primate bajo leyes de la jungla.

Si al Creador celestial —que se supone todo lo ve— no le escandaliza un cuerpo desnudo... ¿cuál será entonces el problema de estos hombres para imponerles ir cubiertas desde la cabeza a los pies?... Su mente enferma no desarrolla, no crece inteligentemente. Sus neuronas están rígidas por la continencia y la amargura de antiguas tradiciones de profetas infelices, que les ciega con textos de inverosímiles salmos, impidiéndoles discernir con inteligencia, lo humano de lo inhumano, el bien del mal, lo sano de lo insano, lo natural de lo antinatural.

El nefasto concepto sobre la naturaleza sexual, está cada vez más erradicado de culturas civilizadas que podrían servir de ejemplo a otras que lo están menos. Si las personas desde su interior, mirasen con limpieza y aprendiesen de las más cultas cómo abandonar sus ancestras ideas, que a diario les mal gobierna y encadena.

La mentalidad humana que crece en ambientes de escasa cultura, tiende a malignizarse en la oscuridad de la ignorancia, casi siempre carente de educación y diversidad cultural.

Así como para mantener una buena salud física, es necesaria la luz solar, entre muchas otras cosas; de igual modo, para mantener una sana mentalidad, es necesaria la enseñanza y una buena educación con disciplina. Con la armonía y contraste de otras culturas, que ayuden a lograr por esta vía a hombres civilizados de bien. Que aprenden unos de otros a llevar en común un óptimo desarrollo humano, bajo el respeto mutuo y no en enfrentamientos rivales. Aprendiendo a compartir, a no robar, a respetar las tierras de otros y a su gente, sobre todo a sus mujeres, a sus hijas y a las de otros, a no masacrar, a amar, no a odiar. Estos son requisitos que ayudan a la felicidad de todo aquél que participa en una buena convivencia para la paz.

El sistema educativo de algunas religiones, demuestran lo nada desarrollada que está la inteligencia de sus hombres, llenos de dogmas, faltos de cordura, carentes de buen censo y humanidad. Sin criba de ideas que los ayude a contrastar con las de otros de pensamiento más noble, en lo que respecta al limpio concepto de la naturaleza de cada cosa. Como el cuerpo femenino y su hermosura, del que rehúyen por no fiarse de sí mismos, ni de su capacidad para responsabilizarse de sus actos.

Ahora, eso sí, si no fuera por las mujeres, los templos y las iglesias, hace mucho habrían quedado vacías.

No es muy frecuente ver a sacerdotes reivindicar derechos femeninos, si tenemos en cuenta, cómo son servidos por religiosas y sirvientas de toda clase social, que lavan su ropa, les sirve la comida y limpian sus parroquias, además de otros servicios.

Pero eso sí, que no se ordenen en el sacerdocio, ¡ni hablar!, así están más cómodos y mejor servidos. No vayan éstas a llegar con aquello de la igualdad y se tengan que poner ellos a hacer sus menesterosos trabajos, para los que no fueron educados. Lo suyo, es sermonear, lo de ellas, es servirles y limpiar sus miserias.

Me pregunto, ¿por qué no se lavan y planchan ellos sus sotánas, cocinan sus platos y limpian sus iglesias?, si las mujeres no pueden ordenarse sacerdotes, tampoco deberían poder hacer ciertos servicios dentro de la iglesia y, menos aún, ser sus sirvientas.

Desde siempre, hicieron ver que las mujeres son las mismísimas hijas de la tentadora Eva, a las que no conviene acercarse mucho, por si acaso son cómo la madre. Por lo que deberían prohibir a todas, entrar en la sacristía y ayudar a misa, para no ser tentados. Aunque después, se van de vacaciones a cualquier playa como todo bicho viviente y ardiente, a ver cuerpos en bikinis para consolarse. ¡Pues claro! ¿Y qué maldad hay en algo tan sano y natural que Dios dispuso?... ¡Ninguna! Es según cómo quieran o deberían querer mirar, pues también a ellos les fue dada cierta libertad. Sólo que una rígida y puritana educación, los declina bastante más hacia el nefasto concepto de determinadas necesidades, que acaban por ser causantes de malas reacciones cuando son reprimidas.

Mientras sus curiosos ojos, no se cansaren de ver o de probar, dentro de las normas de la decencia, aquello que les está prohibido por normas de religiosidad, no saldrán del frenético deseo, como es obvio.

Lo mejor para mitigar el ansia es: empapuzándose bien de aquello que gusta mucho, durante unos días hasta aborrecerlo. Lo malo es que, según qué cosas, si se prueban y gustan, no aburren nunca, pero el ansia se irá convirtiendo en deseo, que es menos intenso y no induce tanto a cometer ciertas atrocidades.

Por eso, es muy conveniente una cierta libertad responsable mientras se es joven, que a dada altura, cuando se ha hartado de experimentar con los sentidos, puede que hasta se convierta en un ser maduro de provecho y le resbalen los cuerpos de mujeres u hombres desnudos. Es más, ni procurará verlos, o bien los mirará de un modo menos ansioso, sin la maligna obsesión.

Ahora bien, todo aquel reprimido que de joven no se haya consolado y quedado harto de ver ciertas experiencias de vida, por causa de una estricta educación represiva o haya vivido en ambientes de censura; de seguro se convertirá en un hombre malicioso, obsesivo, baboso o viejo verde, como se les suele llamar a estos tipejos. Que acostumbran a acosar y a echar piropos como asquerosos e indeseables escupitajos a escondidas.

Las religiones, son sin duda muy represoras y machistas. Debido a ello, sus miembros, acaban por dar peor ejemplo que los demás. Y son, con diferencia, los que más vetan derechos de igualdad femenina y mayor desprecio les tienen. A la vista está, la inquina que les profesó el tribunal inquisidor, asesino de muchos miles de mujeres quemadas en hogueras y a las que colgaron el cartel de brujas. ¿Por ser intuitivas e inteligentes, y hablar demasiado sobre lo que no convendría que hablasen?... A pesar de todo, cada generación las recuerda y reclama justicia aquí y ahora en su nombre:

¡Nunca más, adueñarse de la mujer en nombre de Dios! ¡No *existe religión que lo represente!*

Algo parecido, sucede en algunas sociedades gastronómicas machistas, donde no admiten la entrada a mujeres, influenciados por la misma educación que recibieron de jóvenes en sus colegios de curas, donde los apartan de estar en la misma clase. Y no es que a ellas les importe mucho, no ser admitidas, sino la enfermiza separación de género. Que de permitirles la entrada, no se librarían del fregoteo, trabajo considerado de féminas y muy poco del agrado de cualquiera.

Les impiden el acceso para mejor fantasear entre colegas, mientras juegan a cocinar entre pucheros y cacerolas, donde chulamente discuten hazañas y puteríos, sin la analítica mirada de sus brujas mujeres. Aunque después de suculentas jamadas, acaben en otro tipo de fregado, en brazos de dulces doncellas vestidas de lencería fina. Abrazados a su propia lujuria, a la que aman más que a sí mismos y les permite jugar a inmaduros niñatos, acostados sobre suaves y perfumadas sábanas de seda, que apaciguan sus pasiones y les ayuda a soñar fantasías. Después de haber llenado el estómago con comilonas y bebederas hasta reventar, para acabar follando fuera del lecho matrimonial. Donde acaban después como osos panza arriba y roncando como gorilas, mientras sueñan que son felices en la jungla, sin dejar a nadie dormir. Y es que, tal dominio y buen vivir, está reservado al rey de la selva que, o bien atrae con dulces ronroneos a toda hembra a su lado, o bien la atemoriza con un gruñido para alejarla por un tiempo, hasta que le dé de nuevo la real gana. Por mantener poderío y privilegio por encima de los demás y no estar muy dispuesto a compartir nada con ella, si no es para gozar únicamente él.

Pero lo más grave es, cuando los más fanáticos afirman o crean ser los predilectos, porque según sus profetas, así lo dispuso Dios. Constituyendo en segundo lugar a la mujer como compañera para que no estuviesen solos y, contradictoriamente, tener después con quien enfrentarse en temas de desigualdad y separación de género en sus colegios y parroquias.

Que de no haber sido narrada así la inverosímil historia, hoy, no habría machismo que, precisamente, nació en ambientes de formación religiosa. La biblia es el libro que más habla en su contra, tanto que, cuando María Magdalena dijo haber visto a Jesús resucitado, algunos no la creyeron, pues según decían en aquellos salvajes tiempos, las mujeres no eran de fiar. Y fueron las que más lo acompañaron, las que estuvieron a su lado cuando había que estar. Y si las mujeres no eran de fiar, menos lo serían ellos, cuando prefirió aparecerse primero a ella, antes que a los demás hombres.

No fue Dios, quién desterró a la mujer, fueron los ignorantes profetas e infames escritores de biblias. Que indujeron al hombre a acomodarse al criterio de sus ideas y a creerse dueño y señor de todo lo creado. Para apoderarse de los pueblos y gobernarlos a su antojo, sometidos a reyes y papas, sin ningún respeto por la mujer desde la primitiva Eva y menos aún por el Creador.

Es obvio que, uno de los dos, tuvo que haber sido el primero en ser creado, pero no por ello le concede primacía. Igual que la vida que eclosiona a destiempo dentro de cada huevo; no da derecho a cada polluelo a ser superior al otro que nace a continuación.

Por mucho que el hombre se empeñe en minusvalorarla y a excluirla de los mismos derechos sagrados, está yendo contra estos principios naturales ya establecidos, que de no seren respectados, sólo le ocasionarán infelicidad. Como se ha ido viendo en toda su trayectoria histórica, afectando a toda la sociedad, privándola de la riqueza mental femenina, del desarrollo de su inteligencia, tan necesaria para el bien común.

Y aunque la historia narre gran presencia de mujeres en torno a Jesús, y siendo las que más le siguen hoy en día, es curioso y contradictorio pensar que, a pesar de estar excluida del sacerdocio, sea gracias a ella y no a los sacerdotes que la iglesia siga existiendo todavía. Y si nos perdemos en el largo tiempo, transcurrido desde que se dio aquél desafortunado ego-centrismo que culpó a Eva del supuesto pecado cometido por Adán..., nos parecerá increíble, ver como fanáticos seguidores de hoy, todavía la siguen excluyendo del sacerdocio. Además de privarla de sus derechos para desterrarla aún más y someterla a su dependencia para servirle sumisamente.

Como perro domesticado a golpes por su amo, hasta hacerse sumiso y obediente, porque se siente obligado a servirle, cuando debería de ser libre como lo es él. Y al que después utiliza y llama amigo en compensación por su obediencia. Cuando es noble y no le contesta con un buen mordisco que, en este caso, sería enemigo igual que la mujer, arisco y desobediente. ¿Y al amo, quién lo doma?...

El verdadero cuerpo de la iglesia, está constituido en su mayoría por mujeres que, si dejasen de ir a misa, el Vaticano y sus iglesias tendrían que cerrar, desaparecerían ciertamente. Y porque algunas esposas, arrastran consigo a misa a sus maridos, que si no..., hace mucho estarían vacías. Por no ser muy dados a ir a escuchar siempre aquello de: *``la humanidad sufre como mujer con dolores de parto en castigo por sus pecados´´*

¿Y qué sabrán ellos de dolores de parto?... ¿Por qué no sermonean para domar al amo del perro?... Por ejemplo:

``la humanidad sufre dolores de guerra, por causa de la maldad de los hombres´´

``niñas y mujeres sufren violaciones, por causa de la inmundicia de los hombres´´

``miles de mujeres sufren acoso, por causa de la indecencia de los hombres´´

``miles de niñas sufren ablaciones, por causa del fanatismo demoníaco de los hombres´´

``la mujer sufre desigualdad, por causa de la soberbia de los hombres´´

``las niñas son obligadas a casarse con monstruos, porque no hay hombre ni ley cuerda que lo prohíba´´

``la venta de seres es una realidad, porque al hombre le es indiferente´´

Esto es lo que deberían sermonear para avergonzarlos y condenarlos. Pero no lo hacen, porque ellos son quienes tienen el poder monetario y por miedo a que les desestabilicen las atalayas religiosas. Les viene mejor contraatacarlas a ellas cuando se asoman con sus maridos por los altares, que a su lado son unas *pobrecitas* de pedir, sin poderío ninguno. Y en este caso, conviene vociferar descalificativos en femenino como: mujer tentadora, prostituta, ramera, pecadora, adultera, infiel, dolores de parto, bruja y todo lo que pueda haber de negativo para relacionarlo con ellas, como si estuviesen más en su contra que el mismísimo Dios. Es como si les diera yuyo y placer, pronunciarse en esos términos para echarles la culpa de todos sus fracasos y frustraciones masculinas. Necesitan echarles broncas como sea. Y como cobardes las echan contra ellas, cuando él es quien más necesita que se le eche arengas por malvado. Son ellos quiénes verdaderamente no son de fiar.

¿Por qué no van contra hombres indeseables, si son con creces peor personajes?...

Para los más castos y amigos de viejos sermones, más temeroso que ver sufrir a una mujer con dolores de parto; es ver entre los altares a una mujer de reverberantes senos, que los pueda desinquietar u obsesionar como al más común de los mortales. Y les cuesta esfuerzos no pensar en ella, pero no deben caer en tentaciones, que seguro más de uno, sabe más de gozo que de ciertos dolores. Por eso mismo, la obligan a cubrirse de la cabeza a los pies y a entrar en mezquitas separadas. Para evitar que su instinto animal encerrado, aflore y se desenfrene hasta convertirse en un canalla irremediable.

Aquella religión que no admita mujeres en sus filas, debería prohibirlas entrar para los demás quehaceres en sus templos. Si no pueden consagrar, tampoco deben entrar a escuchar sus oficios religiosos. Que vayan a rezar los hombres, que buena falta les hace a más de uno, por todo el mal que constantemente causan a la humanidad.

Ellas son los verdaderos pilares y los sacerdotes unos figurines. Son ellas, las que envían a sus hijos a catequesis; las que se encargan de que bauticen a sus hijos y nietos; las que quieren casarse ante un altar; las que frente a un moribundo llaman al sacerdote; las que se ocupan de que se le dé después un funeral cristiano; las que encienden velas; adornan y limpian iglesias; las que acompañaron a Jesús hasta que expiró y las que fueron a untar de olio perfumado su cuerpo a la cripta.

Siempre ellas, las que según dicen los curas, las excluyo Jesús del sacerdocio y expulsó Dios a su madre de un supuesto paraíso.

Gran odio enfermizo contra las mujeres. Dan ganas de no pisar una iglesia...

Qué solos estarían rezando sin mujeres..., o qué frías y tristes estarían las iglesias, sin el sexo femenino revoleteando por los altares...

Si a la mujer, con su sensibilidad, benevolencia e inclinación espiritual, mucho más elevada que la del hombre, la dejasen formar parte del sacerdocio..., es muy posible que la mayoría eligiese seguir esa vocación. Y en lugar de estudiar enfermería, se irían al seminario aprender a sermonear. Que es más cómodo que limpiar cuerpos malolientes o curar heridas putrefactas y tener que oír griteríos de desesperado dolor. Aunque este oficio sea más noble y caritativo que el de predicador.

Formarse para el sacerdocio, sería sin duda, un modo de vida más cómoda. Y menos duro, escuchar al silencio en el interior de las celdas, llenas de preguntas, sin respuestas, por no estar Dios precisamente allí para responder. Sino en medio del ruidoso griterío de dolor, por la desesperación del que sufre y pide auxilio. Ahí, es donde verdaderamente se encuentra, actuando sobre cada una de las manos que cuida del enfermo.

No lo busquen en el frio silencio, manipulado a antojo de cada cual, con razonamientos creados desde la propia religión, haciendo creer que proceden de la divina providencia, que induce a los hombres a la ciega obediencia y les prohíbe razonar.

Dios, no se comunica a través del silencio, sino en la cara del enfermo por medio del dolor; para que lo calmen. En la cara del hambriento por medio del hambre; para que lo alimenten. En medio de un desierto sin agua potable, en la cara del sediento; para que le den de beber. En la cara del inocente; implorando justicia para él. Así como también, en cada cuerpo maltratado o violado; sintiendo asco, desgarro y repugnancia. Ahí es donde se manifiesta Dios en nosotros, que cómo bien dijo:

``*El que dé de comer al hambriento y de beber al sediento, es a mí a quien socorre*´´ ``*a quien maltratéis o violéis, es a mí persona a quien maltratáis o violáis*´´

Y así ha de ser con cualquier otra necesidad humana en el mundo. También con la desigualdad: ``a *la mujer que excluyáis, será a mí persona a quien excluís*´´.

¿Pero quién llenaría las iglesias?... ¿Quién pariría, si la mujer un día decidiera dedicar su vida al sacerdocio?... ¿Cómo se iban a llenar tantos colegios religiosos, tantos seminarios y conventos?... Se les acabaría el chollo a medida que bajara la natalidad.

A la mujer se la utiliza para todo, menos para mandar en asuntos clericales, por ser como una tupida saca de arpilla que no deja pasar ni una y mete las narices en todo.

Pero en cambio, la necesitan y mucho para parir numerosos hijos, cuantos más mejor no se desmorone su imperial modo de vivir. Que de eso, ya se encargarán entre confesionarios de convencerlas a no utilizar anticonceptivos, e inculcarles tener todos los hijos que vengan. Que son un regalo de Dios y gran dádiva para la curia que ya se encargará de mantenerlos, llevándolos para el seminario por sobrecarga de hijos y de pobreza.

Es gracias a la femineidad, que surgen diferentes estilos de empresas. Como en el caso de las vacas, por no decir, como en el caso de los cerdos de los que se aprovecha todo, hasta de sus heces para estiércol, que sostienen a diversos tipos de industria.

De la condición femenina, surgen como es conocido múltiples eventos de negocio, por ejemplo:

☞ De su ilusión de casarse y hacer bodorrio; salen ganancias para la iglesia, negocio para la hostelería, venta en las boutiques de novios y agencias de viaje.

☞ Gracias a su maternidad; se llenan iglesias, colegios, guarderías, se forman ginecólogos y comadronas, que acaban por crear centros de maternidad, etc...

☞ Por su intenso deseo de ser madre a cualquier precio; se inventa el gran negocio de bancos para esperma y la sorprendente e extraordinaria fecundación ``in vitro´´.

☞ Gracias a su coquetería; se crean laboratorios de cosmética y se esfuerzan por ellas, mejores profesionales de la estética que viven como dios.

☞ Por su afición a la moda; mayor volumen de negocio para la empresa textil que crea inmensos puestos de trabajo y aumenta la economía de los ya millonarios.

☞ Por su buen gusto de combinar el calzado con la ropa; se expanden más empresas de calzado por todo el mundo y se multiplican los oficios de zapatero.

☞ Y si no fuera porque les gusta con locura las joyas; ¿qué sería de los joyeros sin ellas?...

☞ Por su naturaleza fémina y necesidad imperiosa de compresas y tampax; gran negocio mensual, por no decir menstrual, que tanto enriquece a dicha industria y a la persona que inventó tan inteligente aplicador.

Y un etcétera más de empresas de reparto intermediarias, que se forman cada día gracias a su naturaleza femenina y a su diferente manera de ir por la vida, a diferencia del barón, que es bastante más simple. Y es que, entre todas, movemos el mundo que el hombre trata de sostener. El balón que en sus manos está, lo rodamos las mujeres. ¿Sin nosotras qué sentido tendría la vida?...

Si hasta para vender coches se nos utiliza de complemento sensual, como de un jarrón con flores para atraer a adinerados compradores. Acostumbrados a conseguirlo todo completo, con mujer incluida, aprovechándose de su habitual mísero sueldo. Y que cobrará como extra, una módica propina, por recostarse con una sonrisa contra un lujoso coche para millonarios. O a lo mejor, no tiene ningún sueldo y anda desquiciada, haciendo de mujer florero, porque nunca le llega para alimentar las bocas que la esperan en casa.

Pero precisamente por ser lo que es, desgraciadamente, también recibe peor condición de vida y menor retribución salarial, para enriquecimiento de muchos empresarios despiadados.

Caprichosa y coqueta, que por ser así, se crean para su necesidad existencial, múltiples formas de crear industria en beneficio de todos.

El Creador, ya lo tenía previsto y determinó que ella fuese así, tal como es, coqueta y soñadora. Y pensó en lo bonito que podría ser el mundo con bonitas mujeres de labios carmín intenso; engalanadas con bonitos vestidos de múltiples colores y abrigos de visón; bolsos de cocodrilo y cinturones de serpiente; collares de perlas y anillos de diamante; con hermosos escotes y peinado moderno; zapatos de tacón y medias de nailon; amiga de lencería fina y transparente, etc..., para alegrar la vida en común y dar trabajo a todos por igual en igualdad de condiciones. ¿De no ser así, qué sería de tanta industria?... ¿Acaso existiría?...

De no ser como es, coqueta y friolera, amante de abrigos, zapatos y bolsos de piel, desaparecería casi por completo la industria peletera y, por tanto, también el gran interés de matar a millares de animales que, por otro lado, repoblarían la tierra debido a su múltiple reproducción. Y si los hombres no quisieran quedar solos, sin mujeres, habría que cazarlos de cualquier modo para que éstas estuvieran a salvo. Que además, no sólo tendrían hombres malvados, sino también mucho depredador animal y, en este caso, en vez de ser violadas, servirían de sustento maldito. Tendrían que elegir, ser atacadas por un tipo de bestia o comidas por las fieras. Y en el caso de no haber mujeres interesadas en complementos de piel, sus maridos, desesperados de estar sin trabajo peletero, se verían obligados a ser cazadores furtivos. Por la imperiosa necesidad de poder sobrevivir a tanto bicho y no quedarse sin sus adoradas esposas e hijas. Que si no fuera por ellas, dejarían de estar interesados en demonstrar su hombría matando a tanto animal, y de ser así, acabarían por servir también de alimento a todo bichejo.

Animales admirados como abrigo después de muertos, unos, y sabrosamente apreciados para alimento de la humanidad, otros. Desde tiempos inmemorables, cuya descendencia hoy se manifiesta sensible, contra su muerte y maltrato. Pero cuidado, no vayan a repoblar la tierra y comenzar atacar, para después tener que decir aquello de: `` *eran pocas las bestias y se multiplicaron las fieras´´*.

Es necesario un equilibrio de aves y animales, si se quiere viajar en avión o andar tranquilos por bonitas casas, construidas cada vez más cerca de su hábitat. Adentradas a la selva, que debido al aumento de la población humana y animal, se va a tener que convivir por la calle con ellos, como en la Índia. Sólo que, en vez de con vacas, con otro tipo de animal, que no tendrá en cuenta de sí es hombre o mujer lo que atraviesa por sus fauces. Además de tener que convivir con otro no menos dañino: aquél que mata y viola para satisfacerse su ego.

No habrá lugar en calma donde vivir y hasta las grandes islas desiertas tenderán a desaparecer con la subida del mar, con lo cual, ni el más remilgado podrá ir a vivir en paz a ninguna parte alejado de todo, porque el gran caos se le vendrá encima.

``No, al maltrato animal, ni al de ningún ser vivo, ni siquiera al de un ser muerto´´

Al que se debe también respectar, que como se sabe, suelen haber prácticas de supercheria de mal gusto, que se deberían denunciar. Hay que tener más respeto por la vida y por la muerte, o sea, por uno mismo y por los animales.

Tristemente, la mujer, no deja de ser también objeto de negocio para chulos y proxenetas de la prostitución. Así como, carne de cañón para el enemigo en las guerras, que les encanta hacer terrible daño masacrando a mujeres e hijas de otros.

Y en películas de terror, rara es aquella donde no se oiga a una actriz gritar bajo las garras de un maldito violador, por así pedir el argumento de un sádico director de tantas y tantas películas. Que cuanto más dura y encarnizada sea la contienda sexual o apetito macho, más mola y más vende a depravados.

Este estilo de películas, enseñan y animan a depredadores sexuales, cuya víctima a sacrificar suele ser de sexo femenino. Debería de estar prohibida toda película basada en violencia y desprecio hacia la mujer, aunque sólo fuera por respecto a sus madres, a sus hermanas e hijas, que son lo que más duele. Si dignidad tuviera todo hombre que, para su enriquecimiento, permite este estilo de espectáculo que despierta obsesivas ideas en mentes depravados. Y perjudica mucho a las jóvenes que, a corazón sobresaltado cuando van a alguna fiesta y son perseguidas por locos desenfrenados, corren que ni un antílope para no ser alcanzadas por la maldita bestia, que acaba siempre por ganarles la carrera.

Los amigos de los animales, se manifiestan a menudo contra su maltrato y la exposición en internet. En cambio, no hay muchos amigos convencidos para protestar por el mal ejemplo que dan a los jóvenes ciertas películas, cuyo argumento narre maltrato o violación. Y que deberían estar prohibidas, si la sensibilidad del hombre estuviera más a flor de piel, para evitar que llegara a sus pantallas semejante barbaridad.

El que quiera ser salvaje, mejor si se adentra en la selva, que después de haber estado un buen tiempo aprendiendo de los animales, hasta es posible que salga siendo más noble que pasando el día viendo películas tóxicas.

¿Cómo se puede esperar que la juventud sea cada vez más cuerda, si a diario, se ven jóvenes utilizadas como objeto sexual dando un triste espectáculo en los medios de comunicación?... Y atrayendo a amantes del vicio, mentes enfermas, convertidas en futura clientela bestial y desenfrenada de la prostitución...

Siendo así, esta sociedad nunca podrá mejorar, porque sus jóvenes se alimentan de pornografía pura y dura o de violencia de género en los medios digitales y de droga en la calle. Pero nadie pone remedio y la mayoría de ellos, ya están muy enfermos.

Todo el que quiera alimentar su mente de basura, que se haga actor prono y compre su particular pornografía para verla él solo en su casa o la cambie por cromos a otros como él. La mierda cuanto más alejada, mejor. Y al que le guste, que disfrute en su vida privada, sin mostrarla en los medios de comunicación.

Con frecuencia, al encender en nuestras casas el televisor, raro es el día, en que no aparezcan películas con escena de maltrato brutal, violación y asesinato. En casi toda la cinematografía, los dramas suelen estar basadas en lo mismo. Pero contra esto, nadie dice nada, ni siquiera cuidan el horario infantil. Antes, bastaba con sólo poner a veces unos rombos en la pantalla, pero ahora, ni eso. Mientras no prohíban difundir venta de sexo y no reduzcan las películas con escenas de maltrato y violación por televisión; difícil va a ser educar a los jóvenes. Y es a través de este medio de comunicación, por donde habría que empezar a educar seriamente con documentales y argumentos más instructivos.

Y dirán algunos: ¡No se trata de prohibir, sino de que cada adulto se haga responsable del programa que conecta! Aun así, su cuidado, no siempre impide a los más jóvenes ver en la intimidad de su habitación o a través de un móvil. Y no estaría de más, enseñarles primero a ser responsables y conscientes de los pros y contras de toda práctica sexual y su invisible tienda de atrás. La otra cara oculta y sus consecuencias fatales que no se muestran en las escuelas, ni en las pantallas. Y sería muy importante informarles sobre el porqué del mercado sexual, entre otras cosas, que perjudican mucho a la mujer.

Y de qué clase suelen ser sus innobles chulos mercaderes, para que no se fíen de ellos y se alejen.

Retirar de los medios de comunicación toda basura, evitaría muchas desgracias, pues sólo ayudan a mal formar mentes jóvenes.

Que la basura se aparte de los hogares y el que quiera alimentarse de porquería, que la busque por otra vía. Y para mejorar la sociedad, habría que limpiar de basura alguna empresa televisiva que utilizan como objeto y sin miramientos al sexo femenino, para enriquecer su apestado negocio. Porquería hay demasiada, deberían eliminar el podrido espectáculo de atracción sexual. Trazado por interesados hombres sin escrúpulos que distraen a los jóvenes de pensar en otra cosa, en sus estudios y obligaciones. Los adultos que quieran, que lo vean en privado por medio de videos particulares.

¿Cuándo será el día, en que los productores de cine se declinen a hacer películas más altruistas, sin violencia, cuyo argumento eduque con buenos ejemplos a los espectadores para beneficio de la sociedad?... Por ejemplo: cómo cuidar de nuestra madre tierra, que sufre como una mujer a la que desestiman y echan por encima todo tipo de estiércol y a muy pocos les importa. De este modo, les harían pensar positivamente en obligaciones que favorecieran a todos por igual.

Contra el tabaquismo, se pusieron de acuerdo algunos gobiernos, adoptando medidas con campañas que hicieran reflexionar a los adictos a la nicotina y sobre sus efectos dañinos. En cambio, contra la violencia de género, no se ven demasiadas campañas que lleguen a las propias manos del hombre, a sus bolsillos, como en los paquetes de tabaco para reeducarlo en cada momento. Y que, conjuntamente, en los mismos paquetes, debería llevar el eslogan de ¡no a la violencia de género!, que también mata y destruye la dignidad. Acabando tarde o temprano, por hacer también mucho gasto sanitario, con tanto monstruo para psiquiatría. Sí, porque el que maltrata o mata, quiera o no, tarde o temprano, es perseguido por la paranoia de su conciencia, que va despertando a consecuencia de la misma conmoción psicológica, hasta volverlo loco.

La violencia de género, mata a la víctima y enloquece al verdugo, según va pasando el tiempo, si es que no lo lleva antes al suicidio. En cambio, el tabaco, va matando, pero la víctima es el propio fumador, que decidió ser él su propio verdugo.

Y por si fuera poco, en los últimos años, han decidido sacar también provecho de una de las mayores desgracias femeninas, como es el cáncer de mama y de útero, para dar más negocio rentable a sus empresas aseguradoras. Que han dado lugar a la aparición de una nueva póliza que promete cuidar de su prole, mientras esté en tratamiento oncológico.

Como si sus maridos e hijos, no fuesen capaces de atender sus propias necesidades, que deberían allá cada uno de cuidar de sí mismo. Mientras la desdichada esposa-creada-madre y no sé que más oficios, estuviere en una de éstas lamentables situaciones. Y preocuparse primeramente de ella que del resto de la familia, mientras esté enferma, que si se muere, lo van a tener que hacer de todos modos, visto que se quedan sin sirvienta para todo y a tiempo gratuito. Que si la sacrificada madre se derrumbar, llega la desdicha familiar detrás.

Por imperativo legal, la desvalijan de todos sus derechos y, por si no bastara con ello, hasta le quitan el apellido mientras se recupera del paritorio. Cuando el marido es el encargado de inscribir a su hijo en el registro civil, al que pone en primero lugar su apellido y después el de la madre, que lo va perdiendo en su descendencia genealógica.

En el registro civil, debería imperar primero el apellido de la madre, que es de certeza la progenitora, la que lleva el hijo en su vientre, la que sufre al parir, la que amamanta, la que padece con ternura mientras está enfermo. Y en ocasiones, hasta quita de su boca el alimento para dárselo. Por tanto, ya sólo por esto, su apellido es sacratísimo.

A su apellido no se le da gran valor, lo va perdiendo, quedando reducida a la nada hasta desaparecer del recuerdo. Mientras, sus hijos, llevan en primer orden el apellido del padre que, en ocasiones, puede que ni sea su progenitor biológico.

Acaba por perderlo todo y, a veces, hasta su dignidad frente al poder de un hombre contra el que no puede luchar, ya que, para su mayor desgracia, es físicamente más fuerte y le basta con sólo agarrarle de una muñeca para paralizarla.

Triste signo el de ser mujer, cuando se ve amenazada bajo la fuerza del puño y ni siquiera puede huir de él, porque en determinados países, el marido, está más protegido por ley que ella. Y hasta le puede quitar su pasaporte y el carné de identidad, como algo que le pertenece a él y nada puede hacer, ni siquiera tener carné de conducir para poder correr más que ellos y huir. Atada de pies y manos, sin alas para alzar vuelo. Afortunadas las aves del cielo y flaca suerte la de ser mujer, en la mayoría de casos.

El hombre, tiene el dinero, el poder, la voz cantante, la fuerza física, mejor puesto y mejor sueldo. Además de un fuerte carácter para amedrantar a cualquiera, al verse respaldado por leyes machistas que lo apoyan. Mientras que, la mujer, cuando no le queda otra, se ve obligada a salir corriendo, si puede. Y aun así, ellos corren más hasta alcanzarla y obligarla a estar ahí, bajo su yugo. Y es que muchos, son tan nada, que menos serían sin ella. La necesitan en el área doméstica como Punching Bags para combate de boxeo, donde el púgil *ganador*, suele ser él casi siempre. A menudo, necesitado de golpear contra cualquiera, da igual. ¿Y qué mejor contrincante que la mujer que apenas puede devolverle los golpes?... Y si no, contra sus propios hijos, que son aún más frágiles y no se pueden defender. Y cuando no hay esposa ni hijos, con quien pagar sus frustraciones, algunos, se enzarzan con sus padres. O se van al fútbol a desahogar a campo abierto, contra los hinchas aficionados del partido contrario, hasta calentarse los sesos enquistados por la sinrazón.

A pesar de que se benefician de su servilismo, apenas hay quien considere o reconozca debidamente a la mujer. Como aquel carpintero, al reconocer que era gracias al ama de casa que mantenía un oficio de tres generaciones, desde el abuelo hasta su nieto, con siete miembros de su familia a trabajar. Que si no fuera, porque es dada a la renovación y decoro constante de su casa, muchos gremios de la construcción desaparecerían. Y algunos modistos, tapiceros y demás oficios, cerrarían con toda certeza. Que si por la mayoría de hombres fuera, de lo único que se preocuparían, primordialmente, sería de tener un buen coche, un buen teléfono y poco más que una cama para descanso del guerrero.

Si la mujer, desapareciera de la faz de la tierra o dejaran de nacer hembras, el hombre se hundiría. Se acabarían todos los negocios relacionados con el entorno femenino y todas las empresas irían a pique por falta de clientas.

Excepto las empresas tabacaleras, las productoras de alcohol, los concesionarios de coches, alguna de alimentación y poco más, porque muchas otras, desaparecerían ciertamente y causarían mucho paro.

También algunas empresas telefónicas sobrarían, que es gracias a las mujeres que ganan más y perderían mucho poder adquisitivo, por no tener sus clientes a quien llamar para declarar su falso amor o echarles broncas.

Excepto los fabricantes de condones que, mientras existieran animales, no dejarían de lucrarse. Afortunados fabricantes, pero pobres animales, que serían el objetivo, en el hipotético caso de que faltasen mujeres.

Un estilo de empresa que triunfaría con toda seguridad sin las féminas, sería las de lucha libre y las de boxeo, donde sus púgiles se pudieran desahogar a puñetazos. Más de un macho, necesitaría pegar golpes contra cualquiera para poder desahogarse, ya que no tendrían mujeres para maltratar, ni con quien pagar sus frustraciones.

Sería una ruina y bastante triste, vivir en un mundo sin los encantos femeninos: pomposas y vestidas de mini falda con bonitas piernas; hermosos y reverberantes pechos saliéndoles de amplios escotes y con el ombligo al aire; camaleónica, pintorreada cada día de diferentes colores; estrepitante carcajada a lo cacatúa y griterío estérico; cara bonita y afable sonrisa; dulce mirada y corazón tierno; alegre o divertida; loca y extrovertida con cabellos al viento; ronroneando como una gata y embrujando como sólo ella sabe.

Sin su naturaleza afectiva, su cariño maternal y delicadeza angelical, no sería posible haber alegría, ni vida humana en la tierra para soñar como sólo ella es capaz.

¿Y qué sería de muchos empresarios, sin el sexo débil para pagar inferiores sueldos y enriquecerse a su costa?... Como hacen con las niñas y los niños, en la esclavizada China, en la India, en Indonesia y otros países, en lugar de mandarlos a la escuela... ¿Cuántos empresarios millonarios no habrán, a costa de la esclavitud de millares de jóvenes esclavizadas en talleres de la maldita pobreza?...

¿Y qué harían, sin mujeres para poder despedir o acosar para que se vayan de sus empresas?... Cuando algunas, por desgracia y necesidad, hasta intentan resistir al infierno de los acosos con pastillas para la depresión, antes que quedarse sin poder comprar alimento para sus hijos... Acabando por enfermar de los nervios, al no poder las pobres aguantar semejante suplicio y que, por seren menos violentas, obedecen con más resignación y son más fáciles de despedir que los hombres. Y por no querer enfrentarse a un pestilente e indeseable jefe, que no menstrua mensualmente, ni se embaraza. Y tiene físicamente más ventaja sobre ellas, además de poder adquisitivo.

¿Qué escusa pondrían los empresarios, si sólo hubiera hombres en sus empresas, sin mujeres embarazadas para aborrecer sus bajas maternales y darse el disimulado gusto del despido?... ¿Y qué fabricarían, si no existiera las mayores consumidoras de artículos, en comparación con sus compañeros masculinos?...

¿Y qué harían, sin niños para la explotación laboral de mano de obra barata, que empobrecen a sus infelices madres, mientras enriquecen a empresarios cada vez más millonarios a costa de vidas desdichadas, en este satánico mundo?...

¿Y si las más jóvenes se negaran a tener hijos?... —No quiero ni pensar, lo que harían con ellas—. ¿Las encerrarían como a gallinas ponederas hasta abarrotar sus granjas de hijos, por falta de personal joven para llenar iglesias, colegios, seminarios, cuarteles militares y grandes empresas?...

Y pensar que en algunas culturas, la vaca es sagrada, pace en libertad y la respetan más...

¿Y qué haría el hombre, si toda mujer, dijera ¡no! al sexo?... ¿Y si dejara de haber prostitutas?... ¿Qué sería de aquellas esposas, cuyos maridos van a buscar sexo fuera de casa, por no querer ser montadas por semejante semental, como lo son algunos bestias?...¿Se divorciarían sus sacrificadas esposas?... ¿Esperarían sus maridos a la puerta de casa de otras, para acosarlas?... ¿Perseguirían como clavo ardiendo a toda la que llevara falda o burka, sin respetar siquiera el hábito de las que se mantienen vírgenes?... ¿Ninguna podría salir de casa ni ir a trabajar, porque las acosaría su propio jefe?... ¿No podrían tener siquiera, un segurata para protegerlas, porque se supone también estaría necesitado, no?... ¿Tendrían sus padres que acompañarlas a todas partes con escopeta en mano?... ¿O tendrían que esconderse bajo sotana o chilaba y con barbas postizas, para ocultar su atractiva figura y ser respetadas, no fueran a tentar a la bestia ?...

—¡Ah qué horror, no quiero ni pensar que esto pueda llegar a suceder! Mejor cambiar de tema, que con sólo imaginar... ya es de por sí, gran aflicción.

Si lo pensamos detenidamente, no sabemos si, lo del *no al aborto,* es por cuestión de moral religiosa o más bien es, porque les preocupa que queden vacíos sus templos, sus colegios, sus seminarios y cuarteles militares, sin jóvenes para llenarlos, dado que la mayoría muere a diario a causa de la droga y las guerras, y la natalidad va descendiendo. Nuestros hijos son un chollo para ellos.

¿Qué mujer joven, siendo consciente, querrá parir para arrojar después a sus hijos, a semejante terror de vida?...

En las guerras, se les ve el plumero a sus señorías, a coroneles y eminencias; cuan nada de valor dan a la vida. Reclutan a millares de jóvenes, como si fueran rosquillas recién horneadas para desperdigar por ahí. Son los hijos que sus madres no abortaron. Ya lo harán otros por ellas de forma más violenta, bajo las armas, claro. O cuando por abuso de poder, los maltratan con sadismo en los cuarteles de la `*disciplina*´ militar, para después acabar imitándolos afuera con toda la tropa y demás. Como se conocen casos de muerte de jóvenes soldados, machacados por disciplinas sádicas dentro de los cuarteles. Y que, supuestamente, constan por accidente o muerte en acción heroica. Así sale después la mayoría, tocados de la cabeza. Pobres los padres que crean hijos para la barbarie militar, monstruosos abortistas de vida indefensa.

Eminencias: `` ¡No a la condescendencia militar abortista! ´´

Siendo como es, gracias a los cuidados de la madre que el mundo existe, los gobiernos deberían de indemnizarlas por cada hijo que crean con mucho esfuerzo, para que después sirvan a la *suciedad* social de cualquier cuartel o seminario. Mucho más que a sus resignados padres, que se sacrifican en crear hijos que han de ser explotados por la *suciedad* civil o religiosa. Encargados de lavarles el cerebro y de convertirlos en monstruos autómatas, para enviarlos a campos de batalla y mandar a la porra la educación que les dieron. O se adueñan de ellos y los separan de sus padres, si es que no mueren antes a manos de indeseables hombres armados.

Sí, la mujer es un gran negocio, utilizada gratuitamente para enriquecer a todos. Cada nación, está en deuda con las madres, empobrecidas por haber invertido todo en educar a sus hijos para que después sirvan a otros, a cambio de bien poco o nada, si es que no se los matan o drogan y las hunden en un dolor perenne.

Y debido a la pobreza que padecen sus hijos, muchas jóvenes parejas, pierden la oportunidad de ser padres y de formar una familia, debido a la cada vez mayor miseria en que se encuentran. Dentro de poco se verá el resultado, es decir, no habrá muchos niños para catequesis, ni jóvenes para tropa militar, ni curas para reconducirlos.

En realidad, no paren hijos para ellas y al final de su vida quedan solas, los pierden, que pasan a ser utilidad de empresas, seminarios y cuarteles. Tiradas como un mueble, sin ninguna recompensa después del arrebato, si es que no les toca crear también después a sus nietos, que esa es otra.

Hay muchas abuelas por ahí, quitándose de la boca su alimento para ayudarlos a crear, a pesar de que a veces son tan pobres como ellos o más...

Y nadie le da medallas a una madre, pero a un jefe militar sí, y una pensión vitalicia también, por haber dirigido guerras y haber inducido a soldados a matar a los queridísimos hijos de estas madres. Que con tanto esfuerzo y cariño les ayudaron a hacerse hombres honrados, para seren más tarde maleados y despreciadas sus vidas, por regímenes que dicen ser de salvación patriota. Y cuyas calles bautizan después, con los nombres de sus generales de guerra para memoria y vergüenza nacional.

Mejor si hubieran abortado, antes que permitir cualquier estilo de vida innoble a su hijo, convertido en asesino de guerra, maleante, traficante de droga, violador o pedófilo. Mejor no nacer para esto. De cuanto mal y miseria les libran a sus hijos las abortistas, que al cometer un grave delito, evitan sin proponérselo, que acaben convertidos en marionetas, en un mundo de hombres maleantes que condenan por un lado y matan por el otro.

Ninguna madre, se pudiera, dejaría que sus hijos fueran a la guerra a matar los hijos de las demás. Cuantas no hay sofriendo a consecuencia del terrorismo de Estado y demás, debido al odio de sus dictadores que obligan a sus hijos a alistarse, sin elección, por miedo a oponerse y ser linchados.

De estas desgracias sufren mucho las Madres de Mayo y otras muchas en cualquier país, como Kada Hotic, miembro de la asociación de madres de Srebrenica, a quien mataron cincuenta y seis miembros de su familia. Incluidos su esposo e hijos de entre los más de ocho mil hombres, para los que llevan más de veinte años reclamando justicia y a las que nadie escucha. Y no hablemos del resto de la historia de grandes dictadores asesinos, interminable de contar a cuantas madres mataron a sus hijos.

¿Y todas aquellas sufridoras madres, que sufrieron pérdidas familiares en los malditos barracones hitlerianos de exterminio?... Para esto, mejor es no llegar nunca a ser madre. Tener hijos para que te los droguen y puedan rendir como máquinas de matar, como hicieron con los soldados nazis, convertidos en monstruos robotizados, infestados de metanfetaminas, alimentados de droga para descuartizar, matando a cuanta más gente mejor. ¡Qué locura demoníaca terrible!

Mientras tanto, el resto de hombres, pasmados, observan impasibles. Quién sabe si tomando ejemplo para actuar como aprendices del mismo sistema, ya que, muchos satánicos seres, continúan saludando de brazo extendido y con orgullo a la fiera interior que llevan dentro. ¿Será que la mayoría de ellos ya están también drogados, que todavía quedan muchos, prestos para cometer la misma barbarie?...

Es muy frecuente ver, cuán despiadados son ciertos policías, cuando salen a la calle llenos de odio, como orangutanes de fuerza bruta a aporrear bestialmente a los manifestantes, en ocasiones, hasta matarlos.

Es sabido que, en muchos países, a la mayoría de los mal llamados agentes del orden, además de limpiarles el cerebro también los drogan, para que no tengan empatía y ataquen como salvajes contra cualquier persona sospechosa. Sembrando más odio contra sí mismos, en vez de despertar admiración como fuerzas del orden, que protegen con verdadero humanismo el derecho de las personas a manifestarse, sin ser apaleadas.

El orden, debe ser impuesto con actitud calmada para pacificar al otro. No con violencia que despierta más violencia y drásticas respuestas que sólo provocan más odio. Tan sólo su presencia en la calle, ya provoca de por sí, pero por la actitud, no por el hecho de ser agentes del orden, que son bien necesarios.

¿Qué clase de disciplina dan a sus escuadrones policiales y a sus regimientos militares, que salen como máquinas asesinas y a la velocidad de sus balas para matar?... Sin tener en cuenta que detrás hay siempre unos padres sufriendo por ese hijo.

¿Qué inculcan a los servidores de la patria, para que se presten sin reparos para la barbarie?... ¿Qué les darán a algunos, que ni las mayores bestias salvajes podrían llegar a ser tan crueles?... Deberían descargar sus frustraciones en un espacio deportivo para relajar neuronas, antes de salir a poner orden entre la ciudadanía.

La sociedad, necesita protestar más contra el hostigamiento disciplinar absurdo y contra toda limpieza de cerebro, machacado en intramuros y cuarteles, que anula y endurece el corazón a sus hombres, a veces, drogados para rendir como brutales máquinas sin sentimiento. Utilizados muchos de ellos, como consumidores de cualquier porquería que la misma policía corrupta ayuda a traspasar fronteras..., a escondidas de sus compañeros policías más honestos.

Transformados en robots de su propio infierno que, como autómatas, enriquecen a millonarios camellos, por esnifar y tomar todo cuanto venden. Y muchos ni se dan cuenta en qué les están convirtiendo; en verdaderos monstruos para el caos mundial, donde todos andan zombis y nadie los ve, porque ya se ha acostumbrado la sociedad a su raro semblante y nadie hace reparo de lo ciega que está.

En cada pueblo, debería de haber un monumento a las madres por crear a sus hijos ahí, ahincados a su tierra. Y no la estatua de un dictador o general de guerra, como se ve por cualquier parte. Por muchas batallas que hubieran ganado sus soldados, o sea, los hijos de estas sacrificadas madres. Y cuyo maldito merito lo llevan los autores de guerra, condecorados con medallas, buena pensión y retiro feliz. Después de haber dado orden de matar a millares de civiles y dejado a sus madres desechas en dolor, sin nadie que las sostenga y alivie. Ni siquiera para ayudarlas a buscar —como último e ingrato consuelo—, la justicia que con tanto dolor se hartan de clamar a los sordos oídos de sus gobiernos.

¿Y qué clase de ayuda les prestan las más de cuatro mil religiones a estas madres, agotadas de implorar justicia y de buscar a sus hijos y nietos desaparecidos por las dictaduras?... ¿A qué se dedican y a quién sirven realmente?... ¿Al dios de la injusticia?...Sí, porque tristemente, es lo que más abunda.

A lo que mayoritariamente se dedican es, a condescender con los dioses terrenales políticos de la patria y el rey, amos del mundo que, contrariamente, en nada obedecen a los mandatos de Dios. Y para mayor desgracia, rigen en su nombre, sobre la vida y la muerte de muchos hijos de sus madres. Y después, como si no hubiera habido encarnizadas matanzas por ahí, tienen la desfachatez de predicar contra las que abortan. En vez de predicar contra la enorme barbarie que, diariamente, campo a través y en cualquier frente, daña la tan preciada vida que, hipócritamente, dicen defender.

¡Mujer, es de tu obligación tener hijos, para eso te casaste! ¡Y si no, haber pensado antes de tenerlos o haber abortado! —Dirán los más fanáticos.

Así es cómo piensan, muchos insensibles psicópatas, para los que las guerras son lucrativas.

Ser madre, en muchos casos, implica quitar de sí misma para dar al hijo y, años más tarde, volver a sacrificarse por los nietos, como si éstos fueran de su obligación. Para después de creados y educados, tener también que perderlos cuando son alistados para otra contienda. De joven, se le marcha el novio o el marido, y años más tarde van sus hijos. Y se Dios le diere larga vida, verá como los nietos también serán llamados para cometer la misma barbarie. Sin que a nadie le importe su dolor de madre en este desalmado mundo de malditos, donde ella ni siquiera se puede negar, mientras sus hombres callan y obedecen como asnos. Si antes, no se los capta alguna secta para servirse de sus hijos en nombre de un falso dios. Que aunque los libre de presentarse a filas militares, restando hombres a esa barbarie, los entrenan para otra, que sabe Dios cómo será y para qué servirá la obediencia a ilegítimos superiores.

Por veces, algunas personas ingratas, se atreven a decir que los hijos no pertenecen a sus padres. Y en ocasiones, las autoridades llamadas de protección del menor, los apartan de su tutela, por éstos educar con mano férrea y dar algún bofetón a sus propios hijos. Pero después, por otro lado, cuando ya son adolescentes, las mismas autoridades competentes los encarcelan, maltratan o matan, mientras se manifiestan por ahí, arremetiendo contra ellos, simplemente por pensar diferente de sus jefes de gobierno. Este tipo de maltrato, también es muy injusto y mucho peor que educar con mano dura, por lo que queda lejos de ser ejemplar. Y deberían de ajusticiar también a los responsables políticos que ordenan malos tratos o torturan bestialmente a los presos. Muchos, alejados de sus casas, implicando de este modo a toda su familia a padecer un suplicio, que es otra forma de condena como castigo inmerecido. Y que por ir a verlos desde tan lejos, van muriendo cada día en carreteras, debido a frecuentes y prolongados viajes. Esta no es la mejor vía para lograr la paz o acabar con el odio.

Y ni siquiera de estos padres se apiadan, aquellos que defienden cristianamente el aborto, que deberían manifestarse también a favor de los derechos de los ya nacidos y crecidos, en este caso, del derecho de los padres a tener cerca a sus hijos en cárceles cercanas. Mártires de un sistema político retorcido y rencoroso, que a modo de venganza, los somete también a ellos a prolongados desplazamientos para visitar a sus hijos, que hasta al más despiadado, le debería avergonzar por tan deshumano proceder.

Hay padres que se sorprenden, cuando de pronto, resulta que sus hijos se ven involucrados en algo que jamás pudieran sospechar. ¿Luego, a estos hijos qué les pasó?... ¿Quien decidió por ellos que pensaran de un determinada manera?... ¿Qué fue lo que los desgració, si en casa se comportaban correctamente y eran honestos, hasta salir al mundo estudiantil?...

Muchos padres, se vuelven locos, pensando en qué habrán fallado en la educación de sus hijos; si sería por haberles dado algún cachete de más o de menos, si por consentirles demasiado o, por el contrario, disciplinaron con dureza.

Es la educación que encuentran en la calle, la que los desgracia, cuando se mezclan en los centros de enseñanza con los hijos de otros padres peor educados o sin educar, que también los hay en abundancia. Nadie mezcla frutos sanos con podridos, sin embargo, en los centros de enseñanza esto se da. De ahí viene todo en cadena, el contagio de lo negativo, que los lleva a la perdición y desencadenan en rebeldía o bien en delincuencia. Y ya no tanto, por la clase de educación que algunos padres les pudieron haber dado o dejado de dar, sino porque a una edad, hasta el más educado y sensible de los jóvenes, se rebela contra injusticias que ve fuera de casa. Acabando ingenuamente en la cárcel, por protestar contra gobiernos que los tacha de delincuentes y los castiga por nada, enfureciéndolos para revelarse aún más. La edad juvenil es delicada, no hay más que guiarla, enseñando y educando, pero sobre todo, escuchándola con respeto. Que de acabar en la delincuencia, significa que los adultos les dieron muy mal ejemplo y no supieron educarlos con mano férrea.

Todos somos hijos de la madre patria, la responsable de dar una educación apropiada y común a ambos sexos, controlada por tutelares expertos desde las escuelas.

Y aunque, educar a los hijos, sea obligación de los padres, los gobiernos deben tener en cuenta que, no es posible que todos sepan educar bien. Y mejor si hubieran profesores especializados para darles una asignatura de civismo, moral y ética, en las aulas. No sólo con dar formación se desarrolla un gran país, sino educando debidamente a las niñas y niños en los centros de enseñanza. Y mirando con lupa el separatismo de género por clases, viendo qué tipo de educación se les da en valores de igualdad en los centros privados, muy amigos de separar.

No es verdad, que la educación de nuestros padres, con el *bofetón a tiempo* cuando éramos niños, estigmatizara más que otro tipo de maltrato. Hay peores maltratos que dejan un mal recuerdo, y la diferencia de unos a otros es que, el bofetón, cuando viene como alerta no provoca tiranía, a no ser que venga con agresión. En cuanto que, otro tipo de castigo humillante e hiriente, sí deja huella retorcida, llena de odio y rencor para siempre, bajo una rebeldía incontenible de por vida.

Hay múltiples tipos de castigo o maltrato, que no se dejan ver y que causan gran trauma. Se lleva en el más profundo secretismo del alma, como un pesado mueble al que llevar a cuestas en silencio, porque nadie se lo iría a creer.

Claro que, una cosa es, un bofetón de advertencia, y otra muy distinta es que te humillen, te laven el cerebro, te aporreen con una porra, te insulten, te disparen, te violen, te decapiten, te mutilen bajo las bombas, te quemen viva, te droguen y abusen de ti siendo niña o niño, o te mutiln el clítoris. Y la mayoría de maltratadores, andan en libertad por ahí como si nada, porque así como el bofetón no se puede consentir, todo lo demás, parece estar permitido o no se le da la suficiente importancia como para condenar seriamente, aunque sea terriblemente más dañino.

Hasta mediados del siglo XX, los profesores, todavía tenían vía libre para pegar con la llamada `regla de madera´ contra la palma de las manos de sus alumnos. Y esto sí que humillaba frente a los demás compañeros en clase. Desgraciadamente, utilizar este método de castigo, estaba bien visto por las autoridades, amigas de reprimir, de castigar por todo y por nada. Y hasta principios del siglo XXI, cuando la nueva generación cambió, no empezaron a tomar consciencia de que el sistema de represión y el castigo, ayudaban a ser aún más rebelde.

Es mejor no llegar al bofetón, aunque se supone que a veces es inevitable, dada la rebeldía de algunos niños insoportables. En ocasiones, alimentados de productos y bebidas excitantes que dan para alterar tanto a los padres como a profesores.

Tiempos atrás, había un cierto miedo con mezcla de respeto hacia nuestros mayores, amigos de dar de vez en cuando, alguna que otra colleja a tiempo. Y que olvidábamos fácilmente, hasta que te recordaban de nuevo con otra.

Años más tarde, al llegar también a ser padres, más de uno, recordando travesuras agradece a los suyos el haberles puesto firmes, aunque fuera a base de collejas. En más de una ocasión, habremos oído a alguien dar las gracias a sus padres, por haberlos enderezado en sus años de rebeldía. En cambio, a nadie se le oye agradecer por los demás tipos de castigo que dejaron estigma y odio, por ser peores que dicha colleja o sopapo.

Los profesores tienen mucho que aguantar, y no hay cosa más insoportable que un niño mal educado y desobediente, que si no se le pone firme a tiempo, se volverá tirano.

Muchos, recordaremos, cuando la maestra o el maestro, regla en mano en la escuela, solían pegar por cualquier falta a sus alumnos. Y por lo que cuentan algunos, hasta les obligaban a ponerse los dedos de las manos apiñadas para que les doliera doblemente más, que según en qué tiempos de dictadura estuvieran era permitido. De tal modo que, temíamos a los legítimos superiores de la enseñanza, a los cuales les dolía con frecuencia la cabeza, por la mala conciencia de castigar con rabia. Y más de uno, podría decir, que recibió más castigo en la escuela que un preso por violar o robar. Y es que, hay profesores y también pederastas, que no aprecian a los niños, los odian, hasta utilizarlos para desahogar frustraciones.

Sin embargo, la colleja, no pasaba de un aviso de atención para alguien que se distraía. Era más frecuente en catequesis, cuando los curas enseñaban catecismo en las parroquias, dando cachetes y tirones de orejas, más por costumbre que por falta. Y es que formaba parte de la enseñanza, como con la regla en clase. Aunque es preferible la colleja, cuando es entendida como una pequeña palmada de alerta. Y no un bofetón de aquellos fuertes para castigar que duelen y humillan, como los había también. No es lo mismo:

pegar con la regla o dar un bofetón que dar un ligero sopapo o cachete.

Era una forma más de imponer respeto y temor, en tiempos dictatoriales para atemorizar ya desde pequeños. Y es que, los peores miedos de la infancia, empezaban allí mismo, en las aulas. Frente a una fotografía del dictador de turno y delante de un crucifijo que en nada tenía a ver y les era útil, por permanecer mudo. Que de hablar, sería quitado de inmediato de todos los lugares públicos. No fuera aquél Jesús justiciero, ir a los locales de enseñanza a alborotar con látigo a todo profesor o cura, que practicara lo de ``la letra con sangre entra´´ para acobardar al más tímido y no le entrara el saber. Y por el miedo, se anublasen los cerebros del alumnado, no fuesen a aprender demasiado y reclamar después derechos pisoteados.

Enseñaban lo que querían enseñar y, todavía hoy, dejan mucho que desear en lo que a derechos e igualdad se refiere. El crucifijo, formaba parte de la historia cultural de un país católico, aunque poco respeto le tuviera a la hora de castigar a sus criaturas.

Tres autoridades formaban parte del decoro nacional de las aulas: la profesora, en persona; el jefe de Estado, enmarcado; y un crucifijo de adorno. Ambos, uno al lado del otro, colgados de la pared y bien a la vista. Por encima de la pizarra para imponer a toda una clase de alumnos bajo la misma disciplina de la regla de madera, y recordarles que ahí estaba la máxima autoridad. Representada por Dios y el dictador de turno para que tuviéramos bien claro ya desde niños, quien mandaría en nosotros y nos fuéramos preparando para peores palos, que acabaría por crear más rebeldía que sumisión.

Era la manera de enseñar del poder institucional de la iglesia y el Estado, que sin importarles un bledo, desmoronaban y desplumaban la sociedad a su conveniencia. Obligándola a obedecer a su capricho en nombre de un dios colérico, que los arrojaba a la guerra para satisfacer su ego.

Nadie pudo haber quedado marcado por una colleja, ya que hacía que se prestara más atención, pero también ser más cohibido y menos descarado. A diferencia de los niños de hoy, que son extrovertidos en exceso, con desparpajo impropio de su edad y resabidos como ancianos. Conocedores de todo, menos de lo que les correspondería saber a su temprana edad, que de tanto ir de listos, a veces, hasta llegan a ruborizar a los adultos. Hasta que un buen día sorprendan a sus orgullosos padres, al no dar la talla o no parecer tan inteligentes como esperaban que fuesen, cada vez que eran sorprendidos por una labia madurada a destiempo. Y es que, hoy, no se les deja ser niños. Pero lo malo vendrá, cuando lleguen a mayores y quieran tratar de serlo, después de habérseles pasado la infancia por distracción en internet y juegos virtuales, entre múltiples deberes extraescolares. Es decir, hartos de ser adultos, se comportarán entonces como niñatos descarados, déspotas y sabiondos infelices, adictos a las máquinas y a los móviles. Más despiertos para debutar en cualquier concurso televisivo que para observar el caos a su alrededor y saber cómo ordenarlo.

Hay niños que, sin dejar de ser lo que son, parecen de otra casta al estar mejor educados. Debido a que sus padres, posiblemente, también lo estén. A diferencia de otros más desenfrenados y altaneros, que delatan la educación de los suyos. Esto es, lo que marca la diferencia en una sociedad cada vez más elitista e individualista. Casi siempre justificada, por la distinción de su educación y comportamiento frente a otros, que la va distanciando. Por ello, habría que empezar por educar también a aquellos padres cuyos hijos sean violentos, para que aprendan a educar mejor. Ya no sólo cara al entorno familiar, sino a convivir con civismo y ayudar a constituir una sociedad menos cruel y violenta. Así y todo, habría que disciplinar a sus hijos desde la escuela, cara a la calle. Reafirmando los mismos valores para que queden bien afianzados entre unos y otros, hasta llegaren a ser mujeres y hombres adultos de una nación civilizada, unidos por los mismos principios asentados en valores e igualdad. Así es cómo se debería hacer patria, empezando por formar, educar y civilizar.

Los jefes de gobierno y sus militares, injustamente, son los que mandan en los hijos de los demás, que son alistados para servirles en orgias de instrucción de guerra y malearlos aún más. También los curas y las sectas, suelen captar a jóvenes ingenuos para enriquecer su comunidad, que siendo todavía menores de edad, los llevan al seminario, sin saber cuál será un día su verdadera vocación, porque otros decidieron por ellos. Pero en este caso, no hay ley de protección del menor que intervenga para defenderlos, que no eligieron irse, ni abandonar a su familia. Y en estos casos, ni siquiera es considerado rapto, ni abandono por parte de sus padres que dejan que se los lleven, ya que se los lleva la curia de mutuo acuerdo, sin que alcancen la madurez suficiente para decidir.

Sin tener en cuenta los deseos de los jóvenes, que al hacerse mayores, van desembocando en lamentables inclinaciones, debido a su frustrada vocación, por haberles lavado el cerebro sin su autorización, como inmaduros que era entonces. Pero aquí, la ley de protección del menor, no mete las narices cuando debería, porque nunca se sabe, a qué servicios se va a ver prestada cada ingenua criatura.

A algunos, les encanta decir que los hijos no pertenecen a los padres o que son para servir a Dios y a la patria. Pero mucho cuidado, que es para arrebatarles su tutoría y llevarlos para servir a su congregación o para defender sus guerras. Y si es que están sanos, que si no, ni hablar, hijos enfermos no se los arrebatan a nadie, ya que no hay institución que los quiera y, en este caso, sí pertenecen a los padres.

A un hijo con problemas mentales, no se lo lleva cuartel militar alguno, ni mucho menos para seminarista y, a veces, ni siquiera su propio padre lo quiere.

Tristemente, se conocen casos de madres con hijos deformados por las drogas y medicamentos, como las que pagaron las consecuencias por causa de la Talidomida. Y otras muchas, con hijos mentalmente enfermos, abandonadas algunas por sus maridos, que huyen desbordados de sus obligaciones paternas, dejándolas solas cuando ambos más necesitan de su ayuda.

Hay por otro lado, muchas más madres pasando un verdadero calvario, luchando con hijos muy problemáticos con los que de ningún modo deberían convivir. Maltratadas, ya no sólo por sus maridos, sino por sus hijos, que al igual que su padre son muy violentos. Debido a su mala educación y al ejemplo que recibieron. Y otros muchos, que por su comportamiento hiperactivo y enfermizo, las aporrean a diario y las machacan psicológicamente. Incapaces de denunciarlos o echarlos de casa, no vayan a acabar dios sabe dónde. Y es que, el amor por eses hijos, es muchísimo más grande, y el abandonarlos a su suerte, sería más doloroso que el maltrato que reciben. Porque así de injusto, es el amor de madre, sufridora universal, a la que nadie apremia, ni siquiera un gobierno político, ni religioso, que les diga:

¡No os preocupéis queridas madres!, que os los vamos a llevar para que cuiden de vuestros hijos bajo tutela en centros especializados. Y aunque no quieran, los obligaremos, ya que vuestra vida es una desdicha que afecta a vuestra salud y corréis más peligro que ellos. Prepararemos más casas de acogida, fuera de la cárcel y del manicomio para que vivan allí quieran o no, con educadores que los dobleguen y estén bien controlados.

Pero no, no interesan, no dan lucro estos enfermos, al revés, dan mucho gasto, y hay demasiada juventud deteriorada por la droga. ¿Además, a quién importa el dolor de madre?...

A pesar de los miles de millones de dólares que gasta cada país anualmente, en armamento militar asesino. ¡Vergüenza les tendría que dar a todos los jefes de Estado!

Tanques, submarinos, aviones de guerra y armamento para matar a la humanidad, son mucho más rentables. Aunque después, como resultado de las nefastas consecuencias, gasten doblemente más que en los centros de apoyo a personas, que no pueden convivir en sociedad y son un lastre para sus padres; con riesgo a ser asesinados por sus hijos.

Algunas de estas madres, llevan a solas y con infinita amargura un duro infierno. Y a pesar de todo, no denuncian a sus hijos por maltrato que, de hacerlo, bien podrían acabar en el manicomio o en prisión. Desde donde suelen salir todavía más enfermos y drogados, con lo que es peor el remedio que la enfermedad. Por eso mismo, prefieren el injusto e ingrato martirio de tener que vivir con un hijo maltratador, con tal de que no lo ingresen en esos centros. Que como es sabido, lo mismo hay droga fuera que dentro de estos recintos, de donde salen más desgraciados y hechos unos monstruos. Y es que, en los pasillos de algunos centros, como las cárceles y los psiquiátricos, abunda más mala hierba, que hierba buena en la fresca campiña del abuelo de Heidi.

Es el amor materno, el que pretendo destacar aquí, que aunque su hijo enfermo las aporree, su amor, las impide echarlo de casa, porque se hundirían ellas mismas en un mar de dolor. Es mucho más duro abandonarlo, que dejarse aporrear todos los días. Esta clase de sentimiento materno, es francamente triste, sólo da para hacerla sufrir y machacarla visceralmente hasta enfermar. Declaro aquí, que:

`` *¡La madre es la mejor amiga del hombre, no el perro!* ´´

Su amor, es lo más grandioso del mundo, a pesar de que va en su propio detrimento. Pero este grandioso sentimiento, no interesa a nadie, por estar desvalorizado. Algunas, viven día a día, con el maltrato de un hijo enfermo, incapaz de disciplina alguna que, en ocasiones, cuchillo en mano, se impone amenazante hasta conseguir lo que quiere. Por sentirse más fuerte que la persona que más le quiere en el mundo y a la que trata peor que a su perro.

Y de estos graves problemas, saben mucho los psiquiatras, incapaces de exponer la delirante realidad a las autoridades, sobre la situación de sufrimiento que atraviesan estas madres. Y mientras cuidan a los hijos, descuidan a las madres que caen en depresión, por padecer un calvario que las va matando, mientras ellos se van quedando. Con lo cual, sólo así, descansarán bajo tierra, pero los hijos, quedaran en manos del diablo que los incitará aún más a cometer terribles delitos a su capricho. Después de que no tengan madre que los aguante y reprenda. Y sólo entonces, vendrán las autoridades a poner drásticas e inhumanas medidas.

Es muy triste ver cómo sufren, sin defensa de ningún tipo, sometidas a su despotismo y capricho, que por seren hijos mayores de edad, ninguna institución pública se hace cargo si ellos no quieren. Que sin grandes ánimos de obligarlos a vivir en un centro tutelado, bajo firme disciplina y ayudar de esta modo a sus madres; prefieren respetarles a ellos su voluntad, por *`respecto´* a sus derechos de adultos.

¿Y quién vela por el maltrato de esa madre, aporreada como una mula y sometida como un caniche, sin nadie que mire por sus derechos, que también los tiene?... En este caso, nadie escucha su angustia, ya que todo son oídos sordos en un mundo gobernado por hombres. Mientras tanto, es con esa indiferencia cómo van viviendo muchas, llorando sus penas sin parar, sin poder defenderse de tanta fiereza de hijo, al que hipócritamente respetan sus deseos por tener mayoría de edad. Menos a la madre, que se derrumba cada segundo, sin encontrar una autoridad que ponga remedio a su calvario y se lo lleven dignamente, para tenerlo en un centro apropiado a su enfermedad. Y los hay que aparentan ser normales, pero lo que hay detrás es un verdadero monstruo.

¡Hay que ayudar a estas madres como sea, viven con el maltratador dentro de casa!

¡Si hubiere por ahí, algunos psiquiatras humanos de verdad, que quieran ayudarlas; que se pongan en camino para convencer a los gobiernos a buscar soluciones y obligar a sus hijos a irse a un piso tutelado, ya que necesitan de durísimas disciplinas!

Hay algunos psiquiatras científicos, que hablan mucho sobre este problema. De cómo se están empleando medicamentos de nefastos efectos secundarios en estos enfermos, que los destrozan aún más, sin resolver la enfermedad en lo más mínimo.

Mientras estos hijos no mataren a sus madres, constantemente amenazadas con un cuchillo; no se tomaran medidas. Sólo entonces, sí se harán cargo del monstruo, pero mientras no la mate, no hay cuidado. Pasa como en algunos pasos de peatones: mientras no haya un accidente mortal en un determinado lugar; a nadie se le ocurrirá instalar un semáforo. Hasta que no ocurra una desgracia, no se toman medidas.

Que penoso es ser madre. Y cuán sufrimiento acarrea ser mujer en muchas situaciones de vida. Cuando no es, porque la vende el padre, es porque la aporrea el marido o el hijo. Y si no, algún mal nacido que la viola, prostituye o asesina.

Hay demasiadas sufriendo injusticias de todo tipo. Y otras, andan muy solas y sin trabajo por el mundo, con miedo al hombre sin escrúpulos, amante de fantasías, maleador de inocentes llegadas de otros países, que llegan buscando un trabajo que nunca encuentran. Jóvenes desesperadas por la miseria de su pobreza, engañadas con la promesa de un empleo digno. Utilizadas por inescrupulosos salvajes, a cambio de todavía más miseria en el comercio sexual, como consoladoras de bárbaros. Mientras van rumian en silencio sus penas, añorando a su familia, dejada al otro lado del gran charco. Esperando desde lejanas tierras la llegada de un supuesto y digno sueldo, soñado y perdido por la trama de indeseables canallas. Que en vez de ayudarlas noblemente, hacen uso y abuso de sus cuerpos, aprovechándose de su desamparo y soledad, alejadas de sus seres queridos.

Cualquier persona honesta, desearía como es lógico, poder ver a todos estos chulos en el infierno, sin perdón posible.

¿Pero cómo puede ser, que estos monstruos se salgan siempre con la suya?... ¿No habrá por ahí, algunos hombres sensatos con autoridad suficiente, capaces de acabar de una vez con el esclavismo sexual y perseguirlo duramente, hasta acabar con él y liberar a estas infelices?... ¿O acaso los gobiernos, están más interesados en perseguir al terrorismo que al esclavismo sexual de vidas desgraciadas que, sin desearlo, cayeron en redes de miseria o trata de blancas?... Como se conocen casos de niñas vendidas a la prostitución, deambulando de un país a otro, arrastradas por hijos de Satanás que las engañan con inalcanzables promesas de empleo.

Este tipo de miseria nunca tendrá fin, mientras abunden hombres carroñeros, sin dura persecución policial tras sus pies, cuyos autoridades, bien poco o nada hacen.

Suelen ser individuos vividores, sin moral ni escrúpulos, hijos de la calle, cuya filosofía los lleva egoístamente a pensar, que ``la vida son dos días y hay que vivirla a tope´´. Lo más alegremente posible, aunque sea esclavizando a mujeres, ya que hay demasiadas por ahí. Afanadas en buscarse la vida a costa de cualquier servicio, para poder comer y llevar alimento a la boca de algún hijo que la espera en casa. Sin saber a qué clase de oficio se dedica su madre que, por circunstancias, hace lo que puede por vivir sin tener que robar.

Muchas mujeres, debido a su mísero sueldo, se ven obligadas a agarrarse a un clavo ardiendo, pues los hombres, hasta en esto, salen mejor parados, con jubilaciones de oro para pagar sus esclavos vicios con estas pobres coitadas. Sin la mínima pretensión de querer formalizar dignamente una buena relación con ellas, porque tienen a su esposa en casa para otros servicios. Mientras les va llegando la vejez y ninguna los querrá cuidar, a no ser, por gran necesidad económica que, desgraciadamente, siempre hay alguna con estas lamentables necesidades para atenderlos. Y también en esto, son afortunados, siempre encuentran a una pobre necesitada que los cuide, gracias a que hay muchas sin trabajo que a duras penas se prestan a todo, por no quedarles otra.

Y por añadir algo más a la desafortunada suerte, las jóvenes de hoy en día, tienen cada vez más difícil encontrar un marido sensato, que sea poco dado a fantasías sexuales animalescas. Adquiridas en puticlubes a medida que se va haciendo mayor, ya que la inmensa mayoría anda cada día más desbocado por el alcohol, las drogas y el juego. O muy ocupado en internet, ligando con no se sabe quién, da igual, con tal de que lo ayude a sondear entre nubes de fantasía mental, como el pasa tiempo de inmaduros jovenzuelos en su insustancial modo de vivir. Muchos, están perdidos en el vicio y, cuanto más mayores, más viciosos son, pero las mujeres los rechazan. Andan alocados, buscando aquí y allá, sin descanso, porque la vida se les acorta cada día y no les queda mucho para gozar. Hasta que llega su impotencia sexual y, entonces, se dejan aparcar como carrocería oxidada en la más afectuosa de las residencias, rodeados de atención servicial. Donde son atendidos en su mayoría también por mujeres, que hay muchas por todo lado. Y hasta alguna que otra monjita que rece por él cuando muera, que buena falta le hará.

*

Al hombre, se le hizo insensato, al impedirle desarrollar su sensibilidad, y de ahí tanta diferencia con la mujer. Fue preparado con diferentes modos de educar para ser lo que es, duro y combativo, si lo comparamos con la educación que recibió su compañera para que fuera dócil y sumisa. Se le permitió demasiada libertad, hasta el punto de hacerse inescrupuloso y libertino. Entendió que debería ser así y auto se reafirmó desigual. Un equivocado rol de educación lo apartó de compartir lo mismo que ella, en cuyo papel y cuidado a los hijos se diferenciaba bastante, en lo que dice respeto a su papel como padre. Cuyo protagonismo, quedaba en segundo lugar del de la madre, que era quien atendía en todo a su hijo. Quedando al margen de dichos cuidados, sin que le dieran la oportunidad de implicarse en la constante atención a su hijo. Desprendiéndose del contacto con lo frágil, lo tierno, los mimos y, por consiguiente, del intenso afecto que podría adquirir desde la cuna con el roce de la carne de su carne, que le ayudara a despertar su verdadero lado `Yin´ sensible.

Como a la mujer, cuando por tener contacto directo y permanente, con la sensibilidad de su hijo desde que es un bebé, se le va dulcificando el carácter materno en su relación con él, reafirmando lazos de apego sublime entre ambos.

En cambio, el padre, viéndose prescindible, se va apartando física y mentalmente de esa experiencia paternal, cuya presencia protectora hace de simple acompañante, como uno más de la familia. Conformándose con observarlo mientras duerme como un niño Jesús, contemplado por su san José, cuyo cuidado y afecto, pierden su valor y protagonismo principal por el desapego.

El padre, es importante, a medida que se esmera en que esos lazos sean cercanos, cómplices de afecto. Como lo hacen algunos jóvenes evolucionados de hoy; que lo mismo cambian pañales, que duchan y dan biberón a su hijo. Ya que otra cosa no pueden hacer; al menos se esfuerzan en tomar parte de esa labor tan maravillosa, como es la de atender en el día a día a su bebé. Y será bueno para ambos, al desarrollar con su roce afectivo, un intenso amor paterno-filial profundo, como lo desarrolla la madre.

Si su papel como progenitor, no pasar de la mera responsabilidad de hacer llegar la economía; entonces ese niño no llegará a tener un fuerte vínculo con su padre, como lo tiene con la madre. Ni el padre se apegará mucho al él como debiera, mientras se aleje de desempeñar ambos roles, cuidar y dar afecto. Como lo hace a diario su compañera cuando los crea sola, mientras él está por ahí de prolongada estancia en misiones patriotas o navegando, sin verlo durante largo tiempo.

A la mujer le basta con ser lo que es, madre, dado que lleva imprimido el más fuerte de los sentimientos, que la sensibiliza lo suficiente como para proteger y transmitirle afecto de por vida. A no ser, que delegue los cuidados de sus hijos a una ama de leche o creada, mientras se dedica a la vida social y acabe por insensibilizarse, como le pasa al hombre.

Lo apartaron de la ternura, papel desempeñado mayoritariamente por la mujer, educada para cuidar y con obligaciones distintas. Rol fundamentado por una educación equivocada que, sin pretender, le robó la experiencia de sentir lo sutil, lo delicado, el afecto desde la cuna al admirar de cerca la sensibilidad de lo frágil de la vida, mientras hubiera podido atender a su bebé. Labor primordial para un padre llegar a experimentar más apego afectivo, lo que llega a sentir la mujer con mucha más intensidad, cuando es madre.

Fue el error de una educación primigenia, basada en adoctrinamiento para la manipulación del ser humano, que no sólo separó a la mujer de su naturaleza Yang, haciéndola más débil e inculcándole otros roles, sino que separó también al hombre de su naturaleza Yin, haciéndolo más bruto, menos sensible. Apartándolo de los lazos familiares al prepararlo única y exclusivamente para lo más rudo, para ser utilizado como instrumento fuera de todo afecto familiar.

Lo prepararon para guerrear, para disparar a matar y ser utilizado para fríos servicios militares y religiosos, donde le fueron anulando la sensibilidad. Y a menudo ridiculizado por llorar, para hacerle interiormente más duro y más frío, separándolo de su verdadera esencia afectiva hacía los demás. En definitiva, desigualándolo de la mujer, alejándolo de sentimentalismos y apego familiar, cambiándole el chip para convertirlo en duro lidiador de bestias.

``Ambos deberían reclamar la igualdad femenina y la masculina perdida, para caminar juntos en un igual a igual, con lealtad, sin odio y con respeto´´

Todavía hoy, hay muchos que no se sienten con total libertad para sentir lo que son realmente. Es decir: hombres proclives al Yin, delicados, sensibles, llorones, similares a su amiga y compañera, sin necesidad de ser considerados de la *acera de enfrente*.

Por esto mismo, hoy, es tan necesaria una educación que enseñe a respetar a cada cual su propia esencia, perdida desde hace milenios; la de un ser consciente y sensible, capaz de rechazar las patéticas guerras y todo tipo de violencia. Que se deshace de antiguos patrones batalladores y se avergüenza de sí mismo, de sus predecesores maléficos de la historia, ya que, desde hace mucho, debió haber dejado de ser un simple gladiador de bestias para ser lo que en esencia es.

Tanto uno como el otro, ambos son extraordinarios. Pena es, que él, se haya formado como un robot programado, que se cohíbe de llorar por lo que puedan decir las malas lenguas; que si es síntoma de poco hombre mostrar sensibilidad. Cuando ésta, en nada tiene a ver con la debilidad y sí con la naturaleza humana, que lo induce a ser tal cómo es; un ser lleno de sentimientos, que manan desde su espíritu hacia afuera.

``Que llore el hombre y broten de él incontenibles lágrimas para desahogar tensiones; antes de que otros paguen por sus frustraciones´´

``Que reclame su derecho a los fogones y al hogar como lo lleva haciendo de un tiempo acá; sin que le llamen mariquita, como solíamos oír cuando todavía éramos niñas´´

``Que se arrime a la ternura familiar igual que un gatito mimoso; cómo siempre lo hizo su compañera´´

``Que rompa patrones masculinos y se vista con los colores camaleónicos que más le gustar; que no por ello va a ser menos hombre´´

``Pero que comparta y reclame a la vez derechos de igualdad para ambos; los engrandecerá humanamente más´´

``Que hombres y mujeres procreen hijos sensibles dándoles buena educación; contribuirían a mejorar su futuro y el de todos´´

``Que aprendan juntos, sobre el respeto, la comprensión y la igualdad, para amarse aún más´´

``Que jamás le quiten el derecho de llorar y llore con desgarro como cualquier mujer; tiene todo el derecho y es bueno para él´´

El factor educacional, entre otros factores y costumbres culturales, ayudan a forjar la personalidad de cada individuo. La mayoría, anda perdido, equivocado en la nefasta manera de ser infeliz, haciendo infelices a los demás. Se necesitan buenos formadores de moral afectuosos, sin represión, que los reconduzca de vuelta a la niñez, a su manera sensible de ser. Pero hay educadores, que obedecen a sistemas de gobierno, virados hacia intereses de progreso material, carentes de humanismo y llenos de fríos sentimientos, repletos de ficticias razones y dogmas.

Algunos jóvenes de mente privilegiada, afianzadores del mañana, no quieren saber nada de aquella religión, aprendida en su colegio religioso por profesores de la misma Orden. Que si no era para captarlos para el seminario, en muy poco o nada se disponían a ayudar, que o bien se hacían uno de ellos o, de lo contrario, no había nada que hacer.

En épocas de hambre y guerra, ya se quedaban muchos en el seminario, por no poder sus padres alimentar a tantos hijos, como solían tener. Entre diez y catorce bocas para alimentar en algunas familias, aconsejadas por confesores a no tomar medidas anticonceptivas que era pecado. Y después, gracias a la hambruna y el miedo al servicio militar en duros tiempos de guerra, lo más seguro, es que acabase más de uno para cura.

Desde mediados del siglo XX, en algunos países, dejó de haber servicio militar obligatorio. Y los jóvenes, dejaron de sentirse presionados por nadie que les dijera: mejor servir a hombres de Dios, que a hombres del diablo en guerra permanente. Aunque todavía hay mucha miseria, mucho paro y hambre, que arrastra a muchos jóvenes sin vocación a dejarse convencer por la supuesta llamada divina.

Así fue, cómo estos pastores en sus colegios, religiosa y machistamente, fueron apartando al hombre de obligaciones domésticas, para tenerlo más desprendido de su familia, más cercano y dispuesto para necesidades clericales e incluso militares. Delegando en la mujer el servilismo familiar y el de sus templos, mientras manipulaban a los jóvenes con sermones comecocos e impedían que ellas participasen en asuntos comunes. Que por ser muy avispadas, había que mantenerlas alejadas.

Mientras ellos predican, las mujeres, que mayoritariamente son las que llenan las iglesias; se limitan a escuchar sus ideadas batallitas espirituales, sin entrar en debate, por si acaso les da por razonar, no vayan a contrariarlos. ¿Sin ellas a quien predicarían, si los hombres apenas van a oírles?...

Cuando la mujer pierda totalmente la fe en las instituciones religiosas; las iglesias se quedarán vacías. Como ya está ocurriendo, pues la religiosidad se lleva cada vez más en vía directa con Dios. Sin intermediarios y siendo solidarios, que es el modo más cercano de amar al prójimo. Y la más valiosa forma de entre las formas de religiosidad. Porque es así como está entendiendo, la cada vez más consciente sociedad. Lo que llamamos iglesia está cambiando, actúa de otra manera más directa y cercana. Y es positivo ver, cómo de generación en generación, va poniendo en práctica el mensaje que la transforma en iglesia menos beatifica y socialmente más activa.

Fuera de las instituciones religiosas, suele haber un estilo de fe práctica, afectiva y cordial, entre personas que se distinguen de las de intramuros; de frio afecto e indiferencia con los demás, cuando no se profesa o sigue sus mismas reglas. Por los hechos se les debería conocer, no por su beatitud.

Lo sacerdotes están cada vez más solos. Y muy vacios sus templos, por la ausencia de mujeres, que acuden cada vez menos a sus actos religiosos y van dejando poco a poco de servirles. Ser sirvienta, es lo más triste que hay, pues es vivir esclavizada y mal pagada, además de poco considerada, que obliga a estar relegada a la más baja tarea o peldaño social. Y su pobreza extrema, empuja, a algunas, hacia la prostitución, el mayor y más decadente de los servilismos. Por estar este oficio mejor pagado que otras labores, popularmente llamadas *`dignas´; dignidad* a cambio de un mísero salario y explotación indigna, que por lo visto el trabajo digno no se paga nada bien y, por muy así que éste sea, no da para cubrir gastos. Claro que, también en esto, está el hombre vulgar por detrás que la putea bien, desconsiderándola y esclavizándola a trabajos mal pagados o bien la somete al mercado sexual.

Sea como fuere, no encuentra modo de librarse. A donde quiera que vaya, siempre estará él por ahí muy cerca, para estigmatizarla de algún modo. No hay más que ver, lo que cobra un hombre a la hora, por un trabajo a domicilio, si lo comparamos con lo que cobra una mujer, esclavizada en cualquier clase de trabajo doméstico. Por el que las horas trabajadas se pagan, no por el esfuerzo y dedicación de la persona, sino según se revalorice esa labor. La que muchos señorones o señoronas, no quieren reconocer, ni siquiera hacer las labores de su propia casa. Pues también hay mucha mujer machista, educada en ambientes religiosos muy refinados, que la hace clasista y deshumana frente a su sirvienta. Hasta hace bien poco, estas labores domésticas, eran sólo obligaciones de féminas, por lo que se les pagaba bastante menos por ese tipo de trabajos. Y que Dios librara al hombre de tocarlos, no fuera a amanerarse y volverse del revés, ya que todo cuidado era poco. Que según los que se las daban de varoniles, hacer ciertas labores de casa, podía desviar al hombre. No tanto como convivir en agrupamientos militares o religiosos, oscuras cloacas de la homosexualidad y de la violencia.

Menos mal, que algunos hombres, han cambiado para bien, demostrando su hombría agarrados al mango de las sartenes.

Así vive la inmensa mayoría de mujeres frente al falso señor al que sirven, siendo por veces, más señoras e inteligentes que sus amos. No así en el poder monetario que, por el hecho de ser mujer, aunque rinda lo mismo, la menosprecia también en esto con bastante indiferencia. Y cuando no, la delegan al segundo puesto con un plan económico inferior, aunque esté tan preparada.

En el 2016, hizo por primera vez historia, la sugerencia papal de nombrar diaconisas a las religiosas, concediéndoles permiso para casar y bautizar. Excepto oficiar la eucaristía y otros sacramentos de primer orden que, para esto ya están ellos, por ser distintos a los ojos de su señor jefe espiritual y terrenal. Ellas, lo secundario, el segundo puesto menos relevante. Pero poco a poco, empiezan a necesitarlas, no les quedará otra opción.

Este hecho histórico, de ningún modo debe ser considerado como un paso hacia la igualdad por parte del Vaticano, ni siquiera por consideración a las religiosas. Se trata, más bien, de una gran necesidad por falta de párrocos, que obliga a echar por tierra al machismo religioso que, según parece, se dio cuenta de que también en esto de los sacramentos, les podrían servir. Hartos de espectaculares ceremonias de boda, al más puro estilo de Falcón Crest y divorcios a lo Elizabeth Taylor. Además de bautizos y comuniones pomposas, sin sentimiento religioso alguno, por parte de padres e hijos incrédulos, amigos de festines y celebraciones por todo lo alto, como todo parroquiano que se precie. Cosa muy odiada y con sobrada razón por parte de los sacerdotes. Dispuestos a pasar este servicio a sus siempre dispuestas hermanas en Cristo que, por lo visto, ahora, empiezan a serlo más que nunca, dada la escasa presencia de vocaciones varoniles, debido a la baja natalidad. Y también, por falta de familias numerosas y muy pobres, a cuyos hijos no podían mantener y entraban para el seminario. Más empujados por el hambre que por el convencimiento del comecocos, cuando eran menores y no sabían qué era eso de la tenue llamada. La llamada de los hambrientos hijos de Eva, desterrados por malnacidos, sin pan suficiente en casa para todos. Que por no poderlos crear, sus padres, los enviaban a donde quiera que fuera y algún dios terreno les abriera las puertas. Acabando por entrar en claustros de fría soledad, donde aprenderían a sermonear y cómo arremeter contra las mujeres hasta aborrecerlas como al demonio. No fueran a estar de mente ausente y cuerpo presente, tirándoles más de la entrepierna hacia afuera que del espíritu hacia dentro de intramuros. Por lo que más tarde se verían obligados a salir, no fueran a cometer dentro actos impuros con quien no deberían.

Las religiones, están llenas de esta clase de señores con letra pequeña, educados en este tipo de centros, amigos de misa diaria, que lejos de dar ejemplo, ayudan a desterrarlas al rango de la desigualdad. Predicando la pobreza, la sumisión y obediencia, que más bien tienen nombre de mujer. Sí, en nombre de Jesús y modelo de María, de donde coge todo hombre ejemplo para someterlas a sus pies. También al servilismo femenino atroz, en alguna incultura religiosa, donde él, más bien se dedica a pasar su vida en meditaciones de pasatiempo, o a limpiar sus pecados en el agua de algún rio. Mientras, sus esposas, son las que se encargan ellas solas de la numerosa prole, fruto de la insensata responsabilidad de estos borregos mal llamados maridos. Y mal llamados padres, que inculcan el machismo a sus hijos y no piensan más que en montarlas, mientras las vacas se pasean por las calles de al lado, con más libertad que sus dueñas y sin peligro a ser violadas.

Cuantas historias llevamos oyendo desde que éramos jóvenes, sobre la vida poco ejemplar de algunos dirigentes religiosos y sus mansiones de lujo con arte requintado y cómoda vida. Nada parecida al de aquel campesino padre de diez hijos, cuyas tierras alquiladas debía cultivar para sustentar a duras penas a su numerosa familia.

Teniendo, además, la obligación de dar al párroco de turno, la mejor parte de la cosecha que con tanto sudor había cultivado. A cambio de que, por pascua de resurrección, lo visitara con una cruz de plata a bendecir su casa y a toda su familia. Mientras, el monaguillo, con una gran saca, recogía también dinero por la visita, pues así lo ordenaba el obispo de su diócesis a todos.

El primer de los frutos para el Señor... Así, escribieron en la biblia. Sí, la primicia para el señor cura para que Dios colmara al campesino con su gracia. Y si, más adelante, dicha cosecha, no diera para alimentar durante el año a toda su familia; al menos tener la divina gracia de pasar hambre con fe. No fuera Dios a castigarlo, con váyase a saber qué plaga o vendaval, en la siguiente siembra, como bien solían predicar a sus parroquianos.

Lo del ``primer fruto para el Señor´´, lo captaron de la biblia, para que todos los campesinos al oírlo, provisionasen de comida a la curia, con los frutos de la primera flor, o sea: con los mejores. Así vivían la mayoría de predicadores rurales, a sabiendas de que sus feligreses estaban cargados de hijos y más necesitados que ellos.

La primera cosecha para el señor párroco, que así lo ordenaba el dios hombre desde el pulpito, antes de que la hambruna acabara con el resto de la cosecha y ésta no llegara a despensas cúrales. Igual que solían hacer los reyes con el pueblo: vivir de privilegios. Así acostumbraban a predicar:

¡No temáis!... ¡La divina providencia llenará vuestras despensas!... O ¿De qué os afligís?... ¡Dios nunca abandona a sus criaturas!... ¡Mirad las aves del cielo, que sin que hagan nada, Dios las viste y alimenta!... —¡Ya lo creo!, a costa y sudor del campesino—. Ellos no trabajan, viven predicando, limpiando el cerebro a aquellos que les escuchan sin raciocinio alguno.

Era como una especie de recado con el que, estudiosos de las palabras de Jesús, utilizando su misma parábola, manipulaban a sus fieles, refiriéndose al campesino. Al que apenas le bastaría, con dejar caer la semilla sobre la tierra para que el fruto creciera, sin tener que hacer nada. Demostrando con este ejemplo, el poder y protección de

Dios para que no temieran. Pero pagaran el diezmo en frutos, cereales y vino. De este modo, hacían pagar a todo el que viviera de trabajar la tierra.

De ahí vino la manipulación, expuesta a modo de deuda con Dios, en este caso, con el párroco y compañía clerical, que vivirían sin preocuparse, como las aves del cielo, gracias al milagro que obraba germinando toda plantación. Y con el que, todo campesino se comprometía, influenciado por este estilo de sermones, que lo obligarían a mantener a unos señores que, menos que trabajar, sermoneaban recaudando. Valiéndose de la ignorancia y buena fe de los agricultores, que trabajaban como negros para pagar impuestos reales y arrendamientos de tierras, además del diezmo. Que pagaban con parte de lo que quedaba de la cosecha y que necesitaban para sobrevivir ellos y su numerosa familia. Numerosa sí, gracias al lavado de cerebro con sermones, que les hacía ver que cuantos más hijos tuvieran; mayor gloria sería para Dios, que los bendeciría en todo. Es decir, mayor cantidad de servidumbre que, gratuitamente, trabajaría para todos en la producción de la tierra. De modo que, ser agricultor en tiempos atrás, era seguir siendo muy pobre, pues toda hacienda agrícola era alquilada a los campesinos por los terratenientes, a los que beneficiaba que tuvieran cuantos más hijos mejor, no a Dios. Y había que pagar a tres señores: al rey, al párroco y al dueño de las tierras, con lo cual, después de tanto trabajar, el resto de la familia tenía asegurada la hambruna. Por eso, cuantos más hijos tuviesen, más manos para trabajar y glorificar a estos señores que vivían como dios. Mientras, el Creador, quedando estupefacto, observaba desde el infinito.

Del mismo modo y como tal semilla, germinaba Dios el óvulo fecundado en el vientre de cada mujer, sin que el hombre, una vez más, produjera milagro alguno. Y cuyo hijo, si fuera macho, debería abandonar a su numerosa familia, después de haber sido tocado por la gracia de algún sermón. Para pasar a vivir en algún monasterio que, según le pregonaban sus monjes, había sido elegido por el Señor para servirles vocacionalmente. Así es, cómo engañaban, mientras los padres se lo creían y Dios guardaba silencio, como siempre.

Y con las hembras, pasaba más de lo mismo. En tiempos de hambruna, eran entregadas muy jovencitas, como humildes sirvientas de acaudaladas abadesas de la aristocracia. Las cuales, y por costumbre, solían ser arrinconadas como un mueble en alguna que otra abadía, por no saber qué hacer con ellas cuando quedaban solteras. O cuando corría algún supuesto bulo por ahí, y había que quitarlas de en medio para encerrarlas en monasterios. Una especie de cárcel palaciega, donde cortan las alas a toda criatura que entra. O bien anulan su personalidad, para después no ser capaz de volar por sí misma y conservarse virgen el máximo tiempo posible. Pero nunca libre de pecado, por la permanente ansia de desvirgarse, cosa que no puede reprimir durante largo tiempo, porque su propia naturaleza la traicionará. Sucumbiéndola al más profundo silencio de su cuerpo emparedado y despreciado, que más tarde la distorsionará induciéndola al lesbianismo, por carencia de afecto, que ni su propia alma se salvará.

Algunos padres son penalizados por el descuido y abandono de sus hijos; menos cuando éstos son absorbidos por el comecocos de alguna religión, siendo todavía menores de edad. Sin que intervenga ninguna autoridad que vigile aquellos jóvenes que son captados, sin tener la madurez suficiente para discernir mínimamente sobre cuál es su vocación o inquietudes.

Que ningún menor abandone a sus padres para ser absorbido por congregaciones, hasta que no adquiera mayoría de edad y decida ir por su voluntad debidamente asesorado, no vaya a ser engañado y lamentablemente den al traste con su verdadero ideal de vida.

EL MEA CULPA DEL CELIBATO

Hoy en día, está de moda, no solamente el destape de lo corrupto, como también el destape de la pederastia. No quiere esto decir que acaba de ocurrir..., no, este grave problema, es tan viejo como lo son sus sermones.

Por en cuanto, sabemos lo de la iglesia católica, gracias a que algunos medios de comunicación se ocupan de hacerlo público con escarnio y sin miramientos. Más por sensacionalismo que por deseos de protestar duro contra el sistema, que va a seguir siendo el que es.

¿Y las más de cuatro mil religiones y cuarteles militares, de donde sale también la pederastia y la homosexualidad?... Donde adeptos y soldados, suelen permanecer largo tiempo en tención, por falta de una asidua relación sexual. Desembocando después, en feroces violaciones y tocamientos, a cualquier criatura que tengan a mano, sin impunidad y con toda libertad, como si se tratara de ir a echar un pis a un despreciable retrete, del que no hay que tener cuidado en destrozar...

No critiquemos, únicamente, a aquellos sacerdotes o monjas que, por su condición religiosa, fueron obligados a renunciar a relaciones sexuales y a mantener el celibato que, teniendo buena voluntad de así permanecer fielmente y más tarde flaqueada su naturaleza, hayan podido caer en prácticas sexuales anormales. Porque no son ellos, los verdaderamente culpables. Lo son sus enfrascados superiores de la cúpula religiosa que, lejos de pensar abierta y sanamente, engarrafan los pensamientos de la lógica, la razón y la necesidad natural del ser humano, como vino espumoso de agria solera, al que encerrar en fríos muros, no vaya a afectarle la luz. Y que, más tarde, acaba explotando como por la fuerza agitada de un mal cava, expandiendo burbujas de miseria humana, encerrada durante largo tiempo. Desembocando después, eso sí, en verdadero mal, es decir, en el auténtico pecado ignominioso por mala praxis.

¿Para qué meditan tanto, sus superiores religiosos, si después no saben discernir hasta dónde son beneficiosas sus reglas o hasta dónde son prejudiciales?... Deberían recapacitar, en lo que con medida todo puede ser bueno y en lo que sin medida todo puede ser malo. Sobre todo, cuando hay carencia de algo muy necesario que pueda llevar a cualquiera al más bestial de los actos, como consecuencia de esa carencia.

El ser humano, igual que nuestros amigos los animales, en situación de hambre feroz o en cualquier necesidad fisiológica imperante, es capaz de perder la dignidad, robando para comer o prostituirse, si se diera el caso. Y hasta desviarse sexualmente, como se suele dar en casos de un prolongado convivio entre personas del mismo sexo. Y que nadie tenga el valor de decir, que no lo haría, si no ha estado nunca en ninguna de estas drásticas situaciones. Claro que, la pederastia, es un acto pernicioso, animalesco, repugnante y diabólico. Cualquier persona honesta jamás se declina ante ella, sino que la repudia con rotundidad.

Visto este ejemplo, no deberían permitir que esto ocurriera a nadie, puesto que, sus superiores, son los verdaderos responsables, en lo referente a las personas religiosas, al estar privadas de dar salida a su sexualidad. Acto este, tan terapéutico y necesario, como cualquier masaje, al que deberíamos considerar:

``*masaje terapéutico para el cerebro y la mente*´´. Conceptuando con más naturalidad este estimulante acto que, de practicarse con dignidad, bien debería relajar a los fieros hombres amantes de guerra. Y apartarlos de tan innobles acciones, que los machaca negativamente más y es mayor el delito. Aquí va este consejo:

``*practicar con dignad más sexo para expandir felicidad y paz*´´.

Y dejar a las personas religiosas decidir libremente, según sus necesidades fisiológicas o capacidad de aguante. Para buenamente después, tener mejor carácter, mejor disposición y aborrecer todo tipo de mal, ya que, la *práctica sexual digna,* disipa la obsesión, la tención y el mal humor. Para esto fue consagrada, para la unión de pareja, de tal modo que, cuando este acto falla o resulta ser un lastre, se alejan uno del otro y, cada cual, busca emparejarse de nuevo, con alguien de acorde a sus necesidades. En esto, anduvo el hombre toda su vida, como mulo a vueltas de la noria, siempre detrás de algo que lo saciara y así va a seguir siendo.

El acto sexual, es una especie de atracción físico-energética creadora de chispa que, por efecto de fricción en la unión de dos órganos, pone en marcha mecanismos de fusión celular reproductora, además de drenar fluidos y descargar tensiones. De ahí esa búsqueda constante de sexo, desde que el hombre es hombre y descubrió con la mujer el placer, pariendo como conejos sin atenerse a las consecuencias. Que de no actuar con raciocinio poniendo medidas, repoblará nuestra madre tierra y la contaminará, llenándola de porquería para su destrucción que, como es sabido, el ser humano, es el animal que más ensucia. Sin embargo, los demás seres, aunque también procreen sin medida, al menos, van reciclando, comiendo toda carne que encuentran sin vida, o bien abonando y oxigenando la tierra para mantener el equilibrio natural. Y si nos paramos por un momento a pensar..., nos daremos cuenta, del modo en que Dios los puso a nuestra merced, para que los dejáramos cuidar de nuestro medio ambiente y limpiaran la naturaleza muerta... Unos, se dedican a la poda; comiendo ramas y arbustos para impedir que se forme la nada conveniente y tupida maleza, que impide a la luz solar, llegar a cierta clase de plantas predestinadas a oxigenar el planeta. Otros, en cambio, recolectan el estiércol o material de desecho disperso por ahí; dándole buena utilidad como material de construcción para edificar refugios contra maléficos depredadores, no vayan como los humanos a intentar acabar con su existencia. Mientras que, por otro lado, los hay que recolectan polen para endulzarnos la vida. Y otros, como los perros, cuando cuidan de nuestras casas y de las ovejas, que a su vez nos aportan alimento y abrigo con su lana y su piel. Entre otros buenos seres que, al igual que la mujer, cuidan y alimentan al más endeble de entre ellos, al ser humano.

Por ello, es necesario, practicar la vasectomía al más dañino de los seres, a los inconscientes. Antes de que la repueblen sin medida y contaminen aún más, o nos dejen sin animales. Y en lugar de tener hijos dignamente sanos, vayan a tener hijos enfermos y llenos de miseria. Teniendo que entregarlos de sirvientes a los ricos y a cambio de dos migajas, acabando por ser aún más miserables. Como está ocurriendo en todo el mundo, donde aumentan cada día los multimillonarios, gracias a la sobrepoblación, a la sangre y sudor de miles de esclavos, que trabajan en pésimas condiciones para engrosar a cada vez más imperios. Y las religiones, son también, en este caso, amigas de esclavizar con penitencias, abstinencias y celibatos, siendo negativas para la salud mental de las personas.

Cualquiera que sea la institución religiosa, que somete a sus adeptos a todo tipo de negación de sí mismos, incluida su sexualidad, va fisiológicamente contra su naturaleza. Y son muy deshumanas sus reglas, por mal canalizar la voluntad y la naturaleza de las personas, al obligarlas o prohibirles aquello que por derecho determinó la Creación.

Todo lo que es contra natura, como el celibato y la ablación, debería ser ilícito, acompañado de una ley aplacante que condenara a toda religión que lo permitiera. Por provocar con la abstinencia sexual, inestabilidad y desasosego a sus seguidores, hasta llevarlos a denigrarse. Y con la mutilación genital, a hacer un terrible daño a las niñas que sufren psicológicamente de por vida. Estas normas, carecen de sentido común y hay que anularlas, son demenciales.

¿Para qué necesitará Dios de las personas vírgenes, si dotó al hombre de un apetito sexual bárbaro y a la mujer de multiorgasmos para que gozara todas las veces que pudiera?... Y de paso, se complementara con su compañero y uniera a ambos a la complicidad de la carne mediante el amor.

Es el fanático religioso, quién necesita de las vírgenes, como del fruto de la primera flor, por su estúpido sibaritismo hedónico. Y el que anda siempre muy obcecado con su pureza y perfeccionismo, en el que a duras penas se intenta mantener, aunque después enferme mentalmente.

La prohibición de lo fisiológicamente natural, induce a la tentación y a la obsesión extrema. La regla religiosa o monástica, que prohíbe sin fundamento alguno, la libertad sexual y la libertad individual a sus miembros, es responsable del incumplimiento de la misma. Por inhibir e impedir necesidades imperativas que, de negarse, favorecerán la formación de personajes psicópatas, ensimismados en deseos explosivos y nada deseables. Que de no poder salirse del entorno religioso, donde les anularon la personalidad y se comprometieron a entregar su juventud y a vivir célibemente, puede que acaben desequilibrados. Rodeados de zancadilleros psicológicos, habilidosos del desanimo a la renuncia religiosa, que los somete y vigila hasta el punto de anular su entereza y su voluntad de huir.

¿Qué han de hacer fuera de intramuros, cómo realizar una vida normal como la de los demás, si quedaron anulados?... Marcados de tal modo que, poco valen para competir con otras mentalidades que nada tienen a ver con dicha educación caduca, basada en patrones desfasados e incoherentes, sin razonamiento lógico e imposible de seguir. Normas absurdas que, hasta el mismo Creador de la naturaleza viva, rechazaría. Porque la sexualidad, la creó para vivirla en libertad y con mesura, no para ser reprimida, que es tan negativo como el libertinaje sexual.

¿Qué padres, serían capaces de regalar a su hija la mejor de las operaciones estéticas, para a continuación prohibirla de lucirse y disfrutar, encerrándola en un convento?...

¿O qué padre, regalaría un bonito coche a su hijo para después tenerlo guardado en el garaje sin dejar que lo condujera?... Sólo un psicópata, es capaz de tal incongruencia.

Dios, concedió al ser humano necesidades y sentimientos para que los viviera honestamente. ¿Y si no, para qué?... Para que disfrutara y de paso reprodujera con medida una humanidad digna, con cerebro y raciocinio. Y Él, lo pudiera ver para su mayor gloria.

Pero no, se atienen a lo que les enseñó la bestia sectaria de los más de cuatro mil brazos, repletos de tentáculos. Acostumbrada a hacer limpieza mental, a todo aquel que se preste a seguir sus directrices para acabar sirviéndose de él, enseñándole a limpiarla a los demás. Y vivan entre todos, miserablemente ocultos, en oscuras alcantarillas de hombres-rata, apestados de fuerte olor a velas e incienso. Que predican la moral en lugares donde sólo entran adeptos, mientras practican el obscurantismo en los mismos bajos urbanos, para salir después a la luz de las tinieblas. Donde ya se han acostumbrado a vivir y no se atreven a salir para no perder su estatus, o por miedo a ser asesinados. O por vergüenza de haber utilizado la buena fe de muchos jóvenes para sucios intereses económicos o terroristas, cuyo fin, no es otro, que sembrar el caos para castigo del más infiel.

Libérense los sacerdotes y religiosas que se quieran casar, sirviendo a Dios por múltiples caminos. Acábense con tanto evocador pseudoreligioso como hay por todo lado. Mejor si practican el amor al prójimo y dejan de preocuparse por sus finanzas. Que Dios los alimentará y vestirá como a las aves del cielo, por medio de los fieles que les va creyendo, sin tener que obligarlos a hacer nada. Recuerden lo que dijo Jesús a sus apósteles:

``Sandalias y un palo, es todo cuanto tendréis que llevar por vuestro camino de predicación del evangelio´´

``La gente buena os recibirá y os dará de comer, pues a dónde quiera que se reúnan en mi nombre, allí estaré entre vosotros, para ablandar los corazones de aquellas gentes y os den comida y abrigo´´.

Desaparezca la convivencia interna en los seminarios, en conventos y cuarteles militares, cunas del más vil de los pecados; la pederastia y la homosexualidad. Por falta de la presencia del sexo femenino o masculino, que los induce a la desviación sexual en el ambiente de intramuros y literas.

Que todos estos señores, artífices de leyes condenatorias, respeten más a los ```nacidos´ homosexuales o transexuales´´.

Y que las autoridades de todas estas instituciones, sean ellas de que entidad fuere, responsables directos de los desviados sexuales, por el mal e inapropiado ambiente que ellos mismos propiciaron en sus espacios de represión; reconozcan el gran mal que hicieron a muchos jóvenes. Que les pidan perdón a ellos y a sus padres, por haberles transformado erróneamente en monstruos.

Ábranse sus puertas y escúchense las corrientes de aire, que pasan limpiando las paredes, ennegrecidas de deseos prohibidos y el clamor de libertad, algo que les fue dado por Dios y que el revenido hombre de disciplinas absurdas les niega.

Prediquen para educar más sobre una sexualidad sana y responsable, sin reparos, ni tabúes. Y permitan que sus sacerdotes y monjas que así lo desearen, se casen con buenas mujeres u hombres y puedan libremente disfrutar ambos de un modo más natural de aquello que Dios les dio; su sexualidad y la capacidad de amar conjuntamente con el sacerdocio y tener familia. Sin que abandonen su vocación y puedan predicar desde afuera su palabra con renovado oxigeno, nada reñida con la unión de pareja.

Permítanles disfrutar del cariño de su familia y abrazar a sus padres cuando les venga en gana, que les hará mucho bien y ayudará a que sean sacerdotes más humanos. Con la ayuda de sus hijos y nietos, si los dicidieran tener para dar y recibir afecto unos a otros, tan necesario para la psique y tan afín al amor que predican. Y de este modo, acabar con habladurías sobre curas pedófilos y no sé que mas miserias dentro de algunas parroquias. Y se pueda respirar aires nuevos, logrando una religión menos ocultista, que lo oculto, rara vez tubo buen suceso.

Con una religiosidad de mente sana, más libre y abierta, cuyos representantes den ejemplo de aquello que predican y se les vea acabando con el chismorreo. De modo que se vuelvan a llenar las iglesias, cada vez más vacías. Y sobre todo, porque es bueno y así lo desea Dios, aunque no así, el hombre carca y dominante, manipulador de personas. Los casados, le pueden servir con creces, multiplicados en su descendencia, con hijos mejor preparados. Y las mujeres también, que al igual que su compañero, fue creada por Dios, no por el demonio.

No consta que Jesús dijera algo a este respeto o impidiera a sus discípulos casarse. De hecho, algunos, ya lo estaban. Ni que la mujer no pudiera ejercer el sacerdocio, pues María Madalena, así como otras Martas y Marías ya formaban parte de Él.

Al parecer, sí lo dijo Pablo de Tarso, prepotente y misógino, fiel servidor de antiguas leyes. Que no debió tener gran éxito con las mujeres, al no sentirse pretendido por ellas y a las que fue cogiendo aversión. Volviéndose radical y escrupuloso, cuando tuvo aquella visión de Cristo en medio del desierto, mientras perseguía a los cristianos. Que menudo susto se agarró, con semejante rayo y trueno, que lo dejo físicamente ciego, aunque ya lo era de espíritu antes de su conversión. Refugiándose, posteriormente, en las enseñanzas de los apóstoles para imitar en todo, al que no creía fuera el hijo de Dios. Sólo después de comprobar, cómo aquella estrepitante voz en medio del desierto, le preguntaba: ¿por qué me persigues Saulo?... Era la voz de Jesús, proveniente del Universo para retenerlo y paralizar su afán de persecución a los cristianos.

Jesús es inimitable. No hay una persona igual a otra, es imposible una imitación perfecta, la propia naturaleza lo evita. Es en la diferencia, donde está la belleza natural y la sabiduría de Dios, que hizo al hombre diferente de la mujer y no desigual, que es muy distinto. Para que los dos se complementasen y gozasen uno del otro. Pero el hombre, se empeña en estropearlo, en ser infeliz, haciendo desdichado al resto, buscando una aparente perfección imposible y rechazando al mismo tiempo su propia naturaleza, en resumidas cuentas, amargando su existencia.

El verdadero problema de algunas personas infelices, no sólo se debe a una sexualidad irremediablemente insatisfecha o inexistente, sino también, a la falta de afecto que las lleva a la amargura y a la apatía en su relación con los demás. Por lo que, dicha carencia, se debería incluir dentro de las enfermedades psicoafectivas. Y su tratamiento, pasara a formar parte de un buen recetario, cuyo medicamento, fuera la práctica incondicional de amor y, en algunos casos, también de sexo, dignamente.

``*Expandamos amor no guerra*´´. Que es lo mismo que decir: ``*amemos al prójimo como a nosotros mismos*´´ para disipar hostilidades y guerras. O si queremos pensar más egoístamente, digamos:

``*Amemos al prójimo para recibir amor a cambio* ´´. Sería el más virtuoso de los egoísmos, si es que se puede decir así.

Dudo de que pueda haber un sentimiento egoísta tan beneficioso como este: *dar para recibir*.

Si todos diéramos amor para recoger amor después, andaríamos de mejor salud. Bastaría algo tan simple como escuchar más al otro, y con sonrisa en los labios asesorarle bien. Ayudándole siempre que se pueda, en lugar de ponerle zancadillas o recetarle antidepresivos para quitarlo de en medio de una consulta médica.

Si los que imponen el celibato, tuvieran más en cuenta, cómo los seres humanos fuimos creados en libertad y, por merito propio, fuimos de alguna manera, aprendiendo a liberarnos de todo aquello que nos encadena, como la maldad, el vicio y sus excesos..., también deberían saber, que no es sano privarse de todo. Menos aún, de la necesidad de mantener relaciones sexuales dignas. Ni deberían permitir a nadie que se lo prohibiera, sabiendo que esa carencia fisiológica lo encadenará forzosamente más, enfermando su naturaleza psíquica que, en consecuencia, lo puede llevar más adelante a satisfacer deseos reprimidos sin control, con cualquiera.

Cualquier ley, sea del índole que fuere, que obligue; crea al instante mentes reaccionarias, opuestas, con ganas de infringirla, sobre todo, cuando se trata de represión sexual. Reprimiendo sus necesidades naturales, el hombre, va en contra de sí mismo, haciendo muy desdichada su vida y la de los demás que crucen en su camino.

En cuanto no se empezar desde las escuelas a concienciar a los niños, sobre su libertad y responsabilidad individual, y no se les habituar a vivir en igualdad, enseñándoles que la libertad de cada uno, termina donde empieza la del otro, que también tiene los mismos derechos; nunca se logrará caminar hacia una sociedad de hombres cívicos y respetuosos.

Y la educación sexual, no debería estar únicamente en manos de los progenitores, sino que debería haber una asignatura en todos los institutos, como la hay de religión, para concienciar a los adolescentes en lo concerniente a su sexualidad. Que debe estar por encima de todo credo y evitar ser manipulados por religiones o sectas. Y sobre la responsabilidad sexual de cada cual, en cuanto al uso y abuso de la misma, en cualquiera de las circunstancias.

Los centros de enseñanza, no sólo deberían tener la obligación de formar, como también, el deber moral de proteger a los jóvenes con advertencias. Y hacer seguimiento psicológico de sus problemas, mientras se van haciendo adultos para no caer en drogas o en manos del engaño, ocultas a los ojos de sus padres, las verdaderas víctimas. Y que, más tarde, acabará por afectar a toda la sociedad en su conjunto.

Es primordial y urgente, enseñar con un sistema más ejemplar que demuestre con hechos. Y vean, cómo la libertad irresponsable puede encadenar perpetuamente.

Los consejos no funcionan con casi nadie, hay que exponer consecuencias prácticas de lamentables sucesos, causados por el exceso de una libertad inmadura. Debiendo ésta, como cualquier antibiótico, tener su dosis recomendada y mucha precaución, antes de los jóvenes concienciarse plenamente. Fundamental, en las relaciones sexuales, para evitar futuras desgracias y amarres indeseados.

La vida es una escuela, donde se aprende cuando ya no hay remedio o ha pasado una desgracia, porque los grandes males, casi siempre nos pillan desprevenidos. Aprendemos solos y caemos en las trampas, con tanta gente a nuestro alrededor que no se molestó en prevenirnos cuando éramos más jóvenes. Nadie nace enseñado y hay que cuidar más de la juventud.

La educación de los padres nunca es suficiente. Sus hijos se hacen hombres en el ambiente colectivo, donde no todos están debidamente educados, contagiando negativamente unos a otros la violencia, la rebeldía destructora que se alimenta del mismo saco. Hay que ayudarlos a educar en la adolescencia de sus hijos, cuando estos empiezan a salir de su control, al separarse de su entorno familiar, al vivir la calle, es decir, los institutos, hervideros de lo desconocido para los padres. Y en las universidades, con su mala praxis de novatadas, donde se permite incitar a la humillación entre compañeros de clase y el sometimiento sadomasoquista al grupo, entre otras idioteces. También en los cuarteles militares, donde hay que dar continuidad a la educación sobre las buenas maneras, la igualdad y el respeto, además de instrucciones bélicas, por si fuere necesario, saber cada cual, cómo defender su país contra invasores.

Los años más complicados de la juventud, es su etapa de adolescencia, cuando en plena ebullición hormonal, aflora por su cabeza la rebeldía, con inexperientes y estrepitosas ideas rondando por su mente, proclive a la manipulación. Al tiempo que se va arraigando a sus raíces culturales, reafirmando su identidad llevada con orgullo y sentimiento patriota. Mientras que, por contradicción sistemática, va recibiendo de los instructores otras ideas contradictorias a sus principios de honor, a las que muy a su pesar, a veces, se ve obligada a someterse. Rebelándose en contra y acabando en comisaría, por lo que empieza a estigmatizarse empeorando su situación. Mucho más, cuando está siendo educada bajo represión y menosprecio. O ve pisoteada su cultura por un sistema dictatorial, aniquilador de los valores culturales de sus padres, que la lleva a hacerse revolucionaria para defenderlos. Y cuando la educación, no es equitativamente igualitaria a la de centros privados, cuyo rol, va marcando clasismos y diferentes luchas de clase entre ellos. Terminando en cuadrillas rivales, unas contra otras, y para cuando se quieran dar cuenta, ya se han convertido en radicales, en terroristas o en drogadictos para huir de la confusión. Yendo de mal en peor, lamentablemente, sin remedio, como se ve a una mayoría de jóvenes por ahí.

La juventud está enferma porque nadie cuida de ella, nadie protege con información la inocencia en las escuelas, ni alerta a la inexperiente adolescencia en los institutos.

Los centros de salud mental, están cada vez más llenos de jóvenes de mediana edad y, otros muchos, se han ido muriendo por las drogas, en cuanto los más sanos, acabarán enloqueciendo por la presión y la explotación a la que están sometidos. Al principio, ni se dan cuenta de cuánto se les exige estudiar para acabar de esclavos con míseros sueldos. O desempleados, sin ni siquiera poder visualizar el resquicio de un futuro incierto.

¿Pero qué es lo que hace que muchos jóvenes acaben mal?... Habría que ir al origen de su desgracia, visto que son víctimas de un mal sistema de gobierno que reserva la mayor parte de la economía a gasto militar. Bastante más, que a un buen sistema educativo ejemplar para resolver desde la raíz, aquello que verdaderamente causa tanta delincuencia y drogadicción.

``Es muy importante educar con cariño a nuestros jóvenes y hacerles seguimiento hasta que sean mayores de edad, por el bien de su futuro, que es el de todos´´

La represión, los empuja a la tiranía y a la desobediencia de reglas en los centros de enseñanza, cuyos profesores, deberían enseñar más afectuosamente. Si tuvieran en cuenta que, la rebeldía en clase, es producto del desamor, del desprecio a su lengua materna y su cultura, entre otros factores. Además de la poca empatía y respeto que a veces se les demuestra, cuando por el hecho de ser menores, no se le da la importancia que merecen tener sus inquietudes y se les trata como a mocosos, o no ven gran simpatía hacia ellos. Que ya de entrada, suelen ser mirados como posibles sospechosos de algo que no cometieron, pero que pudieron haber cometido o cometer en el futuro. Desconfiando de ellos, amenazándolos severamente, sin cualquier motivo aparente, y esto sí que crea rebeldía.

La situación juvenil de hoy, es el resultado de los educadores de ayer, que no dejan de quejarse por cómo son los jóvenes: su vivo retrato, su mal resultado. Son los delatadores de una educación errónea, con un gobierno y una religión represora detrás.

Casi todos los males de la sociedad, vienen por una inapropiada manera de educar, siempre a base de prohibiciones y reprimendas que no conducen a nada. El respeto y el cariño por los jóvenes, debería ser un detonante a favor de una enseñanza con menos fracasos y rebeldías. Según cómo se eduque hoy, así será mañana nuestro ambiente social.

La adolescencia, es un hervidero de vida a alta presión y, sólo por eso, se la debería mimar con respecto, teniendo en cuenta que, los jóvenes, son inexpertos y aprenden a medida que se van haciendo adultos. Por lo que, no se les debe patear como a panel de abejas para espantar su rebeldía, sino con mucho cariño y disciplina, si es que algún día, se quiere recoger dulzuras de dentro de su corteza cerebral.

El mayor y estúpido método para hacer jóvenes rebeldes, es invadiendo su territorio ilegalmente, bajo un régimen chulesco que pisotea con desprecio los principios culturales de sus padres. Y es que, el amor a la patria y a la familia, son sagrados e intocables para nobles y honorables criaturas. Por lo que, casi siempre, aflórese el terrorismo para defensa de su propio honor y la de los suyos, nos guste o no. Claro que, está también el terrorismo de Estado que, debido a diferentes intereses, se diferencia con crece de los demás.

El desconocimiento de una nueva ley, no exime a nadie de cumplirla, pero el principal interés de no darla a conocer debidamente, por parte de algunas autoridades..., más parece el de recaudar multando en infraganti, que el de informar primero a la ciudadanía y evitarle litigios o infracciones. Y a veces, tan pronto como lo crean conveniente, hasta se extralimitan en prohibir ciertas libertades, sin antes informar sobre ciertos peligros a los jóvenes que, sin gran consciencia por su parte, acaban por caer de cualquier de las maneras, en redes de maléficos pescadores de hombres. Por falta de verdadera concienciación, ocasionando serias desgracias entre una juventud que no aprende, hasta que es cazada por los oscuros monstruos que habitan entre la sociedad. Entonces, ya será tarde, cuando ya se encuentre alcoholizada, drogada, violada, destrozada y marginada o estigmatizada de por vida. Siendo difícil su vuelta a la emenda que, desde el principio, debió tener muy en cuenta, si la educación y la información hubieran sido más precisas o estuvieran más por todo lado para evitar males mayores. De esto se trata, precisamente, de evitar desgracias irreparables.

´´Que los gobernantes del mundo se apresuren y tomen primordial interés en el cuidado de la juventud, divino tesoro´´

Cuando somos jóvenes, necesitamos que en los centros de enseñanza nos hablen de cómo son los monstruos —que nos suele rondar con crece en la calle— y sobre su apariencia. Por si acaso, algún día, tenemos que enfrentarnos a él, que será lo más seguro.

¿Quién no lleva una negra historia de monstruos sin contar en un recóndito lugar de su alma, arrastrada desde la niñez o desde la inexperiente adolescencia?... Que hasta bien entrada la madurez, no dejan de suceder este tipo de malas experiencias. Y hay muchas, silenciadas durante toda una larga vida, en el interior de millones de mujeres y de niñas/niños. Que si cada una contara la suya, el podrido mundo explosionaría de horror. Aunque, hoy en día, se van contando más abiertamente y sin pudor para denunciar.

Hay que educar previniendo peligros a los más pequeños, antes de que vivan ciertas experiencias, no después de haber sucedido. Y aunque de jóvenes, no acaben de tomar en serio la educación que recibieron; tropiecen lo menos posible. Hay algunos que cayeron en todas las miserias habidas y por haber en sus años mozos. Por no querer sus educadores asustarles la inocencia, ni despertarles la consciencia a su debido tiempo para que anduvieran con mil ojos, más uno de repuesto, por si acaso.

¿Y qué sistema de gobierno, tiene por buena costumbre alertar, como para aviso a navegantes, sobre las tendencias de maldad o tipo de mafias y droga que entran por nuestros puertos, antes de que lleguen a los barrios o entren por las casas a destrozar a los hijos de la nación?...Si en la mar, por una leve borrasca que se levante, ya están ellos desde tierra avisando de que hay temporal...

Sin embargo, qué inconscientes gobernantes son todos ellos, por dejar entrar tantas toneladas de droga que drogó a media Europa y mató a muchas personas durante varias décadas. Dejando que el mal se extendiera mientras se enriquecían gobiernos y policías corruptos del siglo XX. Que permitieron sin gran reparo, la entrada de narcotraficantes a nuestros puertos, todos ellos, autores responsables del enorme exterminio por droga. Pero no hay mal que por bien no venga a continuación, que gracias a los tocados por la mala hierba, viven hoy los laboratorios farmacéuticos, con tanto enfermo medicándose bajo prescripción psiquiátrica, que los acaba por desgraciar aún más.

Si cuando somos jóvenes, sólo nos hablan de la cara del lobo o lo grande que es la mandíbula de un cocodrilo, de sus fauces y afilados dientes, sin explicarnos, las verdaderas consecuencias de su mordedura o cómo nos puede motilar y el enorme daño que puede causarnos; lo mucho que puede pasar, es que nos entre por un oído y salga por otro, el tal consejo.

Si a un niño, se le dice, que tiene que ir a la escuela, sin más explicaciones; es posible que se oponga y patalee. Ahora, si se le explica, que es para cuando sea adulto, sepa andar por la vida con dignidad, en este difícil mundo en el que le ha tocado vivir y que, además, no hay otro a su alcance, que obligatoriamente tiene que vivir en este planeta; entonces, es posible, que hasta se aficione a la aventura y saque buenas notas. O sea: prohibir por prohibir, nunca, sin antes educar o informar debidamente. Ni multar o castigar en faltas leves a la primera, sino a la segunda, aunque a algunos les encante multar de inmediato. Esto sólo desencadena oposición. Primero, enseñar e informar bien, y sólo después, obligar, no al revés. Y esto hay que hacerlo con cada nueva generación que nace todos los días, sin saber de leyes, ni de peligros.

Hay cada año, una nueva generación, en primera clase de párvulos. Nunca estará todo enseñado, ni todo aprendido. Tendemos a pensar que los jóvenes ya lo saben todo y no es así. No hay que esperar a que aprendan de tristes e irremediables experiencias. Debemos adelantarnos en prevenirles, educando adecuadamente en casa y en la escuela, si queremos salvar a la juventud de caer en múltiples e indeseables manos trampa. Que abundan por no se sabe dónde, ocultas en oscuras cloacas, a veces, protegidas por ciertas autoridades corruptas.

Represión, prohibición, obediencia, sumisión, sujeción, castidad y virginidad, son frases muy utilizadas e impuestas por sectas religiosas y algunos sistemas políticos. Que siendo de obligado cumplimiento, fustiga a sus seguidores, provocándoles, en el tiempo, rebeldía y negación al cumplimiento de tan duras pruebas, a las que se sienten encadenados hasta enfermar. Y si es mujer: oposición a su voluntad, negación de derechos, sumisión, sujeción, anulación, esclavitud y, por tanto, pérdida de libertad total, hasta negarse psicológicamente a sí misma.

Las mujeres, igual que los hombres, fueron creadas bajo el mismo principio de libertad que los animales en medio de la naturaleza, donde el más feroz de ellos, mata al más débil por sobrevivencia. Muy al contrario de lo que hace el más bestial y prepotente depredador humano, que mata y viola a su semejante por placer o le quita libertad, encadenándolo a absurdas reglas. Amigo de esclavitud para enriquecimiento propio, a costa del sudor y lagrimas de las personas más débiles y sin apenas recursos. Maleándose él mismo, destruyendo su entorno social, llegando a ser el más temible de entre las fieras salvajes, capaz de destruir la naturaleza global a nivel material, físico, psíquico y espiritual.

¿Quién es él, para adueñarse de su semejante y masacrarlo?...Un prepotente narcisista sin alma, con instinto monstruoso que se deja manejar por el espíritu luciferino, capaz de terribles hazañas, con sistemas de ley que van contra la libertad de la naturaleza humana. El que practica y permite métodos asesinos, como la crucifixión, la decapitación, la guillotina, la inquisición y la silla eléctrica, entre otras muchas aberraciones más, como la violación, la ablación y el femicidio. El mismo que impone leyes a los demás y las incumple siempre que le da la real gana, adueñándose de la naturaleza, contaminándola y masacrando a los animales.

Dios creó a ambos sexos con el mismo derecho a vivir en libertad e igualdad, igual que a los animales. Sin leyes diferentes para cada uno y sin depender de si es macho o hembra, si de un color u otro para darle más o menos libertad y derechos.

El hombre, no es dueño de ningún ser y debe concienciarse plenamente de ello. No tiene ninguna autoría para imponer espiritualidad a nadie, ni puede poseerlo, ni considerar desigual a su semejante, ni excluirlo o venderlo. Y menos, adueñarse de la voluntad de Dios que nos otorgó libertad y principios de igualdad y derechos naturales, como seres creados a su semejanza.

De ahí que viniera Jesús a demonstrar al mundo, que así debería seguir siendo, libertándonos de las cadenas del hombre opresor, déspota. Saliendo también Él muy mal parado, por protestar contra la injusticia de aquella época que, veinte siglos después, en muy poco ha mejorado y va a peor en muchos países. Que de no haber venido, como autoridad suprema para condenar y rechazar ciertas conductas del hombre, nunca lograríamos imaginar cómo sería hoy esta sociedad, habiendo como hay, todavía, tanta crueldad. Mientras, muchos de los que dicen representarle, aún lo siguen encadenando en cada ser humano con doctrina represiva y martirio, igual que hicieron con Él. Porque el hombre, dependiendo del papel social que le tocar desempeñar, actúa de un modo benévolo o malévolo. Se deja dirigir fácilmente por otros tan maléficos como él, cuando se trata de adquirir poder y mando.

En el nuevo testamento, consta que Jesús dijo a sus apóstoles, que lo siguieran y predicaran por todas partes. No les pidió que abandonaran a su familia o se encadenaran a institución alguna y, menos aún, que fueran mártires, vírgenes o castos.

Les bastaría con hacer correr la creíble palabra para que se acercaran a ellos, como con Jesús, que sin invadir ningún país, ni obligar a que creyeran en Él, la multitud llegaba desde lejanos pueblos, rodeándolo con deseos de creer y propagar la fe. Sin verse obligados, ni necesitados de ir por ahí a conquistar territorios y a robar bienes indígenas. Como hicieron los conquistadores navegantes, cuando con una gran cruz fijada a sus naves, invadieron lejanos pueblos para dominarlos en nombre del cristianismo y de sus ambiciosos representantes. Con el único fin de vivir como dioses y construir templos y castillos por toda Europa. Gracias a la riqueza de aquellos habitantes y a la esclavitud de inocentes hombres y mujeres que, por un bocado de pan, se prestaban muertos de hambre; muriendo como esclavos, bajo los pilares de monstruosas catedrales, que hoy sirven más a las arcas vaticanas que a la devoción misma.

Todo por acuerdos entre diócesis y monarquías, es decir, entre obispos y curas, duques y condes, cuyos jefes eran nombrados al más puro estilo rey David como jefes del mundo, los reyes. Con derecho a guerrear y a dominar, dirigidos por su representante *espiritual* que en todo los había de apoyar, bajo el poderoso sello papal para ganar absurdas batallas. Mientras, los terrenales dioses bailaban, alternando salmos religiosos con música medieval de cada época, en congratulación por el beneplácito. Que les otorgaría, no sólo poderío, como también señorío para obligar al más desgraciado a rendir obediencia a lo que ellos llamaban: dios, patria y rey.

Dueños y señores de todo y de todos, a los que habría que obedecer, servir y sacrificarse, para purgar los muchos pecados que cometerían el clero y la nobleza juntos. De ahí la gran insistencia de rezar por los pecadores, por ellos mismos, que pisoteaban con gran servidumbre al pueblo, ennegrecido de miseria causada por sus señorías. Amigos de guerra y de espantar a las palomas de la paz, ofendiendo a Dios y a la Virgen, que en nada tienen a ver con las locuras bélicas de aquellos que se hacían llamar, jefes del mundo.

Dios: era el Vaticano; no el Dios de Jesús Cristo. Patria: era la hidalguía que les apoyaba; no el pueblo. Rey: era el jefe de Estado, que bailaba casi siempre al son de los salmos de su dios condenatorio de Roma, que se hacía servir por la plebe. Gente humilde que padecía mucho y a la que llamaban populacho, esclavos que construían grandiosos castillos y palacetes, majestuosas catedrales y monasterios para sus amos. Todo gracias al oro, piedras preciosas y diamantes robados a los indígenas en sus conquistas por América, África, Brasil, especies y tejidos de seda de la Índia y demás, que bajo el pretexto de predicar el evangelio, invadieron saqueando a todos aquellos pueblos.

Pero tanta riqueza, era repartida entre los que llamaban Vaticano: el papa, los obispos, los cardenales y no sé que más eminencias. Patria: eran los duques, los condes, los marqueses, los barones y otros ducados. Rey: era el jefe de Estado, fornicador, cazador, dueño y señor, que vivía por encima de todo y de todos, con derecho a todas las pernadas del condado. Todos ellos, vivían bajo la bendición del Sumo Pontífice de turno, que como solía ser habitual, guardaba silencio.

Y nada quedaba para hacer más próspera la vida de la plebe esclavizada, la que trabajaba sin parar bajo el ardiente sol, construyendo inmensos castillos, rodeados de torres y fortalezas, para defender del enemigo a sus amos: reyes, príncipes y princesas.

Por otro lado, cada papa, esperaba por la realización de sus sueños: majestuosas catedrales a cambio de implantar más señorío por todos los pueblos y, por ende, más servilismo y miseria a su gente que les servía a cambio de más miseria.

No hay más que ver, la inmensa arquitectura que hay por todos los templos y castillos de Europa. Y para los que se requiere gastar grandes millonadas para su restauración. Sí, porque grandes catedrales y monumentos de ayer; monumentales obras y presupuestos de hoy, en tiempos de gran miseria humana muriendo de hambre. En cuanto que, todos estos señores, viven afanados en restaurar sus grandes obras de arte y arquitectura, a punto de corromperse conjuntamente con su indignidad, mientras van pidiendo para caritas. Entretanto, otras instituciones, gastan gran parte de la economía pública, en desenterrar pueblos soterrados por el pasar del tiempo. Y en escavar escondrijos donde se supone hay tesoros escondidos o perdidos, en el fondo del mar. Después de muchos de ellos, haber sido saqueados por piratas de su majestad británica, que atracaban a los navíos portugueses y españoles al regreso de su travesía por África y América. Cargados de plata, oro, marfil y piedras preciosas, además de especierías como la pimienta, la canela, el café, entre otras pertenencias de aquellos nobles pueblos. Otrora invadidos por antecesores monárquicos y eclesiásticos, en cuyas guerras anduvieron siempre unidos, en exaltación de obtener cada cual más poderío.

Tesoros de ayer, que muchos se afanan en desenterrar hoy. Pero para aniquilar la miseria de los pueblos y su gran malignidad, no hay, sin embargo, interés suficiente para idear una contundente educación que ayude al resurgir de la dignidad del hombre. Inmensurables cantidades de dinero, que siempre va desviado para salvar intereses materiales de enormes gastos. No para salvar penurias de vida humana, que abundan como la mala hierba, abonada por la propia inmundicia gobernativa. A la vista está el mundo que crearon.

En esto se desarrolló la vida de la alta burguesía hasta nuestros días, siempre rodeados de clérigos que recaudan para sus arcas. Visto que, entre todos, gobiernan el mundo y reconstruyen con lujo y ostentación gigantescos lugares de oración. Cuya pomposidad, a menudo provoca exclamaciones de ¡oh!, a sus admiradores turistas. Desviándolos de estar atentos a lo más sagrado, a la admiración de lo meramente material y pagano de sus bóvedas, arcos y ábsides, diseñadas al más imponente estilo rococó.

Así construyeron su mundo. Y la mayoría de obras arquitectónicas que se observan entorno al ambiente religioso y monárquico, fueron construidas a costa del sudor y sangre de muchos esclavos. Gracias a la riqueza traída de ultramar por nuestros antepasados conquistadores que, acompañados de misioneros, saquearon, violaron, mataron y robaron derechos legítimos y naturales de aquella gente indígena. La empobrecieron a cambio de una evangelización con mentalidad de pobreza que, según decían, Jesús también lo fue, pero no el Vaticano y sus secuaces, entre quienes quedó la mayoría de la riqueza. La que debieron haber repartido entre las personas sometidas al esclavismo de sus obras de arte. Y dicho patrimonio, hoy en día, sigue aportando millones a las arcas eclesiásticas, contribuyendo al mantenimiento y magnificencia de sus ornamentaciones y decoros. Que al parecer, son de mayor valor y utilidad para su dios que los pobres y los refugiados, a nivel mundial.

Como en la polémica visita paripé de Su Santidad a Lesbos, enviado por no se sabe que dios, a modo de *ángel* arrebatador de un puñado de familia refugiada, acogida en su avión privado.

Que habiendo podido buscar —valga ya de paso— soluciones para una mayor cantidad de personas sin techo..., cabría preguntarse... ¿si serían sólo aquellos los elegidos o los suficientes, como para dar ejemplo a las ricas congregaciones religiosas?... Con grandes casas de retiro espiritual vacías, pudiendo dar abrigo a una gran mayoría, mientras no pasase esta contienda de locos y los gobiernos dejasen de permanecer en la indiferencia.

¿Para qué fue realmente Su Santidad a visitar a los refugiados, si dejó a los demás tirados?... Haciendo dichosos a un puñado y desdichados al resto, abandonados de su misericordia. Con tanto poder como tiene para encarrilar a las desafortunadas ovejas de Cristo, hacía todos los seminarios desocupados, los que sus pastores poseen por todas partes.

¿No habría sido más caritativo y misericordioso de su parte, si Su Santidad hubiese visitado a los bandidos autores de las guerras para reclamarles paz y justicia?... Gritando ¡basta ya malditos!, llamando a todos a tener juicio y a detener las mafias que se enriquecen desgraciando a millares de personas. Y de paso, echarles un severo sermón para convencerlos a reconstruir las casas que destruyeron a esos pobres refugiados y puedan regresar.

La paz y el retorno de los refugiados a su país, hay que ir a pedirlo a los campos de batalla donde están los artífices del mal; no al santuario de la Virgen. Y la justicia y la igualdad, hay que exigirla a los jueces y demás hombres; no a Dios.

¿ Y por qué no se llevó de Lesbos a los más débiles, las embarazadas y las madres con hijos..., y no ordenó a los gobiernos enviar a los maridos de vuelta a su país de origen, para acabar con la guerra y el caos que permitieron crear allí?...

Esperemos que no se enteren de esto, las religiones alienígenas, que nunca se sabe a qué dios pertenecen. No vayan a tomar el mismo ejemplo y presentarse también en su ovni privado para abducir a refugiados, como a criaturas sin dueño y a las que poder limpiar el cerebro. Como si las personas fuesen títeres, por las que decidir por ellas o zarandearlas de un lado a otro: ahora cojo a un puñado de aquí de este campamento y me las llevo conmigo, sin embargo, aquellas otras, las dejo acá, que alguien se las llevará para otros menesteres... Si es que antes no van para el más allá, aniquiladas por las olas de pánico o debilitadas por tanto desamor.

Movidas como piezas de un maldito juego de imbéciles troyanos, sobre un desolador mapa europeo, donde las personas ya no son lo que deberían ser y se puede jugar con ellas. Dejarlas o cogerlas, siempre que a cualquiera le venga en gana y las necesite para su conveniencia servil. ¡Total, si están en guerra!...

Cuanto más desgraciada sea la vida de una persona, más carroñeros la rondan, nunca ha de estar sola. Desde lejos han de llegar buitres de altos vuelos para aprovecharse de su miseria. La huelen desde muy lejos y su hocico se pone en marcha para olfatear a su presa, tirada en tierra de nadie, donde todo es de todos y es lícito repartirse la carnada.

Así actúa siempre el dios hombre, necesitado de servilismo y sangre de víctimas, sediento del sudor de esclavos que enriquezcan sus empresas. O les sirvan por míseros sueldos, en sus mansiones y extraordinarios palacios, que tanto agradan a su suntuosa vanidad y corroe su alma. Total, para quedar todo aquí, sin poder llevarlo al infierno, mientras sus futuros herederos serán malditos.

Las religiones, deberían de abrir sus seminarios ya vacios y vender su inmenso patrimonio para dar abrigo a personas sin techo, abandonadas de la mano de sus hombres, en constante conflicto.

¿Qué opinará Dios de todo este desequilibrio multimillonario en manos de papas, de obispos y de corruptos gobiernos?...

Según el Nuevo Testamento, Jesús se ocupó de los más desdichados, de gente pobre y perdida, sin dejarse servir por ellos, ni exigirles sacrificio alguno, demostrándoles humildad, pues no era hijo de un dios pagano. Que ese sí, necesita de sacrificios, víctimas y ofrendas, para aplacar su repugnante ira y ser servido como dios.

``Viendo Dios que el hombre no cambiaba, decidió transmutarse bajo un mismo Espíritu, el suyo propio, en el vientre de una mujer para tomar cuerpo, ante la cual se autodefinió Hijo en su Yo Trino, transfigurado en forma física para que lo viesen´´.

Pasando durante algún tiempo desapercibido, ya que, si se hubiera hecho llamar Dios de un modo tan directo y a temprana edad, sobrepasaría toda inteligencia mediocre y nadie lo tomaría en serio, que a pesar de todo así fue.

Vino a exponer su vida a manos de una sociedad inculta y cada vez más idolatra, para detenerla y despertar al mundo su consciencia muerta y reforzar la conciencia viva, en una humanidad cada vez más borrega y a punto de anularse espiritualmente. Trajo esperanza a los marginados, explotados bajo el yugo de la desesperación y sometidos a imperadores crueles. Los llamó a todos al perdón y a que se arrepintieran y concienciaran de lo monstruos que podrían llegar a ser, si no cambiaban.

Fue sencillo y discreto, aunque provocó con su verdad y enseñó a perdonar y amar, acercándose a los más desdichados: las personas ciegas, las cojas y las enfermas, a las que curaba a cambio de nada, sermoneando contra todo tipo de injusticia, como la desigualdad social. Con ello, quiso imponer justicia a favor de aquella gente, cada vez más engañada, esclavizada al despotismo salvaje de endiosados hombres, amantes de servidumbre. Obligada a servir fielmente a verdugos gobiernos, que no distinguían los hombres de las fieras, a la hora de masácralos para regocijo de sus dioses romanos, que habían por todo lado. Amigos de bestial escarnio que, como prueba, le hicieron a Él lo mismo, a pesar de nunca haber inculcado odio contra ellos.

No supo, la pretoría romana, distinguir la simpleza de un gran Señor, que se paseaba como uno más entre la muchedumbre y se diferenciaba de la ostentación del pomposo imperador. Ni siquiera los de Sanedrín que, más que sabios, parecían poseídos por el nada saber, sobre un inconfundible semblante que se supone tendría Jesús de especial. Y que, por lo tanto, delataría su ceguera y lo lejos que estaban de lo que aparentaban ser, aquellos incultos sacerdotes.

Bien pudo haberse librado, pero no, se dejó crucificar para crearnos impacto y despertáramos. Después de que lo sometieran a la más brutal pena de muerte, por defendernos justicieramente sin haber cometido delito alguno. Y para que, las generaciones futuras, nos reveláramos por Él contra toda clase de injusticia. Y nos diéramos cuenta de la diferencia abismal que había entre su actitud y la de los hombres. Y pensáramos en la razón principal de tamaña entrega, por medio de la cual se dio a conocer por amor a la humanidad, para rescatarla de adorar a los hombres, cada vez más ricos a costa de desangrar vidas.

De no haber sido cómo fue, crucificado, hubiera pasado desapercibido y ya estaría olvidado.

Se reveló para enseñarnos que era legítimo protestar, contra aquellos que se adueñan de la voluntad y derechos de otros, cuando injustamente invaden su esencia espiritual y la manipulan, o ultrajan a la mujer pisoteando su condición de Ser.

Enseñó que: todo aquel que se hiciera justo y perdonara como Él, se salvaría. Y dijo: ``Yo soy el cordero de Dios, el que quita el pecado del mundo´´. Que es como decir: ``Yo soy la mansa bondad de Dios, el que ajusticia y perdona´´.

También nos quiso enseñar a no utilizar violencia contra violencia, dejándose Él mismo condenar sin hacer enfrenta, demostrando con ello amor y paz al mismo tiempo, haciendo reflexionar a las generaciones, que la paz se obtiene rechazando el odio y perdonando. Para que los hombres se vieran a sí mismos, hasta donde son capaces de llegar con su maldad y se avergonzaran de la pena de muerte, la crucifixión, la decapitación, la violación, la ablación, la esclavitud y el absurdo éxodo de personas. Todo por su ruindad y las guerras que causan, que no conducen a nada, sino al caos, como bien hartos estamos de ver. Porque muchos nunca aprenden, a pesar de haber tenido un gran maestro como Él.

Vino a humanizar la humanidad y demostrarle cómo actúa un verdadero Dios y Señor misericordioso. Y alejarla de falsos dioses, llenos de amedrentadora ira, ambición y sed de sangre, cómo era y sigue siendo todavía hoy, en muchos países, el hombre ambicioso.

Quiso mostrar su faz de luz y misericordia con hechos, para que supiéramos distinguirlo de supuestos dioses y profetas.

Dijo que su reino no era de este mundo. Que calmaría a los inocentes ansiosos de justicia, ajusticiando a sus verdugos, no concediéndoles perdón. Permitiendo que se condenen en el infernal desasosiego de sus acaloradas y atormentadas conciencias.

No pidió a su gente que dejara su vida, ni abandonara a su familia. Únicamente les pidió, que le siguieran en su filosofía de vida con verdad, justicia y paz, entre todos. Sin pedirles más sacrificios que los que conlleva cada uno en su vivir de cada día. Vivir, ya es de por sí, una gran y amarga cruz, a arrastrar por los caminos de nuestra madre tierra y cada cual ha de llevar la suya.

El día en que Su Santidad, permitir a los sacerdotes casarse y a la mujer que lo desee, ejercer el sacerdocio; su verdadera iglesia despertará y se magnificará para mayor gloria de Dios y satisfacción de la humanidad. Y hasta es posible que aumente la familia, su gran preocupación, y se llene la plaza de San Pedro y demás templos.

Sin necesidad de que órdenes religiosas, se aprovechen de la buena fe de las personas, comiéndoles el cerebro para mover a cuanta más gente mejor. Y no porque se esmeren por el bien espiritual, sino por el interés financiero. Con fines organizativos de agencias de viajes para llenar hoteles y cepillos en Roma, en Fátima y en Lourdes, que se supone pertenecen todas al mismo ideario de negocio. Para el que se depositan allí donativos, gracias a las personas que acuden con fe a pedir milagros al cielo, engañados por éstos engaña almas.

Al cielo hay que dirigirse desde nuestro interior, desde el templo de cada uno, con fe y bondad, no con dinero. En el cielo no cobran con monedas los favores concedidos, sólo con buenas obras inmateriales que se pagan a modo de trueque. Si has dado, recibirás igual que lo que has dado, pero multiplicado, sea ello, bueno o malo. Tarde o temprano, se recibe de un modo u otro, siempre según la causa y efecto de nuestras acciones.

A los santuarios, debemos de ir a dar gracias y a rezar cuando nos salga del alma, sin estar influenciados por organizaciones interesadas.

Cuando la actitud discriminatoria contra la mujer y el celibato, desaparecieren de la religión católica y demás sectas, y se desprendieren de la mayoría de sus bienes para repartirlos por la sociedad más decadente; significará esto, un enorme cambio y gran limpieza mental de ideas retrógradas de sus miembros. Y será entonces, cuando los creyentes, han de ir por elección propia, con naturalidad y regocijo contenido, autentica fe y esperanza en Dios, hasta la más famosa de las plazas para saludar a Sus Eminencias. Sin que parezca aquello, un espectáculo sectario con desmesurada alegría y sonrisa artificial. Sino que seguirán con fe y mayor credibilidad en las buenas obras que practiquen que en las palabras que prediquen, pues la sociedad, no hace otra cosa que criticar al clero por su mal ejemplo.

Bastaría algo tan simple, con que esta institución clerical fuera más sencilla y viviera con austeridad, imitando verdaderamente a Cristo, que se alejó del poder y de los ricos.

Los muy ricos, dan como resultado mucha pobreza y todo lo que ésta acarrea, por tanto, son enemigos de Dios.

Es necesario un gran cambio en la iglesia católica, que acabe con la pederastia y desigualdad dentro de sus ministerios, cuyos comentarios al respeto, tanto alejan al creyente. Sólo así, con una gran reforma a nivel global, se acabará con esta lacra y se atraerá a una juventud de ideas renovadas. Muy dada a comprometerse en la lucha contra cualquier injusticia, como compromiso de su franca adolescencia. Necesitada de asentarse sobre pilares ejemplares, deseosa de tener fe y creer en los gobiernos, en los sacerdotes, en los papas, en los extraterrestres y en todo cuanto sea auténtico y verdad, que no desvanezca su ilusión de vivir. Y a través de nuevos aires, poder comprometerse a llevar a todos los ámbitos, una nueva filosofía de vida más justa, más sana y creíble. Sin distinción de sexo, ni de raza, fiel manifestante contra la guerra, el sufrimiento de tantos inocentes privados de felicidad. Y velar por millares de esclavos, necesitados de que hombres de buena voluntad, imploren más por ellos a las bestias de la maldad, para que atraigan la paz y los liberte de la esclavitud de vida a la que los tienen sometidos.

Habría también que limpiar la imagen de Dios, tan manchada por la boca del hombre. Y descubrir al mundo su fase divina de Padre-Madre bueno, misericordioso y libertador, que por amor del que nadie entiende, bajó a la tierra. Y no, precisamente, con apariencia alienígena, que para eso tuvo la delicadeza de encarnarse en el vientre de una mujer sencilla. Nada de asustarnos con caras extrañas, que vaya una a saber, qué haría la humanidad con Él, tan dada a experimentos de laboratorio científico. A lo mejor, lo habrían conservado en formol dentro de una cubeta, en lugar de transubstanciado entre pan y vino, en el interior del más dorado de los cálices incrustado de piedras preciosas. Y guardado con todo el mimo dentro de un sagrario, recordando con su omnipresencia aquella frase:

``Yo Soy el verdadero Señor, vuestro Dios´´, para de este modo, recordarnos que no hay otro. Y nos libertemos de la esclavitud, del

servilismo al hombre déspota. Y recemos la más simple de las oraciones como es ``*el padre nuestro*´´. Por medio del cual, santificamos su nombre, le pedimos alimento, perdón y protección, sin que nos pida nada a cambio.

Simplemente, que ``*nos amemos unos a otros como Él nos ama*´´, sin necesidad de fundar religión alguna. Y sin ni siquiera hacer alusión a su superioridad, ni exigirnos adoración, cosa muy frecuente en los endiosados. Le basta con que cumplamos con las dos frases que dejó por boca de su hijo. Si las analizamos bien, en ellas, ya va todo incluido.

Vino hacer acto de presencia en cuerpo humano y a probar ¿por qué no?, nuestras debilidades de la carne, para así poder aplacar su desencanto sobre la nuestra y perdonar después nuestras debilidades. Y a que evitemos la adoración a falsos señores, no nos aborreguen, que hoy en día hay demasiados afincados sobre múltiples atalayas político-religiosas, peligrosas.

Según los intérpretes del nuevo testamento, Jesús no eligió a mujeres para predicar, sino que, únicamente, eligió a hombres.

La voz de la razón del Universo contesta que, Jesús, se dedicó a enseñar y dejarse seguir por todas las personas, sin condiciones de sexo, ni de color. Pero que, como era obvio, lo seguían más los hombres, porque las mujeres, se protegían de andar por el mundo codeándose con el hombre vil. Tan extendido por todas partes en aquella época que, valiéndose de su fuerza física, no harían nada bueno con ellas y sí, cosas muy terribles a los ojos de Dios. Y no, porque no fueran válidas para el ministerio sacerdotal, en cuanto a los deseos de igualdad de Jesús se refiere.

En aquellos tiempos, su relación con ellas, no pudo haber sido de otra manera que la que fue, dado el ambiente inculto y pagano que había entonces. Que hoy, no hay escusa para que la mujer no se pueda ordenar sacerdote, si bien, que no vaya a predicar en aquellos países donde el hombre es todavía abominable. Que su grupo estaba formado por hombres y mujeres. Y si éstas no alcanzan el sacerdocio, es por causa de las autoridades eclesiásticas a las que no les entercza mucho, por afán de superioridad, indiferencia y endiosamiento machista. Por serles más cómodo tenerlas sometidas y humilladas, para de este modo sentirse admirados y servidos, como a príncipes. Y sobre todo, que no les dé órdenes a ellos, ni revuelvan sus planes financieros o su intimidad masculina.

La táctica de algunos escritores de religión, afirmando que Jesús sólo eligió a varones para llevar su ministerio, más la mala fama que le dieron a nuestra progenitora Eva, como la culpable de la desgracia humana y de que por ella, Dios expulsó a ambos del Edén; fue la poderosa arma arrojadiza que utilizaron para apartar a toda mujer de su lado. Las alejaron de su poder y mando, incluidas sus madres, hermanas y esposas, por estorbarles en sus maniqueos ocultos a cualquiera. Que celosos de su valía femenina, escribieron mucho en su contra para desfavorecerlas y desprestigiarlas en todo. Cuyos verdugos y mayores enemigos, siguen dirigiendo y creando más y más religiones por sí solos. Mientras ellos predican, ellas a parir cuantos más hijos mejor para llenar templos y colegios. Si bien que no tienen obligaciones de amamantar, ni por qué pasar por las mismas circunstancias de carga reproductora que por naturaleza les tocó a ellas.

A pesar de que para los conservadores fanáticos, la supuesta y absurda desobediencia de Eva, atrajera desgracia a la humanidad, ellos, sin embargo, la fueron desgraciando aún más, a medida de sus excéntricas locuras político-religiosas, transcurridas a través de siglos. Aniquilando a diario, miles de criaturas, a base de armas, bombas, holocaustos, narcotráfico, mafia, violaciones y prostitución por todo el mundo. Y cuya historia interminable, sigue estando llena de penurias de toda índole. Porque además de inconscientes, son muy cobardes, amigos de echar la culpa de su fracaso a otros. ¿Y a quien mejor que a la mujer, que no se enfrenta?...

No se avergüenzan de sí mismos, ni siquiera en medio de un sepulcral silencio, cuando a solas con su conciencia, se asoma el más bestial de los instintos para que arremetan con violencia contra cualquiera.

Ella, en cambio, no puede, físicamente es más débil y calla sumisamente por no enfrentarse. A pesar de que lo mira con desconfianza hasta desinquietarlo y ponerlo furioso o amenazante, con un ¿por qué me miras así?, como gesto a prueba de fuerza a punto de explotar de forma bruta, sobre la que menos culpa tiene de sus maldades. Con agresión, directamente, cómo lo suele hacer con su perro para acallarlo, no ladre, ni proteste, que él, es el que más fuerza física tiene, con lo cual, ver, oír y callar, bajo una silenciosa y mal llevada convivencia.

Parte de la desgracia de muchas mujeres y, por tanto, de la humanidad entera, procede de la entrepierna del hombre y, la otra parte, de su mala cabeza. Y no, por el pecado que, supuestamente, pudieron haber cometido Eva y Adán.

Querido Francisco: todos somos víctimas, y Su Santidad no lo es menos. Y en ningún caso, el lector, podrá considerarlo guardián de la sacrílega historia pasada, pero ya va siendo hora de limpiar el buen nombre de Dios. Y en su nombre, invitar a las religiones a pedir perdón a todas las mujeres del mundo, desconsideradas y perjudicadas durante milenios. Para que liberten las que todavía permanecen bajo el burka y el yugo machista.

Dígales, que la mujer no es ningún objeto y, además, no les pertenece. Que sólo Dios es su amo y señor. Y quiere que les devuelvan la libertad y la igualdad que Él les otorgó, porque son sus criaturas y las quiere ver libres como el viento.

Desde hace mucho, debieron tener revuelta la conciencia para sentir su media culpa, y reclamar sus derechos desde donde se les quitaron: desde los pulpitos. Para de este modo, ir despertando al hombre de su inconsciencia, adormecida por las falsas doctrinas. Y colocar en posición de firmes a esta sociedad masculina, tan influenciada por los sermones que, cada vez más, se aleja de la moral. Faltándole al respecto por medio de un conveniente adoctrinamiento machista, cuya filosofía siempre estuvo basada en el servilismo gratuito de la mujer. Claro que, algo se ha avanzado a pasos de hormiga, porque los que habrían de haber cambiado hace siglos, siguen todavía sin hacerlo por cuestión religiosa. En sus libros, está bloqueado el cambio social que da paso a la igualdad. Se debe a que a muchos les cuesta cambiar su roña fanática, que afecta y condiciona la vida de la mujer, fundamentalmente.

Algo falla en la iglesia, que está cada vez más vacía. Faltan ellas, con su prole para llenarlas. Cuiden bien de que no maten a sus hijos de hambre y sean mejor tratados, ni vayan a la guerra. Tratar bien a los hijos, es tratar bien a sus madres. No se quejen de la falta de natalidad. Quéjense del homicida, que mata al ya nacido, bajo las balas de sus disparadoras armas de guerra.

Cuiden de que obtengan también sueldos dignos para poder crearlos bien, con buena educación y mimo, no vayan a dejarlos por las campiñas entre las malas hierbas, creándose solos como antaño.

Sí, cuando las personas valían menos que cualquier carga de mulo y se educaban entre alfalfa y algarrobo. Acabando como analfabetos, sirvientes de la pestilente burguesía, en tiempos de oscurantismo clerical.

Cuando las religiones pidieren perdón, por tanto daño causado a las mujeres, el hombre empezará a cambiar y a reflexionar para bien. Entonces serán libres y mejor consideradas en todos los países del mundo. Mientras esto no se dé, este valle seguirá llenándose cada vez más de un océano de lágrimas, debido a tanta desgracia y pobreza femenina y, por consiguiente, más prostitución, cosa que los de la santa madre iglesia dicen aborrecer.

La voz de la razón, nos dice que, tanto la riqueza extrema, como la pobreza, la represión, la sumisión, la obediencia a ciegas y la desigualdad, deberían también formar parte de los pecados capitales, claramente agrupados en las enseñanzas del catecismo católico. Por las graves consecuencias que acarrean al ser humano.

Tanto la desorbitante riqueza de unos, como la extrema pobreza de otros, son factores causantes de calamidades e infortunios, por el desequilibrio que acarrean. Pero mucho más, el segundo factor, por la carencia causada debido a tanto multimillonario. Y es que, los esclavos de hoy, son la continuidad de la misma historia de esclavitud de ayer, enmascarada tras la hipócrita frase de los`` *derechos humanos´´ que tan mal se defiende. Ya no sólo en Europa como también en el resto del mundo*.

Ábranse las fronteras y vengan los exiliados, los que huyen de las armas fabricadas en este otro lado. Que no haya mal que por bien no venga a las manos de los señores del ladrillo... ¡ala!, más mano de obra barata para la reconstrucción de grandes catedrales y monumentos históricos. ¿Y a las personas, quién las reconstituye y las saca de estar deprimidas para que no se suiciden?...

La mayor desgracia de ser muy pobre, es padecer sus consecuencias que conllevan a un estado de automarginación y acaba por ser la fuente de todos los males. Su existencia, en la mayoría de los casos, es por la floja responsabilidad de los gobiernos, por su mala gestión en la distribución de riqueza, al permitir trabajos mal remunerados. Induciendo a las personas hacia el esclavismo para subexistir, como a la prostitución y demás, que acaba por enriquecer a otros ya ricos.

El ser muy ricos, rara vez arrastra consigo honradez, e induce al vicio, al poder, al despotismo y a la compra de sexo. Provocando infelicidad social por carencia moral, atrayendo con ello la propia desgracia por medio de mafias, narcotráfico y prostitución. Por la ambición desorbitada, que pone en peligro vidas humanas a cambio de lograr más riqueza a cualquier precio, casi siempre a base de guerras que conducen al exilio a billones de refugiados.

La ciega obediencia de los soldados, obligados a obedecer a sus superiores militares ambiciosos, los hace cómplices de guerra. Son también culpables de masacre y asesinatos, son abortistas de vida y violadores de derechos, otorgados por Dios, su verdadero Amo y Señor.

Es necesario que, por derecho natural, todo hombre se considere con libertad para decir ¡no! a la obediencia militar o religiosa, cuando lo crea conveniente. Y se acostumbre a hacerlo, cuando se trate de desobedecer a órdenes, cuyos actos van en contra del bien común. Sobre todo, contra el ataque a inocentes, que son los que más caen como moscas bajo sus gatillos, sin aprecio alguno por sus vidas. Mejor si, se presentan como soldados para la paz y protección de la vida en vez de destruirla. Y se formen para rescatar a jóvenes de la droga, marginados por la miseria en que cayeron. Y los eduquen bien, no vuelvan a recaer en manos del diablo, compradoras de favores a cambio de drogas.

Hay cada vez más juventud tirada por el suelo, incapaz de levantarse nunca. Acostumbrada como está, desde muy joven, a acatar órdenes de sus ``*legítimos superiores*´´, tal como enseñaron a obedecer los autores de los diez mandamientos en la biblia católica. Anulando la voluntad individual, la vocación a muchos jóvenes y la objeción de conciencia a otros, que acaban por no tener criterio propio y a obedecer como zombis desde la adolescencia.

A pesar de su edad rebelde, hay jóvenes que todavía no tienen libertad para disponer de su conciencia, en algunos países. Obligados a ir en contra de su voluntad, como servidores de psicópatas gobernantes de una patria a camino de la destrucción. Forzados por una pandilla ambiciosa de poder, que ronda a cada gobierno de turno, y los obliga a acatar órdenes cada vez que les place, pues para este fin, fueron programados sus cerebros.

La palabra *obedecer*, es la clave con la que abren conciencias infantiles y las inducen a estar a la disposición de sus mayores. Claro que, la obediencia y la disciplina, son fundamentales y necesarias en una buena educación desde niño y cuanto antes la reciba mejor. Pero aquí, me refiero a otro tipo de obediencia manipulada para fines ruines. Cuidado con ella, abunda por todas partes, entre grupos ideológicos nada convenientes, por su sectarismo de ideas centrífugas hacia la satisfacción de un líder psicopático. Amigo de manipular a sus seguidores para que más tarde masacren a los demás. O entre el grupo mismo, por enajenación y enojo a tanta obediencia.

Así es, cómo los jóvenes, van labrando su frustración día tras día, en una vida plagada de amarguras. Dónde nadie es completamente feliz, al ver tantas desgracias, cometidas por esos mismos ``*legítimos superiores*´´, que los obligan constantemente a cometer barbaries con sus guerras y otros males. Para las que son entrenados y puedan llegar a ser soldados crueles, hasta perder la dignidad, acabando por minarles la razón y el sentido común. Quedando anulado su sano juicio y con el cerebro convertido en máquina, capaz de ser programado, sin nunca más poder vivir en plenitud y con buen desarrollo mental.

A los seres humanos, se nos educó con un fatal y muy eficaz programa educativo de obediencia: a no tener valor para decir ¡no! De tal modo que, ese ¡no!, se nos atragantara en la garganta y no pasara de ahí. Por eso nos cuesta tanto negarnos, diciendo ¡sí! a casi todo, yendo por la vida como borregos, aguantando a duras penas todo cuanto se nos ordena. Hasta que un buen día, reventamos de hastío e insatisfacción, con consecuencias mucho más negativas que si a menudo dijéramos ¡no!

``Que los jóvenes digan ¡nooo! a la guerra y no se alisten´´

``Que los jóvenes digan ¡nooo! a las armas y no las utilicen´´

Las guerras, se dan, porque se alistan soldados. Si dijeran ¡no!, si desobedecieran, sería como decir ¡sí! a la paz. Tanto la guerra com la paz, son de la incumbencia de todo soldado que se aliste o no. Es de su responsabilidad. La paz, es la negación a la guerra. La guerra, es la negación a la paz.

`` No te alistes si eres de verdad un hombre, ¡niégate!, préstate para servicios sociales y mejora tu vida y la del mundo que te rodea, que a su vez te retribuirá con felicidad a cambio de lo que has dado´´

Todos los jóvenes amigos de paz, deberían llegar a un común acuerdo a nivel mundial y conjuntamente desobedecer órdenes.

Cambiar diciendo ¡no! a la guerra, por un ¡sí! a la paz. Uniéndose para imponerla allí donde falte, con modos afectuosos, sin bombas, ni armas. En definitiva, educando y negociando honestamente con el otro, pues las guerras jamás solucionaron conflicto alguno. No son ninguna solución, son la destrucción, la estupidez, lo absurdo, la paranoia satánica del imbécil ambicioso.

Es con la palabra y la voluntad, dos armas poderosas y conciliadoras que se resuelven los conflictos, bajo acuerdos respetuosos y definitivos. Las armas, nada más sirven para alargar conflictos y volver tarados a los hombres que acaban en psiquiatría. De esto, saben mucho sus madres y esposas, cuando regresan de los campamentos de la locura, hechos una piltrafa.

Que vayan sus jefes militares con los fabricantes de armas a pelear y a matarse entre ellos. Si todos los hombres hicieran lo mismo, es decir, si ninguno se alistara, las guerras no tendrían lugar en ningún país del mundo. Ni los manicomios estarían llenos de hombres tarados, ni los hospitales llenos de drogadictos y enfermos o mutilados. Y los jóvenes podrían realizar su vida sin violentarse amargamente, programar su futuro y tener hijos sanos.

Nunca se ha visto crisis, ni huelgas de guerra. Para guerras siempre hay dinero que atrae más dinero. Son una chula exhibición de fabricantes armamentistas, confabulados con amigotes, recordando su infancia en juegos de fantasía absurda, que no conducen a nada, pero los enriquece. Sin dolerles la pérdida de miles de obedientes soldados, que bien poco parece importarles, con tal de poder seguir adelante como estrategas del caos. Sobre lo que discutir sentados en los cafés, leyendo periódicos que dan que hablar y de comer a los cada vez más numerosos medios de comunicación. De los que, el más famoso de los periodistas, se afianza precisamente allí, en medio de la contienda, que cuanto más espectacular fuere, mayor merito tendrá como reportero. Son un gran negocio con el que los señores de la guerra no están dispuestos a poner fin. Y allá van todos, como borregos militares a matarse unos a otros. Y de paso, a todo el que pillen por delante, mientras les van sacando fotos que difunden, sin atreverse a condenar con firmeza, la verdadera maldad canallesca. Desde donde televisan siguiendo su estrategia fríamente, como a cualquier equipo deportivo, donde el vencedor, no es el que metió más goles, sino aquel país que matando a muchas más vidas, consiguió derrotar a otro.

No digo que cada nación no deba estar militarmente preparada, por si acaso un país sobreviene con ataques..., pero mientras tanto, abstenerse de atacar a nadie, si no quieren caer en la absurdez de desatar una guerra. Que de darse, es digno defenderse en legítima defensa y sálvese quien pueda, pero en este caso, no queda otra.

Cada cual que esté en su territorio y respecte al otro, que sale económicamente más barato, se ahorran muchas vidas y es bueno para la felicidad de todos los hombres. Con ello se acabaría con la crisis y con muchas desgracias.

Menudo problema se iban a quitar de encima. ¿Además, para qué sirven las guerras?...Mejor reclutar a hombres de bien, que empleen sus esfuerzos en educar a los niños y ayuden a formar una sociedad rica en valores.

Construyamos entre todos, un mundo agradable de vida gratificante, que active con dinamismo a los neurotransmisores, tan beneficiosos para la felicidad cerebral.

Pero mientras unos matan, violan y secuestran, otros, encerrados en sus celdas, cómoda y simplemente rezan a Dios a la espera de que venga Él a poner fin a este desorden. En vez de salir un día y otro, a denunciar estas injusticias, cómo lo hacía Jesús por las calles de Jerusalén, pidiendo al hombre clemencia, paz y conversión de su mal para su propia felicidad.

No es a Dios, a quien hay que pedir el fin de la guerra o la paz. Él no es canallesco, no forma parte de los maléficos actos humanos. Es al hombre, a quien hay que pedir que acabe con la barbarie. Es él, el que castiga a su semejante ocasionándole desgracias, grandes males y hasta incluso su propia enfermedad y muerte. Es él, el verdadero canalla, que envía todo tipo de desgracias sobre la naturaleza humana, animal y vegetal. Y el que arroja toda clase de productos tóxicos sobre la tierra, el mar y los ríos y envenena la vida a millones de seres cada día.

Constantemente le echan la culpa a Dios, como castigador de todos los males de la humanidad, influenciados por una educación represora mal llamada religión, que todo lo enreda. Adaptadas todas ellas para doblegar con pánico y obediencia, sin protestar, en nombre de un supuesto dios o profeta que nadie ha visto, ni oído dar órdenes de martirizar a nadie. Porque ellas mismas, son las que activan la contienda del mal, echando siempre la culpa a la madre Eva o al padre Celestial.

Y es que, en las religiones, pasa lo que en los partidos políticos: surge un líder, un tanto embaucador, de filosofía egocéntrica y semblante benevolente, algo convincente a los comienzos y de aspecto agradable para atraer a adeptos, que lo han de seguir en manada ciegamente. Después de haberles prometido calidad de vida aquí, al contrario de las religiones, con promesas de mejor vida allá. Amigos de prometer y multiplicar promesas que acaban por ir agua abajo, como peces llevados por la corriente, sin saber a dónde, ni cómo desahogar. Y sin cañas, ni redes para repescar los sueños que expandieron, rotos de tanto prometer, sin ser amos de nada más, que de sus propias mentiras. Pues tanto las religiones como los partidos políticos, cada cual por su lado, llevan vida cómoda y bien organizada, viven única y exclusivamente para su particular interés.

Por abrir la boca contra viejas doctrinas, a Jesús siendo pacífico, lo maltrataron, ningunearon y crucificaron como a mujer vilipendiada, abatida a golpes y violada.

La violación, la mutilación, el apedreamiento, la decapitación, la cámara de gas, la silla eléctrica, son otro estilo de crucifixión o pena de muerte. Algunas religiones y sistemas políticos, todavía la siguen practicando con humanos, sin que nadie, ni siquiera el más espiritual de los hombres, sea capaz de desobedecer a estas prácticas. O denunciar a la gran bestia luciferina, que comete tanta crueldad bajo el amparo de ruines jefes, sin que se remuevan sus conciencias. Y hay gobiernos que en vez de educar bien a los niños, prefieren aplicarles la pena de muerte por delincuentes asesinos, cuando ya son adultos.

La ignorancia y la inconsciencia, son la peor carencia mental del hombre. Una es como consecuencia de la otra, de ahí que la educación en valores, sea muy necesaria para concienciar.

Y que nadie piense, que Dios permite las guerras o que dirige a estos bárbaros. Y mucho menos, decir en su nombre, que es como castigo por los pecados de todos. Como tanto suelen predicar para atemorizar y vayan a rezar, a encender velas a su negocio religioso, por miedo a otra supuesta reprenda divina. O cuando algunos necios, sin saber dar una respuesta dignamente acertada, sobre desdichas personales, se limitan a decir, que es voluntad de Dios, su azote por castigo. Esto sí, que es una grave ``invocación del santo nombre de Dios en vano´´, tal como condenan en los diez mandamientos de la iglesia católica. Y que los propios autores se empeñan en demostrar que así es, realmente. Se contrarían a sí mismos. Tanto hablan de un Dios bueno y misericordioso, como ya hablan de que es tirano castigador y justiciero, cuando les conviene. Ellos sí, son dioses castigadores, llenos de ira, necesitados de condenas e castigos que, como ejemplo, aplane y atemorice a las masas.

Algunos investigadores religiosos, se atreven a decir que Jesús, probablemente, concertó con Judas su propia crucifixión para llevar a cabo su plan... ¿Entonces, en este caso, cabría pensar, que también planearon juntos su ahorcamiento, no?... De haber sido así, Jesús lo hubiera prevenido, pidiéndole que no lo hiciera. Que para su salvación, le bastaría con un sentido arrepentimiento para obtener el perdón y, de este modo, evitar el fatal desenlace que, de suicidarse, lo llevaría a alcanzar la condena eterna.

Aunque es muy posible, que Judas arrastrara un nefasto halo de hombre infiel y soberbio, amigo de denunciar al otro. Que ante tamaño calvario a un inocente de aquella realeza, que no sólo se dejaba manso, sino que, además, no manifestaba odio hacia él, acabara por desesperarle el infierno de su conciencia atormentada, hasta inducirlo a colgarse. De tal modo que, de nada hubiera servido, que Jesús dijera para no suicidarse después de entregarlo.

Es contradictorio pensar, que pudiera haber planeado con él su crucifixión. Con tanta injusticia y violencia como había por todo lado, Jesús no necesitaba hacer planes con nadie, pues tenía a más de un malvado dispuesto al escarnio persiguiendo cada uno de sus pasos. Además, recordando cómo eran los gobernadores romanos de aquella época y la sed de venganza que había, lo más probable, es que dieron la orden a los mismos soldados despiadados que lancearon a Jesús, para que lincharan también al delator. Con lo que sería aún peor para Judas, que al verlos venir de lejos con sus lanzas, decidió morir de un modo menos cruel. Él era así, de aquella condición malvada y no hizo falta tratado alguno entre ambos. Estando Jesús entre hombres de determinada condición, no necesitaba hacer ningún plan, se imaginaría cuál de ellos se encargaría de entregarlo. Y si no hubiera sido Judas, habría sido otro cualquiera, tipos como él los había y los hay por todas partes, sin buscarlos.

Se supone, que siendo Dios supra inteligente, cuando decidió reencarnarse ya sabría el futuro que le esperaba, y que de ninguna manera se libraría de una jauría de hombres bestia. Dejando que cualquiera se le acercara, a pesar de saber cómo era el villano que lo habría de entregar. ¿Lo necesitaba? ¡No! ¿Tenía que irse de aquél modo?... ¡No! Pero se dejó mansamente que decidieron los hombres por Él... Fueron aquellos que necesitaban del sacrificio de la crucifixión y otras penitencias, para demonstrar su autoridad y ajusticiamiento. Pero Dios, no. Él, únicamente quería demonstrar, cuanto amaba a la humanidad, sin poner resistencia a la cruz, con tal de no enfrentarse al hombre ignorante e irascible. Porque sólo vino a ser crucificado para declararnos la grandeza de su amor.

Cuando amamos de verdad a un hijo, podemos discutir con él, reprenderle y demás, pero nos cuesta armarnos en violencia contra él, porque nuestro amor es intenso. Imaginemos por un momento, si somos capaces, la intensidad de su amor para dejarse crucificar como a un manso cordero.

Trece amigos, eran demasiados para seren todos de fiar. Alguno tendría que ser traidor, como le pasa al más común de los mortales, cuando es traicionado por un supuesto amigo.

¿Después de lo que aconteció, en qué calificación queda el hombre, como hombre?...Por supuesto que no todos son iguales, pero los hay flageladores, amigos de cometer crueldad visceral.

No es que Él hubiera trazado su plan a latigazos y crucifixión. Era lo que había para cualquier rebelde, en tiempos de gran poder autoritario e injustas conquistas. Dado el orgullo y arrogancia de los sacerdotes de aquellos tiempos, que no le dieron suficiente credibilidad, como para defenderlo e impedir su martirio. Eran duros e impiedosos, manipuladores del populacho a base de cruel escarmiento, a poder ser en público para amedrantar a las masas y obedecieran como borregos. Era la injusticia de aquella época, por eso se expuso, a sabiendas de la cruz que le esperaba padecer. Quiso evidenciar lo crueles que podían llegar a ser el mandamás y sus soldados, entregándose a ellos para que se vieran a sí mismos.

¿Quién, por muy dios que pudiera ser, tendría el valor de desear cargar sobre sus espaldas un gran madero, hacia el camino de un martirio inmerecido?... ¿Y con el único propósito de auto masacrarse o humillarse ante el mundo, por el simple hecho de perdonar y demostrar amor?... ¡Jesucristo, no! Él no quería la cruz. Fue el populacho quién determinó que fuese así. Y los sacerdotes del Sanedrín con toda aquella gente imperial, no se la impidieron. No les interesó lo suficiente, al no creerle por su aspecto... cuando de un día para otro, estando cómodos en la atalaya de su ministerio, les aparece un joven de pelo largo y benévola mirada, diciendo que Él, era Dios. ¡Tela!

¿A quién esperaban?... ¿A alguno con su mismo aspecto e hipócrito lenguaje, condescendiente con imperadores y demás séquito?... ¿Acaso a alguien, con una despampanante figura como la suya para aparentar y engañar, cómo solían hacer?... ¿O a un señor vestido de grandeza con voluminosa túnica, adornada de borlas de oro y majestuoso anillo que los superase y poder rendirse a la belleza de su decoro?...

¿Acaso debió Jesús haberse puesto a la altura, con vestimenta a rigor para la ocasión, ornamentada a condecir con la clase de cualquier rango superior?... ¿O su intención, no sería otra, que la de ridiculizar a los demás, poniéndose a la altura del más pobre e indigente?... Para despertar conciencias y salvarnos por medio de la reflexión, el arrepentimiento, el perdón y el amor.

Su apariencia de un Dios pobre, era de por sí muy provocadora, porque contrariaba y confundía a los innobles. No es que se mofara de ellos, su intención, no era otra, que la de hacer reflexionar sobre tamaño poderío cruel. Y demostrarles que, ser Dios como Él, implicaba humildad y mucha bondad, en igualdad de condiciones entre ricos y pobres, incluidas las mujeres, que a su lado anduvieron sin ser excluidas.

Aquella casta sacerdotal, prefirió echar la responsabilidad sobre las espaldas de Jesús, *rebelde* para ellos. Escribiendo después en sus biblias, que fue Él quien planeó ser crucificado de un modo cruel, por amor a la humanidad y como sacrificio por el perdón de los pecados de todas las criaturas. Hecho éste que, por conveniencia, los llevaría a condescender con todo tipo de sacrificio, como escusa a su estúpida forma brutal de interrogar en su tribunal inquisidor y asesino de personas. Que por no confesar, las mantenían presas de pánico, aterrorizadas por el sadismo de los cumplidores del negro oficio. Todo para tener mayor monopolio religioso y hacer que la fe entrara de verdad, como manda el dictatorial dicho de *``la letra con sangre entra´´.* En medio de un aterrador martirio, como ejemplo y modelo de Cristo que también aceptó la cruel cruz sin oponerse. Intentando hacer ver que formaba parte de la limpieza de herejes, porque así era la justicia de Dios, que precisamente vino a invitarlos al amor y al perdón, no a la inquisición, ni a la crucifixión. Y de este modo, se creían la autoridad como virreyes, con aforamiento cristiano para librarse de toda a crítica y condena contra ellos. No fuera la humanidad, con conocimiento de la historia, maldecirlos durante siglos por haberlo juzgado de aquel injusto y encarnizado modo hasta crucificarlo. Además de condescender con todo tipo de martirio, en vez de arrojar esas negras leyes y a sus autores a la hoguera que, por desgracia, siguieron en vigor durante bastantes siglos, masacrando a muchas vidas inocentes hasta nuestros días.

A pesar de ser el mismo Dios, Jesús no tuvo elección y antes de decidir reencarnarse, ya debería saber que sería linchado.

De no haber sido Judas Iscariote, bien podría haber sido otro, teniendo en cuenta que, hombres inescrupulosos como él, abundaban por todas partes en aquella época y en ésta, siempre dispuestos a denunciar, sin necesidad de que Jesús tuviera que convenir con ninguno de ellos. Porque cada vez que alguno destaca de entre las masas, surge otro de entre las mismas para aplastarlo, envidiarlo y aniquilarlo. Esto mismo fue lo que le sucedió a Jesús. La mísera condición del hombre, es la que es. Esto es lo que lo distingue. Y debería reflexionar mucho sobre ello para cambiar, aunque los sigue habiendo sin interés en mejorarse.

Sabiendo Dios que, fuera la época que fuera, de ningún modo se habría de librar de un duro calvario..., no dudó en culminarlo. No tenía otra elección, si quería tomar cuerpo físico y de paso lo vieran morir, clavado a un madero para impactar a la humanidad con un recuerdo perenne, como así fue. Esa sí, fue una gran prueba de amor y misericordia para decirnos estoy aquí, yo soy vuestro único Dios en cuerpo y alma. Y no aquellos que os quieren esclavizar con servilismo faraónico-romano o vejatorio. Su gran creación humana estaba contra sí misma. Por eso vino a abrirle la consciencia, a refrescarle la memoria perdida para que tomara más conciencia.

Si tal cómo nos hicieron creer, Jesús era el mismo Dios encarnado, entonces ya sabría a lo que se exponía con su plan de revelarse, siendo consciente de que no tendría escapatoria frente a hombres tan crueles. Y que, con su filosofía rebelde, su actitud pacífica sin poner resistencia, sólo le cabría esperar ser llevado al ara, como manso cordero.

Era demasiado Señor para que los soberbios lo admitieran. Su intensión, no era la de seguir en la tierra mucho tiempo. El suficiente, hasta tener su cuerpo una buena musculatura que le permitiera defenderse y soportar mejor los golpes. No fuera a ser que, por ser joven, se atrevieran a manosearlo con deshonestos tocamientos, mucho más enojantes que los propios látigos.

Sabedor de a quién iría provocar, no convendría fuese antes de hacerse adulto. Primero, habría que lograr un robusto cuerpo que resistiera a tanto escarnio. De haberse revelado a menor edad, no lo habrían tomado en serio sus apóstoles, ni su plan se hubiera llegado a culminar tal como esperaba que fuera, conociendo como conocería el talante de aquella gente, que lo declararían por un joven loco y nadie lo tendría en cuenta. Mientras tanto, necesitó crecer y hacer tiempo para hacer amigos que maduraran a su lado y lo observaran día a día cómo hablaba y oyeran bien su mensaje. Y adquirieran suficiente credibilidad para tener fe y fuerza necesaria para la vida de mártires que les habría de tocar llevar. Porque todo requiere su tiempo, como algunos árboles cuando empiezan por dar flor, hasta que maduran y dan fruto para alimento y fase final.

Si hoy volviera de nuevo, sucedería algo parecido. Si no fuera antes captado por algún investigador de alienígenas, que lo depositara sobre la mesa de cualquier laboratorio forense para su estudio, acabando por agonizar en un enorme frasco con formol.

Mejor que no se le ocurra volver con barbas, con túnica y cabellos largos, que lo más probable es que lo confundan con un fanático terrorista y lo condenen a prisión de inmediato. Y quién sabe si, por artimañas de un destino cruel como la anterior venida a la tierra, no lo condenarían a morir en la silla eléctrica; otro estilo de crucifixión tan deshumana, la más sofisticada de los últimos siglos.

Con la diferencia de que hoy no lo dejarían a su libre albedrio dirigirse a esta sociedad, cada vez más deshumanizada e incrédula. Entretenida en un mundo virtual, inteligentemente preparado para anular la creatividad a los jóvenes, muchos sin ocupación laboral. Sumergidos cada vez más en la inactividad, perdidos en la inercia colectiva que, hasta ahora, sólo formaba parte de los verdaderamente deprimidos. Y que, como el Alzhéimer, pasará a formar parte de una de las enfermedades temibles del siglo XXI. Imprimida en el diminuto disco celular de cada ser inteligente, gracias a la depresión por exceso de ocio y falta de motivación. Y debido a la droga y al alcohol, con cada vez más demanda cerebral zombi deambulando por ahí. Y que, para mayor desconsuelo, alguien habrá de controlar más adelante a través de sofisticados chipes o dispositivos. Insertados en la piel para ser vigilados, dado el aumento de control autoritario y sanitario, con la escusa de ofrecer mejor servicio a pacientes y dependientes. Como remate a aumentar todavía más la depresión, la insatisfacción y la rebeldía por falta de privacidad. A nadie importamos de veras, si no es por un interés particular que pueda beneficiar a otros particularmente.

Seamos la sociedad —cada vez más desprotegida de la tecnología inteligente— quienes reclamemos contundentes leyes de protección, que controlen severamente a estos invasores de nuestra intimidad y adquiramos más privacidad y respeto.

Como ya lo están haciendo por medio de nuestro teléfono móvil, invadiendo nuestras vidas descaradamente. Y con los drones, que de no ser debidamente legislados, viviremos en amenaza constante, con el enemigo en forma de insecto volando por encima de nuestras cabezas. Sin un antiparásito adecuado para derribarlo, a no ser que nos hagamos acompañar de una porra de beisbol a modo de porra policial, siempre a mano, por si acaso. Un instrumento muy utilizado por algunos zombis con piel de lagarto tatuada y brazos musculados, que salen por ahí a desahogar la fiera que llevan dentro contra cualquiera que los contradiga, hasta elevar a más su necia prepotencia. Como los de la *manada* y otros rebaños juveniles, grupos de bestias musculadas y narcisismo a rebozar. Chulescos personajes amigos de cualquier tipo de violencia, que acuden a todas las fiestas o eventos para ver con quien pueden violentarse o violar. Después de haberse tomado un coctel de dios sabe qué porquerías de burundanga y otras hierbas del diablo, más alcohol. Son la viva representación de lo que gobiernos de la insocial-burrocrasia y otras quintas, han creado: monstruos para atacar todavía más al orden social. A éstos, es a los que hay que insertarles chipes para controlar sus andanzas.

No es de extrañar, que los extraterrestres se asomen a este globo terrestre con mucha discreción y cuidado. Ya se han debido dar cuenta que la mayoría de los terrícolas son temibles, aunque los de acá digan que los malísimos son ellos. Y lo deben saber allá arriba y también lo que hacen aquí abajo. Difícil lo tienen.

A más de uno, le agrada hablar de la segunda venida de Cristo, otra historia que nadie sabe con certeza de qué boca salió. ¿Y de volver, qué diría al mundo, si desde entonces no ha cambiado en muchos aspectos?...

Todavía sigue habiendo los mismos motivos, por los que se revelaría como entonces, gritando ¡basta ya malditos! que, casi seguro, lo pondrían de nuevo en un grave aprieto. Con toda la prensa desplegada en su búsqueda y captura..., más la informática que vuela a la velocidad de la luz..., con todo dispuesto, antes de que reapareciera y abriera boca..., no fuera a ser encerrado en el cristiano calabozo del Vaticano. O dios sabe en qué mazmorra o comisaría, encarcelado para ser interrogado...

Mejor que no vuelva a pisar tierra y, si lo hace, mejor dentro de una de esas sofisticadas naves, rodeada de largas y afiladas púas para que nadie se atreva a acercarse a miles de quilómetros de distancia. No vaya a ser que, los del ``área cincuenta y uno´´, o quién sabe, si los mismos observadores del inmenso telescopio de sus santidades, no se presentarán para secuestrarlo. Para que todo siga como hasta ahora, en oscuro secretismo..., con cada vez más dogmas para entretener a la humanidad y poder seguir mirando al firmamento. Y desviarla de saber a lo que se dedican en su observatorio estelar; si a mirar a las estrellas o a espiar a personas por la rede. Y ver si siguen creyendo en el papá Noel de las mentiras políticas o en los reyes magos de las religiones. Para saber con quién contar, desde su cómodo sistema informático tan observador. O si más bien, por el contrario, siguen al papa de los dogmas, de cuya veracidad sólo ellos saben, mientras la fe va girando alrededor de un eje cercano a hacer crack, debido a tanto pederasta en sus filas.

Por esto y por mucho más, debería Su Santidad gritar muy alto desde el místico balcón del Vaticano, un ¡basta ya malditos! Y corra su voz de boca en boca, como viento huracanado que pasa por el Gran Cañón del Colorado y barre continentes africanos. Y se sobresalten las bestias del campo, al oír con horror, el eco del grito a los malditos, por tanto mal como hay en las religiones y de las que algunos se sirven para tomar ejemplo.

Ya no es necesario que Su Santidad viaje incansable, pues el mundo entero, hoy en día, le hoye desde todas partes y traduce sus palabras a la velocidad del rayo.

A ver si le hoye un grupo de buenos hombres, que decidan formar un ejército para cuidador de las criaturas y de la paz en todo el mundo, como guardianes terrenales. Y destinen el dinero de sus orquestados pasatiempos para proteger al pueblo de Dios.

Sí, porque es de vergüenza, ver como se dedican a cosas que nada tienen a ver con lo que Jesús enseño: sensibilizar y concienciar a hombres bárbaros, causantes de mucho mal e injusticia terrible.

Y de paso, protegerlo a Él, por si se le ocurre volver asomar su glorioso cuerpo, no vayan a secuestrarlo y no nos enteremos de que ha venido. Si no lo ha hecho ya, y no nos hayamos enterado de que está por ahí, en cuarentena desde hace mucho. O tal vez, rezando en algún huerto de un antepasado suyo, o preparando a nuevos apóstoles fuera de toda sospecha religiosa para eliminar las sectas.

Algunos cuentistas internautas, engañadores sin escrúpulos, hablan constantemente de su pronta venida y de la llegada del fin del mundo. Atemorizando a sus adeptos para que les dejen todo su patrimonio, como indulgencia por sus pecados.

Cuanto cuento para sacar dinero y cuanta mafia a costa del buen nombre de Jesús. ¿No les basta con sus innumerables imprentas de biblias, destinadas a confundir más a la humanidad, con sus múltiples e interesadas interpretaciones?...

¿Acaso no hay por ahí, algún ejercito de hombres, capaz de armarse en valor y detener a todo bando Luciferino?... ¿O es que todos forman parte del mismo sistema sectario?...

Hay muchos grupos de hombres de bruces sobre una mesa, matando su tiempo libre jugando al mus y al ajedrez o viendo jugar al fútbol y echando tripa. Y ejércitos en los cuarteles militares sin hacer nada, a la espera de que a alguno de sus jefes les dé por sacar a pasear tanques y metralletas. O si, por el contrario, prefieren hacer la paz que nunca llega, estando como está en sus manos. Y es que, la guerra da dinero y la paz no. Y he ahí de nuevo, el becerro de oro, siempre presente en el subconsciente humano. Es la ambición que embrutece y ciega, llevándolos a la más baja condición becerra. Y por lo que aumentan cada día los millonarios y por ende los pobres.

Cuando se darán cuenta de que, la felicidad, está en llevar un equilibrio de vida; en no ser muy rico, ni muy pobre, en tener lo esencial, en vivir con sencillez y menos preocupaciones, en repartir la riqueza pagando mejor a sus empleadas, esclavizadas por un mísero sueldo y enriqueciendo a sus empresas. Que como contrapartida, no pueden vender sus productos fabricados, por la injusta distribución de sus propias ganancias. Ni sus trabajadores comprarlos, por causa de sus bajos salarios, desequilibrando la buena fluidez económica, que debería ir sin altibajos, si hubiera una mejor distribución laboral y salarial.

¿Y cuántas mujeres no habrá con las mismas profesiones y rendimiento, equiparable al de los hombres, pero con sueldos muy inferiores, por el simple hecho de ser mujer?... Enriqueciendo a sus jefes que, al fin y al cabo, son los mismos de siempre. Acostumbrados a la desigualdad de derechos, se toman el mundo laboral por montera siempre que les viene en gana, ya que sus gobiernos se lo permiten. Se creen dueños del esfuerzo y sudor de sus empleadas, que promueven sus empresas y los enriquecen cobrando menos.

A pesar de saber, que al final de sus días, se han de podrir en igualdad de condiciones, sin distinción de sexo, sin diferencia de clases. Y su riqueza, quedará aquí, quien sabe si para mal y desdicha de futuros herederos que, como bien dice aquel refrán, ``padres pobres, hijos ricos y nietos a pedir´´. Sí, porque dinero hoy deshonestamente ganado, mañana será vilipendiado. Es la ley natural de causa y efecto.

Deseosos de ser felices, siendo muy adinerados, sin ver que la deshonesta riqueza, atrae desgracias y acaban también por padecer y llorar. Además de descomponerse por los gusanos como todo hijo de vecino, ya que no hay millonario capaz de comprar vida eterna.

Hay dos circunstancias en la vida donde la desigualdad no tiene cabida: al nacer y al morir. Todos pasan por el mismo trance y a nadie se le dice cómo y cuándo ocurrirá. Ni habrá sabio, capaz de saber el día y la hora exacta, por muy rico que pudiera ser.

En directrices religiosas, la biblia, el pecado, el demonio, los ángeles, los castos y las vírgenes, forman un tinglado sectario de tal calibre irrealista y sospechoso, que pone a crédulos contra incrédulos en permanente discrepancia. Manteniendo en constante crispación a una buena parte de la sociedad, sin por ello mejorarla. La sumergen en la más absoluta indiferencia, sin razones convincentes, ni certeza absoluta de nada de lo que oye pregonar, ya que todo va quedando en conjeturas, sirviendo nada más que para enfrentar la cultura religiosa contra otra cultura laica. Harta de ser orquestada por acérrimas mentes machistas, inventoras de dogmas y mortificaciones. Procedentes casi siempre de la misma fuente religiosa, proclive a la creación de nuevos modelos sectarios, con duras y absurdas normas. Mayoritariamente contra la mujer, siendo como es el hombre, quién frenéticamente se salta las normas de la moral. Que mucho antes de ser narrada la biblia, ya la acusaban de ser la causante del miserable pecado sexual masculino, de cuyo amigo es el demonio, y no ella. Que aunque ella no esté presente, lo induce de igual modo a desahogarse con cualquier criatura y hasta lo convierte en homosexual por vicio. Sobre esto, sí que no podrán decir, que sea obra de ninguna Eva, ya que es obra del libertinaje masculino endemoniado. Lo que, supuestamente, le pasó también a Adán, y que tanto se empeñaron en culpar a Eva de todas sus maldades. Hasta el punto de despreciar a la mujer que, todavía hoy, sigue padeciendo por los delitos sexuales del hombre.

Hasta que milenios más tarde, cuando a la más singular de ellas, la visita un ángel con la semilla de Dios, del que nace un hijo varón y tira todo el tinglado por tierra. Pero cada estirpe sectaria, volvería con su particular interés en cargar sus males contra la mujer. A pesar de que su falsa teoría quedaba tirada por el suelo, como tablas vilipendiadas por un huracanado viento, pisoteando su ego frente a ellas.

Desestabilizar lo establecido por el hombre y hacerle volver a otro orden moral, demostrándole que el único y verdadero Dios es Él. Capaz de surgir de lo etéreo para hacerse presente en Jesús, con un `` ¡basta ya!, es hora de que despertéis y volváis a tener mayor consciencia de mí´´.

Para eso vino, para inculcarnos el amor y seamos más conscientes. Y aunque este cambio fuera para abrir a un nuevo despertar, sin embargo, en lo que dice respeto a la situación de la mujer, todo sigue igual, la toman como a un ser aparte, siempre en un escalón inferior. Y su inteligencia, repleta de ideas, va quedando atrás, sin competir, sin poder llevarlas a la práctica, reducidas a la nada del cosmos. Y aunque ese `nada´ exista de algún modo, no lo captan, queda años luz de toda visión machista.

Ceguera es la carencia de todo hombre, por no ver en la nada al Dios femenino. Tan repleto de sorpresas, como su inteligencia, sensibilidad, intuición, bondad, cariño y amor materno, al que pronto abandonan, para atreverse a decir después, que el perro, es el mejor amigo del hombre. Y sin ver que, cuando su esposa se hace adúltera, es porque él no la trata bien y se siente insegura a su lado. La hace ser, tal como él es, libertino y putón, menos de fiar que ella.

Contra el poder femenino, idearon un montón de normas para encarcelarla, además del burka, el pañuelo, el velo y el hábito. Que por mucho que éstas digan que lo llevan de libre elección, sabemos que no es verdad, que lo que quieren es hacer ver que no son tan tontas, ni tan esclavas. ¡Pobrecitas! No quieren ver, el saco trampa que hay detrás, impuesto por el mismísimo hombre obcecado, tirano, amargado y amigo de esclavitud, que las odia con toda su alma. Las súmete y las tiene aterrorizadas de miedo para que dependan de él y le sirva gratuitamente. Para algunos es como tener una mula de carga; un animal más para serle útil.

Que nadie llame a esto amor, ni digan que van vestidas así para agradar más a Dios. ¡Dios no es imbécil! Imbécil, es todo aquél que las somete a humillación.

Hay algunas frases hechas por el hombre, muy a su conveniencia, que no deberían aplicarse a nadie, como al casar que dictan:

¡Para lo bueno y para lo malo, hasta que la muerte os separe! O, ¡para la salud y la enfermedad!...

¿No sería mejor, si se dijera?... ¡Para el bien y el amor! Y ¡Mientras os respetéis!... ¿O cualquier otra frase con mejor advenimiento, que no supusiese un amarre por parte del hombre hacia la mujer?... Como lo de:

¡Lo que Dios una, no lo separe el hombre! Y que muchos entienden como de un buen amarre. Que sin tener fe, prefieren casarse por la iglesia para hacerla más suya ante tal juramento. Y lo aguante con resignación cristiana, no vaya a divorciarse, mientras él anda por ahí, jugando al escondite como de soltero.

Sí, porque el hombre, después de casado, no es muy dado a cambiar drásticamente sus hábitos y costumbres, pero la mujer, sí, se convierte en sacrificada esposa. Servidora de toda la familia que venga detrás, además de sus padres y suegros, porque su marido no fue educado para cuidarlos. Y porque su educación, basada en el machismo, le inculcó, que de todo ello se ocuparían las mujeres durante las veinte y cuatro horas de cada uno de sus días y durante toda su vida. Casarse, era cuidar de toda la familia y no recibir ninguna remuneración. Se conocen casos de mujeres cargadas de hijos, tocarles cuidar también de los abuelos, padres, suegros y demás familia política, para acabar finalmente, atendiendo también a los nietos. Empobrecidas física y económicamente, cojas y reventadas algunas, por desgaste. Y que jamás recibieron gratificación y ayuda por parte de nadie. Su vida se hace injusta por causa de la carga familiar.

¿Y los malos hábitos de su marido, quien los aguanta, cuando ella asqueada, se harte de tanto servirle y lo sorprenda un día con abandonarlo?... Mandando al traste, el sacramento de unión cristiana ante Dios y los hombres, acostumbrados a aquello de: ¡lo que Dios una, no lo separe el hombre!

Dios hará de anexo de unión, allá donde haya paz y amor, pero cuando no, es de suponer que se ausentará. Y cuando haya violencia, desaparecerá de estampida. Lógico.

Hay que evitar el injusto sometimiento, que a más de uno le viene muy bien. Y poco o nada, respetan dicho sacramento, si no es para amarrarla aún más bajo la doctrina de su religión, ya de por sí sometedora. En cambio, si se cambiara la frase y se dijera:

¡Para el respeto y el amor mientras dure!, lo más probable, es que, en cada pareja al casarse, su mente los declinase en sentido positivo, a mimar día a día su prometido amor eterno.

Se suele decir que la palabra tiene mucho poder. Y que mucho cuidado con lo que decimos cuando abrimos la boca. Igual que las frases pronunciadas por nuestros padres, cuando todavía somos pequeños, y que después condicionan nuestra vida.

En ocasiones, el sacramento del matrimonio, más se asemeja al común de los contratos civiles, a cambio de alimento y alojamiento para la mujer, con designios de mala vida, maltrato, enfermedad y más de lo que venga; menos buenos presagios.

Todo a costa de servir al marido, gratuitamente, como una mula y su carreta. Llenándose de hijos hasta reventar sus venas o caérsele los dientes por descalcificación, más el desgaste de huesos.

Lo que ata a muchas mujeres a su marido, no es tanto, el sacramento o derecho civil, como lo pueda ser la falta de independencia económica, que la hace depender de él y aguantar todos los golpes, como les pasa a muchos perros. Por eso, a ciertos hombres, no les entereza que ésta se emplee. Además, para el sueldo que le van a pagar, más le valdrá quedarse en casa que, si así fuere, irá a favor de él, por estar mejor servido, sin tener que participar a medias en los deberes del hogar, ni tener que pagar a una creada. Así tendrá mujer para todos los servicios y caprichos, las veinte y cuatro horas del día. ¡Qué chollo!

En la mayoría de las veces, inconscientemente, más que para el amor, se casa para el maltrato, la enfermedad, la pobreza o para cargarse de hijos. Y en ocasiones, para la violación de un despiadado marido, sin la opción de escape, pues todavía hoy, el casorio en algunas culturas, es como una sentencia de por vida, le salga bien o le salga mal, pierda o gane. Es decir, el casamiento, no es un sacramento como a muchos les gusta llamar, sino una roleta de la suerte, por donde se le sortea la gloria o la maldición mientras viva, pues así lo ordena el dios terrenal machista.

Muchas, son infelices nada más casarse. Y la mayoría, volvería atrás si pudiera. Se desmejoran mucho, se afean, engordan, empiezan a abandonarse por falta de ilusión o enferman cayendo en depresión, ya que no les queda otra que aguantar. Y según la religión a la que pertenezcan, aún más. Les inculcaron obediencia ciega al esposo, al que deben respectar, oír y callar, sin hacer preguntas para no saber más que él, que siendo más inteligentes y les queden ganas de saber, no se atreven a alterarlo. Prefieren contenerse en la mayoría de las veces, por miedo a una mala y humillante contestación. Hacer siempre su voluntad y satisfacer sus deseos, no los suyos. Dar él las órdenes, ella a obedecer y a callar para no irritarlo.

Y dejarse montar todas las veces que le venga en gana, le guste o no, que para eso se casó. Si no quiere que su vicioso marido vaya a casa de otra buena mujer a consolarse, a gastar el dinero que ella tanto necesita para la economía de su hogar. Además de tener hijos hasta enfermar, pues antes casarse era eso, aguantar al marido e ir después a desahogar sus desdichas al confesor. Quien la ayudaría a llevar con resignación, su martirio y la numerosa familia.

Tras el confesionario, se encargaban de comerle la cabeza para que aguantara penitentemente el chaparrón. Y fuera de vez en cuando a contarle sus penas y desgracias, por lo que le hacían ser dependiente de un asiduo consuelo en la confesión. ¡Antes, la vida era así!... —se oye al más conservador, dar su opinión.

Hoy, en realidad, poco o nada ha cambiado en algunas culturas. Y a medida que la mujer se va apartando de credos religiosos, se va liberando a su vez de sometedores consejos.

Casarse, era para la mayoría de mujeres un verdadero calvario. Y hoy, todavía, existen muchas padeciendo un suplicio. Sin ley alguna que las proteja, en determinados países, cuyos políticos sólo benefician al hombre y hace oídos sordos a la mujer.

Tras los confesionarios, le aconsejan a tener paciencia y a ofrecerlo como sacrificio a Jesús. ¡Pobre Jesús!... —En mi opinión, al considerar esto, lo igualan al hombre pagano deseoso de penas y maltratos—. Sólo los tiranos son capaces de sentir deseos de maltrato para satisfacer su ego.

Pero cuando bajo secreto de confesión, les huele a dinero..., ni sacrificio por Jesús, ni por María santísima; le anulan el casorio, sin problema. En cambio, las que huelen a pobreza; que aguanten el chaparrón. Y las separadas sin el beneplácito de la iglesia, ¿ésas?, viven en pecado. Menos aquellas que paguen el *canon*, impuesto eclesiástico por el visto bueno de su caro divorcio.

En ambientes de sociedad religiosa y fuera de ella, a la mujer de baja alcurnia, la tratan con desconsideración. Caso no sea, cuando pertenezca a la aristocracia que, en ese caso, hasta le facilitan el divorcio, si lo pidiera. Entre otros arreglos matrimoniales de alto rango para que vuelva casarse, si lo deseara.

La palabra sirviente o criada, es también muy utilizada en la biblia de dónde tomaron ejemplo los sacerdotes, haciendo de los demás, sus servidores, en vez de servirse ellos. Raro es aquél, al que no se le vea rodeado de algún criado o monja, a su alrededor sirviéndoles. Ni nunca se les ve trabajar, en cualquier rudo oficio que no sea en los intelectuales. Jesús, anduvo entre arduas labores, como el más común de los mortales, entre carpinteros y pescadores, intercalando su singular doctrina, llevada a la práctica de vida ordinaria. Gente de lo más sencilla, nada intelectual, de actitud honesta, noble y robusta de cara colorada, curtida por el aire y arrugada por el sol. Muy distinta de las de sus sucesores de hoy: de cara remilgada a prueba de santidad y meditación, a condecir con su saber. Y que a ningún buen puerto acaban por conducir a la humanidad, si no es para confundirla y pierda la fe.

También a las comunidades religiosas, se las ve ocupando buenos puestos de trabajo, con buenas carreras y rodeadas de servidumbre en sus casas. Decoradas al más refinado estilo, cuando dicen estar llamadas a servir y a ser humildes. ¿Cuándo las hemos visto tiradas por el suelo fregando o limpiando casas?... También ellas se sirven de criadas para menesterosos trabajos, por considerarse especiales y con formación, a costa de cualquiera sabe que institución religiosa formadora de élites, más que de santos.

Excepto las de clausura, que tiene restringido el acceso a sus celdas a toda persona que no sea de la orden. No vayan a descentrar con ideas mundanas, la mente de sus vírgenes, mientras se arrastran de rodillas fregando claustros, en sacrificio por sus pensamientos, hambrientos de libertad.

Habitualmente se dedican a la enseñanza que da más dinero y es trabajo más fino. Luego dicen que fregar suelos es un trabajo tan honrado como el que más, pero nadie se pelea por el, ni por sacrificio o amor a Jesús, a no ser, porque no queda otra.

Nadie es señor del otro, ni sirviente de nadie y mucho menos esclavo. Ni siquiera la Virgen María lo fue, ni siquiera Dios lo quiere. Así lo creo firmemente, por un cabal sentido de la razón natural de ser y entender. Desaparezca la esclavitud y la sumisión.

``Palabra y Voluntad: poderosas armas conciliadoras de paz´´

``Ignorancia e Inconsciencia: enfermedad mental del hombre´´

``Dinero deshonestamente ganado: vilipendiado es mañana´´

``Dejar tirado a su semejante: abandonado será más adelante´´

``Violar o burlarse de una mujer: terrible enfermedad ha de padecer ´´

`Cometer maldad contra el prójimo: desgracias le traerá el demonio´´

PALABRAS SOMETEDORAS

Esposas: que sirvan para la policía detener y amarrar a violadores de cuerpos y derechos; bajo ningún concepto para poseer a ninguna mujer.

Sumisión: les aconsejo a las pobres vacas para evitarles el maltrato de sus brutos amos. Les conviene también a los perros y a muchos otros animales que, verbalmente, no se pueden defender y no les queda otra, mientras están bajo el dominio de su amo.

Esclava o esclavo: para el vicioso, esclavo de sus necios deseos; jamás bajo ninguna condición, para esclavizar a mujer u hombre alguno.

La ciega obediencia por la obediencia: para los hombres bestias obedecer a sus secuaces y aniquilarse entre ellos. Y así, acabar con tanta maldad en el mundo para que llegue finalmente la paz; jamás para someter a nadie contra su voluntad y menos a inocentes.

Santidad: *que nunca más se utilice en nombre de Dios, palabras sometedoras o embaucadoras, muy utilizadas por sectas proclives al fanatismo religioso en el mundo sectario. Que inducen al amarre y encadenan a mujeres y a hombres de buena voluntad, que se ven obligados a rendirse ante un jefe espiritual y arrodillarse.*

Ni siquiera Dios es esposo de María, ni ella su esclava, en ninguno de los conceptos de estas sometedoras palabras. Dios, no necesita tener esposas y, mucho menos, tener mujeres sometidas a sus deseos bajo servilismo o esclavismo.

No así, el que se aprovecha de la bondad femenina para utilizarla a su antojo. El hombre, no es nadie, ni siquiera es su dueño. Sólo la necesita para sentirse poderoso y tener con quien estrujar su brutal frenesí. Sin ella, acabaría en el manicomio o se enfrentaría a su congénere como lo hacen los orangutanes, aburridos de tanto mirarse, frente a su reducida mente animal.

No se engañe más a las religiosas, encerradas en conventos a la espera de un supuesto esposo celestial, ni se inmolen más musulmanes a cambio de siete vírgenes. En el cielo no hay vírgenes esperándoles. ¡Pobres vírgenes! Dios no es estúpido, no lo permitirá.

Hay una famosa canción que dice: ``desde mi ventana el mar no se ve´´ —y yo le digo, Santidad—: ``desde mi ventana el mundo no se ve´´. Pero desde la suya, sí se ve y le oye el mundo, cuando S.S. sale a saludar a la multitud.

A la plaza San Pedro, lo mismo acude el turista ateo para admirar el arte religioso y lujosa arquitectura, como acude el creyente expresamente para verlo en persona. Y ahí, es cuando el sucesor de Pedro, debe andar listo para atraparlos y enroscarles a todos la famosa bombilla de Dios, gritándoles ¡Basta ya malditos inconscientes! ¡Despertad!

A menudo observo, como la juventud más atea, mientras cerveza en mano en la barra de cualquier bar, se gira para escucharle cuando Su Santidad sale por televisión, al tiempo que hace comentarios positivos sobre su persona.

Menos mal que hoy en día, ya no existe la nefastamente llamada Santa Inquisición, que si no..., antes de que llegara esta carta a Roma...

Prefiero dejarlo en puntos suspensivos, para no despertar ancestrales ideas, que puedan resucitar el tétrico tribunal.

Mí grito, Santidad, va para aquellos hombres malditos de los cuatro puntos cardinales de la tierra, que sólo al representante de Cristo son capaces de prestar atención y escuchar un ¡basta ya! de tanto mal e injusticia contra mujeres y menores.

Pido perdón y doy las gracias a todos aquellos hombres, que sí luchan cada día por un mundo más justo e igualitario, que también los hay. No es a ellos a quién va lo de ¡Basta ya malditos!

Gracias a todas la personas que hacen posible una sociedad más justa y humana. Es otro modo de orar y seguir la filosofía del más sagrado de los egoísmos:

``Amar al prójimo como a uno mismo, aunque sea por bien de uno mismo´´

EL GRITO

- Consideración e igualdad de derechos para todas las mujeres del mundo.

  —¡Les pertenece por derecho sagrado!
- Que los gobiernos acaben con la permisibilidad frente a violadores de mujeres y menores.

  —¡Lo necesitan para dejar de vivir aterrorizadas!
- Condenación firme por el asesinato de inocentes mujeres y de sus hijas/ hijos.

  —¡Les urge, tienen mucha sed de justicia para descanso de su alma!
- Prohibición absoluta de su venta, esclavitud, secuestro y decapitación de sus hijos.

  —¡Ansían seguridad basada en una ley firme y contundente!
- Persecución perenne y castigo máximo a violadores y maltratadores, sea él, de índole religiosa, civil, militar o hijo de rey. Sin distinción, por violar, matar, vender o decapitar a cualquier ser humano.

  —¡Necesitan con urgencia, justicia y castigo al malvado!
- Anúlense los aforamientos. Igualdad penal para todos los criminales.

  — ¡Por justicia necesitan que se les juzgue y condene a todos!
- Acábese con la pobreza extrema de toda mujer, evitando así su dependencia del hombre y la prostitución forzada, para que pueda dignamente alimentar a su prole.

  —¡No viven, son desgraciadas, y los muy ricos son culpables de su pobreza!
- Acábese con el matrimonio infantil y su gran aflicción.

  —¡Las niñas se mueren de horror y por hambre de justicia!
- El alimento que a diario se retira, lo necesitan.

—¡Pero no las sobras que deben ser echadas a los cerdos!

- Libertad para poder elegir marido y religión.

  —¡Respeto y dignidad urgente!

- Mejor educación sobre moral en las escuelas y en las parroquias, en cuyo catecismo, hable más sobre el respeto mutuo y la igualdad de derechos. Sin separación de sexos, donde se eduque a los niños a admirar el cuerpo humano y sus diferencias. Sin ollares deshonestos para que cuando sean adultos, sus mentes estén sanas y miren a las mujeres como algo bello a las que hay que admirar, amar y respectar, no violar.

  —¡Están hartas de ser acosadas y de tanta falta de respeto!

- Hágase más agradable la vida a las mujeres que padecen mucha sed de justicia. Y de la cual todos los hombres son culpables, por poco o nada hacer.

  —¡También fueron creadas a imagen y semejanza de Dios!

Todo cuanto pido, es para ayudar a cambiar esta sociedad. Sé, que a Su Santidad le van a escuchar en sus asiduos sermones. Estoy segura que frases como éstas, harán despertar consciencias adormecidas. Si fueren gritadas un día tras otro, desde los pulpitos de todo el mundo, con desgarro, dolor y desaprobación de cualquier ignominia contra la mujer.

Ya sé que Su Santidad, no lo va a poder hacer solo, pero con que salga de su boca este grito con más frecuencia y con la ayuda de todos los sacerdotes que repueblan por ahí, más, cada hombre de buena voluntad desde sus atalayas, se podrá hacer mucho. Estoy convencida de que el mundo mejorará para bien de todos, después de este desgarrador grito: `` ¡Basta ya malditos!´´

Que la religión católica, la misma que antaño torturaba en el ridículamente llamado tribunal inquisidor, sea la que hoy condene, con contundencia, el martirio que están sufriendo la mayoría de personas, en especial, mujeres y niñas, víctimas en manos de sectas fanáticas y falsos religiosos.

Santidad: acabe con los bárbaros que, aunque esta casta se haya extinguido como tal, siempre aparecen más Bárbaros con mayores barbaridades. Que según se cuenta en los libros de historia, hubo muchos que se convirtieron al catolicismo y se hicieron santos algunos, así que no se desanime.

Desde mí pequeño rincón del mundo le envío mi aliento y rezo.

Con un ¡basta ya! y el hombre de su parte, puede haber un gran cambio social a nivel mundial, aunque será un trabajo arduo y lento, estoy segura de ello.

Rogándole mis disculpas por esta dura y extensísima carta y como acostumbran a decir las monjas: ¡perdóneme y que Dios se lo pague!

Mientras Su Santidad, enrosca las bombillas en la mente de los hombres, la humanidad rezaremos para que Dios las ilumine después. Que así sea.

Que Dios le envíe su divina fuerza como se la envió a María, que le va hacer mucha falta.

Amén.

Diciembre de 2014

A S. S. Francisco

Deseo que esta postal lo encuentre de buena salud, en ambiente de paz y santidad. Le he pedido al niño Jesús, que envíe a su casa a los Reyes Magos celestiales, para pedirle que desde la ventana del Vaticano y desde todos los pulpitos del mundo mundial, se condene el maltrato, las violaciones, el secuestro, la venta de mujeres y niñas en todos los continentes. Y que durante su reinado, se pida perdón a todas las mujeres del mundo, desde tiempos de la madre Eva hasta la mujer de hoy, por el desprecio y desconsideración causada por las religiones.

Santidad: lance un grito al hombre y dígale ¡basta!, ¡basta ya de tanto escarnio, falta de respeto y desconsideración por la mujer!

Dígales, que también ella fue creada a imagen y semejanza de Dios. Y que es a Él a quien maltratan, violan, decapitan, secuestran, prostituyen, venden y excluyen.

Gracias Santidad.

25 de noviembre de 2017

A Su Santidad, Francisco

Ante todo, quiero desearle una óptima salud y buena disposición, además de paciencia para leer esta extensa carta-libro que, finalmente, una vez acabada, decidí por fin enviarle un tal día como hoy:
`` *Día internacional de la eliminación de la violencia contra la mujer*´´

¡Tela!... Mucho por lo que todo hombre honrado debería avergonzarse, al no haber resuelto acabar con tanta lacra social a esta altura del siglo XXI, a pesar de su enorme progreso cultural y científico.

Con aprecio a Su Santidad y sin ánimo de ofender directamente a su persona, teniendo en cuenta que, de algún modo, todos somos víctimas de la misma historia. Aunque, en este caso, seamos las mujeres quiénes más suframos las consecuencias y nos sintamos perjudicadas, en carne propia y ajena; decido que ya es hora de explotar, de que explotemos todos. Incluido el que dicen ser el representante de Cristo en la tierra, por amor a todas sus hermanas, las mujeres, que también fueron creadas a imagen y semejanza de Dios. Y como la madre Tierra, son constantemente mal tratadas por el hombre.

Permítame, Santidad, la osadía de exponer aquí mi humilde opinión, expresada a modo de ¡Basta ya hombres malditos!, como protesta para despertar consciencias y reprender con rotundidad desde su poderosa atalaya. Para entre todos, ayudar a eliminar de una vez por siempre, el tan arraigado machismo que crece como la mala hierba y mata cada año a miles de mujeres y a sus hijas, más que el cáncer.

Con todos mis respetos.

¡TELA!

25 de noviembre de 2017

``Día internacional de la eliminación de la violencia contra la mujer´´.

Un tal día como hoy, decido, finalmente, que debo enviar esta extensa carta-libro a S. S. el papa Francisco para que la lea, si es que se la entregan. Con la esperanza de que, por su parte, tome también cartas en el asunto para involucrase y llamar al hombre a recapacitar; cuando no tendríamos ni siquiera que pedírselo.

No deja de ser inverosímil que, en el siglo XXI, sigan aumentando los casos de maltrato y violación, asesinatos y secuestros de mujeres, niñas y niños, además de pederastia y matrimonio infantil. Sin que nadie se rebele a nivel mundial para criticar públicamente a la cara de éstos agresores sexuales para frenarlos.

Algo conseguiríamos, si se llevara a las tertulias temas tan escalofriantes como estos, haciendo a menudo, dura crítica para ayudar a reeducar a los desviados hijos de Satán.

No silenciemos la muerte y el sufrimiento de los inocentes mártires ni el de las mujeres y niñas violadas o asesinadas que cayeron en manos de la violencia del hombre.

Hagamos una memoria viva para no olvidarlas.

Por el sufrimiento perene de sus padres y por todas las mujeres del mundo que sufrimos con ellos.